**CONTROVERSE JUDÉO-CHRÉTIENNE
EN ASHKENAZ (XIIIᵉ s.)**

BIBLIOTHÈQUE DE L'ÉCOLE DES HAUTES ÉTUDES
SCIENCES RELIGIEUSES

VOLUME
173

Illustration de couverture : *Paris, BnF, MS. Hébreu 712, folio 56 verso* © BnF

CONTROVERSE JUDÉO-CHRÉTIENNE EN ASHKENAZ (XIIIᵉ s.)

FLORILÈGES POLÉMIQUES :
HÉBREU, LATIN, ANCIEN FRANÇAIS
Paris, BnF, Hébreu 712, fol. 56v-57v et 66v-68v

ÉDITION, TRADUCTION, COMMENTAIRES

Philippe BOBICHON

La *Bibliothèque de l'École des hautes études, sciences religieuses*

La collection *Bibliothèque de l'École des hautes études, sciences religieuses*, fondée en 1889 et riche de plus de cent soixante-dix volumes, reflète la diversité des enseignements et des recherches menés au sein de la Section des sciences religieuses de l'École pratique des hautes études (Paris, Sorbonne). Dans l'esprit de la section qui met en œuvre une étude scientifique, laïque et pluraliste des faits religieux, on retrouve dans cette collection tant la diversité des religions et aires culturelles étudiées que la pluralité des disciplines pratiquées : philologie, archéologie, histoire, philosophie, anthropologie, sociologie, droit. Avec le haut niveau de spécialisation et d'érudition qui caractérise les études menées à l'EPHE, la collection *Bibliothèque de l'École des Hautes Études, Sciences religieuses* aborde aussi bien les religions anciennes disparues que les religions contemporaines, s'intéresse aussi bien à l'originalité historique, philosophique et théologique des trois grands monothéismes – judaïsme, christianisme, islam – qu'à la diversité religieuse en Inde, au Tibet, en Chine, au Japon, en Afrique et en Amérique, dans la Mésopotamie et l'Égypte anciennes, dans la Grèce et la Rome antiques. Cette collection n'oublie pas non plus l'étude des marges religieuses et des formes de dissidences, l'analyse des modalités mêmes de sortie de la religion. Les ouvrages sont signés par les meilleurs spécialistes français et étrangers dans le domaine des sciences religieuses (chercheurs enseignants à l'EPHE, anciens élèves de l'École, chercheurs invités…).

Directeur de la collection : Arnaud SÉRANDOUR

Secrétaires d'édition : Cécile GUIVARCH, Anna WAIDE

Comité de rédaction : Denise AIGLE, Mohammad Ali AMIR-MOEZZI, Jean-Robert ARMOGATHE, Marie-Odile BOULNOIS, Gilbert DAHAN, Jean-Daniel DUBOIS, Michael HOUSEMAN, Christian JAMBET, Alain LE BOULLUEC, Marie-Joseph PIERRE, Jean-Noël ROBERT.

© 2016, Brepols Publishers n.v., Turnhout, Belgium.

All rights reserved. No part of this publication may be reproduced, stored in a retrieval system, or transmitted, in any form or by any means, electronic, mechanical, photocopying, recording, or otherwise without the prior permission of the publisher.

D/2016/0095/190
ISBN 978-2-503-56747-1
e-ISBN 978-2-503-56748-8
10.1484/M.BEHE-EB.5.109665

Printed in the EU on acid-free paper.

REMERCIEMENTS

Ce dossier très complexe nécessitant diverses approches, plusieurs spécialistes ont été consultés pour l'interprétation des données recueillies au cours de l'examen : Lea Shalem et Colette Sirat pour l'étude codicologique et paléographique du manuscrit ; Louis Holtz et Pascale Bourgain pour l'analyse phonétique du latin translittéré ; Claire Maître pour les références à la liturgie et à sa bibliographie ; Anne-Françoise Leurquin et Marie-Laure Savoye pour les notations en ancien français ; Gilbert Dahan et Gérard Nahon pour la bibliographie relative aux communautés juives dans la France du XIIIe siècle ; Shlomo Zucker pour les notations les plus difficilement lisibles dans le manuscrit ; Jean-Christophe Attias pour l'ensemble du dossier. À tous, j'exprime ma plus vive reconnaissance. J'adresse également mes plus chaleureux remerciements à Mohammad Ali Amir-Moezzi, qui a bien voulu recommander cette étude pour sa publication dans la collection *Bibliothèque de l'École des hautes études, sciences religieuses*, à Arnaud Sérandour et Gilbert Dahan, pour leur très rigoureuse expertise scientifique et à Anna Waide pour le travail d'édition qui s'est avéré, en l'occurrence, particulièrement délicat. Tous ont apporté à cet ouvrage le précieux éclairage de leurs compétences respectives. Ils l'ont fait avec une grande disponibilité et une très bienveillante exigence. Je les remercie de cette collaboration qui est un bel exemple d'interdisciplinarité.

– I –

ÉTUDE CODICOLOGIQUE,
PALÉOGRAPHIQUE ET LINGUISTIQUE

INTRODUCTION

Les derniers feuillets du ms. Hébreu 712 de la Bibliothèque nationale de France portent deux florilèges de citations latines copiées en caractères hébreux et présentées, en hébreu, comme pouvant être utilisées dans la controverse avec les chrétiens[1]. Découverts pendant le travail de description du fonds hébreu de la Bibliothèque nationale de France[2], ces documents d'une facture originale[3] présentent un intérêt exceptionnel pour l'histoire de la controverse judéo-chrétienne et, plus largement, pour celle des relations entre juifs et chrétiens, en France du nord, dans la seconde moitié du XIIIe siècle.

Leur analyse suscite bien des interrogations : par qui ont-ils été composés ? dans quel milieu ? d'après quelles sources ? pour quelle fonction et pour quels destinataires ? Sont-ils uniques en leur genre ou représentatifs d'un ensemble plus vaste dont seuls ces deux témoins auraient été conservés ? Comment s'explique leur insertion dans ce manuscrit ? Quelle est l'histoire de ce manuscrit ? Les indications explicites étant assez rares dans ces documents, seul l'examen du détail codicologique, paléographique et textuel, mis en relation avec ce que l'on sait par ailleurs du contexte historique et religieux, permet de répondre à certaines de ces questions : le caractère impératif de cette démarche plurielle illustre remarquablement l'interdépendance des différentes approches.

Les résultats de l'examen sont ici présentés en deux parties : 1) description générale du manuscrit et analyse comparative des deux florilèges (citations, organisation, translittérations, traductions, références à la culture chrétienne ; 2) recherche de sources et de parallèles dans la littérature juive et chrétienne. Dissociées dans leur mise en forme définitive, les deux enquêtes ont été menées simultanément car elles sont, elles aussi, complémentaires.

---

1. Documents reproduits *infra*, p. 261.
2. Programme lancé en 2005, dans le cadre d'une convention entre l'IRHT et la BnF, par Colette Sirat et Philippe Bobichon, et à présent dirigé par Philippe Bobichon (IRHT) et Laurent Héricher (BnF). Sept volumes sont parus à ce jour, plusieurs autres étant en préparation : http://www.brepols.net/Pages/BrowseBySeries.aspx?TreeSeries=CMCH (consulté le 23 octobre 2015).
3. On n'en connaît pas d'autre exemple, à ce jour, dans l'ensemble des manuscrits hébreux conservés. Dans le catalogue de Zotenberg (repris ici par Georges Vajda [notice aujourd'hui inscrite, avec l'ensemble du catalogue de Georges Vajda, sous la cote « BnF, Hébreu 1487 ».]), ces florilèges étaient présentés comme constitués exclusivement de citations du Nouveau Testament, ce qui est inexact.

Étude codicologique, paléographique et linguistique

Les conclusions exposées de manière synthétique dans la dernière partie de ce travail s'appuient sur l'ensemble des observations recueillies pendant les différentes étapes de la recherche. Elles en donnent le résultat en soulignant la spécificité de ces documents, leur intérêt multiple, et le foisonnement de questions qui subsistent pour ceux qui souhaiteraient poursuivre l'enquête.

CHAPITRE I
LE MANUSCRIT

Le manuscrit Hébreu 712 de la BnF, de parchemin, fut copié en France du Nord (Paris ?), à la fin du XIIIe ou au tout début du XIVe siècle[4]. Il contient essentiellement des textes hébreux de controverse avec le christianisme :

1. fol. 1v-43r : *Livre de Joseph le Zélateur* = *Sefer Yosef ha-Meqane* (ספר יוסף המקנא)[5], de Joseph ben Nathan Official (rédigé vers 1280)[6] ;

2. fol. 43v à 56v, l. 6 : Recension hébraïque de la première « Dispute de Paris » (qui eut lieu en 1240)[7] ;

3. Ajouts :

– **a**. fol. 56v, l. 17 à 57v : florilège de citations chrétiennes pouvant être utilisées dans la controverse ;

– **b**. fol. 59v à 61v : commentaires talmudiques ;

---

4. Ce manuscrit est décrit dans *Manuscrits en caractères hébreux conservés dans les bibliothèques de France*, vol. II : *Bibliothèque nationale de France, Manuscrits de théologie n° 721 à 733*, par Philippe BOBICHON, Brepols, Turnhout (2015), p. 136 à 147.
5. Comme tous les autres titres renvoyant à des écrits médiévaux de controverse anti-chrétienne, dont il n'existe pas de traduction admise, celui-ci sera désormais donné en translittération.
6. Éd. J. ROSENTHAL, Jérusalem 1970. Cet ouvrage, dont le ms. Hébreu 712 de la BnF est la plus ancienne copie conservée, est un recueil de réponses faites aux interpellations de plusieurs chrétiens, sur divers textes bibliques, par quelques rabbins français, parmi lesquels Nathan Official et son fils Joseph, auteur du recueil. La controverse sur l'Ancien Testament (fol. 10v, l. 26 à 39r, l. 29) est composée de 137 unités ; celle qui porte sur l'Évangile en comporte 43 (fol. 39r, l. 30 à 43r). J. Rosenthal, qui a utilisé différents manuscrits (Introduction, p. 29-32), en compte 44, les deux dernières étant subdivisées.
7. Bibliographie : J.-Chr. WAGENSEIL (éd), Altdorf 1681, Repr. Farnborough c. 1970 : *Disputatio R. Jechielis cum quodam Nicolao*, Introd de 2 pages + p. 4-23 (vol. II, texte 1) ; S. GRÜNBAUM, ס' ויכוח רבנו יחיאל מפריס, Thorn 1873 ; MARGULIOS, Lernberg 1929 ; J. D. EISENSTEIN, dans *Polemics and Disputations*, New York 1928, p. 81-86 ; H. MACCOBY, *Judaism on Trial. Jewish-Christian Disputations in the Middle Ages*, Londres 1993², p. 19-38 [présentation générale], 153-162 [paraphrase], 163-167 [version chrétienne de la dispute]. Ce texte est la relation de la controverse de Yeḥiel de Paris avec Nicolas Donin. Il en existe plusieurs versions, assez différentes les unes des autres, qui n'ont pas encore fait l'objet d'une édition critique (celle-ci est actuellement préparée par le Professeur P. Capelli, de l'Université de Venise). Dans Hébreu 712, les différentes étapes de la controverse ne sont signalées que par de petits espaces ménagés au sein de la copie. Voir aussi R. CHAZAN, « The Hebrew Report on the Trial of the Talmud: Information and Consolation », dans G. DAHAN (éd.), *Le Brûlement du Talmud à Paris 1242-1244*, Cerf, Paris 1999, p. 79-93.

Étude codicologique, paléographique et linguistique

– **c**. fol. 66v à 68v : autre florilège de citations chrétiennes destinées à la même utilisation.

Le *Sefer Yosef ha-Meqane*, la « Dispute de Paris » et le premier florilège sont copiés dans une même unité codicologique constituée de cahiers tous complets, mais de composition irrégulière ; la fin de la « Dispute de Paris » et le début du premier florilège sont copiés sur un bifeuillet indépendant (suffisant pour accueillir la fin du premier texte), du même parchemin que précédemment ; entre les deux, un poème (fol. 56v, l. 7-16) portant en acrostiche le nom de l'auteur du *Sefer Yosef ha-Meqane*[8].

Il semble que la copie du *Sefer Yosef ha-Meqane* et de la « Dispute de Paris » d'une part, du poème et du premier florilège d'autre part, soient de deux mains différentes. La main qui a copié le premier florilège est très proche de celle qui a ajouté des gloses marginales sur certains des feuillets qui portent le *Sefer Yosef ha-Meqane* et la « Dispute de Paris ».

Les commentaires talmudiques des fol. 59v à 61v sont copiés sur un cahier indépendant, par une main différente, et sur des feuillets d'une dimension intermédiaire entre ce qui précède et ce qui suit.

Le second florilège est copié par une main différente de toutes celles qui précèdent, sur un cahier indépendant dont les feuillets sont de dimensions plus restreintes que celles des deux unités codicologiques précédentes.

Le premier florilège [U1 = Unité 1] (56v à 57v)

Le premier florilège est constitué *de citations chrétiennes*, ou considérées comme telles, *en latin caractères hébreux* (carrés), le plus souvent – mais pas toujours – vocalisées. Au-dessus de chaque ligne, dans un module plus petit, figure une *traduction hébraïque* se présentant comme très littérale : chaque élément de l'hébreu est situé, en principe, au-dessus de celui auquel il correspond dans le latin[9].

Entre les citations (sauf avant la première), dans un module analogue à celui de la traduction interlinéaire, apparaissent des *formules de présentation*, rédigées en hébreu et indiquant l'usage qui peut être fait, dans le cadre de la controverse avec les chrétiens, de la citation qui suit[10]. À l'évidence, la copie du texte latin et celle des formules de présentation s'enchaînent et la traduc-

---

8. Publié à la p. 141 de l'édition J. ROSENTHAL.
9. Dans la copie du *Sefer Yosef ha-Meqane* (comme dans celle des autres textes de polémique qui comportent des citations latines traduites en hébreu, les deux versions se succèdent toujours (selon un ordre variable) et elles sont copiées avec un module identique.
10. Fol. 56v, l. 7 : « Ceci pour leur montrer que D. ne saurait mourir » ; fol. 57r, l. 16 : « Ce latin (זה הלטין) (peut être utilisé) pour leur montrer que Jésus avait deux sœurs et quatre frères, comme en témoigne leur évangile » ; fol. 57v, l. 14 : « Ceci pour irriter les clercs (litt. « ceux qui portent la tonsure »), qui sont incapables de répondre à bon escient », etc.

Le manuscrit

tion hébraïque interlinéaire a été copiée dans un second temps car elle tient compte, par endroits, de l'espace occupé par les hampes des lettres hébraïques utilisées pour le texte latin ; mais il arrive aussi, une fois, que le scribe achève dans la marge, à la verticale, une formule de présentation trop longue pour pouvoir être copiée dans l'espace prévu à cet effet (fol. 57r, l. 12-13).

Le second florilège [U2] (fol. 66v à 68v)

Le second florilège comporte des éléments de même nature qui sont disposés, pour l'essentiel, de manière analogue (place respective du latin et de la traduction, distinction des deux par le module des caractères, etc.), mais ici le texte latin est beaucoup moins souvent vocalisé et la traduction interlinéaire plus irrégulièrement présente. Les formules introductives sont plus souvent copiées dans les marges ; elles comportent parfois une traduction hébraïque qui ne se présente pas, alors, comme une restitution littérale du latin, mais comme un ensemble distinct de ce dernier. L'espace écrit était entièrement occupé dans le premier florilège ; la marge inférieure est ici plus importante, et les deux pages qui précèdent la dernière ne sont utilisées que dans la moitié supérieure. La copie elle-même a donc une apparence plus décousue.

Dans les deux florilèges, les formules de présentation ou les traductions, toujours rédigées en hébreu, comportent parfois un équivalent en ancien français. Certaines formules de présentation (surtout dans le second florilège) font référence au calendrier chrétien.

CHAPITRE II
LES CITATIONS

Présentation générale

Les deux florilèges sont respectivement constitués de 24 et 34 citations (dont la numérotation, qui n'apparaît pas dans le manuscrit, est elle aussi utilisée pour toutes les références de cette étude) :

	U1		U2
1	**Mt 17, 19/20 ; Lc 17, 6**	1	Jn 14, 9
2	**Cf. Mt 27, 54 ; Mc 15, 2 ; Mc 15, 39 ; Lc 23, 3 ; 23, 47**	2	*Distique* attribué à Denys Caton
3	***Et homo factus est…*** (Symbole de Nicée)	3	*Et Pater a nullo factus est…* (Symbole d'Athanase)
4	Jr 17, 5	4	Jn 5, 30 ; 6, 38
5	Dt 32, 40	5	Lc 1, 31-32
6	Ps 21/22, 6/7	6	*Quia pro nobis ductus et maledictus*
7	Mt 11, 11 ; Lc 7, 28	7	Ez 18, 20
8	**Jn 19, 26**	8	*Primo dierum omnium quo mundus exstat conditus* (Grégoire le Grand ; liturgie des Heures)
9	***Mulier, Mulier, vado Iericho…***	9	Jn 13, 5-15
10	**Nb 23, 19**	10	*Per sanctam circumcisionem tuam libera nos, Domine* (Litanies)
11	**Sg 1, 11**	11	**Mt 17, 19/20 ; Lc 17, 6**

Étude codicologique, paléographique et linguistique

	U1		U2
12	**Jb 25, 4**	**12**	**Cf. Mt 27, 54 ; Mc 15, 2 ; Mc 15, 39 ; Lc 23, 3 ; 23, 47**
13	**Gn 17, 14**	**13**	***Et homo factus est...*** (Symbole de Nicée)
14	Jn 2, 3-4	**14**	**Jn 19, 26**
15	**Ez 28, 9**	**15**	**Ac 7, 55**
16	Es 7, 14 / 8, 6	**16**	**Mc 6, 1-6 ; cf. Mt 13, 54-58**
17	Ps 80/81, 8-10/9, 11	**17**	Lc 23, 34
18	Mt 15, 24/26	**18**	Lc 2, 48
19	**Jn 1, 18 ; 1Jn 4, 12**	**19**	Mt 9, 13 ; Mc 2, 17 ; Lc 5, 32
20	**Ac 7, 55**	**20**	Mt 12, 40 ; Lc 11, 30
21	**Mc 6, 1-6 ; cf. Mt 13, 54-58**	**21**	**Jn 1, 18 ; 1Jn 4, 12**
22	Ps 15/16, 9-11	**22**	1Tm 1, 17
23	Es 66, 17	**23**	*Dixerunt latrones qui fuerunt crucifixi cum Jesu*
24	Siracide / Ecclésiastique, 22, 8-9/9-10	**24**	*Uncio(nem) faciam/facio praeter circumcision(em)*
		25	Mt 26, 36-39 ; Mc 14, 32-36
		26	***Mulier, Mulier, vado Iericho...***
		27	**Nb 23, 19**
		28	**Sg 1, 11**
		29	**Jb 25, 4**
		30	**Gn 17, 14**
		31	**Ez 28, 9**
		32	Es 40, 25
		33	Ml 3, 6
		34	Mt 10, 34 ; cf. Lc 12, 51

Ces citations sont *d'origines diverses* (Ancien Testament ; Nouveau Testament ; professions de foi ; Denys Caton ; Apocryphes [?]).

– Le premier florilège en comporte 24 : 13 de l'Ancien Testament ; 9 du Nouveau Testament ; une du Symbole de Nicée ; une qui est peut-être tirée d'un apocryphe.

Les citations

– Le second florilège en a 34 : 7 de l'Ancien Testament, 16 du Nouveau Testament et 11 tirées de professions de foi et/ou d'apocryphes (?) ; deux d'entre elles (24, 26), dont une qui apparaît aussi dans le premier florilège (26), n'ont pas été identifiées.

Onze citations n'apparaissent que dans le premier florilège ; vingt-trois n'apparaissent que dans le second. Treize (ci-dessus en grasses) sont communes aux deux florilèges : cinq de l'Ancien Testament, six du Nouveau Testament, une tirée du Symbole de Nicée et une non identifiée. Dix d'entre elles sont incluses dans des blocs communs (sur fond grisé)[11].

Les citations empruntées au Nouveau Testament ou à d'autres traditions chrétiennes sont donc beaucoup plus nombreuses dans le second florilège ; le premier est, de ce point de vue, plus équilibré. Dans les deux cas, cependant, les citations tirées de différentes sources sont mêlées[12] : même si certains regroupements apparaissent par endroits, ils ne correspondent manifestement pas à un classement effectué selon l'origine, ce qui signifie qu'à l'ensemble des passages cités est attribuée une même valeur argumentative : tous sont considérés comme *chrétiens* – même ceux qui renvoient à l'Ancien Testament – parce que donnés *en latin* (et traduits d'après le latin) ; à tous paraît accordée, sans aucune distinction, la même autorité.

Les citations sont de longueurs variables : de quelques mots à plusieurs lignes. Leur délimitation correspond généralement à celle des versets, mais il arrive fréquemment que seul le passage intéressant la controverse, ou utilisable dans la polémique anti-chrétienne, soit retenu (voir, ci-dessous, l'analyse de détail). Le psaume 16 était peut-être numéroté dans la formule de présentation (perdue dans la marge), mais ce serait là l'unique exemple d'une indication de cette nature[13]. Pour les éléments narratifs, le contexte n'est qu'exceptionnellement indiqué[14], mais l'auteur du texte ou des paroles restituées l'est parfois[15] ; l'Évangile n'est mentionné que trois fois dans les formules de présentation[16]. Les autres formules introductives donnent la fonction polémique du passage cité et/ou sa situation dans l'année liturgique chrétienne[17]. Dans le second florilège uniquement, elles sont souvent absentes, la citation

---

11. Voir ci-dessous le développement consacré à la question du plan.
12. Contrairement à tous les autres écrits de controverse rédigés en hébreu, jusqu'à la fin du Moyen Âge, où le Nouveau Testament (et les apocryphes) font l'objet de chapitres spécifiques, toujours situés à la fin de l'ouvrage.
13. U2 : 22.
14. U1 : 18 ; U2 : 23.
15. Job (U1 : 12) ; Marie (U1 : 14) ; Jésus (U1 : 18) ; Étienne (U1 : 19 et U2 : 15) ; Isaïe (U1 : 23) ; Jean (U2 : 1) ; Denys Caton (U2 : 2) ; Pilate (U1 : 12) ; Marc (U2 : 16 et 34) ; Paul (U1 : 21 et 22).
16. U1 : 2 et 21 ; U2 : 1.
17. Voir ci-dessous les développements consacrés à la structure des florilèges et aux références liturgiques.

Étude codicologique, paléographique et linguistique

étant alors livrée sans aucune précision[18]. Cette variété reflète sans doute celle des sources (et des strates constitutives de ces deux documents[19]) car s'ils étaient moins composites, les deux florilèges seraient aussi, comme les plus importants des écrits de controverse qui furent rédigés en hébreu à la même époque, plus homogènes.

Les citations de l'Ancien Testament sont données en latin, la version hébraïque (presque toujours située dans l'interligne) étant seconde[20]; elles comprennent une formule empruntée au Siracide. Les citations évangéliques sont généralement – mais pas toujours – plus proches de Matthieu pour les Synoptiques. Plus nombreux dans le second florilège (6) que dans le premier (1), les extraits de professions de foi ou de textes liturgiques qui ont pu être identifiés renvoient au *Credo* (Symbole de Nicée), au *Quicumque vult* (Symbole d'Athanase), aux Litanies et à la liturgie des Heures. À l'exception, peut-être, de celle qui est empruntée à Denys Caton, la citation est toujours justifiée, implicitement ou explicitement, par le fait qu'elle contredit un passage tiré, en latin, de l'Ancien Testament, ou l'une des composantes de la foi chrétienne.

Les citations bibliques et la Vulgate

Pour les citations bibliques, les « écarts » avec la Vulgate[21] sont fréquents :

	Vulgate	Paris, BnF, Hébr. 712
Gn 17, 14	*Masculus cuius praeputii caro circumcisa non fuerit* **delebitur** *anima* **illa** *de populo suo [quia pactum meum irritum fecit]*	*Masculus cuius preputii caro circumcisa non fuerit* **peribit anima** *de populo suo* (U1, U2)
Nb 23, 19	*Non est Deus* **quasi** *homo,* **ut mentiatur** *; nec* **ut** *filius hominis,* **ut mutetur** *[Dixit ergo, et non faciet ? Locutus est, et non implebit ?]*	*Deus non est* **homo mendax***, neque filius hominis,* **qui se paeniteat***.* (U1, U2)

---

18. U2 : 8, 10, 11, 26, (27), 28, 29, 31 ; dans ce même florilège, plusieurs citations sont uniquement précédées de la mention « autre [passage] » (3 à 7, 13, 14 et 17).
19. Voir ci-dessous les conclusions de chaque partie de l'analyse, et la conclusion générale.
20. Voir ci-dessous l'analyse des traductions.
21. La question des Bibles et des correctoires élaborés au XIIIe siècle est trop complexe pour pouvoir être prise en compte ici, et ce travail ne pourra(it) être entrepris que par un spécialiste. La Bible de référence est donc l'édition Clémentine qui, bien que postérieure (1592), procède de la Bible « parisienne » : cf. G. DAHAN, *L'exégèse chrétienne de la Bible en Occident médiéval (XIIe-XIVe siècle)*, Paris 1999, p. 177.

18

Les citations

Dt 32, 40	*[Levabo ad caelum manum meam et dic**am** :] Vivo ego **in aeternum**.*	*Dico : Vivo ego **in semper**.* (U1)
Jb 25, 4	***Numquid iustificari** potest homo **comparatus Deo** aut **apparere** mundus natus **de** muliere ?*	***Quomodo** potest **esse** homo **iustus et quomodo potest** mundus **de peccatis** natus **ex** muliere ?* (U1, U2)
Ps 15/16, 9-11	*Propter hoc laetatum est cor meus et exultavit lingua mea insuper et caro mea requiescit in spe, quoniam non derelinques animam meam in inferno neque dabis sanctum tuum videre corruptionem. Notas mihi fecisti vias vitae, adimplebis me laetitia cum vultu tuo, delectationes in dextera tua usque in finem.*	*Idem.* (U1)
Ps 21/22, 6/7	*Ego **autem** sum vermis, et non homo ; **opprobrium hominum**, et abjectio plebis.*	*Ego vermis et non homo et abiectio plebis.* (U1)
Ps 80/81, 8-10/9, 11	*[Audi populus meus et contestabor te :] Israel, si audieris me, non erit in te deus recens, neque adorabis deum alienum ; ego **enim** sum **Dominus** Deus tuus, qui eduxi te de terra Ægypti. [Dilata os tuum et implebo illud.]*	*Israel si me audieris, non erit in te deus recens (?) neque adorabis deum alienum ; ego sum **Deus** tuus qui eduxi te de terra Aegypti.* (U1)
Sg 1, 11	*[Custodite ergo vos a murmuratione quæ nihil prodest et a detractione parcite linguæ, quoniam sermo obscurus in vacuum non ibit.] Os **autem** quod mentitur occidit animam.*	*Os quod mentitur occidit animam* (U1, U2)
Si 22, 8-9/9-10	*Qui narrat verbum non **audienti**, quasi qui excitat dormientem de gravi somno. / [Cum dormiente loquitur qui enarrat stulto sapientiam et in fine narrationis dicit : Quis est hic ?]*	*Qui narrat verbum non **adtendenti** quasi qui excitat dormientem de gravi somno.* (U1)

19

Étude codicologique, paléographique et linguistique

	Vulgate	Paris, BnF, Hébr. 712
Es 7, 14 / 8, 6	– Es 7, 14 : *Propter hoc dabit Dominus ipse vobis signum : Ecce virgo concipiet, et pariet filium, **et vocabitur** nomen ejus Emmanuel.* – Es 8, 3 : *[Et accessi ad prophetissam et concepit] et **peperit filium** [et dixit Dominus ad me voca] nomen eius **Adcelera** spolia **detrahere** Festina praedari.*	*Et **peperit** filium nomen eius Emmanuel, **festina**, praeda et festina spolia.* (U1)
Es 40, 25	*Et cui **assimilastis** me, et **adæquastis**, [dicit Sanctus ?]*	*A cui **comparavisti** et a cui assimulasti* (U2)
Es 66, 17	*Qui sanctificabantur et **mundos se putabant** in hortis **post januam intrinsecus**, qui **comedebant** carnem suillam, **et** abominationem et murem : simul consumentur, dicit Dominus.*	*Qui sanctificantur **et baptizantur** in hortis **alter *enefra (?) uno uno *mediant (?)** qui **manducant** carnes suillas, abominationem et murem simul consumentur, dicit Dominus.* (U1)
Jr 17, 5	*[Haec dicit Dominus] maledictus homo qui confidit in homine [et ponit carnem brachium suum et a Domino recedit cor eius.]*	Idem (U1)
Ez 18, 20	*[Anima quae peccaverit ipsa morietur :] filius non portabit iniquitatem **patris** et **pater** non portabit iniquitatem **filii** ; [iustitia iusti super eum erit et impietas impii erit super eum.]*	***Pater** non portabit iniquitatem **filii** et filius non portabit iniquitatem **patris**.* (U2)
Ez 28, 9	***Numquid dicens loqueris** : Deus ego sum, **coram interficientibus te, cum sis** homo, et non Deus, in manu **occidentium** te ?*	***Quomodo poteris dicere** ego sum Deus a capite occisorum ? **[Tu]** es homo et non Deus in manus **occisorum**.* (U1, U2) [*Tu* n'apparaît que dans la première unité]
Ml 3, 6	*Ego **enim** Dominus, **et non mutor** : et vos filii Jacob, non **estis consumpti**.*	*Ego Deus non mutavi, et *filii Jacob non *defeci –busitis.* (U2)
Mt 9, 13, pll.	– Mt 9, 13 : *...Non **enim** veni vocare justos, sed peccatores.* – Mc 2, 17 : *...Non **enim** veni vocare iustos, sed peccatores.* – Lc 5, 32 : *...Non veni vocare iustos, sed peccatores ad pœnitentiam.*	***Quia in <in>ferno nulla est redemptio** non veni vocare iustos sed peccatores < ad > pœnitentiam.* (U2)

Les citations

Mt 10, 34 **cf. Lc 12, 51**	– *Nolite arbitrari quia* pacem **venerim mittere** in terram : **non veni pacem mittere,** *sed gladium* (Mt) ; – **Putatis quia** *pacem veni dare in terram ?* **Non, dico vobis, sed separationem.** (Lc)	*Non veni ponere pacem in terr<am>, sed gladium.* (U2)
Mt 11, 11 ; **Lc 7, 28**	– *[Amen dico vobis,] non surrexit inter natos mulierum maior Iohanne Baptista : [qui autem minor est in regno cœlorum, maior est illo.]* (Mt) ; – *[Dico enim vobis :] maior inter natos mulierum* **propheta** *Iohanne Baptista nemo est : [qui autem minor est in regno Dei, maior est illo.]* (Lc)	*Inter natos mulierum non surrexit maior Iohanne Baptista.* (U1)
Mt 12, 40 ; **Lc 11, 30**	– *Sicut* **enim** *fuit Jonas in ventre ceti tribus diebus, et tribus noctibus,* **sic** *erit Filius hominis in corde terræ [tribus diebus et tribus noctibus.]* (Mt) ; – *Nam sicut fuit Jonas signum Ninivitis, ita erit et Filius hominis generationi isti.* (Lc)	*Sicut fuit Iona in ventre ceti tribus diebvs et tribus noctibus,* **ita** *erit filius hominis in corde terræ.* (U2)
Mt 15, 26 ; **Mc. 7, 27**	*[Qui respondens ait :] Non est bonum sumere panem* **filiorum,** *et* **mittere** *canibus.*	*Non est bonum sumere panem* **a filiis Israel et dare** *canibus.* (U1)
Mt 17, 19/20	– *[Dixit illis Jesus : Propter incredulitatem vestram. Amen quippe dico vobis,]* **si habueritis** *fidem* **sicut** *granum senapis,* **dicetis** *monti huic :* **Transi hinc illuc,** *et* **transibit,** *[et nihil impossibile erit vobis.]*	**Qui habuerit** *fidem* **quantum** *granum senapis et* **dixerit** *huic monti :* **Transfer te in mare** *et transfer(e)t se.* (U1, U2)
Mt 26, 36-39 ; **Mc 14, 32-36**	Voir la comparaison des trois versions (Mt, Mc ; U2) dans l'étude de détail de la citation et de son emploi.	Conforme à Marc, sauf au début (U2)
Mt 27, 54 ***et al.***	Amalgame (?) de diverses références.	– *Dixit Pilatus : vere iste erat (tu) homo. Respondit Jesus : Tu veritate dixisti.]* (U1) – *Vere iste erat homo. Respondit Jesus : Tu dixisti.* (U2)

21

Étude codicologique, paléographique et linguistique

	Vulgate	Paris, BnF, Hébr. 712
Mc 6, 1-6 **cf.** **Mt 13,** **54-58**	Voir la comparaison des trois versions (Mc, Mt ; U2) dans l'étude de détail de la citation et de son emploi.	(U1, U2). Texte identique ; quelques mots de plus, à la fin de la première unité.
Lc 1, 31-32	*Ecce concipies in utero et paries filium et vocabis eius nomen Iesum. Hic erit magnus et filius altssimi vocabitur et dabis illi Dominus Deus sedem David patris eius.*	Idem. (U2)
Lc 2, 48	*[Et videntes admirati sunt. Et dixit mater ejus ad illum :] Fili, quid fecisti nobis sic ?* **Ecce pater tuus et ego** *dolentes quærebamus te.*	*Fili, quid fecisti nobis sic ?* **Ego et pater tuus** *dolentes quærebamus te.* (U2)
Lc 23, 34	*[Jesus autem dicebat :] Pater, dimitte* **illis :** *non enim sciunt quid faciunt. [Dividentes vero vestimenta ejus, miserunt sortes.]*	*Pater, dimitte* **eis quia** *nesciunt quid faciant.* (U2)
Jn 1, 18 ; **1Jn 4, 12**	*– Deum nemo vidit umquam : [unigenitus Filius, qui est in sinu Patris, ipse enarravit.]* (Jn 1, 18) *– Deum nemo vidit umquam. [Si diligamus invicem, Deus in nobis manet, et caritas ejus in nobis perfecta est.]* (1Jn 4, 12)	**Nemo Deum** *vidit unquam.* (U1, U2)
Jn 2, 3-4	*[Et deficiente vino, dicit mater Jesu ad eum :] Vinum non habent.* **Et dicit ei** *Jesus :* **[Quid mihi et tibi est, mulier ?]** *Nondum venit hora mea.*	*Fili,* **panem non habent,** *vinum non habent.* **Respondit** *Iesus : nondum venit hora mea.* (U1)
Jn 5, 30 ; **6, 38**	*– [Non possum ego a meipso facere quidquam. Sicut audio, judico : et judicium meum justum est, quia]* **non quæro** *voluntatem meam, sed voluntatem* **ejus qui misit me.** (Jn 5, 30) *– [Quia descendi de cælo,] non* **ut faciam** *voluntatem meam, sed voluntatem* **ejus qui** *misit me.* (Jn 6, 38)	**Nolo facere** *voluntatem meam, sed voluntatem* **Patris mei.** (U2)
Jn 13, 5-15	Long passage dont la citation donnée dans Hébreu 712 est un résumé.	*Et lavit Iesus pedes discipulorum suorum et dixit : Exemplum habetis ut vos ita faciatis.* (U2)

Les citations

Jn 14, 9	*[Dicit ei Jesus : Tanto tempore vobiscum sum, et non cognovistis me ? Philippe,] qui videt me, videt et Patrem. [Quomodo tu dicis : Ostende nobis Patrem ?]*	*Qui videt me videt et Patrem et filium **et spiritum sanctum**. (U2)*
Jn 14, 28	*[Audistis quia ego dixi vobis : Vado, et venio ad vos. Si diligeretis me, gauderetis utique, quia vado ad Patrem : quia] Pater maior me est.*	*Pater **meus** maior me est. (U2)*
Jn 19, 26	*[Cum vidisset ergo Jesus matrem, et discipulum stantem, quem diligebat, dicit matri suæ :] Mulier, ecce filius tuus. [Deinde dicit discipulo : Ecce mater tua. Et ex illa hora accepit eam discipulus in sua.*	*Mulier, **mulier**, ecce filius tuus. (U1, U2)*
Ac 7, 55	*[Cum autem esset plenus Spiritu Sancto, intendens in cælum, vidit gloriam Dei, et Iesum stantem a dextris Dei. Et ait : Ecce] video cælos apertos, et **Filium hominis** stantem a dextris **Dei**.*	*Video cælos apertos et **Iesum** stantem a dextris **virtute** (-tis ?) Dei. (U1, U2) Fréquent sous cette forme.*
1Tm 1, 17	*Regi autem sæculorum immortali, invisibili, soli Deo honor et gloria in sæcula sæculorum. Amen.*	Idem. (U2)

Ces « écarts » sont plus ou moins importants, mais la plupart d'entre eux demeurent assez significatifs pour qu'on s'interroge sur leur origine. À l'exception de Mt 27, 54, ils se retrouvent tous, à l'identique, dans les citations communes aux deux florilèges : la source est donc la même en pareil cas. On trouve aussi quelques citations dont le texte est conforme ou presque parfaitement conforme à celui de la Vulgate, mais ce sont là des exceptions. L'importance des variantes ne correspond pas à la longueur des citations.

Les variantes sont de diverses natures :

– Expressions absentes de l'ensemble de la Vulgate : Dt 32, 40 (*in semper*); Jb 25, 4 (*Quomodo potest esse homo iustus / mundus de peccatis / natus de muliere*); Es 40, 25 (*comparavisti*); Ez 28, 9 (*Quomodo poteris dicere / a capite occisorum / in manus [manibus] occisorum*); Mt 10, 34 (*ponere pacem*); Mt 15, 26 (*dare ... canibus*); Mt 17, 19 (*Qui habuerit fidem / transfer te in mare*); Lc 23, 34 (*Pater, dimitte eis quia nesciunt…*); Jn 5, 30 (*Nolo facere [voluntatem meam]*).

23

Étude codicologique, paléographique et linguistique

– Expression différant de celle de la Vulgate, pour le verset traduit, mais présente dans d'autres versets du même texte : Gn 17, 14 (*peribit anima*); Nb 23, 19 (*homo mendax*); Jn 5, 30 et 6, 38 (*voluntatem patris mei*).
– Inversions : Ez 18, 20 (*pater non portabit … filius non portabit…*); Lc 2, 48 (*Ego et pater tuus*); Jn 1, 18 (*Nemo Deum vidit*);
– Disparitions de mots-outils : Ps 21/22, 6/7 (*autem*); Ps 80/81, 8-10/9, 11 (*enim*); Sg 1, 11 (*autem*); Ml 3, 6 (*enim*); Mt 9, 13 (*enim*); Mt 12, 40 (*enim*).
– Amalgame de diverses références ? : Mt 27, 54.
– Traduction latine favorisant l'utilisation polémique du verset : Es 66, 17 (*qui santificantur **et baptizantur***);
– Insertion d'éléments ne figurant pas dans l'original : Jn 2, 3-4 (*panem non habent*); Mt 15, 26 (*sumere panem a filiis **Israel***); Jn 14, 9 (*et spiritum sanctum*); Jn 19, 26 (redoublement de *mulier*).

Certaines d'entre elles (inversions, amalgames) peuvent s'expliquer par un défaut de mémoire. L'explication vaut peut-être aussi pour les tournures empruntées (?) à un autre verset, mais il n'est pas exclu qu'en pareil cas, cette tournure ait été commune aux deux versets dans la bible latine utilisée. L'omission des outils logiques peut être interprétée comme le signe de citations faites de seconde main, c'est-à-dire empruntées à un discours dans lequel ces éléments étaient devenus inutiles puisque les versets invoqués étaient tirés de leur contexte original. L'ajout de *et filium* et de *et spiritum sanctum* à la formule *Qui videt me videt et Patrem* pose problème : il correspond sans doute à l'association du verset avec une profession de foi, mais il manifeste une évidente méconnaissance de la théologie chrétienne (ou une compréhension défectueuse du latin). La traduction par *et baptizantur* de ce qui est rendu, dans la Vulgate, par *et mundos se putabant* est évidemment polémique, de même que l'ajout d'*Israel* à Mt 15, 26, mais contrairement à la précédente, de telles « adaptations » supposent une certaine maîtrise du latin et de la culture chrétienne.

À l'exception, peut-être, d'Es 66, 17, de Ml 3, 6 et de Mt 27, 54 (lecture erronée de l'un des copistes ?), les citations bibliques présentes dans les deux florilèges ne comportent aucune faute de vocabulaire, de grammaire ou de syntaxe : elles préexistaient donc à leur insertion dans des florilèges polémiques dont les copistes (successifs ?) manifestent une connaissance très inégale du latin. L'importance et la nature très variable des écarts renvoient apparemment à plusieurs sources.

La comparaison avec d'autres versions latines de la Bible existant au XIIIe siècle (souvent inédites) ne saurait être entreprise dans le cadre de cette étude et elle requiert, en tout état de cause, l'intervention de spécialistes. Il est possible en revanche, avec les outils mis aujourd'hui à la disposition du chercheur, d'avoir une certaine idée de la diffusion des versets tels qu'ils sont copiés dans notre manuscrit, et, peut-être, d'apprécier leur originalité.

La liste qui suit donne les textes principaux dans lesquels est attestée la forme que prend chaque verset dans Hébreu 712. Les références sont celles de la Library of Latin Texts (Brepol*i*s) : dans tous les cas, la base a été interrogée avec les différentes composantes de la citation.

Gn 17, 14 : Isidorus Hispalensis - *Mysticorum expositiones sacramentorum seu Quaestiones in Uetus Testamentum*. Cl. 1195, In Genesim, cap. : 13, par. : 5, col. : 242, linea : 51 ; Beda Uenerabilis – *In Lucae euangelium expositio*. Cl. 1356, lib. : 1, cap. : 2, linea : 1473 ; Beda Uenerabilis – *Homeliarum euangelii libri ii*. Cl. 1367, lib. : 1, hom. : 11, linea : 48 ; Bernardus Claraeuallensis – *Sermones in circumcisione Domini*, sermo : 3, par. : 3, vol. : 4, pag. : 284, linea : 3 [*] ; Petrus Abaelardus – *Commentaria in epistulam Pauli ad Romanos*, lib. : 2, cap. : 4, linea : 411 ; Petrus Comestor – *Scolastica Historia* : Liber Genesis, cap.: 50, pag. : 95, linea : 17 [*] ; Petrus Damiani – *Sermones*, sermo : 24, linea : 28 [*].

Nb 23, 19 : aucune référence. De nombreux auteurs commentent Ps 115, 11 (*Ego dixi in excessu meo omnis homo mendax*) et Rm 3, 4 (*Est autem Deus verax omnis autem homo mendax*), mais aucun ne donne ce verset sous la forme qu'il prend ici.

Dt 32, 40 : aucune référence.

Jb 25, 4 : aucune référence. La citation la plus proche est Jb 15, 14 (*Quid est homo ut immaculatus sit et ut mundus appareat natus ex muliere?*), commentée par plusieurs auteurs.

Sir 22, 8-9/9-10 : Augustinus Hipponensis – *Speculum*, Cl. 0272, cap. : 23 , pag. : 137, linea : 1 [*] ; *Biblia sacra* iuxta Uulg. uers. (VT) – Ecclesiasticus (uetus transl. ex graeco), cap. : 22, versus : 8 ; Defensor Locogiacensis (viiᵉ s.) – *Liber scintillarum*, Cl. 1302, cap. : 32, sententia : 19.

Is 40, 25 : seules deux occurrences d'une forme apparentée à celle d'Hébreu 712, mais non identique, ont été trouvées : Hieronymus – *Commentarii in Isaiam*, Cl. 0584, SL 73A, lib. : 13, cap. (s.s.) : 46, par. : 3+, linea : 5 [*] (*Cui assimilastis me, et adaequastis et comparastis me, et fecistis similem?*) ; Petrus Uenerabilis – *Aduersus Iudeorum inueteratam duritiem*, cap. : 5, linea : 670 [*] (*id.*).

Is 66, 17 : aucune référence.

Ez 18, 20 : aucune référence dans cet ordre.

Ez 28, 9 : aucune référence (y compris avec la correction « in manibus occisorum »).

Ml 3, 6 : aucune référence.

Mt 10, 34 : aucune référence.

Mt 12, 40 ; Lc 11, 30 : souvent cité sous la forme « sicut ... ita ».

Mt 15, 24/26 : aucune référence, même sous *la forme sumere panem filiorum Israel* ; la seconde partie du verset est souvent citée, comme ici, sous la forme *et dare canibus*, sans doute par association avec Mt 7, 6 : *Nolite dare sanctum*

Étude codicologique, paléographique et linguistique

canibus neque mittatis margaritas vestras ante porcos ne forte conculcent eas pedibus suis et conversi disrumpant vos.

Mt 17, 19/20 : aucune occurrence de la citation complète sous la forme qu'elle prend dans Hébreu 712. Les références les plus proches ne le sont que partiellement : *Uita prima Pharaildis*, pag. : 2, linea : 13 (*Si quis habuerit fidem ut granum sinapis et dixerit huic monti : transi hinc et transibit.*) ; ARNOBIUS IUNIOR - *Expositiunculae in Euangelium*, Cl. 0240, Expositiunculae in Lucam, cap. : 7, linea : 126 [*] (*Si habueritis fidem sicut granum sinapis, dicetis monti huic: Transfer te hinc, et transferet se a uobis.*) ; *Historia Compostellana*, lib. : 2, cap. : 53, linea : 205 [*] (*Si habueritis fidem tamquam granum sinapis, dicetis huic monti transfer te et transferet se.*)

Lc 2, 48 : une seule occurrence, très proche de la forme que prend la citation dans Hébreu 712 (présence de l'adverbe *sic* et ordre des mots *ego et pater tuus*) : PETRUS UENERABILIS − *Epistulae*, ep. : 94, pag. : 243, linea : 39 (*Fili ait quid fecisti nobis sic? Ego et pater tuus dolentes quaerebamus te.*)

Lc 23, 34 : une seule occurrence véritablement proche ; elle figure dans un sermon de Saint Antoine de Padoue : ANTONIUS PATAUINUS - *Sermones dominicales et mariani*, vol. : 2, *sermo in dominica XX post pentecosten, exordium, par.* : 1, pag. : 329, linea : 28 (*De primo in evangelio : 'Dimitte eis, quia nesciunt quid faciunt'.*)

Jn 1, 18 ; 1Jn 4, 12 : seules deux références donnent *Nemo Deum vidit* dans le même ordre qu'ici : GUALTERUS DE SANCTO UICTORE (dubium) *et al.* − *Sermones*, anonymi viii, sermo : 4, linea : 170 ; RUPERTUS TUITIENSIS − *Commentaria in euangelium sancti Iohannis*, lib. : 6, pag. : 352, linea : 2017.

Jn 2, 3-4 : aucune référence.

Jn 5, 30 ; 6, 38 : aucune référence. Les occurrences de l'expression *voluntatem patris mei* renvoient presque toutes à Mt 7, 21 (*Non omnis qui dicit mihi Domine Domine intrabit in regnum caelorum sed qui facit voluntatem Patris mei qui in caelis est ipse intrabit in regnum caelorum*), à Mt 12, 50 (*Quicumque enim fecerit voluntatem Patris mei qui in caelis est ipse meus et frater et soror et mater est*) ou à Jn 4, 34 (*Meus cibus est ut faciam voluntatem patris mei [= eius qui misit me] ut perficiam opus eius*).

Jn 14, 9 : aucune référence. L'expression *videt et Patrem et filium et spiritum sanctum* apparaît fréquemment, mais sans jamais être associée à ce verset.

Jn 14, 28 : quelques occurrences sous la forme *Pater **meus** maior me est.*

Jn 19, 26 : aucune référence avec le redoublement de *mulier.*

Act 7, 55 : les références antérieures ou contemporaines renvoient à Guillaume de Saint-Thierry, Bonaventure et Thomas d'Aquin : GUILLELMUS DE SANCTO THEODORICO − *Speculum fidei*, par. : 95, pag. : 118, linea : 1185 [*] ; BONAUENTURA − *Sermones dominicales*, sermo : 4, par. : 10, linea : 121 ; THOMAS DE AQUINO − *Super Ad Hebraeos reportatio*, cap. : 9, lectio : 3, numerus : 436, linea : 50 (pag. : 433) [*].

Les citations

Dans la plupart des cas, aucune autre référence n'a été trouvée. Les rares exceptions, qui donnent presque toujours un texte proche, mais pas identique, renvoient souvent à des auteurs des XIIe et XIIIe siècles : Rupert de Deutz (1075-1129), Guillaume de Saint-Thierry (1075-1148), Pierre le Vénérable (1092-1156), Pierre le Mangeur (1110-1179), Gaultier de Saint-Victor (?-ca 1179-1190), Saint-Antoine de Padoue (1195-1231), Thomas d'Aquin (1224-1274).

L'origine de la plupart des citations bibliques présentes dans les deux florilèges reste donc à déterminer; celles qui offrent une version *latine* directement utilisable dans la polémique avec les chrétiens ne sont pas les moins problématiques.

CHAPITRE III
STRUCTURE DES DOCUMENTS

Parmi les citations, treize sont communes aux deux unités[22] et parmi ces dernières, dix sont regroupées dans trois blocs également communs aux deux unités[23]. Ces blocs ne connaissent pas une situation comparable au sein de chacune d'entre elles (le premier est au début de la première alors qu'il commence à la onzième place, dans la seconde), et les deux derniers y sont inversés.

Le nombre et la nature des citations intermédiaires varient dans ces deux unités. Il n'est pas impossible que ces blocs – ou certains d'entre eux – se soient trouvés dans une même source, à une certaine étape de leur transmission, mais cela ne signifie pas pour autant qu'ils y étaient *réunis*, ni même que deux d'entre eux l'aient été : comme le montre la liste suivante (établie selon l'ordre de la première unité), les citations constitutives d'un même bloc ne ressortissent pas toutes à une seule thématique[24] et aucune combinaison de ces trois blocs ne fait apparaître un ensemble plus cohérent que celui qu'ils constituent ici, sans tenir compte des citations intermédiaires, même si l'on admet que des glissements aient pu être effectués d'un thème à un autre à travers des citations illustrant au moins deux d'entre eux (phénomène observable dans l'ensemble des deux florilèges complets tels qu'ils nous ont été transmis[25]).

Citations	Mots-clefs	Thématique
Mt 17, 19/20 ; Lc 17, 6	*fidem*	Puissance de la foi
Cf. Mt 27, 54 ; Mc 15, 2 ; Mc 15, 39 ; Lc 23, 3 ; 23, 47	*vere… homo*	Jésus (seulement) homme
Et homo factus est… **(Symbole de Nicée)**	*homo, crucifixus*	Jésus homme, et crucifié

---

22. En grasses et sur fond grisé, dans le tableau présenté ci-dessus, p. 15-16.
23. Sur fond grisé dans le même tableau.
24. Cette observation s'appuie sur l'étude de détail et sur les considérations qui vont suivre à propos du « plan » de ces deux unités.
25. Voir ci-dessous.

Étude codicologique, paléographique et linguistique

Citations	Mots-clefs	Thématique
Mulier, Mulier, vado Iericho...	*mulier ; et non venit*	Marie, mère de Jésus (contre la naissance virginale) Jésus a menti = il n'est pas Dieu
Nb 23, 19	*homo, mendax*	Dieu n'est ni homme ni menteur
Sg 1, 11	*mentitur, occidit animam*	Mensonge = mort de l'âme
Jb 25, 4	*homo, muliere, peccatis*	Un homme fils d'une femme ne peut être exempt de péché (= Dieu)
Gn 17, 14	*circumcisa*	Circoncision
Ac 7, 55	*Video*	Invisibilité de Dieu (contre la divinité de Jésus)
Mc 6, 1-6 ; cf. Mt 13, 54-58	*Filius, frater, sorores*	Jésus, fils de Joseph et de Marie et membre d'une véritable famille (négation de la naissance virginale et de la divinité de Jésus)

Ces différents blocs, recopiés dans le manuscrit selon deux ordres différents, étaient donc distincts dans la/les source(s) utilisée(s) pour chacun des florilèges, et sans doute aussi dans le premier état de leur constitution. Il y a tout lieu de croire que, comme dans Hébreu 712, chacun d'entre eux était alors précédé et/ou suivi d'autres citations. Il est exclu qu'ils aient été recopiés l'un de l'autre, ni même à partir d'une unique source écrite puisque, comme pour les autres citations communes, leurs translittérations présentent d'assez nombreuses divergences.

Les trois dernières citations communes à ces deux florilèges, mais extérieures à ces blocs, se présentent, elles aussi, dans deux ordres distincts au sein desquels les deux dernières sont inversées[26] :
– La première (**Jn 19, 26**) est parfaitement bien intégrée à ce qui précède et à ce qui suit immédiatement dans la première unité, puisqu'on trouve, dans les deux cas, le même mot-clef (*mulier*) ; dans la seconde unité, en revanche, elle est intercalée entre la fin d'un bloc et le début d'un autre, respectivement constitués par des citations dont les mots-clefs (*homo* ; *video*) sont très différents.
– Celle qui apparaît en deuxième position dans la première unité (**Ez 28, 9**) comporte un autre mot-clef (*homo*) et elle illustre une autre thématique (Jésus n'était qu'un homme ; la mort sous la main des ennemis est incompatible avec

---

26. U1 (Jn 19, 26 ; Ez 28, 9 ; Jn 1, 18 et 1Jn 4, 12) ; U2 (Jn 19, 26 ; Jn 1, 18 et 1Jn 4, 12 ; Ez 28, 9).

Structure des documents

la divinité) ; rien ne la lie ici à ce qui précède et suit immédiatement (Jn 2, 3-4 : *Fili, panem non habent…* et Es 7, 14/8, 3 : naissance virginale) ; la même observation peut être faite dans la seconde unité, où elle est située entre Gn 17, 14 (circoncision) et Es 40, 25 (naissance virginale).

– La troisième citation commune (**Jn 1, 18** ; **1Jn 4, 12**) est présentée comme une preuve que Jésus ne peut être Dieu, puisque Dieu ne peut être *vu* ; dans la première unité, elle est évidemment liée à la suivante (Ac 7, 55 : *Video coelos apertos…*), mais pas à la précédente (Mt 15, 26 : *Non est bonum sumere panem a filiis Israel…*) ; dans la seconde unité, elle est aussi plus clairement liée à la suivante (1Tm 1, 17 : *Regi autem saeculorum inmortali, invisibili soli Deo…*) qu'à la précédente (Mt 12, 40 : signe de Jonas).

Les citations sont presque toutes précédées, dans la première unité, d'une formule introductive ; seule la première n'en a pas / plus (?). La présence de telles formules est beaucoup moins systématique dans la seconde unité (26/34[27]), et leur teneur y est, le plus souvent, différente ou moins précise. L'examen de ces formules permet de mieux comprendre la structure les documents (mode de classement des citations), ce qui est explicite dans la première unité s'appliquant aux mêmes citations ou aux mêmes groupements de citations, dans la seconde.

Le premier florilège

Les formules introductives de la première unité, généralement assez concises, donnent la fonction polémique de la citation : la plupart d'entre elles commencent, avec quelques variantes de détail, par une même tournure : « Ceci pour leur prouver que… » (כי \ ש… להם להוכיח וזה)[28] ; les autres formules mettent en évidence le rapport existant entre deux citations consécutives[29]. L'enchaînement logique des citations, qui prend parfois la forme de l'antithèse ou du syllogisme, est alors mis en évidence à travers ces formules :

Ceci pour leur prouver que Jésus était un homme (2)

Une autre preuve encore [qu'il était un homme]… (3)

Et en leur prouvant qu'il était un homme, on leur indique qu'ils sont maudits, puisqu'il est écrit… (4)

Ceci vient leur prouver que Jésus a menti (9)

Et ceci que Dieu ne ment pas (10)

---

27. Les citations nᵒˢ 8, 10, 11, 26, 27, 28, 29 et 31 – qui ne sont pas de même nature – n'en ont pas, mais on observe qu'elles sont en partie regroupées.

28. Nᵒˢ 2, 4, 5, 6, 7, 8, 9, 10, 12, 13, 14, 15, 16, 17, 18, 19, 21, 22 et 23 (19/24). La dernière est un peu différente, comme le contenu de ce qui suit : « Ceci pour irriter les clercs… » (nᵒ 24).

29. « Une autre preuve encore… » (nᵒ 3) ; « Et en leur prouvant que… on leur indique que… » (nᵒ 4) ; « Ils admettent d'ailleurs/encore que… » (nᵒ 11) ; « Saint < Paul / Étienne > a dit encore que… » (nᵒ 20).

Étude codicologique, paléographique et linguistique

> Ils admettent d'ailleurs que puisqu'il a menti, il a causé la perte de son âme (11)
>
> Ceci pour réfuter le fait qu'ils disent voir leur Dieu… (19)
>
> Saint < Paul / Étienne > a dit qu'il voyait Jésus ; or la puissance de Dieu ne saurait lui être comparée. On peur répondre que les paroles de l'Évangile se contredisent, puisque… (20)

Il arrive qu'on observe un certain décalage entre l'enchaînement justifié par de telles formules et celui qui se fonde sur les analogies thématiques ou lexicales, tout en demeurant implicite, ou la présence conjointe d'un enchaînement explicite et implicite, le second n'étant que partiellement pris en compte dans les formules de présentation. Ce phénomène peut être observé dans les citations 2 à 6, où la liste des *sujets* abordés selon les formules introductives ne correspond pas exactement à celle des *thèmes* illustrés par les citations :

	Formules de présentation	**Citations**
2	Ceci pour leur prouver que Jésus était un **homme** :	*Dixit Pilatus : « Vere iste erat tu **homo** ? » Respondit Iesus : « Tu veritate dixisti. »*
3	Une autre preuve encore [que Jésus était un **homme**], inscrite dans leur lecture :	*Et **homo** factus est et **crucifixus** etiam pro nobis*
4	Et en leur prouvant qu'il était **homme** on lui (leur) indique qu'il(s) est (sont) **maudit(s)** puisqu'il est dit dans l'Écriture :	***Maledictus** homo qui confidit in **homine**.*
5	Ceci, pour leur prouver que Dieu ne **meurt** pas :	*Dico **vivo** ego in semper.*
6	Ceci pour leur prouver qu'il **s'est irrité** [litt. : s'irrite] de ses **épreuves** :	*Ego vermis et non **homo** et abiectio plebis.*

L'enchaînement se fonde **à la fois** sur le thème de l'*humanité* de Jésus (formules introductives n°s 2, 3, 4 [et 5]) et sur des références à la *Passion* (citations n°s 2, 3, 6 [et peut-être 4[30]]). Comme en d'autres endroits du florilège, le raisonnement implicite prend la forme du syllogisme : les textes chrétiens attestent que Jésus [n']était [qu']un homme / sa mort le prouve aussi / or Dieu ne meurt pas / Jésus n'était donc pas Dieu. Ce raisonnement ne peut être plei-

---

30. La fonction de cette citation, comme la formule qui l'introduit, est ambiguë : l'hébreu אז תקלהו (litt. : « tu le maudiras ») semble porter sur l'interlocuteur chrétien, coupable d'avoir « placé sa confiance en un homme », mais on comprend mal la séquence « en *leur* prouvant (כשאתה מוכיח להם) …. tu *le* maudiras (או תקללהו) ». Il n'est pas impossible que la notion de malédiction s'applique aussi à Jésus sur la Croix, avec une référence implicite à Dt 21, 23 (cf. Ga 3, 13) : *Maledictus qui pendet in ligno*, verset abondamment commenté dans la polémique judéo-chrétienne.

32

Structure des documents

nement appréhendé que si l'on prend en compte les deux fils directeurs, et pas uniquement ce qui est mis en avant dans les formules de présentation ; celle qui précède la dernière citation paraît ainsi introduire une rupture thématique, puisqu'aucun des deux thèmes (humanité de Jésus ; Passion) n'y figure explicitement, mais ces deux thèmes sont bien présents dans la citation elle-même. Ce phénomène pourrait être le signe que le scribe ou l'auteur du florilège travaille (parfois) sur des ensembles constitués avant son intervention, et que les formules de présentation tentent de restituer une logique dont la véritable cohérence n'est pas toujours perçue par lui dans toutes ses implications.

On retrouve un phénomène analogue, selon un mode de raisonnement similaire, dans les citations 7 à 14 qui sont liées aux précédentes et s'enchaînent les unes aux autres selon diverses thématiques elles-mêmes associées : Jésus [n']était [qu']un *homme* (nos 10 et 12), *fils* (nos 8 et 10), *enfant de la femme* (nos 7 et 12), coupable de *mensonge* (nos 9, 10, 11) et exposé au *péché* comme n'importe quel autre homme (n° 12) ; Marie lui a donné naissance comme n'importe quelle autre *femme* (nos 7, 8, 9 et 10) / Or Dieu n'est pas un *homme menteur*, ni un *fils de l'homme* capable de se dédire (n° 10) / Jésus n'était donc pas Dieu. Ces motifs ne sont pas également présents dans les six citations, mais chacune d'entre elles illustre au moins l'un d'eux :

	7	8	9	10	11	12
homo				+		+
filius (hominis)		+		+		
natus mulieris/ ex muliere	+					+
mulier		++	++		+	
mendax, mentitur			(+)	+		
peccatum						+

Ce mode de classement s'applique aux citations 2 à 13 de la première unité, qui forment un ensemble relativement cohérent constitué autour de l'affirmation de l'humanité de Jésus (le terme *homo* apparaît dans six d'entre elles) et de la négation de sa divinité, incompatible avec la naissance d'une femme, le péché [mensonge], et la mort qui caractérisent la nature humaine. À l'exception des nos 19 et 20, qui mettent avant une autre incompatibilité (Jésus visible / Dieu invisible), les citations suivantes paraissent se succéder sans que ni leur lexique ni les formules de présentation justifient leur enchaînement :

33

Étude codicologique, paléographique et linguistique

1 : impuissance de la foi chrétienne

13 : circoncision

14 : Jésus fils de Marie (et de Joseph)

15 : mort de la main des hommes incompatibles avec la divinité

16 : négation de la naissance virginale ; frère de Jésus

17 : refus d'un « autre dieu »

18 : interdiction de rien prendre à un fils d'Israël

19 : Jésus visible, même au ciel

20 : Dieu invisible

21 : famille de Jésus (Marie, Joseph, frères et sœurs)

22 : négation de la descente aux enfers et de la Rédemption

23 : prescriptions alimentaires

24 : clercs ignares

On observe, en revanche, que certaines de ces citations correspondent à des thèmes abordés dans les citations 2 à 12 (nᵒˢ 14, 15, 16, 21), ou pourraient être rapprochées les unes des autres (rapport à la Loi de Jésus et des chrétiens). L'analyse du détail fait apparaître, elle aussi, quelques imprécisions dans la manière dont s'articulent la formule introductive et la citation qui suit :

13 : « Ceci pour leur montrer, à partir de la circoncision, comme ils disent le jour de ARNOF »

(phrase inachevée ou nature de la preuve apportée par cette citation insuffisamment expliquée)

14 : « Ceci pour leur prouver que Marie a dit a Jésus que le pain et l'eau manquaient pour les noces de l'un de ses disciples, nommé Raqlin. »

(paraphrase mettant l'accent sur un aspect du récit sans rapport évident avec la polémique ; la comparaison avec d'autres citations du même passage dans la littérature hébraïque[31] montre que le terme essentiel est ici le vocatif *fili* [thème de l'humanité de Jésus])

23 : Ceci pour leur prouver à partir de la citation d'Isaïe... »

(phrase inachevée ou incomplète ; le thème illustré par la citation est celui du non-respect, par les chrétiens, des prescriptions alimentaires)

Cette première unité paraît donc constituer un ensemble hétéroclite, vraisemblablement composé de différentes strates qui sont elles-mêmes directement et/ou indirectement empruntées à plusieurs sources. Le regroupement

---

31. Voir l'analyse de cette citation.

Structure des documents

des citations ne présente une certaine cohérence que dans la première moitié, mais leur fonction polémique est presque constamment rappelée, et dans la plupart des cas clairement précisée.

Le second florilège

Le second florilège partage certaines caractéristiques avec le premier, tout en s'en distinguant sur plusieurs points :

– on y retrouve les mêmes blocs que précédemment, mais, comme cela a été indiqué ci-dessus, dans un ordre différent pour les deux derniers et avec une situation différente dans l'ensemble des citations ;

– les citations n'apparaissant que dans ce florilège sont assez nombreuses (21/34) ; parmi elles, plusieurs sont tirées de textes poétiques, dogmatiques, liturgiques ou apocryphes (?) qui n'ont pas toujours pu être identifiés[32] ; elles ne sont pas toujours regroupées[33] et, à l'exception de la 10e et de la 24e, qui portent sur la circoncision, elles illustrent des thèmes variés, même lorsqu'elles se succèdent sans solution de continuité. L'hypothèse d'une source commune ne peut donc être retenue que si l'on admet que ces citations y étaient aussi dispersées que dans le document qui nous est parvenu ;

– certaines citations sont précédées d'une formule de présentation explicitement polémique, mais leur nombre (4/34) est beaucoup plus restreint que dans la première unité (23/24), leur formulation moins concise, et leur répartition très aléatoire (aucune d'entre elles ne correspond à une citation également présente dans le premier florilège) :

19 : « Qui descend dans la Géhenne n'en saurait remonter. »

20 : signe de Jonas

24 : onction et messianité de Jésus ; baptême (introduction peu claire)[34]

32 : contre l'argument du soleil, utilisé par les chrétiens pour la naissance virginale.

33 : Dieu n'a jamais varié, ainsi qu'il est écrit...

---

32. Citations nᵒˢ 2 (Denys Caton), 3 (Symbole d'Athanase), 6 (?), 8 (liturgie des heures), 10 (Litanies), 23 (?) et 24 (?).

33. Citations nᵒˢ 2 et 3 ; 6 ; 8 ; 10 ; 23 et 24 (seules certaines d'entre elles sont consécutives).

34. La formule introductive est alors celle qu'on rencontre à plusieurs reprises dans le premier florilège : « Pour leur prouver que... » (להוכיח להם), mais la citation qui suit n'apparaît pas dans le premier florilège.

Étude codicologique, paléographique et linguistique

– D'autres formules introductives (15) donnent la référence de la source et/ou une indication sur la place, dans le cycle des lectures liturgiques chrétiennes, du passage dont est tirée la citation[35]. Elles ne sont ni regroupées ni toutes classées dans l'ordre chronologique ;
– d'autres encore, simplement constituées de l'indication « autre [passage] » (8[36]) laissent entendre que chacune des citations ainsi introduites est liée à la / aux précédente(s), ce qui n'est pas toujours le cas : les citations n°s 3, 4, 5 et 7 sont bien unies pas un même lexique (*pater, filius*) et une même thématique (relation de Jésus, « fils » à Dieu « père »), mais la sixième (*Quia pro nobis ductus et maledictus*), non identifiée, ne présente pas les mêmes caractéristiques, tout au moins dans la forme sous laquelle elle nous a été transmise. La première citation de ce florilège a elle aussi les mêmes vocables (*pater, filius*) que celles du groupe constitué par les citations n°s 3, 4, 5 et 7, mais elle est séparée de ces dernières par un distique de Denys Caton (*Quod vile est carum et quod vile carum putato*) dont la présence à cette place ne se justifie par aucune analogie lexicale ou thématique. Les deux dernières occurrences de l'expression « autre passage » qui se trouvent réunies (n°s 13 et 14) introduisent respectivement deux citations dont la première correspond bien à ce qui précède (*homo*), mais pas la seconde (*mulier, filius*). Cette formule joue donc parfois le rôle d'une simple transition, un peu artificielle, entre deux citations consécutives ; sa présence peut traduire la perplexité du copiste (ou de sa source) autant que la perception ou l'élaboration d'ensembles cohérents. Cette caractéristique explique peut-être en partie le fait que parmi les 8 citations introduites de cette manière, 4, consécutives[37], soient également précédées de לא הגיתי בטוב (« Je n'ai pas bien examiné / lu/ »), et non traduites (mais ce ne sont pas les seules) ;
– d'autres enfin sont données sans aucune forme d'introduction[38] ; si certaines d'entre elles se suivent, elles n'ont généralement pas d'autre point commun.

Les formules introductives étant ici peu nombreuses, et le plus souvent peu explicites du point de vue de la polémique, l'examen du lexique met en évidence, plus encore que dans la première unité, ce qui a sans doute justifié le regroupement de certaines citations, et dont la cohérence semble avoir parfois échappé au scribe.

---

35. Citations n°s 1, 2, 5, 9, 12, 15, 16, 18, 20, 21, 22, (23), 25, 30, 34. Pour les références à l'année liturgique, voir ci-dessous, le développement consacré à cette question.
36. Citations n°s 3, 4, 5, 6, 7 ; 13 et 14 ; 17.
37. Citations n°s 4 à 7.
38. Citations n°s 8, 10, 11, 26, 27, 28, 29 et 31.

Structure des documents

Comme le premier, ce second florilège est constitué d'éléments disparates sans doute associés, dans certains cas, avant d'être réunis ici. On distingue en effet les mêmes blocs que dans la première unité (voir ci-dessus)[39] et, en dehors de ces derniers :
– neuf citations, souvent consécutives, comportant les mots *pater* et/ou *filius*[40] ;
– deux citations comportant le mot *mater*[41] ;
– deux citations regroupées sur le thème de *l'invisibilité de Dieu*[42] ;
– trois citations disséminées[43] sur l'ensemble du florilège, que leur lexique permet de rapprocher les unes des autres ou d'associer à l'un des ensembles constitués par ailleurs : 10 et 24 (circoncision)[44] ; 31 (*homo*).

Comme précédemment, ces différents vocables, avec les thèmes qu'ils véhiculent, sont parfois mêlés au sein d'une même citation[45], ce qui favorise l'association implicite de versets extraits de divers passages, ou le glissement d'un thème/verset à un autre. Il arrive également qu'aux blocs déjà identifiés vienne s'agréger, ici, une citation différente de celles qui précèdent et qui suivent dans la première unité, mais illustrant, elle aussi, un thème constitutif de ce bloc[46].

À l'exception des trois dernières du florilège[47], les citations qui échappent à ces regroupements car elles ne comportent aucun des mots-clés précédemment énumérés pourraient paraître isolées ou artificiellement intercalées entre ces ensembles. Or, elles aussi méritent d'être rapprochées les unes des autres :

2. Denys Caton (« Quod vile est carum et quod vile carum putato »).

6. ? (« Quia pro nobis ductus et maledictus »).

8. Liturgie des Heures (« Primo dierum omnium quo mundus exstat conditus quo resurgens conditor nos morte victa liberat »).

---

39. Nos 11 à 13 ; 15 et 16 ; 26 à 30.
40. Nos 1 ; 3 à 5 ; 7 ; 14 ; 17 et 18 ; 25.
41. Nos 3 et 24.
42. Nos 21 et 22.
43. Elles ne le sont pas toujours, dans la première unité.
44. C'est également le thème par lequel s'achève le troisième bloc (n° 30).
45. Par exemple, en dehors des blocs communs aux deux unités : *pater*, *filius* et *mater* (n° 3) ; *mulier* et *filius* (n° 14) ; *mater* et *circumcisio* (n° 24) ; *pater* et *voluntas/volo* (nos 4 et 25).
46. N° 31 (*homo*), qui apparaît aussi, au sein du bloc précédant immédiatement, dans les citations nos 27 et 29. Il n'est pas impossible que Jn 19, 26 (*Mulier, mulier, ecce filius tuus* : n° 13), copié seul entre deux blocs, et l'allusion à un séjour à Jéricho (*Mulier, mulier, vado Iericho…* : n° 26) par laquelle débute le dernier bloc (n° 26) aient été moins éloignés l'un de l'autre que dans cette version du florilège, car la répétition du mot *mulier*, dans ces deux versets, permet le glissement entre des thèmes également présents dans le bloc qui précède la première de ces citations (*homo*) et dans celui qui complète la seconde (*homo, mendax, mentitur*).
47. Elles sont distinctes du reste et sans lien entre elles.

Étude codicologique, paléographique et linguistique

9. Résumé du Pedilavium, avec référence au Jeudi saint dans la formule introductive.

10. Litanies (« Per sanctam circumcisionem tuam libera nos Domine »).

19. ? (« Quia in <in>ferno nulla est redemptio [?], non veni vocare iustos sed peccatores < ad > penitentiam [Mt 9, 13 et pll.] »).

20. Mt 12, 24 (*Sicut fuit Iona in ventre ceti tribus diebvs et tribus noctibus, ita erit filius hominis in corde terræ*).

23. ? (« Dixerunt latrones qui fuerunt crucifixi cum Iesu »).

Les sept dernières (dont cinq sont réunies en deux groupes) font référence à la Passion et à la théologie de la Rédemption; cela vaut sans doute aussi pour la première, qui connaîtrait ainsi une interprétation chrétienne conforme à celles qui étaient attribuées, dès le haut Moyen âge, aux distiques de Denys Caton et plus généralement aux sentences morales d'auteurs païens[48]. On observe d'autre part que les sept dernières semblent être tirées, directement ou indirectement, d'un contexte liturgique, et plus précisément de la liturgie de la Passion. Une origine – sinon une source – commune est donc très vraisemblable.

La référence à la Passion et à la théologie de la Rédemption se rencontre également dans beaucoup d'autres citations de ce second florilège[49], ce qui porte à 14/37 l'ensemble de celles qui sont liées à ces thèmes. Il y a là un autre facteur d'unité, spécifique de ce second florilège[50], qui doit être pris en compte pour tenter d'en déterminer l'origine et la fonction.

Conclusions (bilan de l'analyse des structures)

L'absence de plan explicite montre que ces deux documents sont des notes personnelles ou des documents préparatoires[51], mais leur présentation respective révèle des degrés d'élaboration qui ne sont pas comparables :

Le premier florilège présente plusieurs caractéristiques qui permettent de penser qu'il était déjà en grande partie – sinon intégralement – composé lorsqu'il a été copié : mise en page relativement équilibrée, hiérarchisée (module des caractères), et occupant l'ensemble de l'espace écrit, jusqu'à la dernière ligne (toujours réglée); traduction interlinéaire régulièrement

---

48. Cette lecture semble être la seule qui puisse justifier la présence de ce distique dans un florilège dont tous les autres éléments ont une fonction polémique évidente.

49. Citations n°s 7, 12, 13, 14, 1 et, 25.

50. Il n'y en avait que sept dans le premier florilège (citations n°s 2, 3, 5, 6, 8, 15 et 22), et une seule référence à l'année liturgique (citation n° 13).

51. Ils n'ont ni introduction générale, ni conclusion. Dans tous les écrits polémiques composés en hébreu – y compris le *Sefer Yosef ha-Meqane*, également conservé dans Hébreu 712 –, les citations chrétiennes sont classées ou intégrées à un discours construit.

38

donnée, et prise en compte dans la mise en page ; présence presque systématique de formules introductives témoignant d'une assez claire perception des virtualités polémiques offertes par les passages cités ; enchaînement continu, malgré les différences de module et de disposition, des citations et des formules introductives[52].

Ces caractéristiques se retrouvent dans le second florilège, mais de façon moins systématique : la hiérarchie des modules y est irrégulièrement appliquée ; les fol. 67v et 68r, situés au milieu du document, ne sont occupés que dans la moitié supérieure ; les formules introductives sont en nombre beaucoup plus restreint et moins bien intégrées au discours (parfois ajoutées dans les marges) ; d'assez longs passages ne sont pas traduits, bien qu'un interligne suffisant ait toujours été ménagé à cet effet. L'ensemble de ces observations reflète une maîtrise très imparfaite du matériau recopié.

Le premier florilège correspond donc à un travail plus abouti que le second et mené à bien par un assez bon connaisseur de la langue latine, mais il n'est pas certain que le copiste en soit l'auteur. Le second florilège est moins achevé, souvent maladroit, mais ces imperfections peuvent être considérées comme autant de signes que l'auteur et le copiste sont ici plus proches l'un de l'autre.

---

52. Au fol. 57r, par exemple, la citation débutant à la fin de la l. 4 est disposée, dans un premier temps, sur deux courtes lignes occupant, verticalement, le même espace que les trois lignes de la formule introductive qui précède ; la copie de cette citation s'achève ensuite, comme les autres, sur une seule ligne (première moitié de la l. 5). Plus généralement, les formules de présentation sont disposées sur deux, trois, ou plusieurs lignes *de longueurs équivalentes* ; par ailleurs, quel que soit le nombre des lignes ainsi occupées et la disposition qui en découle, il est manifeste que la copie des formules introductives *alterne* avec celle des citations. Enfin, certaines particularités correspondent à des *fautes de copie*, et non à des repentirs d'auteur : **1)** Au milieu de la l. 5, la formule de présentation est d'abord inscrite sur trois courtes lignes, puis elle se poursuit en remontant un peu, au niveau de la troisième ligne, pour s'achever *au-dessus* de cette troisième ligne prolongée, au niveau de la première des trois lignes précédentes. Il semble que la dernière partie de cette formule (à partir de לחופת) ait été ajoutée après coup (= oubliée dans un premier temps), et plus précisément après la traduction interlinéaire de la citation occupant la l. 6. **2)** À la l. 9, un élément de la formule introductive, lui aussi nécessaire à la cohérence de la phrase, donc oublié dans un premier temps, a été ajouté au-dessus de la première ligne. **3)** La répétition de כי אין או[תו], dans la formule inscrite à la l. 10, celle de שהם אומרים et l'anticipation de נול, à la fin de la l. 13, s'expliquent de la même manière. **4)** Aux lignes 13 à 15 du même feuillet, il est évident que la copie des citations 19 et 20, ainsi que des formules de présentation qui les précèdent, a été effectuée *après* celle de la présentation occupant 8 lignes, au même niveau, près de la marge externe. L'ensemble de ces phénomènes rend l'hypothèse d'une *copie* (à l'exception, peut-être, de la traduction interlinéaire) plus vraisemblable que celle d'un document en cours d'élaboration.

CHAPITRE IV
TRANSLITTÉRATIONS

Caractéristiques générales

Ces deux florilèges offrent plusieurs pages de latin translittéré : document d'un intérêt d'autant plus exceptionnel, pour l'histoire de la langue latine, que le texte est le plus souvent vocalisé. L'ensemble comporte environ 1 000 mots dont on trouvera le détail dans l'index joint à cette étude.

L'analyse met en évidence certains aspects de ce qui lie et distingue les deux florilèges ; elle favorise notre compréhension du contexte dans lequel ils ont été élaborés, du processus ayant conduit à leur mise par écrit, et de l'identité des auteurs et/ou des scribes.

Les « rétrotranslittérations » visent à rendre cette étude accessible aux lecteurs ne maîtrisant pas l'alphabet hébraïque ; toujours très ponctuelles et ne se substituant jamais à l'original, elles sont aussi rigoureuses que possible et proposées avec la prudence requise. Les systèmes de notation trop précis tels que l'alphabet phonétique international ont été évités, 1) parce qu'ils sont difficilement lisibles, 2) parce que la vocalisation de l'hébreu telle qu'elle est pratiquée dans notre document ne permet pas des distinctions aussi subtiles que celles qui sont prises en compte dans les travaux utilisant ces systèmes.

Les pages qui vont suivre offrent uniquement, sur la base de quelques travaux de référence[53], le résultat raisonné des observations ; pour le latin lui-même, elles sont suivies d'une première analyse aimablement effectuée par Pascale Bourgain et Louis Holtz ; pour l'utilisation des lettres hébraïques et de signes spécifiques dans la transcription du latin, elles devraient également susciter les travaux de personnes compétentes en ce domaine.

---

53. Les principaux ouvrages consultés sont les suivants : E. Bourciez, *Précis historique de phonétique française*. 6ᵉ éd. Paris 1926 ; P. Bourgain, avec la collaboration de Marie-Clotilde Hubert, *Le latin médiéval*, Brepols, Turnhout 2005 (L'Atelier du Médiéviste, n° 10) ; F. A. C. Mantello et A. G. Rigg (éd.), *Medieval Latin. An Introduction and Bibliographical Guide*, Washington, D.C. 1996 (contributions diverses).

Étude codicologique, paléographique et linguistique

Les monèmes : soudure et décomposition

Les mots latins sont souvent décomposés en « syllabes » séparées les unes des autres par une espace. Il arrive que deux mots distincts soient ainsi soudés alors que deux syllabes du même mot sont séparées l'une de l'autre :

	Unité 1	Unité 2
1	*acapite* : אָקָאפִּיטֵיי (57r, 8)	*acapite* : אַקָפִּיטֵיה (68v, 9)
2	*abe[a]hora* : אביאורא (68r, 9)	–
3	*abonima tionem* : אַבּוֹנִימָא צְיאוֹנֵיים (57v, 13/1)	–
4	*adextris* : אַדֶּיטְרִיש (57r, 15)	*a dextris* : אה דֶּיטְרִיש (67v, 7)
5	*ad in plebis* (adimplebis) : אַץ אַיין פְּלֵיבִּיץ (57v, 8)	–
6	*admira bantur* : אוֹמִירָא בָּאוֹנְטוּר (57r, 19)	*admira bantur* : אוֹמִירָא \ בָּנְטוּר (67r, 12-13)
7	*ad orabis* : אַץ אוֹרָאבִּיץ (57r, 11)	–
8	*afiliis* : אַפְלִיאִיש (57r, 13a)	–
9	–	*ame* (a me) : אמי (68r, 11)
10	–	*anullo* (a nullo) : אַנוּלוֹ (66v, 3)
11	–	*assimu lasti* : אשימו לסטי ־ (68v, 14)
12	*audientes* : אַדְיֵינְטִיש (57r, 19)	*a[u] dientes* : אַה דְיֵיינְטִיש (67r, 12)
13	–	*circumcisi onem* (?) : צירקונצישי אונס (66v, 20)
14	*consu mentur* : קוֹנְטוּ מֵיֵינְטוֹר (57v, 13/1)	–
15	*cormo meam* (= cor meum) : קוֹרְמוֹ מֵאם (57v, 5)	–
16	*cruci fi xus* : קְרוּצִי פִי צוּש (56v, 5)	*crucifixus* : קְרוּצִיפִּישוּש (67r, 4)
17	*crudi letatem* (crudelitatem) : קְרוּדִי לְטָאטֶם (57v, 4a)	–
18	*degravi* [somno] : דֵּיגְרָבִּי (57v, 15)	–
19	[cum vultu] *tuodelecta tiones* : טוּאוּ טוֹאוֹדֵּילֵייקֶטָא **צייצ** צְיוֹנִיש (57v, 9)	–

42

Translittérations

20	*di cere* : דִי צְיירֵי (57r, 7b)	*dicere* : דִיצְרֵיה (68v, 8)
21	–	*disci pulis* : דִיצִי פוֹלִיץ (68r, 3)
22	–	*disci pulorum* : דִיצִי פוֹלוֹרוֹם (66v, 19)
23		
24	*e cce* : אֵיִי צְיֵי (56v, 11a)	*ecce* : אִיצֵיה (66v, 9) ; אִיצִי (67r, 5) ; אִישֵׁי (68v, 5)
25	*eduxite* : אְידוּשִׁיטֵיי (57r, 12/1)	–
26	*effi ci untur* : אוֹפִי צִי אֶונְטוּר (57r, 21)	*e fficiuntur* : אֵי פִיצִיאֶונטוּר (67r, 16)
27	*etbapti zantur* : אֶנְבָּאטִי שַׁנְטוּר (57v, 11)	–
28	*etdare* : אֶנְדְּרֵי (57r, 13a)	–
29	*et [e]xultabit* : אֶץ שׁוּלְטִייָאבִּיץ (57v, 5)	–
30	*etmurem* : אֶצְמוּרֶם (57v, 13/1)	–
31	*etpe perit* : אִינְפֵּי פֵּירֶם (57r, 9b)	–
32	*et[s] candalizabantur* : אֵיץ קָאנְדָּאלִיזַאבְּנְטוּר (57r, 23)	*et[s] candalizabantur* : אֵיץ קָאנְדָּאלִיזַאבְּנְטוּר (67r, 19)
33	*eum* : אֵיִיאָוֹם (56r, 17)	*e um* : אֵי אָוֹם (67r, 11)
34	*fu erit* : פוּ אֵייִרִיץ (57r, 4c2-5a)	*fuerit* : פוּאִירִיץ (68v, 7)
35	*haec omnia* : אֵייק אוֹמְנִיאָה (57r, 20)	*haecomnia* : אִיקְאָונִיאָה (67r, 14)
36	–	*hicdonec* : אִיקדוֹניק (58r, 3)
37	*hic nobis cum* : אִיק [נוֹפִּיש קוּמְא] (57r, 23)	–
38	*in [in]ferno* : אֵין פֶּרְנֵיין (57v, 7)	*in [in]ferno* : אִייֶן פֵּירְנוּ (67v, 4)
39	*in firmos* : אֵיִין פֵּיִירְמוּש (57v, 3)	–
40	*inmare* : אינמארי (57r, 1)	–
41	*in positis* (impositis) : אֵין פוֹזִיטִיש (57v, 3)	–
42	*in super* : אֵץ שׁוּפֵּיר (57v, 6)	–

Étude codicologique, paléographique et linguistique

	Unité 1	Unité 2
43	*inte* (in te) : אַיְנְטֶיי (57r, 11)	–
44	–	*inutero* : אִינוּטֶירו (66v, 10)
45	–	*invisi bili* : אַיְוֶנְבִישִׁי בִּילִי (67v, 10)
46	*isteerat* : אִשְׁטֶייְרָץ (56v, 3)	*isteerat* : אִישְׁטֶירַאץ (67r, 3)
47	*ma ior* : מָא יוֹר (56v, 10a)	*maior* : מאגור (66v, 1 : *in marg.*)
48	*male dictus* : מָאלְיֶי דִּיקְטוּש (56v, 6b)	*maledictus* : מַלֵידִּיטוּש (66v, 13)
49	*mele titia* ([adimplebis] me laetitia) : - שֶׁצִיאָא מֶילֵיה (57v, 8-9)	–
50	*mira batur* : מִירָא בָּאטוּר (57v, 4a)	–
51	*necdabis* : נִיקְדַּבִּין (57v, 7)	–
52	*non tse* [= nonne] : נֶוֹן צֶיה (57r, 21)	*Non ne* : נֶוֹן נֵיה (67r, 16)
53	*pot est* : פּוֹט אֵיְשְׁט (57r, 3)	*pot est* : פּוֹט אֵיְשְׁט (68v, 4/5.5)
54	*pronobis* : פְּרוֹנוֹבִּיש (56v, 5)	*pro nobis* : פְּרוֹ נוֹבִּיש (66v, 13)
55	*quaeest* : קִיאֵיְשְׁט (57r, 20)	–
56	–	*quaere bamuste* : קַיְרֶיה בָּאמוּשְׁטֶיה (67v, 3)
57	–	*qui anesciunt* (quia nesciunt): קִי אַנֶיצִיאֶאָנְט (67v, 1)
58	*quinarra*t : קִינַרְץ (57v, 14)	–
59	*quomo do* : קוֹמוֹ דוֹ (57r, 3.7b)	- *quo modo* : קוּ מוּנדו (66v, 16) - *quomodo* : 68v, 4 et 8 (קֶומוֹדוֹ) ; 68v. 5 (קֶומֹנדוֹ דז)
60	–	*regiautem* : רֵיגִיאַטֶם (67v, 9)
61	*requi escit* : רִיקִי אֵישִׁיץ (57v, 6)	–
62	*sancti ficantur* : שוֹנְטִי פֵיקַנְטוֹר (57v, 11)	–
63	–	*sednon* : שיצנון (68r, 11)
64	*seque bantur* : שֵׁיקִיה בְּנְטוֹר (56r, 17)	*seque bantur* : שֵׁיקִיה בּוֹנְטוֹר (67r, 10)

Translittérations

65	*sime* (si me [audieris]) : שִׁימֵי (57r, 11)	–
66	*sur rexit* : שׁוּר רֶיִּשִׁיש (56v, 9c-10a)	–
67	*ter tia* : טֵיֵיר צִיאָה (56v, 12)	*tertia* : טִירְצִיאָה (68v, 1)
68	*transfertese* (transfert se) : טְרוֹנְפֵיְרְטֵין צֵיֵי (56v, 2a)	*transfert se* : טרנפֿירֶין שׁיה (57r, 2a)
69	*va do* : וַוא דוֹ (56v, 12)	*vado* : וַדוֹ (68v, 1)

Sur l'ensemble des **69 mots** décomposés au moins une fois dans les deux unités[54], 19 apparaissent à la fois dans la première et dans la seconde : 7 sous une forme analogue[55], 12 de façon différente[56]. Les formes analogues se rencontrent dans des textes de diverses natures. La décomposition d'un mot ou d'un groupe de mots en divers éléments est toujours indiquée, dans le manuscrit, par la présence d'une espace entre chacun de ces éléments. L'examen du détail permet de faire les observations suivantes :

1) La terminaison de l'imparfait (-*batur*, -*bantur*) est plusieurs fois disso- ciée de la racine verbale (*admira bantur*[57] ; *mira batur*[58] ; *quaere bamuste*[59] ; *seque bantur*[60]), mais sans que le phénomène s'applique à tous les cas, puisqu'on rencontre également la forme *ets candalizabantur*[61]. Il semble que le phénomène doive être interprété comme une tendance à considérer les deux dernières syllabes de la forme verbale, précédées ou non de la dernière consonne de la racine, comme la désinence : ainsi trouve-t-on également les

---

54. Nᵒˢ 1, 4, 6, 12, 16, 20, 24, 26, 32, 34, 35, 38, 46, 48, 52, 53, 54, 59 et 64.
55. Nᵒˢ 6, 32, 38, 46, 52, 53 et 64. Cette comparaison ne prend en compte que le découpage en syllabes ou groupes de syllabes ; les consonnes utilisées dans la translittération sont analy- sées dans une autre partie de cette étude.
56. Nᵒˢ 1, 4, 12, 16, 20, 24, 26, 24, 35, 48, 54 et 59.
57. Nᵒ 6 (U1 et U2). Il n'est pas certain que le mot ait été décomposé de cette manière dans la seconde unité, puisque les deux éléments sont alors répartis sur deux lignes (fol. 67r, l. 12/13) : cette mise en page s'explique peut-être par le souci de préserver une certaine justifi- cation en bout de ligne.
58. Nᵒ 50 (U1).
59. Nᵒ 56 (U2).
60. Nᵒ 64 (U1 et U2).
61. Nᵒ 32 (U1 et U2).

Étude codicologique, paléographique et linguistique

formes *ad-in plebis*[62] ; *assimu lasti*[63] ; *a(u) dientes*[64] ; *consu mentur*[65], *di cere*[66] ; *effi ci untur*[67], *(et)bapti zantur*[68] ; *(et)pe perit*[69] ; *fu erit*[70] ; *requi escit*[71] ; *sur rexit*[72]. La même explication s'applique peut-être aux formes nominales dont les deux dernières syllabes sont elles aussi dissociées du reste (*abonima tionem*[73] ; *circumcisi onem*[74] ; ...*delecta tiones*[75] ; *disci pulis*[76] ; *in ferno*[77] ; *in firmos*[78] ; *in super*[79] ; *male dictus*[80] ; *male titia*[81]). Mais cette règle elle-même souffre des exceptions puisqu'on trouve par ailleurs, dans les deux unités, des formes dans lesquelles sont distinguées les trois dernières syllabes du mot ou du verbe (*crudi letatem*[82] ; *disci pulorum*[83] ; *sancti ficantur*[84]), là où *crudile tatem, *discipu lorum et *sanctifi cantur eussent été plus conformes au système précédent.

2) Les prépositions ou les préverbes sont réunis à ce qui suit dans 10 cas (*acapite*[85] ; *abeahora*[86] ; *adextris*[87] ; *ame* (a me)[88] ; *anullo*[89] ; *degravi (somno)*[90] ; *inmare*[91] ; *inte*[92] ; *afiliis*[93] ; *inutero*[94] ; *pronobis*[95]) et dissociés dans

---

62. N° 5 (U1).
63. N° 11 (U2).
64. N° 12 (U2 uniquement).
65. N° 14 (U1).
66. N° 20 (U1 uniquement).
67. N° 26 (U1 uniquement)
68. N° 27 (U1).
69. N°31 (U1).
70. N° 34 (U1 uniquement)
71. N° 61 (U1).
72. N° 66 (U1).
73. N° 3 (U2).
74. N° 13 (U2).
75. N° 19 (U1).
76. N° 21 (U2).
77. N° 38 (U1 et U2).
78. N° 39 (U1).
79. N° 42 (U1).
80. N° 48 (U1 uniquement).
81. N° 49 (U1 uniquement).
82. N° 17 (U1).
83. N° 22 (U2).
84. N° 62 (U1).
85. N° 1 (U1 et U2).
86. N° 2 (U1).
87. N° 4 (U1 uniquement)
88. N° 9 (U2).
89. N° 10 (U2).
90. N° 18 (U1).
91. N° 40 (U1).
92. N° 43 (U1).
93. N° 8 (U1).
94. N° 44 (U2).
95. N° 54 (U1 uniquement).

46

Translittérations

7 autres cas (*a dextris*[96] ; *ad in plebis*[97] ; *ad orabis*[98] ; *in positis*[99] ; *in super*[100] ; *pro nobis*[101] ; *sur rexit*[102]. On trouve les deux formes dans chaque unité, et sur celles qui sont communes à l'une et à l'autre (3), une seule se présente de la même manière (*acapite*), les deux autres étant différentes (*adextris* U1 et *a dextris* U2 ; *pronobis* U1 et *pro nobis* U2). Dans *inferno* pour *in inferno*[103], la préposition et la première syllabe du mot sur lequel elle porte ont été fusionnées.

3) La conjonction *et* est considérée comme proclitique : *etbapti zantur*[104] ; *etdare*[105] ; *etmurem*[106] ; *etpe perit*[107]. De même que le *t* final des verbes à la troisième personne, celui de *et* est toujours transcrit avec un *ṣade* (prononciation sans doute proche de *ts*), ce qui pourrait expliquer que « et scandalizabantur » soit transcrit, dans les deux unités, sous la forme **et[s] candalizabandur*, la racine du verbe n'étant évidemment pas connue ; la forme *et[s] sultabit*, au lieu de *et exultabit* procède d'une méprise analogue.

4) Le pronom personnel *te* est considéré comme enclitique dans la forme *eduxite*[108] (ainsi que dans *inte*[109]), mais au même cas, *se* est nettement distingué du verbe qui précède dans la forme *transfert se*, commune aux deux unités[110].

5) De nombreuses autres décompositions manifestent une distinction peu claire de la racine verbale et de ce qui précède ou suit immédiatement : *ad in plebis*[111], *a[u] dientes*[112] ; *di cere*[113] ; *isteerat*[114] ; *necdabis*[115] ; *pot est*[116] ; *quaeest*[117] ; *qui anesciunt*[118] ; *quinarrat*[119] ; *va do*[120].

---

96. N° 4 (U2 uniquement).
97. N° 5 (U1).
98. N° 7 (U1).
99. N° 41 (U1).
100. N° 42 (U1).
101. N° 54 (U2 uniquement).
102. N° 66 (U1 uniquement).
103. N° 38 (U1 et U2).
104. N° 27 (U1).
105. N° 28 (U1).
106. N° 30 (U1).
107. N° 31 (U1).
108. N° 25 (U1).
109. N° 43 (U1).
110. N° 68 (U1 et U2).
111. N° 5 (U1).
112. N° 12 (U2 uniquement).
113. N° 20 (U1 uniquement).
114. N° 46 (U1 et U2).
115. N° 51 (U1).
116. N° 53 (U1 et U2).
117. N° 55 (U1).
118. N° 57 (U2).
119. N° 58 (U1).
120. N° 69 (U1 uniquement).

Étude codicologique, paléographique et linguistique

6) La même observation peut être faite pour divers autres mots : *cormomeam* (pour « cor meum »)[121] ; *cruci fi xus*[122] ; *e cce*[123] ; *e um*[124] ; *haecomnia*[125] ; *hic nobis cum*[126] : *ma ior*[127] ; *non ne*[128] ; *quomo do*[129] et *quo modo, quomondo* ou *quomodo*[130] ; *regiautem*[131] ; *ter tia*[132].

La distinction des éléments du texte est donc le plus souvent conforme à ce qu'elle aurait été dans un manuscrit latin, mais les écarts sont nombreux. Ceux qui sont communs aux deux unités étant, en revanche, assez rares (*admira bantur* (?) ; *et[s] candaliza bantur* ; *in ferno* ; *isteerat* ; *non ne* ; *pot est* ; *seque bantur*), l'utilisation directe ou indirecte d'une source commune n'est pas exclue, mais elle ne peut être retenue pour l'ensemble du dossier.

L'emprunt à la liturgie (textes chantés ou psalmodiés) est vraisemblable, mais il faudrait qu'il soit confirmé par une comparaison détaillée avec des manuscrits latins copiés dans le même milieu (France du Nord) et à la même époque (fin du XIIIᵉ s.). Les références explicites à l'année liturgique[133] ne se rencontrent que dans la seconde unité et parmi les sept « écarts » communs aux deux unités – ceux pour lesquels la source liturgique est la plus vraisemblable –, cette référence n'est explicite que dans trois cas[134], et il s'agit alors de la même citation. Si la source liturgique était déterminante, la décomposition du texte en éléments analogues à des temps musicaux aurait été sensible, également, pour tout le reste du passage, et plus généralement pour l'ensemble des citations dans lesquelles ces écarts ont été relevés : or ces phénomènes sont toujours très ponctuels et situés au sein de citations dans lesquelles le reste de la transcription est, pour l'essentiel, conforme à la grammaire et à la syntaxe.

Il semble donc que ces phénomènes traduisent plutôt certaines hésitations dans la lecture (analogues à celles d'un enfant maîtrisant mal le texte qu'il doit restituer à haute voix, ou copier). Il est possible que celles des citations communes aux deux unités qui présentent des écarts identiques et particulièrement remarquables remontent à une même lecture originelle, mais même en ce cas, les translittérations et les traductions diffèrent[135]. Il faut donc distin-

---

121. N° 15 (U1).
122. N° 16 (U1 uniquement).
123. N° 24 (U1 uniquement).
124. N° 33 (U2 uniquement).
125. N° 35 (U2 uniquement).
126. N° 37 (U1).
127. N° 47 (U1 uniquement).
128. N° 52 (U2 uniquement).
129. N° 59 (U1).
130. N°59 (U2).
131. N° 60 (U2).
132. N° 67 (U1 uniquement).
133. Dans les formules de présentation (en hébreu).
134. Pour *admira bantur, et[s] candaliza bantur* et *sequebantur*.
135. Voir ci-dessous.

Translittérations

guer plusieurs étapes : 1) la ou les *lecture(s)* originelle(s) ; 2) la ou les *copie(s)* des citations sous la dictée ou sous forme de dictée « silencieuse », une même méthode ne s'appliquant pas nécessairement aux deux unités et à toutes les parties qui les constituent ; 3) la *traduction* qui semble être associée de près à la copie dans la première unité, puisqu'elle y est régulièrement faite, et postérieure, dans la seconde, où elle est fréquemment interrompue, comme si le scribe avait alors renoncé à en poursuivre l'élaboration ou la copie. Il est évident que le premier scribe *comprend* mieux le latin que le second, mais les « écarts » analysés ci-dessus étant plus nombreux dans sa propre copie (52) que dans celle de son homologue (26), il n'est pas certain que lui-même, ou sa source, *connaisse* mieux cette langue. En tout état de cause, l'analyse comparative de ces écarts, comme celle des translittérations et des traductions, montre que les documents qui nous ont été transmis étaient (encore) en cours d'élaboration au moment de leur copie et que les différentes étapes de cette élaboration ne doivent pas nécessairement être attribuées, dans les deux cas, à une seule personne.

Les phonèmes

Voyelles

a

Le phonème *a* est le plus souvent transcrit avec un *alef* (א), que la consonne précédente soit ou non vocalisée, mais il arrive que cette consonne vocalisée ne soit pas suivie du *alef*[136] ; la présence du *alef* ne correspond pas systématiquement aux syllabes accentuées, puisque *manus* (4 occ), par exemple, présente les deux graphies dans chacune des deux unités[137] et les deux *a* de *orabat*[138] sont écrits avec un *alef*. Le *a* final est écrit avec un *alef* (א)[139] ou

---

136. *À capite*, avec *qamaṣ* +*alef* (57r, 8), mais avec *pataḥ* sans *alef* (68v, 9) ; *ba[p]tista*, avec *qamaṣ*, sans *alef* (56v, 10a), mais *ba[p]tizantur*, avec *pataḥ* + *alef* (57v, 11) ; *dabit* avec *pataḥ* + *alef* (66v, 12) et *dare* avec *pataḥ* sans *alef* (57r, 13a) ; *sabbato* avec *pataḥ* + *alef* pour la première syllabe et avec *pataḥ* uniquement, pour la seconde (56r, 18) ; *tales* avec *pataḥ* dans la première unité (57r, 21), avec *pataḥ* + *alef* dans la seconde (67r, 15), etc.

137. Même phénomène pour *mater* (66v, 7 et 67v, 3b).

138. Au fol. 68r, 8.

139. *Anima* (3 occ.) ; *baptista, circumcisa, data* (2 occ.), *doctrina* (2 occ.), *hora* (2 occ.), *ita* (2 occ.), *libera, lingua, nulla, penosa, pr(a)eda, s(a)ecula* (3 occ.), *synagoga* (2 occ.), *vita*.

Étude codicologique, paléographique et linguistique

avec *alef* + *he* (אה)[140] et ces deux orthographes se rencontrent dans les deux unités ; dans la forme vocalisée, la dernière lettre est précédée d'un *pataḥ* ou d'un *qamaṣ*.

Bien que l'utilisation du *pataḥ* (_) prédomine, la distinction entre cette voyelle (son *a*) et le *qamaṣ* (ֵ: son *a* proche du *o*) n'est pas toujours faite[141] et les graphies *alef* + *ḥolam* (אֹ = *o*) ou *alef* + *ḥolam* + *nun* final (אֹון = *on*), respectivement utilisées, dans un cas uniquement, pour ***ad-*** et pour ***-am***[142], indiquent incontestablement une prononciation proche de *o*. La diphtongue ***an*** est souvent écrite avec *alef* + *ḥolam* + *nun* (-אֹון = *on*)[143], mais fréquemment aussi avec *pataḥ* + *nun* (ן = *an*), et il arrive que les deux graphies se rencontrent pour deux occurrences d'un même mot ou au sein d'un même mot[144]. La diphtongue ***en*** connaît un traitement analogue[145]. Lorsqu'elle est intégralement transcrite, la terminaison *-am*, prend la forme *pataḥ* + *mem* final (ם = *am*)[146] ou *alef* + *pataḥ* + *mem* final (אַם = *-am* ou *-ām* ?)[147]. Il est fréquent que le *m* de la terminaison *-am* ne soit pas translittéré[148] ; il arrive aussi que le *t* de la finale *-at* ne le soit pas non plus (voir ci-dessous : consonnes *d* et *t*).

---

140. *Mea* (4 occ.), *fest[in]a* (2 occ.), *gloria*, *omnia* (3 occ.), *patria* (2 occ.), *sapientia* (2 occ.), *sua* (7 occ.), *substantia* (2 occ.), *tertia* (2 occ.), *tua*.

141. *A ca*pite écrit avec deux *qamaṣ* (57v, 8) ou avec deux *pataḥ* (68v, 9) ; *ba[p]tizantur* et *ba[p]tista* écrits avec un *qamaṣ* (56v, 10a ; 57v, 11) ; *erat* écrit avec un *qamaṣ*, sans *alef* (56v, 3) ou avec un *pataḥ* suivi d'un *alef* (67r, 3) ; *p(a)eneitat* écrit avec *alef* + *pataḥ* dans la première unité (57r, 2a) et avec *alef* + *qamaṣ* dans la seconde (68v, 3).

142. **Omirabantur* pour *admirabantur* (57r, 19 et 67r, 12-13) ; **suon* pour *suam* (57r, 17). La confusion entre *etiam*, écrit **e tsion*, et « in Sion » (67r, 5) et la graphie **onquom* pour *unquam* (57r, 14a) ressortissent sans doute au même phénomène.

143. **Onte* pour *ante* (66v, 6 et 67r, 14) ; **quontom* pour *quantum* (56v, 1 et 66v, 22) ; **stontem* pour *stantem* (57r, 15 et 67r, 7) ; **su[bs]tontsia* pour *substantia* (66v, 6 et 7) ; **tronfer* pour *transfer* (56v, 2a et 57r, 1) ; **tronsiret* pour *transiret* (68r, 9).

144. *Manducant* (57v, 12), *mediant* (? 57v, 12), baptizantur (57v, 11) ; mais **sontificantor* pour sanctificantur (57v, 11), **scandalizabontur* pour *scandalizabantur* (57r, 23 t 67r, 19) ; **sequebontur* pour *sequebantur* (67r, 10), mais **sequebᵉntor* (56r, 17).

145. **Attendonti* pour *attendenti* (57v, 14) ; *audientes* (57r, 19 et 67r, 12) ; *dicentes* (57r, 19 et 67r, 13) ; **dolᵉntes* pour *dolentes* (67v, 3) ; **dormiontem* pour *dormientem* (57v, 15) ; **habeyᵉnᵉt* pour *habent* (57r, 6) ; **mondas* pour *mendax* (57r, 1b et 68v, 2) ; *mentitur* (57r, 2c et 68v, 3) ; **penitontsiam* pour *p(a)enitentiam* (67v, 5) ; **sapiontsia* pour *sapientia* (57r, 20 et 67r, 14) ; **vontre* pour *ventre* (67v, 6).

146. *Ullam* (57v, 3) ; *unquam* (67v, 9).

147. *Ani<m>am* (57v, 7) ; *p(o)enitentiam* (67v, 5), *terram* (68r, 8) ; **tuam* = *tum* (57v, 7), *ullam* (67r, 23).

148. **Anima* pour *animam* (56v, 2c et 68v, 4) ; **mea* pour *meam* (57v 7) ; **patria* pour *patriam* (57r, 17 et 67r, 10). Effacement observé dès le latin du IIᵉ s. avant J.-C.

50

Translittérations

e

Le *e* connaît de nombreuses graphies, plus ou moins fréquentes[149], qui peuvent varier pour deux syllabes d'un même mot ou pour les différentes occurrences d'un même mot.

Consonne non vocalisée et non suivie de *yod*[150]

Consonne non vocalisée suivie d'un *yod*[151]

Consonne non vocalisée, suivie de deux *yod*[152]

Consonne vocalisée avec un *segol* (◌ֶ), non suivie de *yod*[153]

Consonne+sheva[154]

* *Consonne+ṣere + yod* (◌ֵי)[155]

* *Consonne+ṣere + yod + sheva* (◌ְֵי)[156]

* *Consonne+ṣere + deux yod* (◌ֵיי)[157]

* *Consonne+ṣere + yod+sheva + yod* ou *ṣere + deux yod+sheva* (◌ְֵיי)[158]

* *Consonne+ṣere + yod + hé* (◌ֵיה)[159]

Consonne+ṣere + yod + alef (◌ֵיא)[160]

Consonne+ṣere + deux yod + alef (◌ֵייא)[161]

Consonne+segol non suivi de *yod* (◌ֶ)[162]

Consonne+segol + yod (◌ֶי)[163]

---

149. Dans la liste qui suit, celles qui apparaissent le plus souvent sont marquées d'un astérisque.
150. Par ex. dans la deuxième syllabe de *dolentes* : דולנטיש (67v, 3) et dans l'une des deux occurrences de *fidem* (66v, 2 : פידם).
151. Par ex. dans *calicem* (68r, 11 : קליצים), *deus* (66v, 12), *dixerunt* (67v, 11) et toutes les occurrences de *pater*.
152. Par ex. dans les deux syllabes de *semper* (56v, 7c : שיימפייר).
153. Par exemple dans la deuxième syllabe (fermée) de *dicenᵉtes pour *dicentes* (57r, 19 : דיצֶנטיש).
154. Dans les trois occurrencens de *yᵉnitus pour *genitus* (66v, 4.5.6), dans *potᵉrits pour *poterit* (57r, 5b), *sᵉnapis* pour *senapis* (56v, 1) et *sumᵉre* pour *sumere* (57r, 13a).
155. Par ex. dans *de[x]tris* (57r, 15 et 67v, 7), *apertos* (67r, 7), *dicebat* (67r, 19), etc., et certaines occurrences de la préposition *de*.
156. Par ex. dans *est* (56v, 1) et dans *et* (56v, 2a).
157. Par ex. dans *capite* (57r, 8), *alienum* (57r, 12), *alter* (57v, 12), *apertos* (57r, 15), etc., et certaines occurrences de la préposition *de*.
158. Par ex. dans *audieris* (57r, 11), *consumentur* (57r, 13/1), *deus* (57r, 12/1), *dicebat* (57v, 1), *habuerit* (56v, 1) et *peccatis* (68v, 6).
159. Par ex. dans *capite* (68v, 9), *ante* (66v, 6 et 67r, 14), *dimitte* (67v, 1). Cette graphie se trouve toujours en fin de mot, mais n'y est pas exclusive : la terminaison des infinitifs *docere* et *facere*, par exemple, est écrite avec *ṣere + yod + hé* ou *ṣere + yod*.
160. Dans l'une des deux occurrences de *usque* (57v, 9).
161. Dans *honore* (57v, 1).
162. Dans *dicentes* (57r, 19).
163. Par ex. dans *concipiet* (66v, 9), *deus* (57r, 8), *dicentes* (67r, 13) et *patrem* (66v, 1).

Étude codicologique, paléographique et linguistique

Consonne+segol + deux *yod* (יִֶ)[164]

Consonne+segol + *yod* + *sheva* + *yod* ou *consonne+segol*
+ deux *yod+sheva* (יְִֶ)[165]

Selon le cas, *(a)e* et *(o)e* sont écrits avec *ṣere* + *yod* (יֵ), *ṣere* + deux *yod* (יִֵ)
ou *ṣere* + deux *yod +sheva* (יְֵ), les trois graphies correspondant au *e* fermé[166].

On relève, entre autres, trois graphies différentes pour la préposition *de*
(5 occ.), cinq pour *deus* (10 occ.), cinq pour *ego* (7 occ.), six pour *est* (24 occ.),
huit pour *et* (77/79 occ.) et trois pour *nec* (5 occ.). Certaines de ces graphies
– en particulier celles qui comportent deux *yod* consécutifs, et *a fortiori*
celles qui comportent deux *yod* consécutifs+*sheva* – indiquent à l'évidence
une prononciation *ey* qui s'applique peut-être à d'autres cas, ou à la plupart
d'entre eux. Le *segol* (*e* court) et le *ṣere* (*e* long) sont utilisés sans distinction.

Plusieurs translittérations font apparaître, pour la voyelle *e*, une prononciation *i* qui ne correspond pas toujours à sa position en hiatus (devant une
voyelle)[167].

Quelques graphies particulières méritent en outre d'être signalées : *officiuntur* pour les deux occurrences de *efficiuntur*[168] ; *carᵉniyes* pour *carnes*[169] ;
et pepirem pour *et peperit*[170] (57r, 9b) ; *crudiletatem* pour *crudilitatem* (57v,
4a) ; *Ierecho* pour *Iericho* (56v, 12) ; *muliar* pour *mulier* (toutes les occurrences vocalisées du nominatif ou du vocatif singulier).

La terminaison -**e** (ca 70 occ.), qui correspond à diverses formes (mots au
vocatif singulier à l'ablatif singulier, au génitif singulier ; pronoms personnels ; infinitifs, impératifs ; adverbes et prépositions ; *ecce, iste, quae, nonne,*
etc.), est écrite avec les séquences suivantes :

Consonne + *yod* (יֹ)[171]

Consonne + *yod* + *he* (יֹה)[172]

---

164. Par ex. dans *deus* (57r, 8).

165. Dans *muliere* (57r, 4a), *peribit* (57r, 5a), *sorores* (56r, 23) et *terr(a)e* (57r, 12/1).

166. Dans les mots suivants : *h(a)ec, l(a)etatum, Mari(a)e, pr(a)eda* ; *pr(a)eputii, qu(a)e, qu(a)*
erebamus, s(a)ecula ; *c(o)elos, c(o)epit.* Le *e* de *pr(a)edium,* mot non vocalisé, est transcrit
avec un *yod.* Cette prononciation est attestée dès le Iᵉʳ siècle.

167. *Criatus* pour *creatus* (66v, 4 5) ; *derilinques* pour *derelinques* (57v, 7) ; *ingrissus* pour
ingressus (57r, 17) ; *plibis* pour *plebis* (56v, 9a) ; *protir* pour *propter* ou *praeter* (57v, 5) ;
riquiescit pour *requiescit* (57v, 6), *sequi bᵉnᵉtor* pour *sequebantur* (56r, 17) ; *vidio* pour
video (57r, 15), *vidire* pour *videre* (57v, 8). (voir ci-dessous : voyelle *i*)

168. U1 (57r, 21) ; U2 (67r, 16).

169. U1 (57v, 12).

170. U1 (57r, 9b).

171. Par ex. *facere* (68r, 5), *me* (66v, 1, in marg.).

172. *Morte* (66v, 17).

Translittérations

Consonne+ ṣere + yod + hé (יה◌)[173]
Consonne+ṣere + yod (י◌)[174]
Consonne+ṣere + yod + yod (יי◌)[175]
Consonne+ṣere + yod + yod + alef (איי◌)[176]
Consonne+ṣere + yod + alef (אי◌)[177]
Consonne+ṣere + alef (א◌)[178]
Consonne+segol + yod (י◌)[179]
Consonne+sheva + alef (א◌)[180]
Consonne+qamaṣ + yod + yod (יי◌ = *-ay*)[181]

Certaines séquences prédominent mais on les retrouve, pour toutes les formes, dans chacune des deux unités et il n'est pas rare que la translittération de cette terminaison soit, pour un même mot, différente dans les deux unités, ou au sein d'une même unité. Il est donc impossible de mettre en évidence une quelconque cohérence dans la répartition de ces graphies. Le *yod* semble bien avoir été prononcé (au moins dans certains cas), puisqu'on trouve parfois la graphie *ṣere + yod-sheva + yod* (יי◌), qui doit se lire **-ey^e y*[182], et puisqu'il arrive fréquemment, par ailleurs, que le *ṣere* ne soit pas suivi d'un seul *yod*, graphie qui correspond à la transcription courante du son « é » en caractères hébreux, mais d'un *yod* redoublé[183].

La terminaison **-em** est également transcrite de diverses manières :

Consonne+ṣere + yod + mem final (ים◌)[184]
Consonne+ṣere + deux yod + mem final (יים◌)[185]
Consonne+ṣere + deux yod+sheva + mem final (יים◌)[186]

---

173. Par ex. *ante* (66v, 6), *corde* (67v, 8), *dicere* (68v, 8), *dimitte* (67v, 1), *docere* (67r, 12), *qu(a) e* (67r, 15).
174. Par ex. *dicere* (57r, 7), *die* (68v, 1), *docere* (56r, 18).
175. Par ex. *cognitione* (57v, 2), *ecce* (56v, 11), *neque* (57r, 11).
176. *Honore* (57v, 1), *sine* (57v, 1).
177. *Honore* (fol. 57v, 1) ; *sine* (fol. 57v, 1) ; *usque* (fol. 57v, 9).
178. *Videre* (57v, 8).
179. *Iste* (57r, 21), *muliere* (fol. 57r, 4a).
180. *Terr(a)e* (57r, 12).
181. *Veritate* (56r, 4).
182. *De* (fol. 57r, 4a et 5a) ; *ecce*, en deux temps (56v, 11a) ; *transfer te* (56v, 2a).
183. *Capite* (57r, 8) ; *cognitione* (57v, 2) ; *eduxi te* (57r, 12/1) ; *esse* (57r, 3) ; *in te* (57r, 11) ; *iste erat* (56r, 3) ; *neque* (57r, 11) ; *se* (57r, 1b) ; *in te* (57r, 11).
184. *Calicem* (68r, 11) ; *corruptionem* (57v, 8) ; *Iohannem* (68r, 4) ; *mortem* (68r, 6) ; *orem* (68r, 3) ; **stotnem* pour *stantem* (57r, 15).
185. *Abominationem* (57v, 13) ; *panem* (57r, 5).
186. **Paneyy^e m* pour *panem* (57r, 13).

Étude codicologique, paléographique et linguistique

Consonne+segol + mem final (םֶ)[187]

Consonne+segol + yod + mem final (יםֶ)[188]

Consonne+mem final uniquement (םo), dans certains mots non vocalisés[189]

On retrouve ici une certaine indifférenciation entre ces diverses graphies (deux dentre elles pouvant être adoptées pour un même mot), et plus particulièrement entre *ṣere* (ֵ) et *segol* (ֶ), pour la translittération de *e*. Les deux occurrences de *virtutem* sont transcrites avec des formes correspondant à **virtutam*[190].

i

(voyelle et consonne)

Le *i* voyelle est généralement rendu avec un *ḥiriq* (= *i*) suivi d'un *yod* (יִ) dans les mots vocalisés, ou avec un simple *yod* (י) dans les mots non vocalisés ; le *i* consonne est généralement rendu par deux *yod* (יי)[191], et quelquefois par un seul *yod*[192]. Plusieurs graphies particulières, assez nombreuses pour ne pas être considérées comme des erreurs de copie, mettent en évidence une certaine confusion entre *i* et *e*[193]. (voir également, ci-dessus : voyelle *e*)

Pour le même mot (*cuius*), l'*i* consonne est transcrit avec deux *yod* (יי) dans la première unité et avec le son *dž* (גׄ) dans la seconde[194] ; le génitif *eius*[195] est toujours transcrit avec deux *yod* (une fois avec un seul *yod*) dans la première unité, et avec la graphie (גׄ = *dž*), dans la seconde ; l'adjectif *iustus* est écrit avec un *yod* dans la première unité, et avec la graphie (גׄ = *dž*), dans la seconde, qui a aussi *iustos* avec un *gimel* (sans signe diacritique)[196]. Le nom *Iesus* est toujours écrit avec deux *yod* (יי) à l'initiale dans la première unité[197]

---

187. *Autem* (67v, 9).

188. *Patrem* (66v, 1) ; *stantem* (67r, 7) ; *voluntatem* (66v, 8 [bis]).

189. *Circumcisionem* (66v, 20) ; *crudelitatem* (57v, 4) ; *dormientem* (57v, 15) ; *murem* (57v, 13).

190. Aux fol. 57v, 3 (וִירְטוּטֶם) et 67r, 23 (וִיְירְטוּטֶאם).

191. *Cuius* (57r, 4) ; *eius* (4 occ. sur 11) ; *I(e)sus* ou *I(e)sum* (5 occ. sur 13) ; *Iud(a)e* (57r, 22).

192. Par ex. *I(e)sus* ou *I(e)sum* (4 occ. sur 13) et *Ioseph* (57r, 22 et 67r, 17).

193. **Ets eyyn plebis* (אֶץ אֵין פְּלֵיבִּין), pour *adimplebis* (57v, 8) ; **tsercontsiza* (צִיירְקוּנְצִיזָא, צְיירְקוּנְצִיזָא) pour *circumcisa* (57r, 4 et 68v, 7) ; **detsipuley* (דִיצִיפּוּלֵי) pour *discipuli* (6r, 11) ; **dey^e šestis* (דֵיישֵיטִיש) pour *dixisti* (56v, 4a) ; **fetsitstey* (פֵיצִיצְטֵי) pour *fecisti* (57v, 8) ; **enutero* (אִינוּטֵירוּ) pour *in utero* (66v, 10) ; **nesi* (נֵישִי) pour *nisi* (57v, 1) ; **nopes com* (נוֹפֵיש קוֹמָא) pour *nobiscum* (57r, 23) ; **preyy^e putsieyy* (פְּרֵיְיפּוּצִיאֵיְי) pour *pr(a)eputii* (57r, 4) ; **sueyy^e rleyys* (שׁואֵיירְלֵייש) pour *suillas* (57v, 12) ; **veyyrtute* (וֵיירְטוּטֵי) ou **v^e yyertute* (וְייֵרְטוּטֵי) pour *virtute* (57r, 15 et 67r, 8) ; **veyrtutam* (וֵירְטוּטֶם) ou **viyyertutam* (וִיְירְטוּטֶאם) pour *virtutem* (57r, 3 et 67r, 23) ; **v^e yertutes* pour *virtutes* (67r, 15) ; cf. **egrissus* pour *egressus* (67r, 9).

194. Dans l'original, le signe diacritique ׄ est toujours situé au-dessus de la lettre.

195. Onze occurrences : 5 (U1), 6 (U2).

196. *Iustus* (57r, 3 et 68v, 5) ; *iustos* (67v, 5).

197. Quatre occurrences.

et, selon le cas, avec un seul *yod* (י) ou la graphie (גׄ = dž), dans la seconde[198] ; *Iudae*[199] est écrit avec deux *yod* à l'initiale dans la première unité et avec la graphie (גׄ = dž), dans la seconde ; les autres noms propres commençant par la consonne *i* sont toujours translittérés avec un *yod* à l'initiale, quelle que soit l'unité dans laquelle ils apparaissent[200]. La graphie (גׄ = dž) prédomine dans la seconde unité, mais sans y être exclusive, et elle se rencontre aussi dans la première.

o

Le *o* connaît, lui aussi, plusieurs translittérations :

Alef + *waw*, en début de mot (או)[201]
Holem (וֹ)[202]
Hataf qamaṣ + *holem* (וֹ֔)[203]
Waw (ו) en milieu et en fin de mots non vocalisés[204]
Hataf qamaṣ + *waw* (ו֔)[205]

Ces différentes graphies sont souvent associées dans un même mot ou présentes, avec des variantes, dans les différentes occurrences d'un même mot (par ex. *occisorum* ou *quomodo*) ; l'hésitation est manifeste dans la trans-littération de *populo* au fol. 68v (l. 8), qui devrait se lire **pu-po-u-lo* (פּוּפּוׄלוּ) puisque sont associés, dans la transcription de la deuxième syllabe, un *holam haser* (ׄ = o) et un *shuruq* (וּ = u).

La confusion ou l'indistinction entre *u* (toujours transcrit avec un *shuruq*) et *o* (transcrit de différentes manières) est manifeste dans de nombreux cas[206].

---

198. Six occurrences : les deux graphies sont également réparties, et mêlées, y compris sur un même feuillet (67r, 10 et 20). Au fol. 66v, l. 18, le signe diacritique n'apparaît pas avec le *gimel*.

199. U1 (57r, 22) ; U2 (67r, 18).

200. *Iohannes* (56v, 10a), *Iohannem* (68r, 4), *Ionas* (67v, 6), *Ioseph* (57r, 22 et 67r, 17).

201. *Hora* (68r, 9), *homine* (56v, 7a), etc. On rencontre la même graphie pour *orabis* dans le mot décomposé *ad orabis* (57r, 11).

202. *Abiectio* (56v, 8b), *bonum* (57r, 13a), *consumentur* (57v, 13), *non* (9 occ. sur 25), etc.

203. Par ex. *confidit* (56v, 7a) et *non* (10 occ. sur 25).

204. *Nullo* (66v, 3), *caro* (57r, 4c2 ; 57v, 6 ; 68v, 7), *non* (4 occ. sur 25), etc.

205. Par ex. **mondas* pour *mendax* (57r, 1 et 68v, 2), **otsisoron* pour *occisorum* (57r, 8).

206. **Apertus* pour *apertos* (57r, 15) ; **corotsionem* pour *corruptionem* (57v, 8) ; **cuntsipies* pour *concipies* (66v, 9) ; **deu* pour *deo* (67v, 10) ; **deom* pour *deum* (57r, 11 : דֵּיאָם et 67v, 8 : דִיאָם), mais *deum* (57r, 14 : דִיאֻם) ; **dulentes* pour *dolentes* (67v, 3) ; **effitsiontur* pour *efficiuntur* (67, 16) ; **eom* pour *eum* (56r, 17 et 67r, 11) ; **fatsiont* pour *faciunt* (67v, 2) ; **granom* pour *granum* (56v, 1), mais *granum* (66v, 22) ; **[h]uc* pour *hoc* (57v, 5) ; **eyyᵉn feyyrᵉmus* pour *infirmos* (57v, 3) ; **ǧustus* pour *iustos* (67v, 5) ; **manos* pour *manus* (57r, 8, mais *manus* dans les trois autres occurrences du même mot) ; **masculos* pour *masculus* (57r, 4), mais *masculus* (68v, 6) ; **meyom* pour *meum* (68v, 6) ; **mondus* pour *mundus* (57r,

Étude codicologique, paléographique et linguistique

La seconde unité présente trois occurrences de terminaisons en *-ión* pour *-io* ou *-ionem*[207].

u

En début de mot ou à l'intérieur d'un mot, le phonème *u* est presque toujours translittéré avec un *shuruq* (ו = *u*), mais on rencontre trois exceptions réparties sur les deux unités[208]. Dans les mots vocalisés, la terminaison *-us* est généralement écrite avec *shuruq* + *sin* (וש = *us*)[209], mais aussi, parfois, avec des graphies correspondant à *-os*[210]. Pour les terminaisons *-um* et *-ur*, la graphie correspondant à *-om* et *-or* est prédominante, mais pas exclusive : La diphtongue *um* est transcrite,

– avec *consonne* + *waw* + *mem* final, dans les mots non vocalisés (מוֹ = *om* ? *um* ?)[211]
– avec *consonne* + *ḥataf qamaṣ* + *waw* + *mem* final (מוֳֹ = *om*)[212]
– avec *consonne* + *ḥataf pataḥ* + *waw* + *mem* final (מוֲֹ = *om* ?)[213]
– avec *consonne* + *ḥataf qamaṣ* + *mem* final (מֳ = *om*)[214]
– avec *consonne* + *ḥolam* + *mem* final (מוֹ = *om*)[215]
– avec *consonne* + *ḥataf qamaṣ* + *waw* + *nun* [final] (נוֳֹ = *on*)[216]

3 et 68v, 5) ; **morem* pour *murem* (57v, 13) ; **natus* pour *natos* (56v, 9) ; **netsiont* pour *nesciunt* (67v, 1) ; **nopis com* pour *nobiscum* (57r, 23) ; **nun* pour *non* (68v, 2) ; *onquam* pour *unquam* (57r, 14 et 67v, 9) ; **ots* pour *ut* (66v, 20) ; **pupulo* pour *populo* (68v, 8) et **pupo-ulo* (68v, 8) ; **pruter* pour *propter* ou *pr(a)eter* (57v, 5) ; **quontom* pour *quantum* (56v, 1) ; **s(a)eculoron* pour *s(a)eculorum* (67v, 9 et 11) ; **son* pour *sum* (57r, 8 et 12 ; 68v, 8) ; **sont* pour *sunt* (57, 23 ; 67r, 19 et sans doute 68r, 10, non vocalisé) ; **unu unu* pour *uno uno* ? (57v, 12) ; **volontatem* pour *voluntatem* (66v, 8 [bis]) ; **volto* pour *vultu* (57v, 9).

207. **Circumcisión* pour *circumcisionem* (67v, 15ª) ; **redentsión* pour *redemptio* (67v, 4) ; **untsión* pour *unctionem* (67v, 14).
208. **Mondus* pour *mundus* (57r, 3 et 68v, 5) ; **etmorem* pour *et murem* (57v, 13/1) ; **volto* pour *vultu* (57r, 9).
209. *Canibus* (57r, 13a), *creatus* (66v, 4 et 5), *crucifixus* (56v, 5 et 67r, 4), etc.
210. *Manus* (57r, 21 ; 67r, 16 ; 68v, 10), mais **manos* (מָאנוֹס : 57r, 8) ; *masculus* (68v, 6), mais *masculos* (57r, 4c1).
211. *Cum* (67v, 12 et 68r, 7) ; *discipulorum* (66v, 19) ; *exemplum* (66, 19) ; *Petrum* (68r, 4) ; *pr(a)edium* (68r, 2) ; *secum* (68r, 4) ; *suorum* (66v, 19).
212. **Alienom* pour *alienum* (57r, 12) ; **bonom* pour *bonum* (57r, 13a) ; **eom* pour *eum* (56r, 17 et 67r, 11) ; **Nobis com* pour *nobiscum* (67r, 18-19) ; **irlorom* pour *illorum* (57v, 4a) ; **l(a)etatom* pour *l(a)etatum* (57v, 5).
213. **Com ?* (57v, 9).
214. **Deom* pour *deum* (57r, 11).
215. **Granom* pour *granum* (56v, 1) ; **meom* pour *meum* = *meam* (66v, 8) ; **quontom* pour *quantum* (56v, 1 et sans doute 66v, 22 [non vocalisé]) ; **sontom* pour *sanctum* (57v, 7).
216. *S(a)eculoron* pour *s(a)eculorum* (67v, 9 et 11) ; **son* pour *sum* (57r, 8 ; 57r, 12/1 ; 68v, 8).

56

Translittérations

– avec *ḥataf qamaṣ+ ḥolam+nun final* (וֹן = -*on*)[217]
– avec *consonne+sheva + alef* (אְ)[218]
– beaucoup plus rarement, avec *consonne + shuruq + mem final* (וּם = *um*)[219]

La terminaison -***unt*** est transcrite sous la forme *ḥataf qamaṣ + waw + nun + teth* (וַנְט)[220] ;

La terminaison -***ur*** est le plus souvent transcrite avec une graphie correspondant à -*or* (וֹר), mais aussi, parfois, sous la forme -*ur* (וּר)[221] ;

La diphtongue ***au*** est écrite avec *alef + pataḥ* (אַ = a) ou *alef + pataḥ + hé* (אַה = ā ?)[222].

Ces différentes prononciations valent aussi, sans doute, pour les mots non vocalisés.

Consonnes

v/b ; p/f

La consonne ***b*** est toujours transcrite avec un *beth* (ב). La présence du *daguesh* (point inscrit dans la lettre permettant de distinguer la prononciation *b* de la prononciation *v*) est très irrégulière et elle ne semble pas avoir été considérée comme nécessaire ; mais on observe par ailleurs que le *beth* (sans *daguesh*) est également utilisé, à plusieurs reprises, pour la translittération du *v* : sur l'ensemble des occurrences de ce phonème, 18 sont translittérées avec

---

217. *Dieron [non vocalisé] pour *dierum* (66v, 16) ; *onion pour *omnium* (66v, 16) ; *occisoron pour *occisorum* (57r, 8 [bis] ; 68v, 9 et 10) ; cf. *circoncisa pour *circumcisa* (68v, 7 et 57r, 4c2).
218. Graphie exceptionnelle : *nopiscomᵉ pour *nobiscum* (57r, 23 : נוֹפִּישׁ קוֹמְא).
219. *Filium* (66v, 1 et 10) ; *granum* (66v, 22) ; *I(e)sum* (57r, 15 ; 66v, 11 ; 67r, 7) ; *mulierum* (56v, 9); *sontum pour *sanctum* (66v, 2) ; *spirintum pour *spiritum* (66v, 1) ; *vinum* (57r, 6).
220. *Nesciont pour *nesciunt* (67v, 1) ; *sont pour *sunt* (57r, 23 ; 67r, 19 et sans doute 68r, 10 [non vocalisé]).
221. *Baptizantor pour *baptizantur* (57v, 11) ; *consumentor pour *consumentur* (57v, 13) ; *efficiontor pour *efficiuntur* (57r, 21), mais *efficiontur (67r, 16) ; *scandalizabontur* pour *scandalizabantur* (57r, 23 et 67r, 19) ; *mirabᵉtur pour *mirabatur* (57v, 4a) ; *sequibᵉntor pour *sequebantur* (56r, 17), mais *sequebontur (67r, 10) ; *vocabitur* (66, 11).
222. *Adientes ou *ādientes* pour *audientes* (57r, 19 ; 67r, 12) ; *adieris pour *audieris* (57r, 11) ; *atem pour *autem* (67v, 9).

Étude codicologique, paléographique et linguistique

un *beth*[223], 25 avec un *waw*[224] et 6 avec un double *waw*[225] sans que ces différentes formes puissent donner lieu à aucune classification[226] ; les incohérences ne sont pas rares, pour un même mot et/ou à l'intérieur d'une même unité[227]. Le *b* de *substantia* tombe dans les deux occurrences de sa translittération. *Nobiscum* est écrit **nopes com*[228], mais les trois autres occurrences de *nobis* sont écrites avec un *beth*, avec ou sans *daguesh*.

La consonne *p* est toujours transcrite avec un *pe* (פ). Comme pour l'occlusive sonore *b*, la présence d'un *daguesh* (qui permet de distinguer ici les pronociations *p* et *f*) est très aléatoire et les incohérences sont nombreuses[229]. La fricative *f* est presque toujours transcrite avec un *pé* sans *daguesh*, mais sur l'ensemble des occurrences de ce phonème (53), 26 seulement sont transcrites avec un *pe* surmonté d'un *rafé* (-)[230] et là encore, les incohérences sont

---

223. *Gravi, Invisibili, lavit, revenit, veni* (67v, 5 et 68v, 16), *venit* (56v, 12 ; 67r, 10 ; 68r, 2 ; 68v, 2) ; *ventre, vivo, vocabit, vocabitur, vocare, volo, voluntatem* (68v, 8 : bis), *vultu*.

224. *Vado* (66v, 1), **veniet = veniam* (68v, 1), *venit* (57r, 17 et 68v, 2), *verbo* (57v, 14), *vere* (57r, 2b), *vias* (57v, 8), *vigilate* (68r, 7), *video* (57r, 15 et 67r, 6b), *videre* (57v, 8), *videt* (57r, 14a ; 66v, 1 [bis] ; 67v, 8), *vile* (66v, 2 et 3), *vita* (66v, 17), *vit(a)e* (57v, 8), *virtute* (57r, 15 et 67r, 8), *virtutem* (57v, 3 et 67r, 23), *virtutes* (57v, 21 et 67r, 15). Le cas d'*Evangelium* (66v, 1 : *in marg.*) doit être mis à part, puisque le passage du latin (plus exactement du grec) à l'hébreu correspond également à un jeu de langage fondé sur l'association de deux mots hébreux.

225. *Vado* (56v, 12), **veniat = veniam* (56v, 12), *vere* (56v, 3), *veritate* (56v, 4a), *vermis* (56v, 8b), *vinum* (57r, 6).

226. On observe par ailleurs que pour transcrire le son *v* (y compris pour un même mot apparaissant en divers endroits), le ב n'est que très irrégulièrement surmonté d'un *rafé*. Liste des occurrences : *veni* : בֵּינִי (68v, 16) ; *venit* : בֵּינִית (56v, 12), בֵּינִיט (67r, 10) ; *ventre* : בֹנטְריה (67v, 6) ; *(de) gravi* : דִיגרֹבִּי (57v, 15) ; *vivo* : בִּיבוֹ (56v, 7c) ; *vocabis* : בּוֹקָאבִּיש (66v, 10) ; *vocare* : בּוֹקֵריה (67v, 5) ; *voluntatem* : בּוֹלוּנטָאטֵים (66v, 8) ; *vultu* : בּוֹלְטוֹ (57v, 9).

227. Par exemple *veniat* avec un double *waw* (56v, 12) et *veniet* avec un simple *waw* (68v, 1) ; *venit* avec un *beth* (56v, 12) ou avec un *waw* (57r, 17), etc.

228. Au fol. 57r, 23.

229. Par exemple : sur une même page, *patris*, avec *daguesh* (66v, 6, 9 et 12) ou sans *daguesh* (66v, 15) ; dans chacune des deux unités, *poterat* avec *daguesh* (67r, 22) ou sans *daguesh* (57v, 2).

230. Signe diacritique représenté graphiquement par une barre courte placée au-dessus des lettres du groupe *beth*, *guimel*, *daleth*, *kaf*, *pe* et *tav*, pour indiquer une prononciation fricative, et non occlusive. Tombé en désuétude avec l'invention de l'imprimerie, le *rafe* (litt. faible ») a été conservé, en yiddish et en ladino, pour distinguer le *p* du *f*, ou pour indiquer que les consonnes qui le portent ne doivent pas être systématiquement prononcées. Liste complète des occurrences, dans les deux florilèges : *confidit* : קוֹנְפִֿידִיר (56v, 7a) ; *crucifixus* : קרוּצִֿי פִֿי צוֹש (56v, 5), קרוּצִֿיפִֿישׁוּשׁ (67r, 4) ; *efficiuntur* : אִי פִֿיצִֿיאָונטוּר (67r, 16) ; *faber* : פֿאַבֵּיר (57r, 22), פֿאַבֵּיר (67r, 17) ; *facere* : פֿצְרִי (57v, 3), פֿאַצְריה (66v, 8), פֿאַצְריה (67r, 23) ; *faciatis* : פֿאַצִֿיאַטִיש (66v, 20) ; *faciunt* : פֿאַצִֿיאָונט (67v, 2) ; *facto* : פֿאַטוֹ (67r, 11) ; *factus* : פֿאַקטוּש (56v, 5), פֿאַטוּש (66v, 4) ; *fecisti* : פֿיצִֿישטִי (57v, 8), פֿיצִֿישטִי (67v, 2) ; *fidem* : פֿידֵם (56v, 1) ; *filium* : פֿילִיאָום (57r, 9b) ; *filius* : פֿילִיאוּש (57r, 1b), פֿילִיאוּש (66v, 11), פֿילִיאוּש (67v, 7) ; *(in) inferno* : אִינְ פֵֿירנוֹ (67v, 4) ; *infirmos* : אֵינְ פֿיּרמוֹשׁ (57v, 3) ; *propheta* : פֿרוֹפֵֿיטָא (57v, 1) ; *transfer te* : טְרוֹנְפֿיּרטֵי (56v, 2a), *transfert se* : טְרוֹנְפֿיּרטִי צֵיּ (56v, 2). Utilisation de *pé+rafe* pour le son *p* : *paeniteat* : פֵּֿנִיטִיאַן (57r, 2a) et *Pilatus* : פּֿילַאטוּש (56v, 3).

nombreuses[231]. Plus particulièrement encore, on observe que deux mots de la première unité commençant par le phonème *p* (prononciation occlusive) et figurant sur la même page sont transcrits avec un *pé* sans *daguesh* et surmonté d'un *rafe*…[232] ; dans la première unité, également, le mot *propheta*[233] est bien écrit avec *pe+daguesh* pour la première syllabe, mais aussi avec la graphie *pe+daguesh+rafé* (deux signes diacritiques contradictoires) pour le *f* de la deuxième syllabe… Au fol. 67r, l. 17, *Ioseph* est écrit avec *pe* non final + *daguesh*, ce qui est une double manière de mettre en évidence la prononciation *Iosep, mais le même mot est écrit avec un *pe* final (= *f*) au fol. 57r, l. 22.

g et c

Le **g** est transcrit avec un *gimel* (ג) en début de mot, devant consonne, et à l'intérieur d'un mot, devant consonne ou voyelle[234] (trois occurrences se présentent avec le signe ['] de palatisation[235]) ; à l'initiale, devant une voyelle, il est toujours transcrit avec un (י = *y*) ou deux *yod* (יי)[236]. Dans le groupe *gn*, le g n'est pas transcrit[237] ; dans le groupe *gw*, le *u* ne l'est pas non plus[238].

La gutturale **c** (qui tombe devant la dentale *t*[239]) est transcrite avec un *quf* (ק) devant une consonne[240], en fin de mot[241], devant les voyelles *a*[242], *o*[243], *u*[244] ainsi que les diphtongues composées avec ces dernières[245], avec un *sade* (ץ , צ) devant les sons *é*[246] et *i*[247], jamais avec un *khaf* (כ)[248]. On trouve ainsi les

---

231. Par ex. *fa[c]to* avec *rafe* dans la première unité (56r, 18) et sans *rafe* dans la seconde (67r, 11) ; dans la seconde unité, sur une même page, *filium* avec *rafe* (fol. 66v, 1) ou sans *rafe* (66v, 10).
232. *P(a)eniteat* (57r, 2a) ; *pr(a)eda* (57r, 10a).
233. Au fol. 57r, 1.
234. *Gloria, granum, gravi* ; *regi, ego* (7 occ.), *egressus, ingressus, resurget, rogabat, synagoga* (2 occ.).
235. *Regi (autem)* : רֶגִ׳יאַטֵם (67v, 9) ; *resurget* : רישורג׳ינֶ׳ (66v, 17) ; *vigilate* : ויג׳לאטי (68r, 7).
236. *Yenitus pour *genitus* (3 occ.), *Yesemani pour *Gethsémani* ; *(A)Eyipti pour (A)Egypti ressortit au même phénomène.
237. *Co[g]nitione, ma[g]nus.
238. *Ling[u]a* (57v, 6).
239. Voir ci-dessous.
240. *Creatus, crucifixus, crudelitatem.*
241. *Donec, hic, hoc, huic, nec.*
242. *Calicem, canibus, caput, capite, carnes,* *Catonos et les différentes formes de *vocare.*
243. *Cognitione, dico, Iacob, Iericho, paucos.*
244. *Cuius, cum, curabit, Marcus, masculus, secum, sicut* et les différentes formes de *s(a)eculum.*
245. *Conditur, conditus, confidit, conparant,* etc. ; *manducant, scandalizabantur.*
246. *Ceti, c(o)elos, c(o)epit, processisset,* ainsi que les différentes formes de *dicere, docere, discere* et *facere.* Exceptionnellement, le mot *procedit* (fol. 68r, 8) est écrit avec un *sin* (שׁ), et non avec un *tsadé* (צ).
247. *Incipit, discipuli, discipulis.*
248. Même observation pour la translittération des *lo'azim* (mots en langue vulgaire) dans M. Banitt, *Le Glossaire de Bâle,* Jérusalem, 1972, introduction, p. 59.

Étude codicologique, paléographique et linguistique

deux graphies dans certains mots[249]. Le *quf* du mot latin *caro* est surmonté d'un ˅ indiquant sa palatisation dans les deux occurrences de la première unité, mais pas dans celle de la seconde unité[250]. Le *quf* est également utilisé, sans aucune translittération pour le son *w*, dans toutes les occurrences de *qu*[251]. Le *c* géminé (*cc*) est lui aussi transcrit avec un *quf* devant la voyelle *a*[252] et avec un *ṣade* devant i[253] ; *ch* est rendu par ˅ק[254].

d et t

Le *d* est toujours transcrit avec un *daleth* (ד) au début et à l'intérieur d'un mot et, comme le *t* final, par un *ṣade* (ץ) ou par un *sin* (ש) en fin de mot[255].

À l'intérieur d'un mot, le *t* est généralement écrit avec un *ṣade* (צ) devant la voyelle *i* (palatisation) et avec un *teth* (ט) dans les autres cas[256]. À une exception près, devant *t*, les occlusives *c* et *p*, ne sont jamais translittérées[257] : elles n'étaient donc généralement pas prononcées. La voyelle ou la consonne précédente est parfois remplacée par un *n* ou suivie d'un *n* épenthétique[258].

La terminaison *-it* des verbes à la troisième personne du singulier (47 occ.) est écrite sous la forme *yod* + *ṣade* (ץ‍ - = -*its* ?[259]). La plus grande partie des exceptions[260] semble procéder d'une confusion entre la deuxième et la troi-

---

249. *Circumcisa, circumcisionem, concipies*.

250. U1 (fol. 57r, 4c2 et 6) ; U2 (fol. 68v, 7). Même orthographe pour *Marcus* (?) : מרק'ש (68v, 16).

251. **Iniq[u]itates, neq[u]e), q[u](a)erebamus, q[u]antum, q[u]asi, q[u]ia, q[u]omodo, q[u]oniam, req[u]iescit, seq[u]ebantur, unq[u]am* et toutes les formes du pronom relatif. Ce phénomène affectant les labiovélaires *kw* et *gw* s'est développé dès l'époque classique.

252. *Peccatis, peccatores*.

253. *Occidit, occisorum*.

254. Dans le manuscrit, le signe diacritique est situé au-dessus de la lettre hébraïque. La même graphie est signalée par M. Banitt, *Le Glossaire de Bâle*, Jérusalem 1972, introduction, p. 19.

255. *Davis pour *David* (66v, 12) ; *quits pour *quid* (67v, 1 et 2) ; *quots pour *quod* (66v, 2 ; 68r, 11 et 12) ; *sets pour *sed* (66v, 5 et 8 ; 67v, 5 ; 68r, 12).

256. Par ex. *cognitione* (57v, 2 [U1] et 67r, 21 [U1]) ; on trouve ainsi les deux graphies (*teth* et *tsadé*) dans les mots *delectationes* (57v, 9), *pænitentiam* (67v, 5) et *tertia* (56v, 12 ; 68v, 1).

257. *Ba[p]tista* (56v, 10a) ; *ba[p]tizantur* (57v, 11) ; *dele[c]tationes* (57v, 9) ; *do[c]trina* (57r, 19 et 67r, 13) ; *fa[c]to* (56r, 18 et 67r, 11) ; *fa[c]tus* (66v, 5 et 67r, 4) ; *san[c]tificantur* (57v, 11) ; *san[c]tum* (57v, 7 ; 66v, 2 et 20) ; *fastus (?) pour factus (56v, 5). Le participe *maledictus* est écrit avec l'occlusive *c* dans la première unité (56v, 6b), et sans l'occlusive dans la seconde unité (66v, 13).

258. *ᵉndare pour *et dare* (57r, 13a) ; *spirintum pour *spiritum* (66v, 1).

259. Cette prononciation est la plus vraisemblable, puisque d'autres terminaisons analogues sont transcrites avec un *sin* (= s).

260. Dans presque tous les cas, la finale *yod* + *sin* remplace *yod* + *ṣadé* : *dabis, pour *dabit* (66v, 12) ; *dicis, pour *dicit* (57v, 13) ; *dicis, pour *dicit* ou *dixit* (56v, 3) ; *dixis, pour *dixit* (66v, 19) ; *eris pour *erit* (66v, 11) ; *vocabis, pour *vocabit* (66v, 10) ; *et peperim (?), pour *et peperit* (57r, 9b) ; *fuits ? [corrigé], pour *fuit* (67v, 6) ; *lavis, pour *lavit* (66v, 18) ; *mutavi, pour *mutavit* (68v, 15) ; *respondi pour *respondit* (57r, 6) ; *sur rexis, pour *surrexit* (56v, 9c-10a).

Translittérations

sième personne du singulier ; deux de ces exceptions (*mutavi*, pour *mutavit* et *respondi*, pour *respondit*) pourraient laisser penser que le *t* final n'était pas toujours prononcé, puisqu'on retrouve le même phénomène pour la finale *-at* (voir ci-après).

La terminaison verbale *-at* (15 occ.) est écrite le plus souvent avec la séquence *pataḥ* (voyelle *a*) + *alef* + *ṣade* final (ץאָ = -*ats* ?), parfois avec *qamaṣ* (voyelle a/o) + *ṣade* final (ץָ = -*âts* ?) ; à deux reprises (*excita*, pour *excitat* et *rogaba* (?) pour *rogabat*[261]), le *t* final n'est pas pris en compte[262]. La présence d'un *alef* ou d'un *qamaṣ* traduit peut-être une prononciation proche de *-ât*. Aux fol. 57r, 19 et 67r, 12-13, *admirabantur* est écrit **omira bontur* (בְּנְטוּר \ אוֹמִירָא אוֹמִירָא בְּאוֹנְטוּר,).

La terminaison verbale *-et* (6 occ.) est transcrite,

- avec *yod* + *ṣade* final (ץי)[263]
- avec *ṣere* + *ṣade* final non précédé de *yod* (ץֵ)[264]
- avec *ṣere* + *yod* + *ṣade* final (ץיֵ)[265]
- avec *ṣere* + *alef* + *ṣade* final (ץאֵ)[266]
- avec *segol* + *yod* + *ṣade* final (ץיֶ)[267]

Plus généralement, le *t* **final** (ca 192 occ., y compris les différentes formes de *et* et de *est*) est presque toujours transcrit avec un *ṣadé* final (ץ= *ts* ?) lorsqu'il est précédé d'une voyelle, et avec un *teth* (ט = *t*) lorsqu'il est précédé d'une consonne (séquences *-nt*[268] ou *-st*[269]). On trouve parfois un *sin* (ש = *s*) là où le sens impose qu'on lise une troisième personne du singulier, dont certaines ont déjà été signalées ci-dessus[270] : le phénomène peut s'expliquer par une confusion entre la deuxième et la troisième personne du singulier ou par une assibilation du *ṣade* (*ts* → *s*). Sur 79 occurrences de la conjonction *et*, 14 (toutes dans la seconde unité) sont écrites אֶי ou אֵי (**e[y]*), comme si le *t* final n'était alors pas prononcé ; un phénomène analogue peut être observé pour d'autres

---

261. Respectivement aux fol. 57r, 14 et 67v, 13b.

262. A la ligne 2 du fol. 56v, *poterat* est écrit **poterets* (avec un *ṣere*).

263. *Processisset* (68r, 8) et *transiret* (68r, 9).

264. *Resurget* (66v, 17).

265. *Veniet* = *veniam* (68v, 1).

266. *Videt* (66v, 1 : 1ᵉ occ.).

267. *Videt* (66v, 1 : 2ᵉ occ.).

268. *Comparant* (68v, 14) ; *fuerunt* (67v, 12) ; *habent* (57r, 6 [bis]) ; **mediant* ? (57v, 12) ; *manducant* (57v, 12) ; *nesciunt* (67v, 1) ; *sunt* (57r, 23 ; 67r, 19 ; 68r, 10).

269. *Potest* (57r, 3 [bis] et 68v, 4-5 [bis]).

270. **Dicis* pour *dicit* (57v, 13/1) ; **dixis* pour *dixit* (66v, 19 et 68r, 9) ; **eris* pour *erit* (66v, 11) ; **lavis* pour *lavit* (66v, 18) ; **surrexis* pour *surrexit* (56v, 9c-10a) ; **venis* pour *venit* (67r, 10 et 68r, 2).

Étude codicologique, paléographique et linguistique

formes verbales de troisième personne du singulier[271]. Il arrive également que le *t* de *et* tombe ou se tranforme devant la consonne par laquelle débute le mot qui suit[272]. Le *tav* (ת) n'est jamais utilisé pour la translittération du *t*.

h

Le *h* en début de mot (*habent*, *hora*, *honor*, etc.) n'est jamais transcrit.
Le datif *mihi* est translittéré sous une forme correspondant à **mici* (מִיקִי)[273].

l

Devant *l* et *t*, le *l* se transforme généralement en *r* (*ll* → *rl* ; *lt* → *rt*)[274].
Dans tous les autres cas, la consonne *l* est transcrite avec un *lamed* (ל), y compris lorsqu'elle est redoublée[275].

m

Au début et à l'intérieur d'un mot, la consonne *m* est généralement transcrite avec un *mem* (מ), et en fin de mot avec un *mem* final (ם). Devant consonne (labiale ou dentale), on trouve presque toujours les graphies *nt*, *nc*, *nm*, *np*, et *mp* uniquement pour l'adverbe *semper*[276]. Dans les trois occurrences du groupe *mn* (pour le même mot), le *m* tombe[277].
Pour les terminaisons *-am*, *-em* et *-um*, voir ci-dessus les voyelles **a**, **e** et **u**.

n

Toujours transcrit avec un *nun* (נ), le *n*, n'est pas transformé en *m*, par assimilation, devant une labiale[278] ; la finale *-nt* est écrite avec un *nun* suivi d'un *teth* (נט)[279]. Le *n* n'est pas pris en compte dans la translittération de *i[n]cipit* et

---

271. **Excita* pour *excitat* (57v, 14) ; **mutavi* pour *mutavit* (68v, 15) ; **respondi* pour *respondit* (57r, 6) ; **dogama = *rogaba* pour *rogabat* (67v, 13b).

272. **Onba(p)ti santur* pour *et baptizantur* (57v, 11) ; **ᵉndare* pour *et dare* (57r, 13a) ; **inpe perit* pour *et peperit* (57r, 9 b) ; **ets candalizabantur* pour *et scandalizabantur* (57r, 23 et 67r, 19).

273. Au fol. 57v, 8.

274. **Artissimi* pour *altissimi* (66v, 11), mais *alter* (57v, 12) ; **irli*, **irlis*, **irlo* et **irlorum* pour *illi* (2 occ.), *illis* (1 occ.), *illo* (5 occ.) et *illorum* (1 occ.) ; **murlti* pour *multi* dans chacune des deux unités (56r, 18 et 67r, 12) ; **suirlas* pour *suillas* (57v, 12) ; **urlam* pour *ullam* dans les deux unités (57v, 3 et 67r, 23), mais *vultu* (57r 9).

275. *Suillas* (57v, 12).

276. **Adinplebis* (57v, 8) ; **assunsit* pour *assumpsit* (68r, 4) ; **tseyᵉrcontsiza* pour *circumcisa* 57r, 4c et 68v, 7), et *circuncisio* (66v, 20 et 67r, 15) ; *conparant* (68v, 14) ; *exenplum* (66v, 9) ; *inmortali* (67v, 9) ; *inpositis* (57v, 3) ; **redentsio* pour *redemptio* (6v, 4) ; *tenpore* (57r, 16 et 67r, 9), mais *semper* (56v, 7).

277. **Onia* pour *omnia* (57r, 20 ; 67r, 14 ; 68r, 10).

278. Voir ci-dessus, note 276.

279. La graphie **conpara noti* (?), pour *conparant* (68v, 14) paraît due à une faute de lecture.

de *hu[n]c*[280], mais ces deux phénomènes, distincts l'un de l'autre, semblent dus à des erreurs car le *n*, dans l'initiale *in* ou à l'intérieur d'un mot, est toujours restitué par ailleurs.

q

La consonne *q*, qui n'apparaît que sous la forme *qu-* (*qw*)[281] est toujours transcrite avec un simple *quf* (ק), ce qui permet de penser que le *u* n'était pas prononcé.

r

La constrictive *r* est toujours transcrite avec un *resh* (ר), y compris lorsqu'elle est redoublée[282].

s

Le son **s** est généralement transcrit avec un *sin* (ש), mais aussi, parfois, avec un *samekh* (ס), et exceptionnellement avec un *ṣade* final (ץ)[283] ; les transcriptions qui se distinguent des autres ne correspondent à aucun cas particulier qui leur soit commun et elles ne sont pas toutes regroupées dans l'une des deux unités : ainsi, *assimulasti* est écrit avec un *samekh*, et *baptista* avec un *sin*[284] ; *fecisti* avec *ṣade* + *teth* (טץ) dans la première unité et avec *sin* + *teth* (טש) dans la seconde[285] ; l'accusatif pluriel *manus* avec un *samekh* ou avec un *sin*[286] ; *manus* avec un *sin* ou un *samekh* et *magnus* aves un *sin*[287] ; les accusatifs pluriels en -*es* sont presque toujours écrits avec un *sin*, mais *virtutes* présente les deux graphies[288] et le *sin* de *dolentes* est surmonté du signe ˅ ; il en va de même pour les accusatifs pluriels en -*os* qui présentent, eux aussi,

---

280. Respectivement aux fol. 68r, 5 et 11.

281. *Qui*, *quod*, *quid*, *quasi*, *quomodo*, etc.

282. *Narrat* (57v, 14) ; *terram* (68r, 8) ; *surrexit* (56v, 9c-10a) a deux *resh* parce que la forme est décomposée : **sur rey*ᵉ*sis*.

283. Comme pour les terminaisons verbales de troisième personne du singulier (voir ci-dessus).

284. Respectivement aux fol. 68v, 14 et 56v, 10a.

285. Respectivement aux fol. 57v, 8 et 67v, 2.

286. Avec un *samekh* dans la première unité (7r, 8 et 21), avec un *sin* dans la seconde (67r, 16 et 68v, 10).

287. *Manus*, avec un *samekh* (57r, 8 et 21), avec un *sin* (67r, 16 ; 68v, 10) ; *magnus*, avec un *sin* (66v, 11).

288. Avec un *samekh* (57r, 21), avec un *sin* (67r, 15).

Étude codicologique, paléographique et linguistique

une exception[289] ; *diebus* et *noctibus* sont écrits avec un *sin*, et *manibus* avec un *tsade*[290] ; *dextris* avec un *sin*, et *discipulis* avec un *ṣade* (corrigé en *sin*)[291]. L'occlusive précédant *s* n'est pas translittérée[292].

Rien ne distingue le *s* simple et redoublé[293]. Le *s* entre voyelles[294] est transcrit avec un simple *sin* (son *s* ?) mais aussi, le plus souvent, avec un *sin* surmonté du signe ᵛ, qui doit correspondre au son *z* ou à un son intermédiaire entre *z* et *ž* (le *zain* [ז] n'est jamais utilisé)[295].

Le *s* tombe dans les deux translittérations d'*Israel*[296].

La terminaison *-is* (45 occ.) est écrite sous la forme *yod + sin* (ש־י) pour les noms, les pronoms, les adjectifs et les participes au génitif singulier, au datif ou à l'ablatif pluriel et sous la forme *yod + ṣade* (צ־י) pour les verbes à la deuxième personne du singulier. Cette règle, qui s'applique aux deux unités, ne présente que trois exceptions[297] ; elle montre que les scribes distinguent phonétiquement les deux terminaisons.

x

Le *x* connaît différentes graphies, parfois mêlées : avec un simple *sin* (ש = *s* ?), avec *sin+*ᵛ (= *š* ?)[298], avec un *ṣade* (צ = *ts* ?). La translittération de ce phonème n'est pas très cohérente, puisqu'il arrive qu'on trouve la même graphie pour les différentes occurrences ou les différentes formes d'un même mot[299]. Devant les occlusives *c* et *t*, il n'est pas transcrit[300].

---

289. *Paucos*, écrit avec un *samekh* (57v, 3).

290. *Diebus* et *noctibus* (67v, 7) ; *manibus* (57v, 3).

291. *Dextris* (57r, 15 et 67v, 7) ; *discipulis* (68r, 3).

292. *Assumsit pour *assumpsit* (68r, 4).

293. Les occurrences de *s* redoublé sont toutes transcrites avec un simple *sin*.

294. *Invisibili, nisi, occisorum, quasi, resurget*.

295. *Iesus/Iesum* (13 occ.) est écrit avec un simple *sin* dans quatre cas, et avec *sin+*ᵛ dans les neuf autres ; *Ioseph* est écrit avec *sin+*ᵛ dans les deux cas. Liste complète des occurrences avec signe de palatisation (ᵛ) : *Iesum* : יֵשׁ'ם (66v, 11), ישׁ'ום (67r, 7) ; *Iesus/Ğesus* : יֵשׁ'וש (56v, 3), גישׁ'וש (66v, 18), יֵשׁ'וש (67r, 3), גַ'ישׁ'וש (67r, 20), גַ'ישׁ'י (67v, 12), ישׁ'וש (68r, 2) ; *Ioseph* : יוֹשׁ'יף (57r, 22), יוֹשׁ'יפּ (67r, 17) ; *nisi* : נישׁ'י (67r, 21) ; *penosa* : פנושׁ'א (68r, 1).

296. *Irael pour *Israel* (57r, 10c et 13a).

297. Toutes trois dans la seconde unité : *discipulis* avec un *ṣade* (68r, 3) ; *faciatis* et *facis*, avec un *sin* (66v, 20 ; 67v, 13b) ; cf. *Simoni* pour *Simonis* (57r, 22).

298. *Dixerit* : דישׁ'ריץ (67r, 1) ; *dixisti* : דְישׁ'יטְישׁ (56v, 4a), דְישׁ'ישְׁטי (67r, 3) ; *domo sua* : דומושׁ'ו שואה (57v, 2) ; *surrexit* : שור רֵישׁ'ש (56v, 9c-10a).

299. C'est le cas, par exemple, pour le parfait, et le plus-que-parfait de *dicere* : *dixerit*, avec un *ṣade* (56v, 1) et avec *sin+*ᵛ (67r, 1) ; *dixerunt*, avec *sin* (67v, 11) ; *dixisti* avec *sin+*ᵛ (56v, 4a) et avec *sin* (67, 3) ; *dixit* avec *sin+*ᵛ (66v, 19) et avec *sin* (68r, 9). Voir également *crucifixus/crucifixi* avec un *ṣade* (56v, 5) ou avec un *sin* (67r, 4 et 67v, 12).

300. *Etsita (avec un *ṣade*), pour *excitat* (57v, 14) ; *detris pour *dextris* (57r, 15 et 67v, 7).

Translittérations

Conclusions (bilan de l'analyse des translittérations)

Les principales caractéristiques de la translittération sont donc les suivantes :

– nombreux phénomènes de **soudure** et de **décomposition** ;

– plusieurs exemples de **métathèses**[301] ;

– utilisation indifférenciée du *patah* (̲= a), du *qamaṣ* (̣= o dans la prononciation ashkénaze, a dans la prononciation séfarade), du *hataf patah* (̲= a) et du *hataf qamaṣ* (̣= o dans la prononciation ashkénaze, a dans la prononciation séfarade) pour la transcription de *a* ;

– fréquente translittération de *a* (+ *am*, *an*, etc.) non seulement avec *qamaṣ* et *hataf qamaṣ* (= o en Ashkénaz), mais aussi avec *holem* (= o dans les prononciations ashkénaze et séfarade) ;

– pour la translittération de *e* (+ *et*, *em*, etc.), le *segol* (̲= ê en Séfarad, é en Ashkénaz) et le *ṣere* (̲= é en Ashkénaz et en Séfarad) sont indifféremment utilisés sans être jamais distingués l'un de l'autre. Plusieurs graphies de *e* indiquent une prononciation *ey*, certaines d'entre elles étant, à cet égard, sans ambiguïté ; *e* et *i* sont souvent confondus, *e* et *a* le sont quelquefois.

– fréquente translittération de *u* (+ *us*, *um*, etc.) avec une graphie hébraïque correspondant à *o* ; fréquente translitération de *um*, *ur*, ou *unt* avec des graphies correspondant à *om*, *or*, ou *ont*.

– du point de vue strictement phonétique, rien ne distingue, dans la translittération, les **syllabes accentuées** et celles qui ne le sont pas ; seule l'utilisation du *sheva* (*e* muet), dans certains cas, fait exception ;

– le *t* et le *d* devant voyelle et en fin de mot (ainsi que le *c* devant voyelle) sont généralement transcrits avec un *tsade* (ץ ,צ) ; l'utilisation du *teth* (ט = *t*) dans les autres cas permet de penser que les prononciations *t* et *ṣ* sont bien distinguées l'une de l'autre, donc que l'utilisation du *ṣade* correspond bien à un son proche de *ts,* mais on observe par ailleurs une certaine hésitation, pour la transcription des dentales *d* et *t*, entre *ṣade* (= *ts* ?) et *sin* (= *s*) ;

– le *samekh* (ס) et le *sin* (ש) sont indifféremment utilisés pour la transcription de *s* ;

– les **consonnes géminées** sont toujours transcrites avec une seule lettre hébraïque ;

– la translittération d'un même phonème ou d'un même mot latin présente souvent une remarquable variété qui vaut à la fois pour l'ensemble constitué par les deux florilèges et au sein de chacun d'entre eux. Le détail résiste à toute classification et, de ce point de vue, les deux unités ne se distinguent

---

301. *Abonima tsionem pour *abominationem* (57v, 13) ; *crudile tatem pour *crudelitatem* (57v, 4) ; *inpe pirem (?) pour *et peperit* (57r, 9).

65

Étude codicologique, paléographique et linguistique

guère l'une de l'autre, même si certaines graphies prédominent parfois dans l'une ou l'autre d'entre elles. Cette absence de cohérence montre 1) que la transcription, distincte de la traduction, est effectuée sans que son auteur/ses auteurs ai(en)t (toujours) une bonne maîtrise des éléments du discours reproduit ; 2) que les diverses graphies ne correspondent pas ici à des différences dans la *prononciation* des mots, mais dans leur *perception* auditive (dans leur *mémorisation* ?), et dans leur *restitution* en caractères hébreux.

Commentaires sur le dossier, par Pascale Bourgain
(École des Chartes)

Il est bien difficile d'apporter quelque chose à un travail aussi poussé lorsqu'on ne connaît même pas l'alphabet hébreu. Mes réflexions, à la lecture de ce texte, se sont trouvées fort bien exprimées dans la conclusion.

J'avais en effet repéré trois niveaux de perception de la phonétique de ces textes (j'ajoute quelques références au manuel de Stotz pour documenter) :

– *la façon de prononcer le latin et les langues vernaculaires dans les pays où vivent les auteurs de ces translittérations.* Car ils parlent forcément plus la langue vernaculaire que le latin, encore que, apparemment, ils ont dû assister à des célébrations liturgiques ; mais la vie quotidienne est, justement, plus quotidienne. Cette prononciation est ce que les latinistes et philologues peuvent attendre de ce travail ;

– *ce que les juifs entendent (et comprennent, à partir de ce qu'ils entendent,* ce qui vaut pour tout locuteur peu entraîné (y compris les scribes chrétiens qui écrivent en latin sans en avoir une pleine maîtrise). Ce niveau fait apparaître des traits similaires chez des copistes occidentaux pas trop compétents. Mais il s'y ajoute, pour les Juifs, une phonétique différente dans leur langue naturelle, donc véritablement des sons qu'ils entendent différemment, et une façon de comprendre encore plus difficile que pour les moines du midi de la France par exemple ou pour certains scribes occasionnels du Xe siècle, à qui ils me font penser ;

– enfin *l'absence d'un système de transcription codifié* entre ces deux phonétiques où les sons ne se correspondent pas. Le scripteur rapproche des sons qu'il a du mal à distinguer d'autres sons de sa propre langue, alors qu'ils ne correspondent pas exactement.

J'essaie donc de reclasser sommairement mes quelques remarques ponctuelles :

Phénomènes dus à la copie d'une langue entendue et non pas copiée

Les phénomènes de soudure et de décomposition me font justement penser, non seulement aux phénomènes de proclise et enclise des mots outils, qui dépendent de l'enseignement grammatical, mais à la très grande fantaisie de beaucoup de copistes du sud de la France, jusqu'au XIIe siècle, lorsque la scriptio continua disparaît, mais sans que l'enseignement grammatical ait appris aux scribes à séparer les mots selon la grammaire (du type : *rece dea meo rex*, pour *recede a me o rex*, XIIᵉ s.).

Des métathèses analogues à celles de ces textes figurent dans tous les apparats critiques (il y en a même une ou deux dans le texte français en question...). Je dirais que leur fréquence n'est pas tellement supérieure à celles d'une langue parlée de façon courante, ou aux lapsus d'un copiste normal, lorsqu'il ne recopie pas lettre à lettre mais en se dictant le texte à soi-même. Les textes conservés de ce type sont un peu plus nombreux dans le sud de la France, mais cela peut être dû à des phénomènes de conservation ou de densité du réseau scolaire et cela ne veut pas dire qu'il n'existait pas dans le nord de la France de scripteurs de ce type.

Phénomènes dus à la prononciation locale ou contemporaine

A. Génériques, reflétant le latin parlé du XIIIᵉ s.

– Les voyelles suivies de nasale devaient déjà être nasalisées, donc relativement indistinctes. (Voir le nombre de gens, surtout étrangers, qui n'entendent pas la différence entre *in* et *un*). Tout à fait normal pour *om/um* (prononciation dite, de nos jours, « latin d'église », mais qui était la prononciation médiévale), le passage de *u* à *o* se trouve assez fréquemment avant consonne (voir Stotz, *Handbuch...* l. VII § 39-41, t. III p. 52 *sq.*). Les confusions *a/e* avant nasale existent plus largement qu'on ne le dit, même hors de France, en Italie ou en Europe centrale. Et du coup les graphies qui confondent *n* et *m* après *a* et *e* ne sont pas rares.

– La confusion *u/o*, surtout devant liquide (*l* ou nasale), est fréquente.

– La transcription de *cuius* montre qu'il y avait bien prononciation d'une consonne intervocalique (*cujus* pour exprimer cela pour un lecteur français). Moins net pour *Jesus* et *Judae*, si j'ai bien compris. Les graphies avec un *Y* au début, qui indiquent une prononciation semi-consonne et non consonne, sont généralement germaniques, avec de très rares exceptions.

– La disparition de *g* devant *n* est normale, depuis l'antiquité (Stotz VII § 269, p. 306).

– La non prononciation de l'appendice labial dans *qu* est normale, de même que la disparition du *h*.

– Le *t* final non prononcé est également normal, comme en français dans les formes non savantes (*et*). En Italie le *t* final n'est pas transcrit avant la reprise en mains scolaire de la fin Xᵉ-XIᵉ s. Voir Stotz, VII § 187, t. III p. 228.

– La simplification des groupes de consonnes, *ct*, *pt*, est normale également. Ce sont des graphies pour l'œil depuis le Iᵉʳ siècle avant (Stotz VII, § 164.1-2 et § 208 p. 247). En rapprocher peut-être la chute du *s* dans *Israel*, qui n'est pas attestée par Stotz. Et la difficulté à transcrire *x* ou sa chute ; Stotz donne des exemples de *x* devenu *s* avant *t* ou *c* (§ 282.5, p. 322), en faisant remarquer qu'en français le son disparaît tout à fait (*extraneus* > étrange), ce qui correspond à la présente translittération.

67

Étude codicologique, paléographique et linguistique

– Le flottement *ar/er* s'est produit au Moyen Âge, notamment en région picarde (je crois), et s'est reproduit au XVIIe s. Ce n'est pas très net chez Stotz qui indique des exemples plutôt anciens (VIIIe s., l. VII § 23.1) et sporadiques.

– Apparemment, la simplification du *ts* en *s* (suite de l'assibilation des palatales) ne s'est pas encore produite régulièrement, puisqu'il y a une différence : on dit que cela se produit vers 1200 en France. Ce document peut donc aider à préciser la chronologie de cette simplification.

– D'autres flottements seront difficiles à évaluer, parce qu'ils sont sporadiques : ainsi *e* prononcé *i* (Stotz § 12), fréquent, mais pour toutes sortes de raisons et en des temps différents.

B. Peut-être locaux, ou induits par la phonétique propre des Juifs :

– La prononciation *A* proche de *O*, outre les distinctions askhénaze/séfarade, me fait penser aux rimes *a/o* fréquentes en Allemagne, au Xe siècle, et même ensuite (Hroswita). Voir aussi Stotz, VII § 9 et 43, t. III p. 13 et 56-57. Je pense qu'ils entendaient quelque chose de plus proche d'un *o* dans leur propre phonétique.

– La prononciation de *e* comme *ei* existe encore chez certains belges, ou des français vivant à l'étranger, dans des pays anglosaxons. Elle a donc pu exister en France du nord à l'époque. Mais il est notable qu'elle n'est pas relevée par Stotz, sinon en Irlande (t. III p. 30).

– *c + a* peut se présenter comme palatalisé ou non : il ne se palatalise pas en picard (voir F. Vielliard). Stotz ne repère pas de graphies correspondant à la prononciation palatalisée (VII § 151.6, p. 184).

– Plus intéressant encore est la finale -*ionem* qui confond le nominatif et l'accusatif : il me semble qu'ils identifient le mot à ce qu'ils entendent en vernaculaire. Cette terminaison donne -*iun* en anglonormand.

– Il est difficile de savoir ce qui était alors prononcé comme *e* fermé. La diphtongue *ae*, à l'origine, avait donné un *e* ouvert, or ici elle est toujours transposée comme fermée. Il n'y a plus de distinction *e* long *e* bref, tout au plus peut-il y avoir une différence accentué/non accentué ; peut-être le caractère fermé traduit-il plutôt une voyelle accentuée.

Phénomènes plus surprenants

– Le flottement *r* pour *l* est rare, et n'est repéré par Stotz, l. VIII § 243, t. III p. 282, qu'en position intervocalique et en Italie.

– La graphie *mici* pour *mihi* est intéressante. On la rencontre plutôt en Espagne : Stotz l. VII § 123, t. III p. 165.

– Flottements non documentés ailleurs : *off-* pour *efficiuntur*. **Cargnies* avec *n* palatalisé pour *carnes*. Le flottement *m/t* en finale (*pepirem*), compréhensible seulement si les consonnes finales ne sont plus prononcées, ce qui est possible en latin parlé rapide. *I(s)rael* ?

Translittérations

Commentaire du dossier par Louis Holtz
(essentiellement sur le tableau énumérant les phénomènes de soudure
et de décomposition)

Cher collègue, je trouve très intéressant le dossier que vous m'avez adressé.

Certes, je savais qu'il existait de l'ancien français en caractères hébraïques (cf. le maître de Troyes), mais c'est la première fois que je vois du latin transcrit dans cet alphabet. Les phénomènes graphiques (soudure ou décomposition qui caractérisent ces deux versions d'un même texte) semblent dépendre d'un antigraphe commun, puisqu'on ne peut pas affirmer que l'un des textes est la source de l'autre, et d'autre part l'un comme l'autre manquent de rigueur, et sur des points différents.

On ne peut pas parler de racines, ni de suffixes : ni les Grecs ni les Latins n'avaient mis à jour ces concepts, ni leurs héritiers médiévaux.

Voici mon hypothèse :

Pour moi, il s'agit de la transcription par écrit d'un enseignement oral et les diverses formes que nous voyons écrites concernent **l'accentuation (phénomène oral)**, qu'il s'agisse de la préposition soudée à la forme fléchie sur laquelle elle porte, qu'il s'agisse des formes nominales ou verbales coupées en deux.

1) *Soudures de la préposition qui devient atone, y compris celles qui normalement sont longues (a, de-) :*

– n° 4 : *adextris* en 1 (2 *a dextris* fautif) : accent sur *dex* ;
– n° 8 : *afiliis* en 1 (omission en 2) : accent sur le premier *i* ;
– n° 9 : *ame* en 2 (omission en 1) forme atone (?) ;
– n° 10 : *anullo* en 2 (omission en 1) accent sur *nul* ;
– n° 18 : *degravi* (accent sur *gra*) ;
etc.

2) *Décomposition d'un verbe ou d'un nom pour mettre en valeur son accentuation :*

– n° 6 : *admira bantur* : accent sur *ban* (la coupure du mot est un moyen de souligner la force de l'accent (tonique) sur la syllabe *ban* ;
– n° 11 : *assimu lasti* (accent tonique sur la syllabe *la*) ;
voir aussi n° 14, 26 (en 1)50 (en 1), 61 (en 1), 62 (mais avec erreur), 64, 66 (en 1), 56 (en 2)
– n° 3 : *abomina tionem* prononcé *abomina tzionem* (*tzio*, une syllabe) ;
– n° 27 : *etbapti zantur* double phénomène, la conjonction *et* traitée comme atone et le soulignement de l'accent sur *zan* (cf. 30 en 1) ;
– n° 39 : *in firmos* pour bien marquer l'accent sur *fir*.

3) *Décomposition d'un participe ou d'un adverbe, semblablement pour bien marquer l'accentuation sur la première syllabe qui suit la coupure :*

– n° 4 : *in positis* : l'accent sur *o* (bref) ;
– mais 43 : *in super*, erreur car la pénultième (*su*) est brève.
Mon hypothèse n'est pas valable pour les formes coupées en trois, sauf à y voir la déformation par les copistes du procédé que je viens de décrire (cf. 16 en 1), ce qui est sûrement le cas du n° 26 en 1 comme en 2.

Étude codicologique, paléographique et linguistique

4) *Les pronoms deviennent atones quelle que soit leur position*
(cf. 49, *mele* et accent sur le premier *i* de *titia*)

En 48, les deux graphies sont correctes (mais ici la coupure met en valeur l'accent sur *dic*).
Il arrive tantôt à l'un tantôt à l'autre copiste de mal appliquer ces procédures graphiques et l'on ne peut rendre compte de toutes les formes que vous avez relevées. Je pense que l'un et l'autre ont altéré le manuscrit d'un maître antérieur qui, dans une perspective polémique (cf. *crucifixus* n° 16), avait inventé une méthode pédagogique pour enseigner à ses élèves non seulement le latin, mais aussi comment prononcer le latin. Cette méthode, nos deux copistes ne la comprenaient plus et ont pris çà et là des initiatives qui la déformaient (cf. en 1, n° 47, 59, 69 et 67 ; en 1 comme en 2 : 53, mais d'une façon générale, plus souvent en 1 qu'en 2), etc.
Les méthodes d'enseignement du latin dans les écoles du Moyen âge sont mal connues, car on s'est surtout intéressé aux grammaires plutôt qu'aux humbles exercices. Ce latin en écriture hébraïque nous renvoie à la pédagogie concrète d'une langue encore parlée et vivante.

CHAPITRE V
LES TRADUCTIONS

La traduction hébraïque : remarques générales

Les 24 citations du premier florilège sont toutes accompagnées d'une version hébraïque ; parmi les 34 citations du second florilège, 23 seulement présentent une version hébraïque (dont une avec une traduction très partielle, et une autre avec l'hébreu seulement). Lorsque les deux versions sont présentes, il s'agit bien toujours d'une *traduction* puisque, même dans le cas des citations tirées de l'Ancien Testament, l'hébreu est calqué – avec plus ou moins de bonheur – sur le latin[302].

Parmi les 12 citations latines communes aux deux florilèges, seules deux sont traduites dans le premier alors qu'elles ne le sont pas dans le second : l'extrait du Symbole de Nicée[303] et le passage de l'Évangile de Marc relatif aux frères et sœurs de Jésus (dont seuls les premiers mots sont traduits)[304]. Parmi les 22 citations *traduites*[305] dans second florilège, seules 11 apparaissent également dans le premier.

Le texte latin des citations communes aux deux florilèges est identique, la longueur du passage cité ne variant que dans un cas, qui s'explique sans doute par une interruption[306] ; seul le détail des translittérations varie. En revanche, les traductions hébraïques présentent de nombreuses divergences, plus ou moins importantes, y compris pour des citations apparaissant dans des blocs communs aux deux florilèges. Il est donc évident que pour les citations elles-mêmes, les deux documents remontent à une ou plusieurs source(s) commune(s) alors que les traductions hébraïques, élaborées en une ou plusieurs étapes de la transmission des textes, sont indépendantes les unes des autres.

La comparaison des traductions hébraïques met en évidence certaines particularités qui seront présentées ici de façon synthétique, le détail des observations étant donné dans l'analyse de chacune des citations.

---

302. Voir ci-dessous.
303. U1 (3) ; U2 (13).
304. Mc 6, 1-6 (U1 : 21) ; U2 :16) : la fin du dernier verset manque dans le second florilège.
305. C'est-à-dire présentant à la fois une version latine et une version hébraïque, même partielle.
306. Mc 6, 1-6 (U1).

Étude codicologique, paléographique et linguistique

– Parmi les citations tirées de l'Ancien Testament, 5 sont accompagnées d'une version hébraïque dans les deux florilèges :

Citations de l'Ancien Testament accompagnées d'une version hébraïque dans les deux florilèges

Référence scripturaire	Citation latine commune aux deux florilèges	Version hébraïque U1	Version hébraïque U2	Texte massorétique
Nb 23,19 (U1 : 10 ; U2 : 27)	*Deus non est homo mendax, neque filius hominis, qui se paeniteat*	אל לא יש איש יכזב ובן אדם	אל לא יש איש יכזב ובן אדם ינחם יקם אומר ולא יעשה	לֹא אִישׁ אֵל וִיכַזֵּב וּבֶן־אָדָם וְיִתְנֶחָם הַהוּא אָמַר וְלֹא יַעֲשֶׂה וְדִבֶּר וְלֹא יְקִימֶנָּה
Sg 1,11 (U1 : 11 ; U2 : 28)	*Os quod mentitur occidit animam.*	פה השקר יהיה הנפש	פה השקר יהיה הנפש	Ne figure pas au canon hébraïque des Écritures.
Jb 25,4 (U1 : 12 ; U2 : 29)	*Quomodo potest esse homo iustus et quomodo potest mundus de peccatis natus ex muliere ?*	מה יהיה אדם צדיק ומה יהיה נקי מחטא אשה	מה יהיה אדם צדק ומה יהיה נקי מחטא אשה	וּמַה־יִּצְדַּק אֱנוֹשׁ עִם־אֵל וּמַה־יִּזְכֶּה יְלוּד אִשָּׁה
Gn 17,14 (U1 : 13 ; U2 : 30)	*Masculus cuius preputii caro circumcisa non fuerit peribit anima de populo suo.*	זכר אשר ערלת בשר ולא ימול תכרת הנפש הזאת מעם	זכר אשר ערלת בשר לא ימול תכרת הנפש [?] מעם	וְעָרֵל זָכָר אֲשֶׁר לֹא־יִמּוֹל אֶת־בְּשַׂר עָרְלָתוֹ וְנִכְרְתָה הַנֶּפֶשׁ הַהִוא מֵעַמֶּיהָ אֶת־בְּרִיתִי הֵפַר
Ez 28,9-10 (U1 : 15 ; U2 : 31)	*Quomodo poteris dicere ego sum Deus a capite occisorum ? Es homo et non Deus in manus occisorum.*	איך תוכל לאמר < אלהים > אני לפני ההרוגים < אל > אתה אדם ולא ביד ההרוגים	איך תוכל לאמר אני אל לפני ההרוגים אתה אדם ולא אל ביד ההרוגים	הֶאָמֹר תֹּאמַר אֱלֹהִים אָנִי לִפְנֵי הֹרְגֶךָ וְאַתָּה אָדָם וְלֹא־אֵל בְּיַד מְחַלְלֶיךָ

72

Les versions hébraïques proposées pour une même citation se distinguent toujours l'une de l'autre en étant, l'une et l'autre, différentes du texte massorétique. Les écarts avec le texte massorétique s'expliquent, dans tous les cas, par le souci d'offrir une version hébraïque aussi conforme que possible au texte latin[307], les florilèges étant élaborés avec le dessein manifeste de proposer, pour la polémique avec les chrétiens, une argumentation fondée sur la tradition de ces derniers. Le souci de coller au texte latin donne parfois une tournure très embarrassée – sinon incorrecte – à l'hébreu ; à deux reprises (Nb 23, 19 et Jb 25, 4), le *waw* (ו) correspondant à la conjonction *et* est artificiellement séparé du mot sur lequel il porte, pour être situé exactement au-dessus du mot latin correspondant. Les mots hébreux sont généralement bien placés dans le manuscrit, mais il arrive que leur situation ou leur choix trahisse les incertitudes du traducteur et/ou de son copiste (voir ci-dessous l'analyse des « fautes »). L'auteur du second florilège donne aussi un équivalent français pour *paeniteat* (Nb 23, 19) et *praeputii*. Le lexique utilisé pour les traductions montre que le texte massorétique de chaque verset est connu mais qu'on s'efforce, avec difficulté parfois, de le faire coïncider avec la version latine citée.

– Cinq citations du Nouveau Testament sont également présentes et assorties d'une traduction hébraïque dans les deux florilèges :

Citations du Nouveau Testament
accompagnées d'une version hébraïque dans les deux florilèges

Référence	Citation latine commune aux deux florilèges	Version hébraïque U1	Version hébraïque U2
Mt 17, 19/20 ; **Lc 17, 6** (U1 : 1 ; U2 : 11)	*Qui habuerit fidem quantum granum senapis et dixerit huic monti : Transfer te in mare et transfert se.*	מי שיהיה לו אמונה כגרעין אחד של חרדל אם יאמר אל ההר קפוץ בתוך ים מיד יקפוץ	למי שיש אמונה כגון גרעין חרדל יש ו יאמר אל ההר קפוץ **בים** בתוך הים ויקפוץ מיד

---

307. C'est-à-dire à la « Veritas latina » du texte cité.

Étude codicologique, paléographique et linguistique

Référence	Citation latine commune aux deux florilèges	Version hébraïque U1	Version hébraïque U2
Mc 6, 1-6[1] cf. Mt 13, 54-58 (U1 : 21 ; U2 : 16)	**fol. 57r** **16b.** **16c.** *In illo tempore* **17.** *ingressus Iesus venit in patria<m> suam et sequebantur eum* **18.** *discipuli eius ; et facto sabbato cœpit in synagoga docere et multi* **19.** *audientes admirabantur in doctrina eius dicentes: Unde huic* **20.** *hæc omnia et quæ est sapientia quæ data est illo, et?* **21.** *virtutes tales quæ per manus eius efficiuntur? Nonne iste est* **22.** *faber filius Mariæ frater Iacobi et Ioseph et Iudæ et Simonis?* **23.** *Non et sorores eius hic nobiscum sunt? Et scandalizabantur in*	‏16.ג‏ ‏בעת ההיא‏ ‏17.‏ ‏הלך ישו ותלמידיו עמו כדי‏ ‏נצטיידו [!] ללכת במדינתו‏ ‏18.‏ ‏וישו היה עמהם כדי להודות‏ ‏שבת בתוך עדת ישר' ועשה‏ ‏19.‏ ‏עצמו נביא ויתמהו האנשים‏ ‏איש אל רעהו‏ ‏20.‏ ‏ויאמרו הגם ישו בנביאים‏ ‏מהיכן באה אליו‏ ‏21.‏ ‏הגבורה זו והכח והגבורה‏ ‏והחכמה והלא הוא‏ ‏22.‏ ‏נפח בן מרים ויש לו אחים‏ ‏יעקב יוסף יהודה שמעון‏ ‏23.‏ ‏ושתי אחיות הדרות בינינו‏ ‏וישמע ישו את דבריהם‏ ‏ויאמר‏ In marg., après ‏אחים‏ (l. 22) : ‏ארבע והם שמותם‏	‏...‏ ‏... ותלמידיו עמו‏ ‏... ו עשות השבת להודיע בתוך‏ ‏עדת ישר' ועשה‏ ‏...צ‏ ‏...‏ ‏...‏ ‏...‏
	fol. 57v **1.** *illo et dicebat eis Iesus : Quia non est propheta sine honore nisi* **2.** *in patria sua et in cognitione sua et in domo sua. Et non poterat* **3.** *ibi virtutem ullam facere, nisi paucos infirmos inpositis manibus* **4.** *curabit, et mirabatur crudelitatem illorum.*	**fol. 57v** ‏1.‏ ‏להם עתה ידעתי כי אין יש‏ ‏נביא בלא כבוד כי‏ ‏2.‏ ‏אם בעיר שלו ובתולדה שלו‏ ‏ובבית שלו ולא יכול ישו‏ ‏3.‏ ‏לעשות שום כח שבעולם‏ ‏באותה שעה כי אם לרפאות‏ ‏מעט חולים משים ידו עליהם‏ ‏4.‏ ‏א ויפלא מאד על אשר היו‏ ‏האנשים אכזרים כנגדו‏	

74

Les traductions

Jn 1, 18 ; 1Jn 4, 12 (U1 : 19 ; U2 : 21)	_Nemo Deum vidit unquam._	...השם לא נראה לשום אדם	שום בריה השם ... מעולם
Jn 19, 26 (U1 : 8 ; U2 : 14)	_Mulier, mulier, ecce filius tuus._	אשה אשה ראי פה בנך	אשה אשה ראי בן שלך
Ac 7, 55 (U1 : 20 ; U2 : 15)	_Video cœlos apertos et Iesum stantem a dextris virtute (-tis ?) Dei._	ראיתי שמיים פתוחים וישו עומד לימין נפלאות השם	ראיתי השמים פותחים ואת ... עומד אל ימין נפלאות השם

1. La version hébraïque étant ici assez éloignée du latin, il est impossible de disposer en regard le détail des deux versions ; c'est donc la mise en page du manuscrit qui a été retenue pour cette citation.

Ici encore, les traductions diffèrent toujours l'une de l'autre, de façon très sensible parfois ; ces variantes montrent que dans les deux cas, la traduction est originale[308]. Le mot à mot est toujours aussi fidèle que possible à celui du latin mais de ce point de vue, le long passage tiré de l'Évangile de Marc fait exception : sa traduction hébraïque est, par endroits, très éloignée de l'original et contrairement à ce qu'on observe ailleurs, il est assez rare que les mots hébreux soient copiés au-dessus de leur correspondant latin. Comme le texte hébreu est cohérent, il n'est pas impossible que l'auteur du document utilise ici, exceptionnellement, une version hébraïque du passage préexistant à l'élaboration du florilège. L'auteur du second florilège ne disposait pas de la même source puisqu'il ne traduit, de façon sporadique et parfois inexacte, que quelques mots du début ; ici encore, à deux reprises, il dissocie le _waw_ conjonctif du mot sur lequel il porte, afin de mieux respecter le mot à mot latin.

Les traductions de citations latines tirées de l'Ancien ou du Nouveau Testament sont donc élaborées avec la même méthode et la préexistence d'une autre version hébraïque, pour les premières, ne se manifeste que dans la tension entre cette version et celle qui est proposée pour rendre compte du latin.

---

308. La même observation a été faite pour les citations latines en caractères hébreux qui apparaissent, avec une version hébraïque, dans la littérature hébraïque de controverse. Voir Ph. Bobichon, « Citations latines de la tradition chrétienne dans la littérature hébraïque de controverse avec le christianisme (xiie-xve s.) », dans R. Fontaine et G. Freudenthal (éd.), _Latin-Into-Hebrew : Texts and Studies, I : Studies_, Brill, Leyde 2013, p. 349-390.

Étude codicologique, paléographique et linguistique

Citation non scripturaire
accompagnée d'une version hébraïque dans les deux florilèges

Une seule citation non scripturaire apparaît à la fois, avec une traduction hébraïque, dans l'un et l'autre des deux florilèges :

Référence dans le manuscrit	Texte latin cité	Version hébraïque U1	Version hébraïque U2
(U1 : 9 ; U2 : 26)	*Mulier, mulier, vado Jericho et veniam tertia die, et non venit.*	אשה אשה הולך ליריחו ואבא ביום השלישי אץ אץ ו<לא >? לא בא	אשה אשה הולך אני ליריחו ו אבוא לשלושה ימים ו לא בא

La source n'a pu être identifiée ; elle est, de toute façon secondaire, puisque ce passage est inscrit dans un même bloc commun aux deux florilèges. Comme ailleurs, le texte latin est identique mais les traductions diffèrent ; à deux reprises, la dissociation du *waw* conjonctif avec ce mot qui suit est pratiquée, ici encore, dans le second florilège.

Huit citations de l'Ancien Testament ne figurent, avec une traduction hébraïque, que dans le premier florilège :

Citations de l'Ancien Testament
accompagnées d'une version hébraïque dans un seul des deux florilèges

U1

Référence	Texte latin cité	Traduction hébraïque	Texte massorétique
Dt 32, 40 (5)	*Dico : Vivo ego in semper*	אמרתי חי אנכי לעולם	כִּי־אֶשָּׂא אֶל־שָׁמַיִם יָדִי וְאָמַרְתִּי חַי אָנֹכִי לְעֹלָם:
Ps 15/16, 9-11 (22)	*Propter hoc laetatum est cor meus et exultavit lingua mea insuper et caro mea requiescit in spe,* *quoniam non derelinques animam meam in inferno neque dabis sanctum tuum videre corruptionem.* *Notas mihi fecisti vias vitae, adimplebis me laetitia cum vultu tuo, delectationes in dextera tua usque in finem.*	לכן שמח לבי **ויגל כבודי** ויגל כבודי אף בשרי ישכון לבטח כי לא תעזבו [!] נפשי לשאול ולא תתן חסידיך לראות שחת תודיעני אורח חיים שובע שמחות את פניך נעימות בימינך נצח.	לָכֵן שָׂמַח לִבִּי וַיָּגֶל כְּבוֹדִי אַף־בְּשָׂרִי יִשְׁכֹּן לָבֶטַח: כִּי לֹא־תַעֲזֹב נַפְשִׁי לִשְׁאוֹל לֹא־תִתֵּן חֲסִידְךָ לִרְאוֹת שָׁחַת: תּוֹדִיעֵנִי אֹרַח חַיִּים שֹׂבַע שְׂמָחוֹת אֶת־פָּנֶיךָ נְעִמוֹת בִּימִינְךָ נֶצַח:

Les traductions

Ps 21/22, 7 (6)	*Ego vermis et non homo et abiectio plebis.*	אנכי תולעת ולא איש חרפת אדם ובזוי עם	וְאָנֹכִי תוֹלַעַת וְלֹא־אִישׁ חֶרְפַּת אָדָם וּבְזוּי עָם:
Ps 80/81, 9-11 (17)	*Israel si me audieris, non erit in te deus recens (?) neque adorabis deum alienum ; ego sum Deus tuus qui eduxi te de terra Aegypti.*	ישראל אם תשמע לי לא יהיה לך אלהים זר תשתחוה ולא לאל נכר אנכי השם שלך המעלך מארץ מצרים	שְׁמַע עַמִּי וְאָעִידָה בָּךְ יִשְׂרָאֵל אִם־תִּשְׁמַע־לִי: לֹא־יִהְיֶה בְךָ אֵל זָר וְלֹא תִשְׁתַּחֲוֶה לְאֵל נֵכָר: אָנֹכִי יְהוָה אֱלֹהֶיךָ הַמַּעַלְךָ מֵאֶרֶץ מִצְרָיִם הַרְחֶב־פִּיךָ וַאֲמַלְאֵהוּ:
Si 22, 8-9/9-10 (24)	*Qui narrat verbum non adtendenti quasi qui excitat dormientem de gravi somno*	דברו למי שאינו יודע להבין קשה לו כדי שמקיצין אותו משנתו	Non retenu dans le canon juif des Écritures, mais rédigé en hébreu, et conservé dans cette langue jusqu'au Moyen âge.
Es 7, 14/8, 3 (16)	*Et peperit filium nomen eius Emmanuel, festina, praeda et festina spolia*	הין שני בנים לאותה עלמה : עמנו[אל]ומחר שלל	Es 7, 14 : לָכֵן יִתֵּן אֲדֹנָי הוּא לָכֶם אוֹת הִנֵּה הָעַלְמָה הָרָה וְיֹלֶדֶת בֵּן וְקָרָאת שְׁמוֹ עִמָּנוּ אֵל: Es 8, 3 : וָאֶקְרַב אֶל־הַנְּבִיאָה וַתַּהַר וַתֵּלֶד בֵּן וַיֹּאמֶר יְהוָה אֵלַי קְרָא שְׁמוֹ מַהֵר שָׁלָל חָשׁ בַּז:
Es 66, 17 (23)	*Qui sanctificantur et baptizantur in hortis alter *enefra (?) uno uno *mediant (?) qui manducant carnes suillas, abominationem et murem simul consumentur, dicit Dominus.*	המתקדשים והמטהרים <אל> הגנות אחר אחת בתוך אוכלי בשר חזיר השקץ והעכבר יחדיו יסופו נאם השם.	הַמִּתְקַדְּשִׁים וְהַמִּטַּהֲרִים אֶל־הַגַּנּוֹת אַחַר אַחַד בַּתָּוֶךְ אֹכְלֵי בְּשַׂר הַחֲזִיר וְהַשֶּׁקֶץ וְהָעַכְבָּר יַחְדָּו יָסֻפוּ נְאֻם־יְהוָה:
Jr 17, 5 (4)	*Maledictus homo qui confidit in homine.*	ארור הגבר אשר יבטח באדם	כֹּה אָמַר יְהוָה אָרוּר הַגֶּבֶר אֲשֶׁר יִבְטַח בָּאָדָם וְשָׂם בָּשָׂר זְרֹעוֹ וּמִן־יְהוָה יָסוּר לִבּוֹ:

Pour la plupart d'entre elles, l'hébreu est tout à fait conforme au texte massorétique[309] et les mots hébreux parfaitement bien placés au-dessus du mot latin correspondant, ce qui montre que le scribe (ou sa source) maîtrise à la fois le détail du latin et le texte massorétique : on ne retrouve pas ici les approximations ou les écarts avec le texte massorétique relevés, dans le même florilège, pour les citations de l'Ancien Testament partagées avec le second

---

309. Les rares différences témoignent d'une citation faite de mémoire : אלהים pour אל (Ps 80/81, 10) ; השם pour le Tétragramme (Ps 80/81, 11).

Étude codicologique, paléographique et linguistique

et le plus souvent inscrites dans des blocs communs. C'est donc une autre personne, semble-t-il, qui a rapproché ici (= dans le modèle ou dans l'une des copies antérieures) les versions hébraïque et latine de ces versets.

La conformité avec le texte massorétique et l'exactitude de la disposition des mots hébreux dans le manuscrit ne font exception, ici, que pour les versets tirés d'Es 7, 14/8, 3 et du Siracide. Dans le premier cas, la citation est composite et l'auteur du document n'a reconnu que les éléments empruntés à Es 8, 3, ceux qui proviennent d'Es 7, 14 étant beaucoup plus éloignés de l'original, ce qui explique que la « traduction » soit très approximative ; dans le second cas, il est possible que l'auteur ait eu accès à une version hébraïque de ce verset du Siracide, conservée dans la tradition indirecte, mais le caractère très incertain de la traduction semble plutôt montrer que celle-ci est originale[310] ; comme la copie elle-même est maladroite (espace gratté au-dessus de plusieurs mots latins), il est possible que la traduction émane (dans ce cas uniquement ?) du scribe lui-même et que nous ayons ici la trace de son élaboration.

Deux citations de l'Ancien Testament ne figurent, avec une traduction hébraïque, que dans le second florilège :

Référence scripturaire	Texte latin cité	Traduction hébraïque	Texte massorétique
Es 40, 25 (32)	*A cui comparavisti et a cui assimulasti.*	למי אדמה לך ו למי אשוה אותך	וְאֶל־מִי תְדַמְּיוּנִי וְאֶשְׁוֶה יֹאמַר קָדוֹשׁ
Ml 3, 6 (33)	*Ego Deus non mutavi, et *filius Jacob non *defeci –busitis* (?)	Dans la formule de présentation : לא שינה המקום עצמו מעולם ּדכת' אני השם לא שניתי ובני יעקב לא כיליתים	כִּי אֲנִי יְהוָה לֹא שָׁנִיתִי וְאַתֶּם בְּנֵי־ יַעֲקֹב לֹא כְלִיתֶם׃

Les versions hébraïques sont ici plus éloignées de l'original : pour Es 40, 25 (dont la source n'a peut-être pas été identifiée par l'auteur du document, la version hébraïque proposée se veut aussi proche que possible du mot à mot latin (la terminaison *-ti* est considérée comme une transcription de *te* – accusatif du pronom personnel) ; pour Ml 3, 6, l'hébreu n'est pas donné dans l'interligne mais, de façon exceptionnelle, dans la formule de présentation avec référence explicite à la source biblique : la substitution de השם au Tétragramme et la disparition de אתם montrent que la version hébraïque est citée de mémoire.

---

310. Ce verset ne figure pas parmi ceux dont l'hébreu a été conservé par ailleurs : voir Ch. Mopsik, *La Sagesse de Ben Sira*, Verdier, Paris 2003.

Les traductions

Citations du Nouveau Testament
accompagnées d'une version hébraïque dans un seul des deux florilèges

Trois citations du Nouveau Testament ne figurent, avec une traduction hébraïque, que dans le premier florilège :

Référence scripturaire	Texte latin cité	Traduction hébraïque
Mt 11, 11 ; **Lc 7, 28** (7)	*Inter natos mulierum* *non surrexit maior Iohanne Baptista*	בין הנולדים מאשה לא היה גדול קא [!] יהאן בטישטרא
Mt 15, 24/26 (18)	*Non est bonum sumere panem a filiis Israel et dare canibus.*	אין טוב ליקח לחם מבני ישר' כדי לתת לכלבים
Jn 2, 3-4 (14)	*Fili, panem non habent, vinum non habent. Respondit Iesus : nondum venit hora mea.*	בני לחם אין לנו יין אין לנו ויען ישו עדיין לא בא שעתי.

La traduction hébraïque y est aussi fidèle que possible à l'original latin et dans la plupart des cas, les mots hébreux sont bien placés. On note cependant que les inexactitudes sont plus nombreuses que pour les citations de l'Ancien Testament n'apparaissant, avec traduction, que dans ce premier florilège. Dans Mt 11, 11, *non surrexit maior* est décomposé de la manière suivante : non/לא (« ne pas ») ; *sur-* / היה = « il y avait » (*non sur- = non erat*) ; *-rexit*/גדול (« grand ») ; *ma-*/קא (= *que* ?) ; *-ior* : non traduit ; dans Jn 2, 3, *non habent* est deux fois traduit par אין לנו = « nous n'avons pas ». L'auteur semble plus à l'aise, pour la traduction du latin, lorsqu'il dispose par ailleurs d'une version massorétique bien connue de lui.

– Douze citations du Nouveau Testament ne figurent que dans le second florilège ; sept d'entre elles sont accompagnées d'une traduction hébraïque[311] :

Référence scripturaire	Texte latin cité	Traduction hébraïque
Mt 9, 13 ; **Mc 2, 17 ;** **Lc 5, 32** (19)	*Quia in <in>ferno nulla est *redemption non veni vocare iustos sed peccatores < ad > pœnitentiam.*	מי שיורד בגיהנם לא יעלה לא באתי להושיע הצדיקים אבל החוטאים ליסרם

---

311. Liste de celles qui n'ont pas de traduction : Mt 26, 36-39 (25) ; Lc 1, 31-32 (5) ; Jn 5, 30 et 6, 38 (4) ; Jn 13, 5-15 (9) ; Jn 14, 28 (1).

Étude codicologique, paléographique et linguistique

Référence scripturaire	Texte latin cité	Traduction hébraïque
Mt 10, 34 ; **cf. Lc 12, 51** (34)	*Non veni ponere pacem in terr\<am\>, sed gladium*	כי לא באתי בשביל שלום בארץ כי אם לשים את כל בתגר· [traduction copiée à la suite de la citation]
Mt 12, 40 ; **Lc 11, 30** (20)	*Sicut fuit Iona in ventre ceti tribus diebvs et tribus noctibus, ita erit filius hominis in corde terræ.*	כמו שהיה יונה תוך בטן הדג שלשה ימים ואת שלשה לילות כן היה בן אדם תוך לב הארץ
Lc 2, 48 (18)	*Fili, quid fecisti nobis ? Sic ego et pater tuus dolentes quærebamus te.*	בן מה עשית פה אנחנו אנכי ואת אב שלך כואבים בקשנו אותך
Lc 23, 34 (17)	*Pater, dimitte eis quia nesciunt quid faciant.*	אבי מחול להם כי אינם יודעים מה הם עושים
Jn 14, 9 (1)	*Qui videt me videt et Patrem et filium et spiritum sanctum.*	מי רואה אותי רואה את הבן האב ואת הבן האב ואת רוח
1Tm 1, 17 (22)	*Regi autem sæculorum inmortali, invisibili soli Deo honor et gloria in sæcula sæculorum.*	מולך עול[ם] בלי מוות ונעלם מראות עין יחיד ש [!] אכבדך ו אשבחך תוך עולמי עולמים

Comme pour les citations émanant de la même source dans le premier florilège, les inexactitudes sont plus nombreuses que celles qu'on rencontre dans la traduction de versets tirés de l'Ancien Testament. L'hébreu est aussi fidèle que possible au latin tel qu'il est compris, si bien que certaines expressions latines sont traduites très littéralement, parfois de manière erronée ou sans tenir compte du cas (= de la fonction) des mots dans la phrase : *in corde terrae* / תוך לב הארץ [Mt 12, 40] ; *in saecula saeculorum* / תוך עולמי עולמים [1Tm 1, 17] ; *fili* / בן [Lc 2, 48] (le mot n'est pas à la forme hébraïque correspondant au vocatif) ; *nobis* / פה אנחנו (= « ici nous » ou « nous sommes ici ») [*ibid.*]. D'autres traductions, qui prennent la forme de périphrases, sont très proches du sens étymologique des mots latins, ce qui traduit une plus grande familiarité avec cette langue : *ad poenitentiam* / ליסרם [Mt 9, 13] ; *regi saeculorum* / מולך עולם (litt. « [à] celui qui exerce la royauté sur le monde ») [1Tm 1, 17] ; *inmortali* / בלי מות [*ibid.*] ; *invisibili* / נעלם מראות עין (litt. « qui échappe à la vue de l'œil ») [*ibid.*]. À deux reprises, la conjonction *et* est rendue par la particule את (*et*), qui introduit le complément d'objet direct en hébreu, ou peut signifier « avec » en étant le plus souvent déclinée dans ce cas (*et tribus noctibus* / את שלשה לילות [Mt 12, 40] ; *ego et pater tuus* / אנכי ואת

אב שלך [Lc 2, 48]) ; l'utilisation de cette particule pour traduire une durée est attestée, mais rare. Il semble que l'auteur de la traduction ait été séduit, dans les deux cas, par l'homophonie entre l'hébreu et le latin.

Citations non scripturaires
accompagnées d'une version hébraïque dans un seul des deux florilèges

D'autres citations, non scripturaires, n'apparaissent ou ne sont traduites que dans l'un des deux florilèges :

Référence	Texte latin cité	U1	U2
(U1 : 3 ; U2 : 13)	*Et homo factus est et crucifixus etiam pro nobis.*	אדם וסבלת כמה יסורין בתוך ציון בשבילינו	non traduit
(U2 : 2)	*Quod vile est carum et quod vile carum putato* (Denys Caton)	non cité	non traduit
(U2 : 3)	*Et pater a nullo est factus nec creatus nec genitus, filius a patre solo est non factus nec creatus sed genitus Deus est ex substantia patris ante secula genitus, homo est ex substantia matris in seculo natus*	non cité	In marg. : בטריניטי שלהם האב לא נעשה ולא נוצר ולא הולד והבן לא נעשה ולא נוצר אבל הולד שקו' ב''ל אנג'נדריר אלהה הוא מזרע האב בעולם הולד ואדם הוא מזרע האם בעולם הולד
U2 : 6	*Quia pro nobis ductus et maledictus.*	non cité	non traduit
U2 : 16	*Primo dierum omnium quo mundus exstat conditus quo resurgens conditor nos morte victa liberat.*	non cité	non traduit
U2 : 10	*Per sanctam circumcisionem tuam libera nos Domine.*	non cité	non traduit
U2 : 23	*Dixerunt latrones qui fuerunt crucifixi cum Iesu…*	non cité	non traduit

Étude codicologique, paléographique et linguistique

Référence	Texte latin cité	U1	U2
U2 : 24	*Rogavit mater sua : « Quid facis ? » *Uncion (?)… faciam præter circumcision.*	non cité	À la suite de la citation : פירו' שאלה לו אמו מה \ אתה עושה ענה לה אני \ נותן אונציאון במקום \ צירקונשיצאון והיה \ זורק מים על ראשו להשתמד

Ces citations sont de natures diverses (textes doctrinaux, Litanies, distique de Denys Caton, apocryphes ?) et celles qui peuvent être rangées dans une même catégorie ne sont jamais réunies. La plupart d'entre elles (7/8) n'apparaissent que dans le second florilège, de façon sporadique, et elles n'y sont qu'exceptionnellement traduites (2/8). En revanche, l'unique citation de cette nature qui figure aussi dans le premier florilège (non traduite dans le second) y est assortie d'une traduction, située dans l'interligne, dont l'élaboration est peut-être plus proche de la copie du latin. Cette « traduction » est très approximative : si certains mots latins sont bien rendus, et leurs équivalents hébreux bien placés (*homo, pro nobis*), d'autres ne sont pas traduits (*et … factus est et*), ou le sont de manière inexacte : l'hébreu correspondant à *crucifixus* signifie « et tu as supporté bien des souffrances » et *etiam*, mal compris, est traduit par « dans Sion » (= *in Sion*), la deuxième partie de l'expression translittérée (**e[y] tsion*) ayant exactement la même graphie que le mot *Sion* en hébreu. Nous avons donc ici la trace – directe ou indirecte – d'une traduction qui est aussi une tentative de compréhension du latin.

La traduction de l'extrait du Symbole d'Athanase est en revanche très précise et conforme au latin ; celle du passage – non identifié – relatif à l'onction et à la circoncision est plus complète que le latin lui-même ; elle se présente comme une « explication » (*perush*) ou une paraphrase du latin, et semble plus cohérente que l'original. Ces traductions qui ne sont pas situées dans l'interligne, comme partout ailleurs, ont vraisemblablement une autre origine que celles qui accompagnent, avec plus ou moins de précision, le mot à mot latin.

Conclusions (bilan de l'analyse des traductions hébraïques)

Les deux florilèges ne se distinguent donc véritablement que par la proportion de citations traduites dans chacun d'entre eux. Dans la plupart des cas, la méthode adoptée pour ces traductions est la même (mot à mot interlinéaire) et si les traductions proposées pour une même citation sont différentes dans les deux florilèges[312], l'ensemble qu'elles constituent n'est pas meilleur dans l'un d'entre eux. Si l'exactitude de ces traductions (= le degré de compréhension du latin) varie c'est plutôt, à l'intérieur des deux florilèges, selon la nature (= l'origine) des citations : celles qui sont tirées de l'Ancien Testament, et qui renvoient à un original hébreu le plus souvent identifié par le traducteur, sont généralement assez exactes ; celles qui proviennent du Nouveau Testament le sont un peu moins ; celles qui sont tirées de textes d'une autre nature (Symbole, liturgie, apocryphes [?]) le sont moins encore. En d'autres termes, le degré de précision des traductions semble assez étroitement lié à la familiarité de leur(s) auteur(s) avec les contextes dont elles sont tirées. On note cependant que quelques traductions « étymologiques » manifestent une connaissance assez approfondie du latin.

Il semble bien qu'à l'intérieur des deux florilèges, les traductions données n'émanent pas toutes du même auteur : celles qui sont copiées dans une marge, dans une formule d'introduction ou à la suite de la citation latine (et non dans l'interligne, comme la plupart des autres), se présentent non point sous la forme d'éléments plus ou moins artificiellement dissociés, pour coller au mot à mot latin, mais comme des blocs plus distincts du latin auquel ils correspondent. L'observation vaut aussi, sans doute, pour la longue citation de Mc 6, 1-6 (frères et sœurs de Jésus), non traduite dans le second florilège, dont le texte hébreu, parfaitement cohérent, est lui aussi très éloigné du latin. Il n'est pas certain, par ailleurs, que les traductions situées dans les interlignes d'un même florilège émanent toutes de la même personne (l'analyse du détail oriente plutôt vers une autre conclusion). Tout porte donc à croire que les traductions présentes dans chaque florilège ont été introduites à différentes étapes de sa transmission, la participation du scribe lui-même à ce processus n'étant jamais exclue.

Traductions ou gloses françaises

U1 et U2

– fol. 57r, 4b (13) : « le jour de *Arnof* » (יום ארנוף)

Cf. Godefroy[313], vol. 5, p. 491-492 (« An neuf »), qui ne mentionne pas de prononciation correspondant à la translittération donnée ici pour ce mot. La source (de l'erreur ?) pourrait être commune aux deux florilèges, puisque cette partie de la formule introductive et la citation qui suit sont constitutives d'un même bloc apparaissant dans l'un et l'autre, mais la translittération proposée dans le second florilège est un peu différente : *L O R N O F (יום לורנוף).

---

312. Celle de Nb 23, 19 fait peut-être exception (voir l'analyse de cette citation).

313. F. GODEFROY, *Dictionnaire de l'ancienne langue française et de tous ses dialectes, du IXe au XVe siècle*, Paris, 1880-1902.

U1

– fol. 57r, 13b (19) : *Nul ne vit oncques Dieu* (נול נביט אונקש ג׳יו),
traduction de Jn 1, 18 ; 1Jn 4, 12 : *Nemo Deum vidit unquam.*

Le *s* de *oncques* est translittéré, ce qui paraît indiquer qu'il était prononcé[314]
et qu'il ne s'agit pas d'une translittération orthographique, puisque « ne vit »
est écrit **nevit*. Le mot *Dieu* est translittéré sous une forme qui correspond à
la prononciation *džio* (ou *džieu*), le *gimel* (g) initial étant surmonté du signe
de palatisation ᵛ[315].

– fol. 57v, 15b (24) : *Qui raconte les paroles à celui qui n'a le cor tant* (קי
רקונטא לפרולא אצלוי קינא לקור טאנט) (traduction de Si 22, 9-10 : *Qui narrat verbo
non adtendenti quasi qui excitat dormientem de gravi somno*).

Seule la première partie du verset est traduite ; la translittération de « les
paroles » correspond à **lprole* ; celle de « à celui » à **atslui* ; celle de « le
cor » à **lcor* : celle de « qui n'a » à **quina* ; le *t* final de « tant » est transcrit, donc vraisemblablement prononcé. C'est peut-être par homophonie que
le latin *adtendenti* a été traduit par *tant*.

U2

– fol. 66v, 9b (5) : « le jour de **MRTSNQ'E* » (יום מרצנקא), formule introduisant la citation de Lc 1, 31-32 : *Ecce concipies in utero et paries filium et
vocabis eius nomen Iesum...*

Ce mot désigne la fête de l'Annonciation (25 mars). Parmi les formes données par Godefroy (*marsesche*), c'est *marceinche* qui correspond le mieux à la
translittération proposée ici.

– fol. 67v, 6 (20) : « parce que, disent-ils, [Jésus] s'est relevé de la mort
ressuscita en *la'az* (langue vernaculaire) » (רצושיסטא ב׳׳ל)

La translittération correspond à la prononciation **retsušita* (le second *s* est
surmonté du signe ᵛ). Le mot **resotsiter* (רשוציטיר) se rencontre dans le *Sefer
Yosef ha-Meqane*, n° 48 (éd. J. Rosenthal, p. 61).

– fol. 67v, 13a et 15b : « *onction* … car *onction* désigne, selon eux, le baptême
[…]. Je donne l'*onction* à la place de la *circoncision*. »

---

314. Cf. E. et J. Bourciez, *Phonétique française. Étude historique*, Klincksieck, Paris 1967, p. 164 :
« Dans la plus ancienne période de la langue, le *s* final était sensible dans tous les cas. À partir
du xiiie siècle, il s'est effacé […]. »

315. Cf. M. Banitt, « Glossaires bibliques juifs de France au Moyen âge », dans G. Dahan,
G. Nahon, E. Nicolas (éd), *Rashi et la culture juive en France du Nord au Moyen âge*, Paris-
Louvain 1997 (Collection de la *Revue des études juives*), p. 193 : « Le *dz* devenu *z* est transcrit par un *guimel* surmonté d'un petit chapeau pour le distinguer du son *g*, signe diacritique
auquel les scribes chrétiens n'avaient pas pensé ».

Les traductions

Les formes translittérées, directement incluses dans le commentaire en hébreu, correspondent à **untsion* ou **ontsion* (אונציאון) pour « onction », et à **tsirconsitsion* (צירקונשיציאון) pour « circoncision ».

– fol. 68v, 2b (27) : « *qui se repente* », traduction de *qui se paeniteat* (Nb 23, 19).

Du verbe « se repenter » (cf. Godefroy, vol. 7, p. 56).

– fol. 68v, 6b (30) : « le jour de *Arnof* » (יום לורנוף).

Voir ci-dessous le développement consacré aux références liturgiques.

– fol. 68v, 7 (30) : **revolon* ? (רבולון).

Ce mot non identifié est présenté comme une traduction du mot *praeputii*, dans Gn 17, 14 ; il est directement inséré dans la traduction hébraïque proposée pour la version latine du verset, sans que le mot hébreu désignant le prépuce (ערלה) apparaisse lui aussi.

Conclusions (bilan de l'analyse des gloses et traductions françaises)

Ces indications données en ancien français ne sont jamais vocalisées (contrairement au latin, qui l'est généralement) ; elles sont en plus grand nombre dans le second florilège que dans le premier, mais seul ce dernier offre la traduction de plusieurs mots consécutifs. Certaines d'entre elles sont accompagnées de la mention *be-la'az* (בלעז)[316], qui introduit, en hébreu médiéval, les gloses en langue vulgaire : U1, nᵒˢ 19 et 24 ; U2, nᵒˢ 20 et 27. Les traductions ponctuelles correspondent à des termes du vocabulaire religieux : « ressusciter », « onction », « circoncision », « se repentir », « prépuce ».

Ces gloses françaises sont intégrées aux formules de présentation et aux commentaires qui précèdent ou suivent les citations latines. Dans la littérature hébraïque médiévale et dans les glossaires médiévaux, elles servent à expliquer certains concepts ou certaines réalités, et à préciser parfois le sens de termes moins rares, mais susceptibles de recevoir plusieurs acceptions[317] : elles sont alors une traduction *de l'hébreu* ; dans notre manuscrit, c'est toujours *le latin* qui est rendu de cette manière, au sein d'un discours rédigé en hébreu : comme dans la traduction hébraïque interlinéaire, c'est donc le latin

---

316. Cf. Ps 113/114, 1, où les Égyptiens sont appelés עם לעז (« peuple étranger »).

317. Dans les glossaires, les mots traduits ne sont pas nécessairement les plus difficiles, mais « surtout ceux sur le sens desquels on pourrait se tromper » : M. Banitt, « Glossaires bibliques », *ibid.*

Étude codicologique, paléographique et linguistique

qu'il s'agit ici de rendre plus accessible, mais l'utilisation de la langue vernaculaire a paru, dans certains cas, plus explicite. Peut-être l'hébreu n'était-il que la langue *écrite* employée pour la transmission de tels florilèges[318].

---

318. C'est en français que se faisait l'enseignement biblique : cf. M. Banitt, *Le Glossaire de Bâle*, Jérusalem 1972, préface, p. XIII.

CHAPITRE VI
LES « FAUTES »

Nombreuses dans les deux florilèges (en particulier dans le premier), les « fautes » sont révélatrices de la part prise par les deux copistes dans leur élaboration. Elles interviennent *dans la copie elle-même, dans le latin ou dans sa translittération, dans la traduction hébraïque* et *dans la répartition spatiale des éléments qui la constituent.*

Fautes ou repentirs intervenant dans la copie elle-même

U1

2. (56v, 3) : ~~fili~~ *filātus* (Pilatus) ;

2. (56v, 3) : *vere *isteerat tu homo* (*tu* ajouté, *supra lineam*, entre *isteerat* et *homo*) ;

4. (56v, 6a) : dans וכשאתה מוכיח להם (litt. : « et lorsque tu leur prouves… »), la dernière lettre du pronom personnel אתה, oubliée dans un premier temps, a été rajoutée *supra lineam* (et non à la fin du pronom, car le scribe n'avait pas laissé d'espace entre les deux premiers mots de cette formule introductive) ;

4. (56v, 6a) : litt. « et lorsque tu leur prouves qu'il était un homme, alors tu le(s) maudis, car il est écrit… » ; le mot homme (אדם), oublié, a été ajouté *supra lineam* ;

6. (56v, 8a) : « Ceci pour leur prouver qu'il s'est irrité de ses épreuves » ; le mot hébreu correspondant à « pour prouver » (להוכיח), oublié, a été ajouté *supra lineam* ;

7. (56v, 9b) : « Ceci pour leur prouver qu'un être meilleur [que lui] est né d'une femme » ; le mot hébreu correspondant à « pour prouver » (להוכיח), oublié, a été ajouté *supra lineam* ;

7. (56v, 10) : le premier élément de *ma- -ior* (maior) est traduit par קא ;

11. (57r, 2b) : « Ils admettent d'ailleurs que, puisqu'il a menti, il a causé la perte de son âme » ; la conjonction équivalent à « que » (כי), oubliée, a été ajoutée *supra lineam* ;

12. (57r, 3): *homo iustut* pour *homo iustus* (confusion entre ס et ט, à la fin du mot ?) ;

87

Étude codicologique, paléographique et linguistique

14. (57r, 6) : **non ronvenits* pour *nondum venit* : confusion entre רון (*ron*) et דון (*don = dum*) ?

15. (57r, 7a) : אלהים אני [?] אני ; il semble que le mot barré soit אני, écrit trop tôt, et réécrit, à sa place, après אלהים ;

16. (57r, 9a) : « Ceci pour leur prouver à propos de la jeune fille (*'alma*) dont ils disent qu'elle a conçu... » ; « dont ils disent » (שהם אומרים), oublié, a été ajouté *supra lineam* ;

16. (57r, 9b) : **inpeyy pirem* pour *et peperit* ;

17. (57r, 10b) : le texte hébreu de cette formule introductive est incertain : il semble que le scribe ait écrit deux fois, par erreur, mais sans corriger,<ו>אות כי ;

17. (57r, 11) : **renos* (a corr.) = *alienum* (corr.) ;

18. (57r, 13) : אני נון אישט (*e- non est*) ; la ligne commence par deux (?) lettres barrées : il s'agit peut-être du début de *est*, écrit trop tôt ;

19. (57r, 13b-) : « ...רואים שהם אומרים ~~שהם~~ אומרים שהם על », « ...le fait qu'ils disent ~~qu'ils disent~~ qu'ils voient leur Dieu » ;

20. (57r, 14b) : « Saint (קדש) a dit encore... » ; il manque le nom du saint (Étienne), qui est donné trois lignes plus bas, à la fin de cette présentation, et dans la formule introduisant la même citation dans la seconde unité (voir 67r, 6b) ;

21. (57r, 17) : la dernière lettre de **venits* (*venit*) est corrigée ; il semble que le scribe ait voulu remplacer, à la fin du mot, le *sin* (ש), écrit dans un premier temps, par un *ṣadé* final (ץ), selon la translittération généralement adoptée, ailleurs, pour le *t* en fin de forme verbale, après voyelle (voir ci-dessous, 57v, 7) ;

21. (57r, 18) : **discipuli eius ~~fa~~ et fato sabato* (sans doute anticipation de *fato*) ;

21. (57r, 21) : *.... virtutes* (ligne débutant par des lettres barrées : peut-être **vit* au lieu de *virt[utes]*) ;

21. (57r, 21) : **anus* ou **anum* (première et dernière lettre corrigées ?) au lieu de *manus*, mot mal compris puisqu'il est surmonté du mot hébreu correspondant à *virtutes* ;

21. (57r, 22) : *et Ioseph ~~Iud~~ et Iuda* ;

21. (57v, 2) : *el domoso sua* pour *in domo sua* ;

21. (57v, 2) : *et non poterat ibi...* ; devant *poterat*, une lettre isolée qui semble bien être un alef (א), peut-être la première lettre de *ibi* (איבי), que le scribe aurait commencé à écrire top tôt ;

21. (57v, 3) : *infirmos ... inpositis* ; dans les deux cas, la dernière lettre du mot translittéré, a été barrée et remplacée, *supra lineam*, par un *sin* (ש) : il s'agit d'un *sin* (ס) pour *inpositis*, et sans doute aussi pour *infirmos*.

21. (57v, 3a) : *positis* (post corr.) ; *potitis* (a corr.) ;

22. (57v, 4b) : שהם (qu'ils) est immédiatement précédé de ce qui paraît être un début de *hé* (ה), comme si le scribe avait commencé trop tôt a écrire הם (ils) ;

22. (57v, 7) : *quoniam non derelinques animam meam* : le scribe a écrit, dans un premier temps, **oniam* (אוניים) au lieu de *quoniam*, puis corrigé en ajoutant un *quf* (ק) au-dessus de la première lettre ; il est possible que l'erreur vienne d'une confusion avec le mot *animam*, translittéré, après *derelinques*, sous la forme **eniam* (איניאם) ;

22. (57v, 7) : *nec dabis* ; comme précédemment (57r, 17), à la fin du mot, le scribe a corrigé le *sin* (ש) en *ṣadé* final (ץ) ;

23. (57v, 9) : *delicta-tsits* (a corr.) ; *delictationis = delectationes* (p. corr.) ;

23. (57v, 13) : *contu- -mentur* pour *consu- -mentur* (sans doute une confusion entre *samekh* [ס[et *teth* [ט]) ;

24. (57v, 14) : **quinarrayn = qui narrat* (a. corr.), **quinarrats = qui narrat* (p. corr.) ;

24. (57v, 15) : **sont* pour **sonno = somno* (confusion entre נט et נגו) ?

À cela s'ajoutent toutes les confusions entre איץ (**ets* = et) *et* אין (in), qui sont autant de fautes de lecture ; confusion possible ou réelle signalée dans d'autres documents[319].

U2

8. (66v, 17) : *conditus quo* (*quo* : p. corr) *resurgens* ;

9. (66v, 19) : *exemplum ~~m~~-hab[et]is* ;

10. (66v, 20b-21) : *per sanctam ~~circonci~~ no circoncisionem* ;

16. (67r, 13) : *in doctrina eius ~~sapientia~~ dicentes* (le mot barré, et sans doute copié ici trop tôt) apparaît à la ligne suivante) ;

16. (67r, 21) : *in ~~atio~~ cognatione sua* ;

24. (67v, 13b) : **dogama* pour *rogaba[t]* : double confusion entre le *resh* (ר) et le *daleth* (ד) au début du mot, entre le *beth* (ב) et le *mem* (מ) au début de la dernière syllabe ;

25. (68r, 7) : *et cum ~~processisset~~ processisset* ;

29. (68v, 4b) : *quomodo ~~do~~ pot ~~pot~~-est* ;

---

319. I. Loeb, « Deux livres de commerce du commencement du xive siècle », *Revue des études juives* 15 (1884), p. 165.

Étude codicologique, paléographique et linguistique

31. (68v, 8) : *quomodo poteris dicere* : la dernière lettre de *dicere* a été rayée, et remplacée, *supra lineam*, par un *hé* (ה), selon l'orthographe adoptée ailleurs, dans la seconde unité pour les infinitifs en *-re* (voir l'index) ;

32. (68v, 14a) : *compara-noti pour compara-visti ?*

Même en tenant compte de l'importance relative des deux florilèges, ces fautes sont beaucoup plus nombreuses dans le premier que dans le second. Il s'agit, dans la plupart des cas (les autres sont difficiles à interpréter), de fautes de *lecture* : omissions corrigées dans l'interligne ; mots ou débuts de mots écrits trop tôt ; confusion entre des lettres hébraïques de formes analogues. Les corrections montrent que chacun des scribes disposait d'au moins un modèle. La mise en page plus élaborée du premier florilège permet de penser que ce(s) modèle(s) étai(en)t plus soigneusement copié(s) que celui/ceux du second. Dans le premier florilège, les fautes de copie affectent l'hébreu autant que le latin ; elles procèdent donc d'une égale inattention et ne révèlent pas, chez le copiste, une maîtrise du latin inférieure à celle de l'hébreu. Le second florilège ne présente, en revanche, que des fautes portant sur le latin, mais comme la traduction hébraïque y est moins régulièrement donnée, la comparaison n'est pas pertinente. Aucune faute de copie n'est commune aux deux florilèges.

Fautes (?) de latin

Comme il n'est pas impossible que certains écarts par rapport au latin normatif remontent à la source première sans procéder nécessairement d'une erreur de copiste, seules sont retenues ici, pour la clarté de l'exposé, les fautes incontestables ou très vraisemblables.

U1		U2	
2. (56v, 3)	*vere iste <u>erat</u> ^{ite}* (אומו ^{rs} אִשְׁטִירָץ) *homo*	**12.** (67r, 3)	*vere iste erat homo* (אִישְׁטִירַאץ אומו)
7. (56v, 9c)	*inter <u>natus</u>* (נָטוּש) *mulierum*		non cité
8. (56v, 11a)	*ecce filius <u>tuo</u>* (פיליאוש טואו)	**14.** (67r, 6)	*ecce flius tuus* (פיליאוש טואוש)
9. (56v, 12)	*vado Iericho et <u>veniat</u>* (אֵץ וַוְיְנִיאֵץ) *tertia die* [*veniat* est bien traduit par ואבא, « et je [re]viendrai »]	**26.** (68v, 1)	*vado Iericho et <u>veniat</u>* (אֵיֵץ וַוְינִיאֵץ) *tertia die* [comme dans la première unité, *veniat* est bien traduit par ואבא, « et je [re]viendrai »]
11. (57r, 2c)	*os <u>qui</u>* (קִי) *mentitur occidit <u>anima</u>* (אונִימָא)	**28.** (68v, 3b-4a)	*os <u>qui</u>* (קִי) *mentitur occidit <u>anima</u>* (אַנִימָא)
12 (57r, 4)	*natus ex muliere* (אֵיִיש מוּלִיאֵירֵי)	**29.** (68v, 6a)	*natus ex <u>mulier</u>* (איש מוליאר)

90

20 (57r, 15)	*video <u>cœlus</u> <u>apertus</u>* (צֵילוֹשׁ אַפֵּירְטוּשׁ)	**15.** (67r, 7)	*video cœlos apertos* (צֵילוֹשׁ אַפֵּירְטוּשׁ)
21 (57r, 17)	*Iesus venit in <u>patria</u> suam* (וֵינִיךְ אִיֵן פַּאטְרִיאָ שׁוּאוֹן)	**16.** (67r, 10)	*Iesus venit in <u>patria</u> <u>sua</u>* (בֵּינִישׁ אִיֵן פַּאטְרִיאָה וְאה)
21 (57r, 19)	*et multi <u>audientis</u>* (אדְיֵינְטִישׁ) *admirabantur in doctrina eius dicentes* (דִיצֶנְטֵיִישׁ)	**16.** (67r, 12-13)	*et multi <u>audientis</u>* (אה דיֵינְטִישׁ) *admirabantur in doctrina eius dicentes* (דִיצֵינְטִישׁ)
21 (57r, 20)	<u>*qui*</u> *est* (קִיאִישְׁט) *sapientia <u>qui</u>* (קִי) *data est illo*	**16** (67r, 14-15)	<u>*qui*</u> *est* (קִי אִישְׁט) *sapientia quae* (קֵיה) *data est illo.*
22. (57v, 5)	*lætatus est *cormo* (= *cor* ?) *mea* (אֵץ קוֹרְמוֹ מֵאם) [sans doute une confusion entre *cor meum* (Ps 15/16, 9) et *caro mea* (ibid.)]		non cité
22. (57v, 7)	*non derelinques animam <u>mea</u>* (אינִיאַם מִיאַה) **in ferno* [ou **ets ferno* (אֵץ פֶּרְנֵיִין) pour *in inferno*		non cité
	non cité	**1.** (66v, 1)	*qui videt me <u>vidat</u>* (וִידאַץ) *et patrem*
	non cité	**19.** (67v, 4)	*quia *<u>in ferno</u>* (אִיֵין פֵּירְנוֹ) pour *quia in inferno*
	non cité	**19.** (67v, 5)	*non veni vocare <u>iustus</u>* (גׄוּשְׁטוּשׁ)
	non cité	**23.** (67v, 12)	*Dixerunt latrones qui … fuerunt <u>crucifixus</u>* (קְרוּצִיפִישֻׁושׁ) *cum Iesus* (גׄיִשׁׄוּשׁ)

La notion de « faute » est ici moins assurée, et l'origine des écarts (source orale ? une des étapes de la transmission écrite ?) plus difficile à déterminer. En tout état de cause, la leçon restituée ci-dessus en caractères latins correspond toujours à une graphie parfaitement lisible et à l'utilisation de lettres ou de voyelles hébraïques clairement différenciées.

Ces fautes sont en nombre équivalent (13) dans les deux unités, et de natures semblables (confusion entre certaines lettres et entre les terminaisons qui marquent le cas ; absence, par endroits, de la lettre finale marquant le cas ; association de mots ayant la même fonction, mais dont la transcription correspond à des cas différents). Il est difficile de distinguer ici les différents types d'écarts : ceux qui remontent à la source première sans pouvoir être considérés comme de véritables fautes car ils correspondent à une pratique du latin non conforme à la norme grammaticale, mais attestée au Moyen âge ;

Étude codicologique, paléographique et linguistique

ceux qui ont été introduits lors du passage de l'oral à l'écrit, et qui pourraient traduire une maîtrise insuffisante du latin chez le premier copiste ; ceux qui sont intervenus au cours de la transmission écrite, y compris dans sa dernière étape, et qui pourraient être révélateurs des mêmes insuffisances chez l'un ou l'autre des copistes.

Parmi les citations porteuses d'une « faute », trois n'apparaissent que dans la première unité et quatre uniquement dans la seconde ; les fautes y sont analogues à celles qu'on trouve par ailleurs.

Dans les citations communes aux deux florilèges, 5 fautes[320] sont réservées au premier d'entre eux, et absentes du second ; 2 apparaissent uniquement dans le second ; parmi les 7 fautes portant, dans ces citations communes, sur les mêmes mots, 4 connaissent une translittération correspondant à une même *prononciation*, mais différente dans le détail ; les 3 autres portent sur le relatif *qui* (au lieu de *quae*) : la translittération est alors identique (קְי), mais il est difficile qu'il en soit autrement. Les citations communes présentent donc les mêmes fautes transcrites, dans les cas les plus significatifs, de deux manières différentes, le texte de ces citations étant par ailleurs identique mais transcrit, lui aussi, de deux manières distinctes. Il y a là une preuve que la source (première ?) de ces citations – qui sont toutes inscrites dans des blocs communs aux deux florilèges – était orale.

Fautes (?) ou écarts dans l'hébreu des formules de présentation

L'unique particularité se trouve dans le premier florilège :

14. (57r, 5b) : ‎...וזה להוכיחם שאמרה מרים לישו שהיה לכם חסרון מלחם ומיין.

L'hébreu signifie « Ceci pour leur prouver que Marie a dit à, Jésus qu'il *vous* manquait du pain et du vin » : confusion entre leur (להם) et vous (לכם) ? amalgame du style direct et indirect ? La langue pratiquée par ailleurs est conforme à celle qu'on peut trouver dans des écrits contemporains et le discours est structuré par certaines des tournures les plus courantes de la littérature rabbinique, avec les mêmes abréviations parfois :

U1

4. (56v, 6a) : בכתוב כתיב (renvoie à Jr 17, 5)

12. (57r, 2d) : כמו שא׳ איוב

20. (57r, 14b) : כתיב (renvoie au livre des Actes)

---

320. Chaque mot est pris en compte ; il y a donc, parfois, deux fautes dans une même citation.

U2

1. (66v, marg. sup.) : כתוב בע' גליון

32. (68v, 13) : דכת' בעון גיליון שלהם

33. (68v, 15) : ·דכת' (renvoie à Ml 3, 6)

L'expression < י"ו > בתילים מזמור (U1, 22 : 57v 4b), qui renvoie explicitement au livre des Psaumes et au numéro du psaume n'a été trouvée, par ailleurs, que dans quelques Responsa.

Les commentaires polémiques accompagnant les citations sont beaucoup plus nombreux dans le premier florilège (23/24[321]) que dans le second (4/34[322]), aucun d'entre eux ne portant sur une même citation. L'hébreu qui y est pratiqué ne présente pas de différences significatives.

Fautes (?) ou écarts dans la version hébraïque des citations latines

L'hébreu des versions/traductions interlinéaires doit être considéré à part : contrairement à celui des commentaires, il n'est pas laissé à l'initiative de l'auteur mais dépend étroitement du latin traduit, et de sa source scripturaire pour les citations tirées de l'Ancien Testament. C'est dans son rapport avec cette/ces référence(s) qu'il doit être appréhendé. Dans l'analyse qui va suivre, plusieurs éléments sont pris en compte pour éclairer les phénomènes décrits, mais la notion de « faute » ne vaut que *par rapport au latin* (mots hébreux mal choisis et/ou mal situés dans la copie) puisque les écarts par rapport à la syntaxe hébraïque ou à l'hébreu de la source biblique, lorsqu'elle existe, s'expliquent toujours par le souci de littéralité. Comme la connaissance de la Bible hébraïque ne fait aucun doute chez les auteurs et chez les copistes (voir ci-dessous), c'est la maîtrise des éléments latins – et à travers eux de la culture chrétienne – que cette analyse permet d'évaluer.

Citations communes aux deux unités

* Gn 17, 14 : U1, fol. 57r, l. 4b-5a **[13]** ; U2, fol. 68v, 6b-8a **[30]**
Masculus cuius preputii caro circumcisa non fuerit peribit anima de populo suo.

L'original hébreu a clairement été identifié dans les deux florilèges (lexique repris dans la version hébraïque interlinéaire), et adapté au latin ; dans les deux cas, le mot קהל (« communauté ») traduit le latin *populo*, alors que l'hébreu du texte massorétique (מעמיה : « de son peuple » = de sa parenté : *genous* dans la Septante) pouvait être conservé. Cet écart par rapport à l'original hébreu donne à la version hébraïque proposée – et présentée comme plus fidèle au latin – une portée plus explicitement

---

321. Seule la première citation n'en a pas.
322. Citations nᵒˢ 20 (commentaire marginal), 24, 32 et 33.

Étude codicologique, paléographique et linguistique

polémique. Les mots hébreux sont aussi bien placés que possible dans la première unité mais dans la seconde, le mot *caro* est surmonté de נקרא (*niqra* = « [mot] qui est appelé / qui se dit ») par lequel est introduite la traduction française donnée dans l'interligne ; cette erreur s'explique peut-être par l'homophonie *caro / niqra* [323]. Dans la même unité, *non fuerit* est traduit par לא יהיה או יכול (litt. « ne sera pas ou il est possible [que ?] ») ; il semble que le traducteur ait voulu proposer ainsi deux équivalents pour rendre compte de la valeur modale du verbe latin.

* Nb 23, 19 : U1, fol. 57r, l. 1-2a **[10]** ; U2, fol. 68v, l. 2b-3a **[27]**

Deus non est homo mendax, neque filius hominis, qui se paeniteat.

La première partie du verset, *Deus non est homo mendax*, est traduite par אל לא יש איש ויכזב, tournure dont la partie centrale, très lourde, ne correspond pas à la source (לא אל איש ויכזב) et s'explique uniquement par le souci de donner un équivalent hébreu pour chaque mot latin ; l'hébreu biblique correspondant à *qui se paeniteat* (ויתנחם : litt. « et pour se raviser ») n'est pas donné. Dans la seconde unité, on retrouve exactement la même tournure et les mots qui la constituent sont disposés de la même manière ; la version hébraïque de la fin du verset apparait ici, dans l'interligne, en étant immédiatement suivie de son équivalent français.

* Jb 25, 4 : U1, fol. 57r, l. 2d-4a **[12]** ; U2 : fol. 68v, l. 4b-6a **[29]**

Quomodo potest esse homo iustus et quomodo potest mundus de peccatis natus ex muliere ?

Dans les deux cas, le lexique de la version hébraïque correspond à celui du texte massorétique, mais avec quelques variantes qui s'expliquent par le souci de coller au mot à mot latin. Les termes constitutifs de la version hébraïque sont placés au-dessus des mêmes mots dans les deux florilèges, et toujours de façon judicieuse, en sorte que certains éléments du latin, sans équivalent exact dans l'hébreu, restent seuls dans la translittération : *potest esse... potest* ; le participe passé *natus* a bien son équivalent hébreu dans la seconde unité, mais pas dans la première.

* Ez 28, 9 : U1, fol. 57r, 7a-8 **[15]** ; U2, fol. 68v, l. 8b-10a **[31]**

Quomodo poteris dicere ego sum Deus a capite occisorum ? Es homo et non Deus in manus occisorum.

---

323. Le phénomène pourrait correspondre à ce que M. Banitt désigne comme la « paronomase interlinguale hébreu-français », fondée sur les anciennes méthodes herméneutiques, dont les glossaires bibliques médiévaux comportent de nombreux exemples. Cf. M. BANITT, « Une vue d'ensemble sur les glossaires bibliques juifs en France au Moyen âge », dans G. DAHAN, G. NAHON (éd), *La culture juive en France du Nord au Moyen Age : De Rashi aux Tosafistes. Le Talmud de France. Colloque international (Paris-Troyes, 3-5 décembre 1990)*, Peeters, Louvain 1990, p. 23. Sur ce phénomène, voir également M. BANITT, « Glossaires bibliques », p. 197.

Comme précédemment, la version hébraïque interlinéaire proposée dans les deux unités reprend (avec quelques variantes de détail) le texte massorétique avec autant d'exactitude que le permet le mot à mot latin, mais le mot *Deus*, dans les expressions *ego sum Deus* et *et non Deus*, n'a pas d'équivalent hébreu dans la première unité, alors que celui-ci est donné dans la seconde (אל ... אל).

* Mt 17, 19/20 : U1, fol. 56v, 1-2a [**1**] ; U2 : fol. 66v, l. 22 à 67r, l. 2a [**11**]

Qui habuerit fidem quantum granum senapis et dixerit huic monti : Transfer te in mare et tranfert se.

Aux deux éléments de *huic monti* correspond, dans la première unité, l'hébreu אל (« à ») et ההר (« la montagne) ; les formes verbales *transfer et tranfert se* sont traduites avec le verbe קפץ (« se jeter »). Ces deux particularités se retrouvent dans la seconde unité, dont la traduction est par ailleurs différente. L'expression *et transfert se* est décomposée, dans la première unité, en deux éléments (*et* / *transfert se*) respectivement traduits par « aussitôt » (מיד) et « elle sautera / qu'elle saute » (יקפוץ) et dans la seconde en trois éléments respectivement traduits par « et » (ו) « elle se jettera/qu'elle se jette » (יקפוץ) / « aussitôt » (מיד).

* Mt 27, 54 et pll. : U1, fol. 56v, l. 2b-4a [**2**] ; U2, fol. 67r, l. 2b-3 [**12**]

U1 : *Dixit Pilatus : vere iste erat (tu) homo. Respondit Jesus : Tu veritate dixisti.*

U2 : *Vere iste erat homo. Respondit Jesus : Tu dixisti.*

L'expression **isteerat* (*iste erat*) est traduite (?) par שליש, « homme de confiance » (lecture erronée du modèle ?) dans la première unité et par « tu es » (אתה) dans la seconde ; les traductions sont par ailleurs différentes.

* Mc 6, 1-6 (cf. Mt 13, 54-58) : U1, fol. 57r, 16b-57v, 4a [21] ; 67r, 8b-23 [16]

Voir ci-dessous la présentation parallèle des deux traductions.

* Jn 1, 18 ; cf. 1Jn 4, 12 : U1, fol. 57r, l. 13b-14a [**19**] ; U2 : fol. 67v, l. 8b-9a [**21**]

Nemo Deum vidit unquam.

L'expression *Nemo Deum vidit umquam* est traduite par « Dieu n'a été vu d'aucun homme » (השם לא נראה לשום אדם) dans la première unité, et par « aucune créature n'a jamais < vu >[324] Dieu » (שום בריה השם ... מעולם) dans la seconde. La première de ces traductions, incluse dans la formule introductive, se présente comme une paraphrase et la seconde, située dans l'interligne, comme un mot à mot ; elles sont en fait aussi larges l'une que l'autre et ne mettent pas l'accent sur les mêmes aspects du verset.

* Jn 19, 26 : U1, fol. 56v, l. 10b-11a [**8**] ; U2**,** fol. 67r, l. 5b-6a [**14**]

Mulier, mulier, ecce filius tuus.

---

324. Le mot hébreu copié au-dessus du verbe latin a été gratté ; il ne semble pas qu'il s'agisse de la forme (ראתה) qu'on devrait trouver à cet endroit.

Étude codicologique, paléographique et linguistique

Dans *ecce filius tuus, ecce*, écrit **ec ce*), est traduit par « vois » (ראי) / « ici » (פה), ce qui correspond exactement à l'étymologie du mot français tout en s'appuyant sur une décomposition artificielle du latin. Cette distinction n'apparaît pas dans la seconde unité, où *ecce*, non décomposé, est simplement traduit par ראי (« vois »).

* Ac 7, 55 : U1, fol. 57r, l. 14b-16a [20] ; U2, fol. 67r, l. 6b-8a [15]

Video coelos apertos et Iesum stantem a dextris virtute (-tis ?) Dei.

Le présent *video [coelos apertos]* est traduit par ראיתי, « j'ai vu [les cieux ouverts] » dans les deux unités ; *virtutis Dei* est traduit, dans les deux unités, par une même expression assez éloignée du latin, נפלאות השם (« les merveilles de Dieu » : d'après Jb 37, 14 ?), dont chaque élément est situé exactement au-dessus du terme latin correspondant ; les deux traductions présentent, par ailleurs, quelques divergences de détail.

* *Et homo factus est et crucifixus etiam pro nobis* : U1, fol. 56v, 4b-5 [3] ; U2, fol. 65r, l. 5-6 [13]

Dans la première unité, 1) les mots *et, factus est*, et *et* ne sont pas traduits ; 2) **cruci fi xus* (décomposé) est traduit par וסבלת כמה יסורין, litt. « et tu as enduré bien des tourments » ; 3) *etiam* est traduit par בתוך ציון = « à Sion » (litt. : « au sein de Sion ») : l'erreur vient ici du latin, la translittération de la deuxième partie de **e tiam* (אי ציון) ayant une forme identique à celle de l'hébreu Șion (ציון), mais elle peut être auditive (l'auteur de la translittération aurait compris *in Sion* au lieu de *etiam*, à cause de la prononciation médiévale du mot latin) ou visuelle (le traducteur aurait cru reconnaître le nom de la montagne dans la translittération). C'est l'ensemble de la citation qui a été mal compris, mais le fait que le mot *crucifixus* n'ait pas été identifié pose problème. Dans la seconde unité, la citation n'est pas traduite.

Citations n'apparaissant que dans le premier florilège

5. (56v, 7c) : *Dico : Vivo ego in semper.* (Dt 32, 40)

L'hébreu correspondant à *dico* est au futur [avec *waw* inversif] (ואמרתי), comme dans la source hébraïque du verset et dans la Vulgate : *Dicam*.

6. (56v, 8b-9a) : *Ego vermis et non homo et abiectio plebis.* (Ps 21/22, 6/7)

La citation latine de Ps 21, 7 ne donne pas tout le verset (*et abiectio plebis* seulement, au lieu de *opprobrium hominum et abjectio plebis*) ; l'hébreu copié dans l'interligne, parfaitement conforme à la source biblique, est complet mais entièrement inscrit au-dessus du latin *et abiectio*, le mot *plebis*, copié à la ligne suivante, demeurant sans traduction propre.

7. (56v, 9c-10a) : *Inter natos mulierum non surrexit maior Iohanne Baptista.* (Mt 11, 11 ; Lc 7, 28)

Dans *non surrexit maior Iohanne Baptista*, **non sur rexit* est traduit par לא היה גדול, « n' était pas [plus] grand », chacun des trois mots de l'hébreu étant placé au-dessus de l'un des (trois) éléments du latin décomposé ; le premier élément de **ma ior* est surmonté de קא (= *que* introduisant le complément du comparatif ?).

Les « fautes »

14. (57r, 5-6) : _Fili, panem non habent, vinum non habent. Respondit Iesus : nondum venit hora mea._ (Jn 2, 3-4)

Les mots _non habent vinum non habent panem_ sont traduits par אין לנו לחם, אין לנו יין, « nous n'avons pas de vin, nous n'avons pas de pain », la forme verbale _habent_ paraissant être comprise comme une première personne du pluriel puisque, dans les deux cas, c'est elle qui porte le pronom personnel לנו (« à nous ») tandis que _non_ est surmonté de la négation hébraïque (אין).

16. (57r, 9b) : _Et peperit filium nomen eius Emmanuel, festina, praeda et festina spolia._

Les mots _et peperit filium nomen eius [Emmanuel]_ sont traduits par היו שני בנים לאותה עלמה, « cette jeune fille (_'alma_) avait deux fils », chacun des mots de l'hébreu étant inscrit au-dessus de l'un des éléments du latin.

22. (57v, l. 4b-10a) : _Propter hoc laetatum est cor meum et exultavit lingua mea insuper et caro mea requiescit in spe, quoniam non derelinques animam meam in inferno neque dabis sanctum tuum videre corruptionem. Notas mihi fecisti vias vitae, adimplebis me laetitia cum vultu tuo, delectationes in dextera tua usque in finem._ (Ps 15/16, 9-11)

L'hébreu est parfaitement conforme au texte massorétique, à l'exception de ce qui correspond à _non derelinques_, ici au pluriel (לא תעזבו), ce qui s'explique sans doute par une faute de copie. Pour l'expression _lætatum est cor meum exultavit lingua mea_ ; le scribe a écrit, dans un premier temps, ויגל (« se réjouit ») au dessus de _meum ex-_, et כבודי (litt. : « ma gloire ») au-dessus de _–sultavit_ ; puis il s'est ravisé, a barré ces deux mots, et recopié le premier au-dessus de -_sultavit_, le second au-dessus de _lingua mea_, ce qui correspond mieux au latin.

23. (57v, l. 10b-13) : _[Qui sanctificantur et baptizantur in hortis alter enefra (?) uno uno mediant (?) qui manducant carnes suillas, abominationem et murem simul consumentur, dicit Dominus._ (Es 66, 17)

La version hébraïque est parfaitement conforme au texte massorétique, mais le scribe (ou sa source) peine à la faire coincider avec le latin. Les mots hébreux sont bien placés, à l'exception de celui qui correspond à _simul_ (יחד) dans l'expression _simul consu mentur_, situé au-dessus de _consu-_, et non au-dessus du mot latin précédent. La substitution polémique de _qui baptizantur_ à _qui sanctificantur_ n'est pas prise en compte dans la copie de l'hébreu.

Citations n'apparaissant que dans le second florilège

1. (66v, 1-2a) : _Qui videt me videt et Patrem et filium et spiritum sanctum._ (Jn 14, 9)

Le scribe a écrit, dans un premier temps הבן (« le fils ») au-dessus de _patrem_, et האב (« le père ») au-dessus de _patrem_ ; il a ensuite rayé les mots erronés et corrigé l'inversion.

Suivent plusieurs citations non traduites (nos 4 à 10) : AT, NT et textes liturgiques.

18. (67v, 2-3) : _Fili, quid fecisti nobis ? Sic ego et pater tuus dolentes quaerebamus te._ (Lc 2, 48)

L'expression _Fili, quid fecisti nobis_ est traduite par בן מה עשית פה אנחנו, « Fils (et non בני

Étude codicologique, paléographique et linguistique

= "mon fils", qui devrait être la forme utilisée ici), qu'as-tu fait ici nous ? » (la forme utilisée correspond à « nous » [nominatif], et non au datif, la fonction du pronom dans la phrase latine n'est donc pas prise en compte dans le mot à mot). L'expression *Ego et pater tuus* est traduite par אנכי ואת אב שלך, litt. : « moi *we-et* père de toi » ; il manque, devant le mot « père », l'article qui permettrait de traduire exactement « ton père ».

34. (68v, l. 16) : *Non veni ponere pacem in terr<am>, sed gladium.* (Mt 10, 34 ; cf. Lc 12, 51)

Les mots *sed gladium* son traduits par לשים את כל בתגר (litt. « placer tout dans la querelle » / « exposer tout à la querelle »).

Conclusions de l'analyse des « fautes » de traduction

Parfois combinées, les principales fautes intervenant dans la restitution hébraïque du latin portent sur les points suivants : mots hébreux empruntés à la source scripturaire, et mal placés dans la copie (= à un autre endroit qu'au-dessus du mot latin auquel ils correspondent) ; mots hébreux non tirés d'une source scripturaire, et mal choisis pour rendre compte du latin auquel ils sont rapportés ; traductions approximatives, larges, ou très éloignées du latin ; décomposition artificielle de certaines d'entre elles en éléments respective-ment rapportés à l'un des termes du latin, alors que les deux versions sont très éloignées l'une de l'autre ; mots ou expressions latin(e)s non traduits alors que l'équivalent existe dans l'hébreu biblique du verset ; mots ou expres-sions latin(e)s non traduits alors qu'il n'existe pas, dans la Bible, de source hébraïque correspondante ; mots ou expressions traduits dans l'un des deux florilèges seulement, pour une même citation ; traductions « littérales » s'ap-puyant sur des mots latins artificiellement décomposés ; ajouts d'éléments ne figurant pas dans le latin ou conservation d'éléments présents dans le texte massorétique, mais absents de la citation latine telle qu'elle se présente dans le florilège ; erreurs sur les temps ou les personnes pour les verbes, sur les pronoms personnels, sur la fonction (= le cas) de certains mots ; inversion des éléments constitutifs de la citation latine.

Ces phénomènes sont nombreux, mais pas majoritaires : dans la plupart des cas, le mot à mot hébreu correspond exactement à celui du latin et cela s'applique aux citation du Nouveau Testament (= sans référence scripturaire en hébreu) comme à celles du Nouveau Testament. La présence de certaines fautes est d'autant plus surprenante que celles-ci ne portent pas nécessaire-ment sur des mots rares ou sur des versets n'ayant pas de correspondant hébreu dans l'Ancien Testament. Les remaniements opérés sur les originaux hébreux, lorsqu'ils existent, pour les adapter au latin, manifestent une certaine capacité à appréhender les écarts entre les versions massorétique et latine d'un verset, mais les leçons copiées dans l'interligne ne sont pas toutes d'une égale préci-sion, alors que cela ne peut être expliqué par la difficulté relative de chaque citation. Comme ces disparités peuvent également être observées au sein de

Les « fautes »

chacun des deux florilèges, il semble bien que les traductions dont ils sont porteurs émanent de différentes personnes, plus ou moins averties de ce qui touche à la langue latine et à la culture chrétienne. La plupart des citations non traduites dans le second florilège (AT, NT et extraits de la liturgie) sont précédées de la formule לא הגהתי בטוב (« je n'ai pas bien vérifié ? / examiné ») ; c'est vraisemblablement le scribe lui-même qui parle, en pareil cas.

Pour les citations de l'Ancien Testament comme pour les autres, il est fréquent que la version hébraïque proposée présente des particularités (choix du lexique, tournures originales) qu'on retrouve dans les deux florilèges, mais avec certaines différences par ailleurs. Il y a tout lieu de croire que les auteurs utilisent alors une même version hébraïque, distincte du texte massorétique lorsqu'il existe, élaborée en fonction du latin, et remaniée par chacun d'entre eux, autrement dit qu'ils travaillent sur (la/des copie[s] d') un même document ou intégrant des éléments empruntés à un même document. Parmi les fautes incontestables de traduction (choix ou place des mots), aucune n'apparaît à la fois dans les deux florilèges ; lorsque le mot à mot est exact dans les deux cas, il n'y est jamais identique. Le texte *latin* des citations communes étant toujours le même dans ces deux florilèges, mais avec des translittérations différentes, il faut distinguer au moins trois (ou quatre) étapes dans leur transmission : une même source orale (généralement distincte de la Vulgate) ; ses différentes mises par écrit (au moins deux) ; une première traduction hébraïque élaborée directement sur le latin (oral et/ou écrit) ; une seconde traduction hébraïque, différemment adaptée de la première. En l'absence d'élément de comparaison, il est difficile de savoir dans quelle mesure ces conclusions s'appliquent aussi aux citations n'apparaissant que dans l'un des deux florilèges, mais cela n'est jamais exclu.

Si l'on excepte la longue citation de Mc 6, 1-6, dont seuls les premiers mots sont traduits dans le second florilège (voir ci-dessous), dans l'ensemble constitué par les deux florilèges, les fautes avérées sont moins nombreuses pour le Nouveau Testament (10) que pour l'Ancien Testament (15) ; l'existence ou l'absence d'une version hébraïque n'est donc pas déterminante dans l'appréhension de la citation latine. Ces fautes sont un peu plus fréquentes dans le premier florilège (17) que dans le second (8), mais la comparaison n'est pas pertinente, puisque les citations non traduites sont assez nombreuses dans le second florilège (11/34), alors que toutes (24/24) présentent une version hébraïque dans le premier. On observe que les citations non traduites du second florilège ne se distinguent ni par leurs sources respectives (AT, NT ou autres), ni par leur difficulté relative, mais que sept d'entre elles sont regroupées, sans qu'aucune d'entre elles s'insère dans l'un des blocs communs aux deux florilèges (l'ensemble qu'elles constituent précède immédiatement

99

Étude codicologique, paléographique et linguistique

le premier de ces blocs communs)[325] ; elles constituent donc un ensemble distinct qui préexistait peut-être à la copie conservée, mais seules trois d'entre elles, qui ne sont toutes pas réunies et ne présentent pas de caractéristique commune (4, 5 et 7) sont précédées de la mention לא הגהתי (« je n'ai pas bien examiné/vérifié »).

Mc 6, 1-6 (cf. Mt.13, 54-58) dans les deux florilèges

Les florilèges comptent deux citations particulièrement étendues : Mc 6, 1-6 et Mt 26-36-39) ; la première d'entre elles apparaît dans l'un et l'autre[326], mais n'est traduite au-delà des premiers mots, et jusqu'à la fin, que dans le premier, la « traduction » étant alors très large (voir ci-dessous) ; celle qui est tirée de Matthieu n'apparaît que dans le second florilège[327], où elle n'est pas traduite. La longueur de ces passages explique peut-être leur traitement particulier.

Dans le tableau ci-dessous, les mots ou groupes de mots hébreux sont situés (avec leur traduction française) à la place qui est la leur dans le manuscrit, c'est-à-dire très exactement au-dessus des syllabes, mots ou groupes de mots latins qu'ils sont censés traduire ; les blancs correspondent à des éléments latins qui ne sont assortis d'aucune traduction hébraïque. Pour faciliter la comparaison, les différentes parties du discours sont présentées, dans la seconde unité (où ils ne sont généralement pas traduits), selon le modèle adopté pour la première et déterminé alors par les différentes composantes de la traduction supralinéaire. Puisque la comparaison ne porte ici que sur la traduction hébraïque des versets (et accessoirement sur le texte latin lui-même), les spécificités de la translittération – dont on trouvera ailleurs le détail et l'analyse – ne sont pas restituées mais la décomposition de certains mots, dans le manuscrit, en deux ou plusieurs éléments distingués par une espace est conservée, puisque la traduction hébraïque, lorsqu'elle est présente, s'appuie le plus souvent sur cette distinction.

Unité 1	Unité 2
57r, 16b – 57v, 4a (21) / בעת ההיא : *en ce temps-là* / / *In illo tempore*　　　/	67r, 8b-23 (16) /　　　　/ / *In illo tempore* /
/ הלך ישו : Jésus alla / / *egressus Iesus*　　/	/　　　　/ / *egressus Iesus* /

---

325. Nᵒˢ 2, 4 à 10, 13, 16 (quelques mots du début), 25.
326. U1 (21) ; U2 (16).
327. U2 (25).

Les « fautes »

/ ותלמידיו : et ses disciples / / *venit in* /	/ / / *venit in* /
/ עמו : avec lui / / / *patriam* / *suam* /	/ / / / *patria\<m\>* / *sua\<m\>* /
/ כדי : afin de / [!] נצטיידו / ללכת : aller / / *et* / *seque-* / *-bantur* /	/ / / / / *et* / *seque-* / *-bantur* /
/ במדינתו : dans sa patrie / / *eum* /	/ / / *eum* /
/ וישו היה : et Jésus était / עמהם : avec eux / / *discipuli* / *eius* /	/ ותלמידיו : et ses disciples / עמו : avec lui / / *discipuli* / *eius* /
/ כדי : pour / להודות : honorer / שבת : le shabbat / / *et* / *facto* / *sabbato* /	/ ו : et / עשות : faire / השבת : le sabbat / / *et* / *facto* / *sabbato* /
/ בתוך : dans / / / *cepit* / *in* /	/ להודיע : pour faire connaître / בתוך : dans / / *coepit* / *in* /
/ עדת : la communauté / ישר׳ : d'Israël / / *synagoga* / *docere* /	/ עדת : la communauté / ישר׳ : d'Israël / / *synagoga* / *docere* /
/ / ועשה : et il faisait / / *et* / *multi* / עצמו : soi-même / נביא : prophète / / *audientes* / *admira-* /	/ / ועשה : et il fit / / ...צ : *ṣ*...¹ / / / *et* / *multi* / *au-* / *-dientes* / *admira-* /
/ / ויתמהו : et exprimaient leur admiration / / *-bantur* / *in doctrina* /	/ / / / *-bantur* / *in doctrina* /
/ האנשים : les gens / איש : l'un / אל : à / רעהו : l'autre / / *eius* / *dicentes :* / « *Unde* / *huic* /	/ / / / / / *eius* ~~*sapientia*~~ / *dicentes :* / « *Unde* / *hu-ic* /
/ / ויאמרו : disant / הגם : est-ce que [lui] aussi / / *haec* / *omnia* / *et* /	/ / / / *haec omnia* / *et* /
/ ישו : Jésus / בנביאים : compte parmi les prophètes ? / / *quae est* / *sapientia* /	/ / / / / *quae* / *est* / *sapientia* /
/ מהיכן : d'où / באה : est venue / אליו : à lui / / *quae data* / *est* / *illi* /	/ / / / / *quae* / *data* / *est* / *illi* /
/ / הגבורה זו : cette assurance / / / *et* / *virtutes* / *tales* /	/ / / / / *et* / *virtutes* / *tales* /

101

Étude codicologique, paléographique et linguistique

Unité 1	Unité 2
/ / / והכח : et la puissance / / / / / *quae* / *per* / *manus* / *eius* / *effi-* /-*ci* /	/ / / / / / / / *quae* / *per* / *manus* / *eius* / *e* / -*ficiuntur* ? /
/ והגבורה : et l'assurance / והחכמה : et la sagesse / / -*untur* ? / *Nonne* /	/ / / / *Non-* /- *ne* /
/ והלא הוא : et n'est-il pas / נפח : le forgeron / / *iste est* / *faber* /	/ / / / *iste est* / *faber* /
/ בן : fils de / מרים : Marie / / *filius* / *Mariae* /	/ / / / *filius* / *Mariae* /
/ ויש לו אחים : et il a des frères* / יעקב : Jacob / / *frater* / *Iacobi* /	/ / / / *frater* / *Iacobi* /
* In marg. : ארבע ואלה שמותם, « quatre, et voici leurs noms : » ; / / יוסף : Joseph / / יהודה : Juda / / שמעון : Simon / / *et* / *Ioseph* / *et* / *Iude* / *et* / *Simonis* ? /	/ / / / / / / / / *et* / *Ioseph* / *et* / *Iude* / *et* / *Simonis* ? /
/ ושתי : et deux / אחיות : sœurs / הגדות : qui habitent / / *Nonne et* / *sorores* / *eius* /	/ / / / / / *Non< ne >* *et* / *sorores* / *eius* /
/ / ביניו : parmi nous / / *hic* / *nobis-* /	/ / / / *hic nobis-* /
/ וישמע : et entendit / ישו : Jésus / / -*cum* / *sunt* ? /	/ / / / -*cum* /_*sunt* ? /
/ / את : *et* [préposition introduisant le c.o.d.] / / *Et* / *scanda-*	/ / / / *Ets-* /
/ דבריהם : leurs paroles / ואמר : et il dit / להם : à eux / / -*lizabantur* / *in* / *illo* /	/ / / / / -*candalizabantur* / *in* / *illo* /
/ / עתה : à présent / ידעתי : je sais / / כי : qu' / / *et* / *dicebat* / *eis* / *Iesus* : / « *Quia* /	/ / / / / / / *et* / *dicebat* / *eis* / *Iesus* : / « *quia* /
/ אין : il n'est pas / יש : il y a / נבאי : de prophète / / *non* / *est* / *propheta* /	/ / / / / *non* / *est* / *propheta* /
/ בלא : sans / כבוד : honneur / כי : si- / אם : -non / / *sine* / *honore* / *nisi* / *in* /	/ / / / / / *sine* / *honore* / *nisi* / *in* /
/ בעיר : dans la cité / שלו : de lui / / *patria* / *sua* /	/ / / / *patria* /*sua* /
/ / ובתולדה : et dans la parenté / שלו : de lui / / *et in* / *cognatione* / *sua* /	/ / / / / *et in* / *cognatione* / *sua* /
/ ובבית : et dans la maison / / שלו : de lui / / *et in* / *domo* / *sua* », /	/ / / / /*et in* / *domo* /*sua* » /

102

Les « fautes »

/ ולא יכול / : et (il) ne pouvait / [2] <שו>י / / *et non* / *poterat*	/ / / / *et non* / *poterat* /
/ לעשות / : faire / שום כח : aucune [œuvre de] puissance / / *ibi* / *virtutem*	/ / / / *ibi* / *virtutem* /
/ שבעולם / : au monde / באותה שעה : à cette heure / / *ullam* / *facere*	/ / / / *ullam* / *facere.* /
/ כי אם : sinon / לרפאות : guérir / / *nisi* / *paucos* /	
/ מעט חולים : quelques malades / / *in-* / *-firmos* /	
/ משים ידו עליהם : en imposant sa main sur eux / / *inpositis manibus* /	
/ ויפלא מאד : et il était fort étonné / / *curavit* /	
/ על אשר היו : de ce que fussent / / *et mira-* /	
/ האנשים : les gens / אכזרים : cruels / / *-batur crude-* / *-litatem* /	
/ כנגדו : envers lui / / / *il-* / *-lorum.* /	

1. Mot dont seule la première lettre est écrite.
2. La fin du mot, dans la marge, a été rognée.

L'auteur de la traduction proposée dans le second florilège a vite renoncé.
Dans le premier florilège, le mot à mot hébreu est souvent très éloigné du
latin et ne lui correspond que de manière exceptionnelle, mais contrairement
à ce qui a pu être observé ailleurs (mot à mot très littéral dans lequel les
différents éléments du latin sont traduits indépendamment les uns des autres),
le texte hébreu forme ici un ensemble cohérent, avec une seule particularité
grammaticale[328] :

In illo tempore, egressus Iesus venit in patriam suam, et sequebantur eum
discipuli eius, et facto sabbato, cepit in synagoga docere, et multi audientes
admirabantur in doctrina eius dicentes : « Unde huic hec omnia et que est
sapientia que data est illi et virtutes tales que per manus eius efficuntur ?

---

328. L'association de אין (il n'y a pas) avec יש (il y a), pour traduire littéralement *non est* dans l'expression אין יש נביא (litt. : « Il n'y a pas il y a un prophète »). Cette tournure apparaît une seule
fois dans la Bible (Ps 135, 17), et quelquefois dans la littérature rabbinique.

103

Étude codicologique, paléographique et linguistique

*Nonne iste est faber filius Marie, frater Iacobi et Ioseph et Iude et Simonis ?
Nonne et sorores eius hic nobiscum sunt ? » Et scandalizabantur in illo, et
dicebat eis Iesus : « Quia non est propheta sine honore nisi in patria sua et in
cognatione sua et in domo sua », et non poterat ibi virtutem ullam facere nisi
paucos infirmos inpositis manibus curavit et mirabatur crudelitatem illorum.*

הלך ישו ותלמידיו עמו כדי נצטיידו [!] ללכת במדינתו וישו היה עמהם כדי להודות שבת בתוך עדת
ישר' ועשה עצמו נביא ויתמהו האנשים איש אל רעהו. ויאמרו הגם ישו בנביאים מהיכן באה אליו
הגבורה זו והכח והגבורה והחכמה והלא הוא נפח בן מרים ויש לו אחים [ארבע ואלה שמותם] יעקב
יוסף יהודה שמעון ושתי אחיות הדרות בינינו. וישמע ישו את דבריהם ויאמר להם עתה ידעתי כי
אין יש נביא בלא כבוד כי אם בעיר שלו ובתולדה שלו ובבית שלו ולא יכול ישו לעשות שום כח
שבעולם באותה שעה כי אם לרפואות מעט חולים משים ידו עליהם ויפלא מאד על אשר היו האנשים
אכזרים כנגדו.

En ce temps-là, Jésus partit, avec ses disciples, pour…, se rendre dans sa
patrie. Jésus était avec eux pour honorer le shabbat dans la communauté d'Israël ; comme il se faisait/prétendait prophète, tous se manifestaient mutuellement leur surprise, en disant : Jésus compte(rait)-t-il lui aussi parmi les
prophètes ? D'où tient-il cette assurance, cette puissance, cette assurance[329],
et cette sagesse ? N'est-il pas le forgeron, fils de Myriam, qui a [quatre] frères
[nommés] Jacob, Joseph, Juda et Simon, et deux sœurs qui vivent parmi nous ?
Entendant leurs paroles, Jésus leur dit : « Je sais à présent qu'il n'est de prophète méprisé (litt. : « sans honneur ») que dans sa [propre] cité, sa [propre]
parenté et sa [propre] maison. À cette heure, Jésus était incapable d'accomplir
aucun des miracles (כח) qui peuvent être réalisés dans ce monde (litt. : qui sont
dans le monde), sinon de guérir quelques malades en leur imposant les mains
(litt. : sa main), et il s'étonnait fort de leur cruauté.

Les versions latine et hébraïque sont assez distinctes l'une de l'autre pour
que l'hypothèse d'une traduction faite directement sur le modèle puisse être
écartée sans ambages. Le scribe ou celui de son modèle a copié ici une version
hébraïque assez indépendante de la source néotestamentaire en s'efforçant,
tant bien que mal, de la faire coïncider avec le latin.

Le texte latin de la seconde unité est moins complet que celui de la première,
mais identique à ce dernier ; les deux copies se distinguent donc uniquement
par la translittération hébraique et par la décomposition de certains mots.

Les éléments du discours sont presque tous « traduits » dans le premier
florilège, mais souvent de façon inexacte ; quelques mots seulement sont
donnés en hébreu dans le second, mais avec plus de précision. Même très
incomplète, la version hébraïque du second florilège est donc incontestablement plus proche du latin, ce qui conforte l'impression déjà évoquée par
ailleurs que sa copie et son élaboration sont plus étroitement liées, autre-

---

329. Les mots גבורה (litt. : « courage » ou « toute puissance ») et כח (litt. : « puissance »), difficilement traduisibles dans ce contexte, se réfèrent généralement aux héros ou à Dieu.

ment dit que le scribe et l'auteur peuvent être parfois confondus, ce qu'aucune observation particulière ne conduit à envisager avec autant de vraisemblance pour le premier florilège.

Bilan général de l'analyse des fautes

Les fautes relevées portent donc sur la copie elle-même, sur la grammaire, sur la translittération et sur la traduction. Leur analyse contribue à mettre en évidence ce qui unit et ce qui distingue les deux florilèges : les fautes de copie sont beaucoup plus nombreuses dans le premier ; les fautes portant sur le latin sont souvent les mêmes, mais parfois différentes, y compris au sein d'une citation commune, et presque toujours véhiculées par des translittérations distinctes ; les fautes relatives à la traduction hébraïque des citations latines sont toujours distinctes ; leur nombre ne peut être comparé, puisque celui des citations traduites est très inégal.

Les fautes de traduction avérées ne correspondent ni à l'absence d'une référence biblique en hébreu ni à la difficulté du passage ; les deux florilèges offrent donc, de ce point de vue, une même hétérogénéité qu'il faut sans doute considérer comme un signe, parmi d'autres, de leur caractère composite : ces traductions (comme les premières translittérations, dont elles ne sont pas nécessairement contemporaines) ne sont pas toutes intervenues au même stade de la transmission textuelle, et s'il n'est pas exclu que les scribes aient effectué personnellement certaines d'entre elles, il est manifeste qu'aucun des deux n'a procédé à une révision personnelle de l'ensemble de celles qui ont été copiées par lui : leur degré de précision serait alors plus homogène.

L'hébreu des formules de présentation est un peu lourd parfois, mais sans autre spécificité : c'est celui qu'on trouve dans d'autres écrits contemporains, en particulier polémiques : sa simplicité correspond à la fonction pratique des deux documents. Comme ces formules ne sont jamais communes aux deux florilèges, et que leurs scribes sont différents, il émane d'au moins deux personnes distinctes disposant d'une même maîtrise de l'hébreu rabbinique, de la Bible hébraïque, et, par ailleurs, d'une connaissance du latin comparable.

Ces deux florilèges sont eux-mêmes constitués de différentes strates – parfois communes – et même si le premier d'entre eux paraît plus abouti, ils ne sont probablement, l'un et l'autre, que des étapes intermédiaires dans la transmission du dossier polémique. L'ensemble de ces caractéristiques permet d'affirmer que plusieurs personnes sont intervenues dans leur élaboration et que la plupart d'entre elles – sinon toutes – disposaient de compétences analogues. La réunion de leur travail dans des documents distincts, mais de même nature, n'est sans doute pas fortuite et il y a tout lieu de croire que sous une forme ou sous une autre, leur travail fut collectif.

CHAPITRE VII
RÉFÉRENCES AU CALENDRIER DES LECTURES CHRÉTIENNES ET À DES PROFESSIONS DE FOI CHRÉTIENNES

Les références à la liturgie chrétienne, qui prennent diverses formes, sont fréquentes dans l'ensemble du dossier, et plus particulièrement dans le second florilège[330]. Dans la liste qui suit, cette référence est précisée chaque fois qu'une lecture ou un chant ont été identifiés[331].

Références au calendrier chrétien introduisant des citations scripturaires

Unité 1 et 2

U 1 (13) : ארנוף דיום שאומרים כמו, « comme ils disent le jour de *A R N O F »

U 2 (30) : ארנוף\לורנוף יום, le jour de *A R N O F / *L O R N O F

= An neuf (1ᵉʳ janvier), fête de la circoncision du Christ.

> Citation : *Masculus cuius preputii caro circumcisa non fuerit peribit anima de populo suo.* (Gn 17, 14)

Unité 2

5 : מרצנקא יום, « le jour de *M R T S N Q E » (*Marceinche*)[332]

= Annonciation (25 mars)

> Citation : *Ecce concipies in utero et paries filium et vocabis eius nomen Iesum. Hic erit magnus et filius altissimi vocabitur et dabit illi Dominus Deus sedem David patris eius.* (Es 7, 14 et Lc 1, 31-32)

Lc 1, 31-32 est situé au début de Lc 1, 26-38, Évangile lu le jour de la fête de l'Annonciation (cf. A. Chavasse, *Lectionnaires* II, 27)

---

330. On trouvera dans l'analyse de détail des citations les précisions relatives à leur place dans la liturgie, qu'il est inutile de reprendre à l'identique dans cette étude d'ensemble.

331. Je tiens à exprimer ma plus vive reconnaissance à Claire Maître (IRHT) pour l'aide apportée, avec une grande disponibilité, dans ce travail d'identification et dans la découverte des instruments de travail du liturgiste.

332. Désignation médiévale de la fête de l'Annonciation : F. GODEFROY, *Dictionnaire de l'ancienne langue française* (au mot *Marsesche*) et A. GIRY, *Manuel de Diplomatique*, Paris 1894, p. 268 (*Marzache*).

Étude codicologique, paléographique et linguistique

9 : יום ה' לפני קצח, « le 5ᵉ jour [= le jeudi] avant *Q Ṣ Ḥ* »

= Jeudi saint (*Pedilavium*)

> Citation : *Et lavit Iesus pedes discipulorum suorum et dixit : Exemplum habetis ut vos ita faciatis.* (d'après Jn 13, 5.15)

Le récit du Lavement des pieds est lu le Jeudi-Saint (cf. A. Chavasse, *Lectionnaires* II, 29)

15 : ק' איטיינא למחרת ניתל, « S[aint] Étienne, le lendemain de *N I T [a] L* »

= le lendemain de Noël, fête de la Saint-Étienne (26 décembre)

> Citation : *Video coelos apertos et Iesum stantem a dextris virtute Dei.* (Ac 7, 55)
> (également cité, sans référence à l'année liturgique, en U1, n° 20)

Cette citation correspond au début de l'antienne de communion de la messe de la Saint-Étienne : *Video coelos apertos et Iesum stantem a dextris virtutis Dei : Dominus Iesus, accipe spiritum meum, et ne statuas illis hoc peccatum, quia nesciunt quid faciunt.* (R.-J. Hesbert, *Antiphonale Missarum Sextuplex*, n° 12 [p. 16-17])

16. מרקוש עשאה בין ניתל לעינויי
יום ו' אחר כ' ימים מניתל

« Marc l'a faite (?) entre *N I T [a] L* et *'I N U Y* »
« Le 6ᵉ jour (vendredi) après vingt jours à partir de *N I T [a] L* »
= le vendredi suivant le 20ᵉ jour après Noël

> Citation : Frères et soeurs de Jésus (Mc 6, 1-6)
> (également cité, sans référence à l'année liturgique, en U1, n° 20)

Mc 6, 1-5 est l'Évangile de la férie VI de la deuxième semaine après l'Épiphanie (cf. A. Chavasse, *Lectionnaires* II, 25). Dans le calendrier latin médiéval, l'expression *Viginti dies* désigne les vingt jours compris entre Noël et l'octave de l'Épiphanie (cf. A. Giry, *Manuel de Diplomatique*, 1894, p. 273).

18. אחר ניתל, « Après *N I T [a] L* »

> Citation : *Fili, quid fecisti nobis ? Sic ego et pater tuus dolentes quærebamus te.* (Lc 2, 48)

Lc 2, 42-52 est l'Évangile du premier dimanche après l'Épiphanie (cf. A. Chavasse, *Lectionnaires* II, 25). Le même jour, l'antienne in Evangelio (ant. de *Benedictus* [laudes] ou de *Magnificat* [vêpres]) est Lc 2, 48-49 : *Fili, quid fecisti nobis ? Sic ego et pater tuus dolentes quaerebamus te. Quid est quod me quaerebatis ? Nesciebatis quia in his quæ patris mei sunt oportet me esse ?* (cf. R.-J. Hesbert, *Corpus Antiphonalium Officii* III, n° 2872). Le temps de Noël se poursuit jusqu'à la Septuagésime (les neuf semaines précédant Pâques).

20 : שבוע ראשון יום ד' <י>בעינו, « à *'inuy*, première semaine, quatrième jour (mercredi) »

> Citation : *Sicut fuit Iona in ventre ceti tribus diebus et tribus noctibus, ita erit filius hominis in corde terrae.* (Mt 12, 40 ; cf. Lc 11, 30)

Mt 12, 38-50 est l'Évangile du Mercredi des Cendres (cf. A. Chavasse, *Lectionnaires* II, 28). Mt 12, 40 est aussi l'une des deux antiennes in Evangelio du même jour (cf. R.-J. Hesbert, *Corpus Antiphonalium Officii* III, n° 4934). Le mot hébreu עינוי (*'inuy* : « tourment », « supplice », « mortification ») peut désigner le Carême (généralement)

Références au calendrier des lectures chrétiennes

ou la Passion.

25 : שבוע פנושה, « semaine *penosa* »[333]
= *septimana penosa* : Semaine sainte

> Citation : Au jardin de Gethsemani (Mt 26, 36-39 ; cf. Mc 14, 32-36)
> Non signalé dans l'ouvrage d'A. Chavasse.

Références à des professions de foi chrétiennes

Unité 1

2 : ועוד הוכחה אחרת שכתוב בקרייא שלהם
« Une autre preuve encore, inscrite dans leur lecture (*qeriya*) / Kyrie[334] :

> Citation : *Et homo factus est et crucifixus etiam pro nobis.*

Source : Credo (Symbole de Nicée)[335]. Cette profession de foi a été introduite dans la messe des dimanches et fêtes au XIᵉ siècle (cf. *Dictionnaire encyclopédique du Moyen âge*, art. « Credo »). Ces quelques mots sont également cités dans le second florilège, avec la formule introductive : אחר = « Autre [passage] »).

Unité 2

3 : אחר « Autre [passage] (dans l'espace écrit)
בטריניטי שלהם « Dans leur *T R I N I T É* » (dans la marge)

> Citation : *Et pater a nullo est factus nec creatus bec genitus, filius a patre solo est non factus nec creatus sed genitus […] Deus est ex substantia patris ante sæcula genitus, homo est ex substantia matris in sæculo natus.*

Source : citation constituée de deux extraits du *Quicumque vult* (ou Symbole dit « d'Athanase ») qui s'enchaînent ici sans autre solution de continuité et, contrairement à ce qu'indique la fomule introductive, sans que soit rapporté le passage consacré à l'Esprit et à la Trinité.

Le *Quicumque vult* entre progressivement, à partir du IXᵉ siècle, dans la liturgie, à l'office de Prime (cf. *Dictionnaire de Théologie catholique*, I/II, Paris, 1957, col. 2178-2187).

Textes divers, non scripturaires, cités sans indication chronologique

Unité 2

6 : אחר « Autre [passage] »

> Citation : *Quia pro nobis ductus* (?) *et maledictus*

---

333. Cette expression composite correspond à l'une des désignations de la Semaine sainte (*Hebdomada penosa*) dans le calendrier latin médiéval. Cf. A. GIRY, *Manuel de Diplomatique*, p. 266 et 270.

334. La translittération hébraïque peut être lue des deux manières. On peut également lire קרייא (*qeraya*), mot araméen désignant la lecture [de la Torah].

335. Voir la comparaison de détail dans l'analyse de la citation.

Étude codicologique, paléographique et linguistique

Source : non identifiée

8 : Sans formule de présentation

Citation : *Primo dierum omnium quo mundus exstat conditus quo resurgens conditor nos morte victa liberat.*

Source : hymne de nocturnes (désignation médiévale de matines), pour les dimanches du temps ordinaire (*tempus per annum*).

10 : Sans formule de présentation

Citation : *Per sanctam circumcisionem tuam libera nos Domine* Formule litanique.

19 : מי שיורד בגיהינם לא יעלה, « Qui descend dans la Géhenne n'en saurait remonter. »

Citation (composite ?) : *Quia in <in>ferno nulla est redemptio /Non veni vocare iustos sed peccatores < ad > pœnitentiam* (Lc 5, 32). S'il s'agit bien d'une même citation[336], seule la première partie n'est pas scripturaire ; elle est peut-être tirée de l'Office des Morts (3ᵉ nocturne des mercredis et samedis).

Interprétation et conclusions

La mention de l'« An neuf » est la seule référence explicite au calendrier chrétien qui soit commune au premier et au second florilège. La citation elle-même y est identique et sa situation analogue[337] ; cette citation est donc très vraisemblablement tirée, dans les deux cas, du même ensemble, ce qui prouve que la source liturgique, directe ou indirecte, n'est pas réservée au second florilège, bien qu'elle y occupe une place beaucoup plus importante que dans le premier.

Certaines des références à la liturgie sont explicites ; d'autres, très vraisemblables, tiennent à la nature même des citations (textes lus lors de l'Office). Les premières sont de loin les plus nombreuses.

Les mentions explicites du calendrier chrétien renvoient respectivement à Noël, à la Saint-Étienne (26 décembre), à la Circoncision (1ᵉʳ janvier), à l'Épiphanie (6 janvier), à l'un des vendredis suivant l'Épiphanie, à l'Annonciation (25 mars), au Mercredi des Cendres, au Jeudi saint, au dimanche de Pâques et, peut-être, à la Trinité (premier dimanche après la Pentecôte). Ces indications ne sont pas données selon l'ordre de l'année liturgique car le classement thématique, même imparfait, prévaut ici sur toute autre forme d'organisation[338].

---

336. Voir l'analyse de détail.
337. Voir l'analyse de cette citation.
338. Voir, ci-dessus, le développement consacré au plan des florilèges.

Références au calendrier des lectures chrétiennes

Il arrive que deux fêtes soient évoquées, dans le second florilège, au sein d'une même formule et Noël est mentionné plus d'une fois. La translittération a toujours la même forme, mais celle de « l'An neuf » est différente dans les deux florilèges (de même que la translittération de la citation qui suit).

Les indications sont toutes formulées en hébreu (le plus souvent avec une référence au « jour » et/ou à la « semaine »), mais le vocabulaire désignant la fête elle-même est emprunté à l'hébreu (עינוי ['*inuy*] = Carême ; קצח [*qeṣaḥ*] = Pâques), au français (מרצנקא [*Marceinche*] = Annonciation ; טריניטי [*Trinité*]), ou même à l'hébreu et au latin (שבוע פנושה : litt. « semaine *penosa* » [*septimana penosa*] = Semaine sainte) ; le mot *nital* (ניתל), utilisé pour Noël, est constitué par homophonie avec le latin *natalis* (*dies*), mais aussi, peut-être, en référence à l'hébreu ou au yiddish[339].

La datation est absolue (« le jour de *A R N O F » ; le jour de *M R T S N Q E » ; « à '*inuy*, première semaine, quatrième jour [mercredi] » ; « semaine *pœnosa* ») ou relative (« le 5ᵉ jour [le jeudi] avant *Q Ṣ Ḥ » ; « le lendemain de *N I T [a] L » ; « entre *N I T [a] L et '*I N U Y*, le 6ᵉ jour [le vendredi] après vingt jours à partir de *N I T [a] L » ; « Après *N I T [a] L »). Dans le second cas, elle est donnée avec plus ou moins de précision ; la désignation des jours de la semaine étant la même en hébreu et en latin médiéval (dimanche = 1ᵉʳ jour, etc.), il est difficile de savoir dans quelle mesure les formules alors utilisées sont originales ou calquées sur des tournures latines.

Dans tous les cas identifiés, la citation correspond bien à l'une des lectures prescrites pour le jour indiqué ; inversement, c'est grâce à la citation (Lc 2, 48) que le jour désigné par la formule très approximative « Après *N I T [a] L » (U2 : n° 18) a pu être reconnu comme étant le premier dimanche après l'Épiphanie.

Les fêtes chrétiennes sont utilisées ici comme des repères dans l'ensemble des lectures bibliques : c'est essentiellement par ce biais que le scribe (ou sa source) paraît avoir eu connaissance des textes. Associée ou non à une indication liturgique, la mention des auteurs bibliques est en effet assez rare : on n'en trouve que quelques exemples dans les deux florilèges, ce qui les distingue de la plupart des écrits de polémique antichrétienne antérieurs et contemporains[340] :

---

339. Voir la note sur ce mot, dans l'analyse d'Ac 7, 55.

340. Pour le Nouveau Testament, la mention de l'auteur, souvent erronée, est particulièrement présente dans le *Sefer Nestor ha-Komer* (XIIᵉ s.) et dans le *Niṣaḥon Vetus* (XIIIᵉ s), mais assez fréquente ailleurs.

Étude codicologique, paléographique et linguistique

U1	U2
* Ceci pour réfuter (litt. prouver) le fait qu'ils disent voir leur Dieu. Voici, en *la'az*, ce que **Saint Paul** a dit [à ce sujet] : (n° 19 : Jn 1, 18 et 1Jn 4, 12)	* « **S(aint) Pa<ul>** » (n° 21 : Jn 1, 18 et 1Jn 4, 12)
* « **Saint < Paul/Étienne >** a dit encore qu'il voyait Jésus et [laissé entendre] qu'il ne pouvait pas le (בו) confondre avec la puissance de Dieu. On peut répondre que les paroles de l'Évangile se contredisent puisqu'il est écrit quelque part que Dieu ne saurait être vu et ailleurs qu'Étienne l'a vu » (n° 20 : Ac 7, 55)	* « **Saint Étienne**, le lendemain de Nital » (n° 15 : Ac 7, 55)
– Non cité	* « **Évangile** » (n° 1 : Jn 14, 9)
* « Ce (passage en) latin, pour leur prouver que Jésus avait deux sœurs et quatre frères, comme l'atteste leur évangile » (n° 21 : Mc 6, 1-6)	* « **Marc** … entre *Nital* et *'Inuy*, le vendredi après vingt jours à partir de Nital » (n° 16 : Mc. 6, 1-6)
– Non cité	* « **S(aint) Pa<ul>**, au moment de sa mort » (n° 22 : 1Tm 1, 17)

Comme certaines des citations communes aux deux florilèges (Gn 17, 14 ; Mc 6, 1-6 ; Ac 7, 5), toutes présentes dans les blocs communs, sont présentées avec indication polémique mais sans référence à la liturgie dans le premier, et avec référence liturgique mais sans indication polémique dans le second, il semble bien que le second florilège donne alors la source, et le premier une étape ultérieure dans la transmission du texte, au cours de laquelle l'indication polémique se serait substituée ou surajoutée à la référence liturgique. Bien plus vraisemblable que son contraire, cette hypothèse est confortée par deux observations : 1) la seule référence à l'année chrétienne que partagent les deux florilèges (Gn 17, 14 : « le jour de l'An neuf ») est donnée seule dans le second florilège, et avec indication polémique dans le premier ; 2) pour Mt 12, 40, cité uniquement dans le second florilège (n° 20 : fol. 67v, l. 6-8a), l'indication liturgique précède immédiatemant la citation, au sein de l'espace écrit, tandis que l'indication polémique est copiée (par la même main) *dans la marge*. Comme il n'y a aucun exemple, par ailleurs, d'indication liturgique directement associée à une indication polémique, il y a lieu de croire que la fonction polémique est, elle aussi, seconde, ou qu'elle n'était pas (explicitement) présente dans la première translittération. En tout état de cause, la référence liturgique, comme la mention de l'auteur, sont utilisées à la fois comme indication de source et comme élément d'authentification ; leur présence est donc plus nécessaire, et sans doute plus ancienne, que celle d'introductions polémiques prenant souvent la forme de commentaires.

Si la référence liturgique a bien été *remplacée*, dans les cas examinés ci-dessus, par l'indication polémique, il est probable que ce processus s'applique aussi aux autres citations du premier florilège, ou tout au moins à certaines d'entre elles, dont la source serait, elle aussi, liturgique, sans que le manuscrit en ait gardé la trace.

L'importance des références à l'année chrétienne est une spécificité du second florilège – et peut-être aussi du premier – qui le(s) distingue de tous les autres textes hébreux élaborés pour la controverse avec les chrétiens : leurs auteurs manifestent – et revendiquent parfois – une certaine familiarité avec les traditions chrétiennes, mais sans jamais se référer au calendrier[341] et le fait que les citations du Nouveau Testament soient *regroupées* à la fin de leurs ouvrages rend très plausible, avec d'autres caractéristiques[342], l'utilisation de sources écrites.

Dans Hébreu 712, les textes ne sont pas tous bien compris, mais le rapport avec la *pratique* chrétienne semble plus étroit ; ce phénomène original ne peut résulter que de contacts fréquents ou prolongés avec le milieu évoqué à travers ces notations.

---

341. Parmi les textes élaborés à la même époque et dans le même milieu, le *Livre de Joseph le délateur* n'a pas de référence à la liturgie ou au calendrier chrétien, même dans l'appendice consacré à la critique du Nouveau Testament (éd. J. Rosenthal, p. 125-139) ; les additions au *Livre de Joseph le délateur* (Vittorio Emmanuele, 53 : éd. J. Rosenthal) n'en ont pas davantage ; l'auteur du *Niṣaḥon Vetus* se réfère une fois à la célébration eucharistique quotidienne (éd. D. Berger, n° 231), mais n'évoque jamais la liturgie chrétienne par ailleurs. Dans ces différents ouvrages, les citations chrétiennes, données ou non en latin, sont presque toujours introduites par la formule « il est écrit chez eux » = dans leurs livres (כתוב להם), ou des variantes, avec le nom de l'auteur. Quelle que soit la signification qu'il convient d'accorder à ces formules (source écrite ou orale ?), elles sont utilisées de façon systématique, alors que dans Hébreu 712 le premier florilège n'en a que deux : une pour le Credo, assez ambiguë, puis qu'elle signifie « il est écrit dans leur lecture » (n° 3 : כתב בקרייא שלים) et une pour l'Ancien Testament cité en latin (n° 4 : בכתוב כתיב) ; le second florilège n'en a qu'une pour l'Ancien Testament (n° 33 : דכת), qui précède la citation *hébraïque* du verset, et deux pour le Nouveau Testament (n° 1 : כתוב בע' גליון ; n° 32 : דכת' בעון גליון), qui renvoient toutes deux à l'Évangile écrit.

342. Cf. Ph. Bobichon, « Citations latines de la tradition chrétienne » (ci-dessus, note 308).

– II –

LES CITATIONS DANS LE MANUSCRIT ET DANS LA LITTÉRATURE DE CONTROVERSE JUDÉO-CHRÉTIENNE

INTRODUCTION

L'analyse de chaque citation porte sur les éléments suivants : place dans le(s) florilège(s) ; formule(s) de présentation ; écarts éventuels avec la Vulgate ; traduction(s) hébraïque(s) interlinéaire(s) ou marginale(s) ; fonction dans le(s) florilège(s) et dans la littérature de controverse (chrétienne et juive). La méthode comparative adoptée pour chacune de ces rubriques met en évidence les similitudes et les différences que présentent les deux florilèges. La recherche de parallèles favorise la mise en perspective de l'ensemble en éclairant la signification et la portée des passages cités sans indication de nature à expliquer leur présence dans ce dossier. Conformément à la démarche adoptée pour d'autres travaux analogues, cette enquête porte sur l'ensemble de la littérature de controverse judéo-chrétienne produite entre le iie et le xvie siècles dans laquelle les phénomènes d'emprunt ou d'influence, souvent réciproques, sont nombreux. L'originalité de certains éléments et les liens particuliers que ces deux florilèges entretiennent avec d'autres écrits de polémique contemporains apparaissent ainsi avec plus d'évidence.

La teneur des parallèles est exposée de manière synthétique, les références exactes étant systématiquement données dans les notes de bas de page. Constamment mêlées dans ces deux documents très hétéroclites, les citations scripturaires sont ici classées selon l'ordre qui a paru le plus neutre pour un tel examen : celui des livres bibliques dans la Vulgate. L'ensemble des observations est pris en compte dans la conclusion générale.

Passages cités	
Ancien Testament	**Nouveau Testament**
Gn 17, 14 (U1, U2)	Mt 9, 13 ; Mc 2, 17 ; Lc 5, 32 (U2)
Nb 23, 19 (U1, U2)	Mt 10, 34 ; cf. Lc 12, 51 (U2)
Dt 32, 40 (U1)	Mt 11, 11 ; Lc 7, 28 (U1)
Jb 25, 4 (U1, U2)	Mt 12, 40 ; Lc 11, 30 (U2)
Ps 15/16, 9-11 (U1)	Mt 15, 24/26 (U1)
Ps 21/22, 7 (U1)	Mt 17, 19/20 ; Lc 17, 6 (U1, U2)
Ps 80/81, 9-11 (U1)	Mt 26, 36-39 ; Mc 14, 32-36 (U2)
Sg 1, 11 (U1, U2)	Cf. Mt 27, 54 ; Mc 15, 2 ; Mc 15, 39 ; Lc 23, 3 ; 23, 47 (U1, U2)
Sir 22, 8-9/9-10 (U1)	
Is 7, 14/8, 3 /6 (U1)	Mc 6, 1-6 ; cf. Mt 13, 54-58 (U1, U2)
Is 40, 25 (U2)	
Is 66, 17 (U1)	Lc 1, 31-32 (cf. Is 7, 14) (U2)
Jr 17, 5 (U1)	Lc 2, 48 (U2)
Ez 18, 20 (U2)	
	Lc 23, 34 (U2)
Ez 28, 9-[10] (U1, U2)	
Ml 3, 6 (U2)	Jn 1, 18 ; I Jean 4, 12 (U1, U2)
	Jn 2, 3-4 (U1)
	Jn 5, 30 ; 6, 38 (U2)
	Jn 13, 5-15 (U2)
	Jn 14, 9 (U2)
	Jn 14, 28 (U2)
	Jn 19, 26 (U1, U2)
	Ac 7, 55 (U1, U2)
	1Tm 1, 17 (U2)

Divers

Professions de foi
– *Et homo factus est et crucifixus…* (U1, U2)
– *Et Pater a nullo factus est…* (U2)
– *Quia pro nobis ductus et maledictus…* (U2)
– *Primo dierum resurget…* (U2)
– *Per sanctam circumcisionem tuam, libera nos, Domine* (U2)

Apocryphes ?
– *Vado Iericho* (U1, U2)
– *Dixerunt latrones…* (U2)
– *Rogabat mater sua : Quid facis…* (U2)

Denys Caton (U2)

ANCIEN TESTAMENT

Genèse 17, 14

U1 : fol. 57r, l. 4b-5a [13][1]

U2 : fol. 68v, 6b-8a [30]

Formules introductives

U1 : fol. 57r, l. 4b-5a (13) : וזה להוכיח להם מן המלה כמו שאומרים ליום ארנוף
Ceci pour leur montrer, à partir de la circoncision, comme ils disent le jour de *ARNOF.

U2 : fol. 68v, 6b-8a (30) : יום ארנוף\לורנוף
Le jour de *ARNOF/LORNOF.

Latin translittéré

U1 : מַשְׁקוּלוֹש קוּיּיוּש פְּרֶייפוּצִיאֶיֵי קֹ'ארו צִירְקוּנְצִיזַא נוֹן פוּ אַייְרִיץ פֶיירִיבִּיץ אַנִימַא דֵיי פוֹפוּלוֹ שׁוֹאוּ
[Masculus cuius preputii caro circumcisa non fuerit peribit anima de populo suo][2]

U2 : מַשְׁקוּלוֹש קוּג'וֹש פְּרֵיפוּצִיאִי קרו צִירְקֶוּנְצִישָׁא נֶון פוֹאֵירִיץ פֵּירִיבִּיץ אַנִימַא דֵי פוֹפוֹלוֹ שׁוֹאוּ
[Masculus cuius preputii caro circumcisa non fuerit peribit anima de populo suo]

Vulgate

Masculus cuius praeputii caro circumcisa non fuerit delebitur anima illa de populo suo [quia pactum meum irritum fecit].

Traduction hébraïque (interlinéaire)

U1 : זכר אשר בשר ערלתו אינו נימול יאבד נפשו מתוך הקהל

U2 : זכר אשר רבולון ב''ל שלהם נקרא נימול לא יהיה או יכול [!] נאבד נפשו מקהל שלו

---

1. Numéro de la citation dans l'unité.
2. Le texte donné entre crochets droits est celui du verset tel qu'il est cité dans chacune des deux unités, indépendamment des particularités phonétiques, orthographiques ou grammaticales que présente chacune des deux translittérations.

Les citations dans le manuscrit

Texte massorétique

וְעָרֵל ׀ זָכָר אֲשֶׁר לֹא־יִמּוֹל אֶת־בְּשַׂר עָרְלָתוֹ וְנִכְרְתָה הַנֶּפֶשׁ הַהִוא מֵעַמֶּיהָ אֶת־בְּרִיתִי הֵפַר׃

Dans les deux unités, cette citation achève une même série de références renvoyant au thème du mensonge : Jésus à Jéricho ; Nb 23, 19, Sg 1, 11 ; Jb 25, 4 (Dieu ne ment pas ; le mensonge entraîne la déchéance spirituelle ; Jésus a menti, il n'est donc pas Dieu). Ce qui suit dans les deux cas (Jn 2, 3-4 et Ez 28, 9-10 pour la première unité ; Ez 28, 9-10 pour la seconde) correspond à une autre thématique (non-divinité de Jésus) ; c'est donc bien l'ensemble consacré au thème du mensonge que Gn 17, 14 contribue à illustrer. Les deux florilèges dont ce verset est ici le dernier élément préexistaient à l'élaboration ou à la copie des deux unités puisque celles-ci sont indépendantes l'une de l'autre. Le rapport de Gn 17, 14 avec le contexte n'est toutefois pas aussi évident (et explicite dans la première unité) que pour les citations qui précèdent et la formule de présentation utilisée dans la première de ces unités ne comporte pas d'objet, contrairement à toutes les autres ; la précision qui manque a peut-être disparu au cours de la copie. Il faut sans doute comprendre que l'affirmation contenue dans ce verset, d'origine divine comme toutes les autres prescriptions de la loi, n'est pas démentie par d'autres passages inclus dans la même loi et, puisque « Dieu ne ment pas » (U1 : 10 ; U2, 27) et « ne change pas » (U2 : 33), que la circoncision est une prescription éternelle ou qu'une loi mettant en cause l'une ou l'autre de ces prescriptions ne saurait être divine. Ce thème de la circoncision n'est illustré par aucune autre citation dans la première unité, mais deux autres passages, non scripturaires, s'y réfèrent dans la seconde (10, 24) ; il occupe une place annexe dans ce dossier, comme dans l'ensemble de la controverse médiévale entre judaïsme et christianisme (voir ci-dessous). Il n'apparaît ici que comme exemple de la pérennité des prescriptions de la loi, si cette interprétation est bien celle qui justifie sa présence.

Les deux formules introductives renvoient au jour de l'« An neuf », unique référence à l'année liturgique dans la première unité. Jusqu'à la réforme de Vatican II, le 1ᵉʳ janvier, jour octave de Noël, aujourd'hui fête de Marie, était, dans l'Église latine, la fête de la circoncision de Jésus et certains rites orientaux ont conservé cet usage. La lecture du passage de l'Évangile racontant comment Jésus fut circoncis « le huitième jour » (Lc 2, 21-24) et reçut à cette occasion le nom de Jésus (Saint Nom de Jésus), a néanmoins été conservée.

Identique dans les deux unités, la citation latine du verset a la même forme que dans d'autres écrits polémiques[3]. Les deux translittérations ne présentent que des variantes minimes. Les traductions hébraïques sont assez différentes l'une de l'autre (la seconde fait référence à l'ancien français) et d'autant plus éloignées du texte massorétique qu'elles se veulent plus proches du

---

3. Voir ci-dessous, note 5.

mot à mot latin. Il est évident, ici comme ailleurs dans ces deux documents, que les scribes/auteurs ne cherchent pas à vérifier la conformité à l'hébreu de la traduction hiéronymienne, mais à *comprendre* en hébreu (et dans la langue vernaculaire) le détail du texte latin, afin de l'utiliser comme référence commune avec des interlocuteurs chrétiens.

Gn 17, 14 n'est qu'exceptionnellement cité dans la littérature chrétienne de controverse[4] avec le judaïsme[5], et cette observation vaut pour toutes les époques, y compris pour les premiers siècles, au cours desquels la question de la circoncision occupe une place fondamentale dans les rapports entre les deux religions[6] ; il semble bien que les auteurs chrétiens évitent de mentionner ce verset, moins propre que d'autres à conforter leur conception de la loi... Les rares citations trouvées dans la littérature ancienne et médiévale mettent l'accent sur l'interprétation spirituelle du précepte et ce verset, qui n'y connaît pas un traitement particulier, est toujours inclus dans l'ensemble de ceux qui fondent une telle interprétation. Dans cet ensemble, seuls font exception le *Dialogue* de Petrus Alfonsi, celui de Guillaume de Champeaux, et l'*Annulus* de Rupert de Deutz, écrits dans lesquels c'est le juif qui met en avant le verset. Les commentaires insistent sur la pérennité de la circoncision et, à travers elle, de toute la loi et de la parole divine ; ils peuvent être lus comme autant d'explications de ce qui demeure implicite dans Hébreu 712[7].

---

4. L'expression « littérature de controverse » désigne ici, faute de mieux, tous les écrits dans lesquels sont exposées, sous diverses formes, les questions sur lesquelles s'opposent judaïsme et christianisme. Cette expression ne rend compte ni de la variété des écrits ni des problèmes que pose leur examen, mais elle souligne une continuité, et une réciprocité plus ou moins sensible selon les époques, qui autorisent à considérer ces écrits comme un authentique corpus. Voir Ph. Bobichon, « La littérature de controverse entre judaïsme et christianisme (IIe-XVIIe s.) : description du corpus et réflexions méthodologiques », *Revue d'Histoire ecclésiastique* 107/1 (2012), p. 5-48.

5. Mentions explicites : Serge le Stylite, *Disputatio contra Judaeum*, 17, 7 (éd. A. P. Hayman, p. 53) ; Petrus Alfonsi (Moïse Sefardi), *Dialogus Petri et Moysi Iudaei* (*PL* 157, 657D) : « Masculus, inquit, qui non circumcidetur carne praeputii sui, disperiet anima illa de genere suo. » ; Guillaume de Champeaux, *Dialogus inter Christianum et Judaeum* (*PL* 163, 1046 C-D) : « ...Omnis caro quae circumcisa non fuerit, peribit anima illa de populo suo » ; Pierre Abélard, *Dialogus inter Philosophus, Judaeus et Christianum* (*PL* 178, 1620 C) : « Masculus cuius preputii caro circumcisa non fuerit peribit anima de populo suo. » ; Rupert de Deutz, *Annulus, sive Dialogus inter Christianum et Judaeum* (*PL* 170, 562A et 563B-C) : « Masculus cuius preputii caro circumcisa non fuerit, delebitur anima sua de populo suo. » ; Alain de Lille, *De fide catholica contra haereticos liber quattuor* (*PL* 210, 0417C) : « Homo qui octava die circumcisus non fuerit, peribit de populo suo. » ; Pierre de Blois, *Contra perfidiam Judaeorum* (*PL* 207 : longs développements sur la circoncision, avec citations de nombreux versets, à l'exception de celui-ci).

6. Dans le *Dialogue* de Justin, il n'est évoqué que par allusion (10, 3-4 ; 23, 4 ; 41, 4) ; il n'est mentionné ni dans l'*Épître de Barnabé*, ni dans les sermons *Adversus Judaeos* de Jean Chrysostome.

7. Petrus Alfonsi (*loc. cit.*) : « Per hoc enim innuitur quod qui circumcisus fuerit non peribit, immo salvabitur. » ; Guillaume de Champeaux (*loc. cit.*) : « Dic, quaeso, quomodo stabit

Les citations dans le manuscrit

Dans la littérature juive[8], ce verset est toujours cité comme preuve (parmi d'autres, quelquefois)[9], que le précepte de la circoncision est éternel. Les occurrences sont aussi peu nombreuses que dans la tradition chrétienne, ce qui confirme le fait que les interrogations relatives à la circoncision étaient alors devenues secondaires ou annexes dans la controverse.

Nombres 23, 19
cf. I Samuel 15, 29

U1 : fol. 57r, l. 1-2a [10]
U2 : fol. 68v, l. 2b-3a [27]

Formules introductives

U1 : וזה להוכיח להם שהשם לא שיקר
Et ceci pour leur prouver que Dieu ne ment pas [litt. : « n'a pas menti »].
U2 : –

Latin translittéré

U1 : דְיָאוּש נוֹן אִישְׂט אוֹמוֹ מֶונְדָאַש נֵיְק פִּילְיָאוּש אוֹמִינִיש קִי שֵׂיי פָּנֵיטְיִילְאָץ
[Deus non est homo mendax, neque filius hominis, qui se paeniteat]

U2 : דְיָאוּש נון אִישְׂט אוֹמוֹ מֶונְדָאש נֵיְק פִּילְיָאוּש אוֹמִינִיש קִי שֵׂי פָּנֵיטְיאָץ
[Deus non est homo mendax, neque filius hominis, qui se paeniteat]

Vulgate

Non est Deus quasi homo, ut mentiatur; nec ut filius hominis, ut mutetur [Dixit ergo, et non faciet? Locutus est, et non implebit?]

---

    verum illud quod dicitur : "In aeternum, Domine, permanet verbum tuum"? Si enim verbum Dei permanet in aeternum, permanebit utique istud verum quod dicitur : Omnis caro, ... » ; Rupert de Deutz (*loc. cit.*) : « Deus qui illam observari jussit mutabilis est ? ».

8. Mentions explicites : Additions au *Sefer Yosef ha-Meqane* (Vittorio Emmanuele, Hébreu 56), éd. J. Rosenthal, p. 133 et 134 (n. 53 à 55, p. 138) ; Salomon ben R. Moïse Ben R. Yequtiel de Rome, *'Edut ha-Shem Neemanah* (éd. J. Rosenthal, in *Meḥqarim u-Meqorot* 1, 1967, p. 394 [*testimonia* sur la circoncision ; cette citation figure au début de la liste]) ; Simeon ben Ṣemaḥ Duran, *Qeshet u-Maguen* (éd. et trad. P. Murciano, p. 7 [allusion à Gn 17, 9-14]) ; *Dispute de R. Eliahu Ḥayyim ben Binyamin de Genezzano avec le Franciscain Francesco di Acquapendente* (éd. J. Rosenthal, in *Meḥqarim u-Meqorot* 1, p. 439 [allusion, à propos des miṣwot]).

9. Dans les Additions au *Sefer Yosef ha-Meqane*, plusieurs de ces citations, dont celle-ci, sont également données en latin caractères hébreux.

Nombres 23, 19

Traduction hébraïque (interlinéaire)

U1 : אל לא יש איש ויכזב ובן אדם

U2 : 'אל לא יש איש ויכזב ו בן אדם ויתנחם קי שרפנטא בלע

Texte massorétique

לֹא אִישׁ אֵל וִיכַזֵּב וּבֶן־אָדָם וְיִתְנֶחָם הַהוּא אָמַר וְלֹא יַעֲשֶׂה וְדִבֶּר וְלֹא יְקִימֶנָּה:

Dans la Bible, cette phrase introduit le discours de Balaam, qui refuse de maudire le peuple d'Israël, comme Balaq, roi de Moab, le lui avait demandé ; elle atteste la permanence de la providence divine à l'égard d'Israël. Dans Hébreu 712, elle figure parmi les citations prouvant que « Dieu ne ment pas » : le latin, qui diffère sensiblement de la Vulgate, est identique dans les deux unités[10] ; dans les deux cas, également, le mot à mot hébreu est conforme à la Bible hébraïque, à l'exception du début, calqué sur le latin de façon si littérale que la formule retenue est non seulement distincte du texte massorétique, mais aussi très incorrecte : אל לא יש איש (TM : לֹא אִישׁ אֵל). Les mots hébreux sont toujours bien placés, la conjonction ו [*we* = et/neque] étant artificiellement dissociée du mot qui suit, dans la seconde unité, pour que ו (*we*), בן (*ben*) et אדם (*adam*) soient respectivement situés au-dessus des mots *neque, filius,* et *hominis* ; l'équivalent du dernier verbe latin (*paeniteat*), qui n'est pas donné dans la première unité, est suivi de sa traduction en ancien français (לעז) dans la seconde (« qui se repente »). Les deux translittérations latines sont presque identiques et ne présentent que des divergences de détail (mais dans la seconde unité, le dernier mot est vocalisé de telle manière qu'il doit être lu **paenetiat*, et non *paeniteat*). Il est difficile d'admettre que deux traducteurs distincts aient rendu le début du verset par une même maladresse ; l'hypothèse d'une source commune, y compris pour la traduction, est donc ici très vraisemblable.

Seule la première partie du verset – celle qui intéresse la problématique en cours – est citée. Dans le texte retenu, on note la disparition du jeu de mots *mentiatur ... mutetur*, et surtout celle des outils de comparaison (*quasi..., ut...*), introduits dès la version des Septante (ὡς ἄνθρωπος ὁ θεὸς διαρτηθῆναι οὐδὲ ὡς υἱὸς ἀνθρώπου) : tel qu'il apparaît ici, le verset, plus conforme à l'hébreu que dans la traduction de Jérôme, proclame une triple impossibilité : Dieu ne peut mentir (Jésus, qui a menti, ne peut donc être Dieu) ; il ne peut être ni « homme » ni « fils de l'homme » ; il ne saurait se repentir (des promesses accordées à

---

10. La traduction du début par *Deus non est homo mendax* s'explique peut-être par un rapprochement avec Ps 115, 11 (*Ego dixi in excessu meo omnis homo mendax*) et/ou Rm 3, 4 (*Est autem Deus verax omnis autem homo mendax sicut scriptum est ut iustificeris in sermonibus tuis et vincas cum iudicaris*). En tout état de cause, c'est une même version du passage – donc une même source –, qui est directement ou indirectement citée dans les deux unités.

Les citations dans le manuscrit

Israël). Le premier sens est explicite dans la formule introductive de la première unité ; le troisième correspond exactement à l'interprétation de Rashi : Dieu ne saurait revenir sur sa promesse de l'héritage de la Terre.

Ces significations sont toutes envisagées dans la littérature de polémique et, pour la tradition latine, elles s'appuient alors sur diverses traductions du verset[11] : Cyprien l'interprète comme une prophétie de la Croix et le cite en ces termes : *Non quasi homo Deus suspenditur, neque quasi filius hominis minas patitur...* ; le verset est cité dans les mêmes termes et dans un contexte analogue chez le Ps.-Augustin. L'utilisation polémique est plus explicite chez [Thibault de Sézanne], Nicolas de Lyre, Abner de Burgos et Vincent Ferrer : Dans le *Dialogus pro Ecclesia contra Synagogam*, la Synagogue demande : Comment pouvez-vous dire de Jésus qu'il est Dieu, puis qu'il est écrit *Omnis homo mendax* (Ps 115/116, 11) et : « *Non est Deus ut homo, ut mutetur, etc.* » ? l'Ecclesia répond : Ce qui est dit dans le psaume ne vaut que pour l'époque à laquelle ce psaume a été composé, car Dieu ne s'était pas encore fait homme. Quant à la prophétie de Balaam, elle s'appliquait au roi Balaq, qui pensait que Dieu pouvait autoriser les sacrifices illicites : *ut mutetur = ad iniquitatem*. Nicolas de Lyre observe que ce verset semble contradictoire avec Jr 18, 8 (*Mais si cette nation, contre laquelle j'ai parlé, se convertit* [si poenitentiam egerit] *de sa méchanceté, alors je me repens* [agam et ego poenitentiam] *du mal que j'avais résolu de lui infliger*) et précise : les choses qui changent s'inscrivent dans la prescience divine qui elle, est immuable (*Dei prescentia est immutabilis*). Dans le *Mostrador de Justicia*, le Rrebelle (= le juif) cite ce verset, parmi d'autres, comme preuve que « Dieu ne change pas (relativement à la Loi de Moïse) ». Vincent Ferrer rapporte que selon une légende relative à St Mathias[12], le verset ayant été invoqué par des juifs (avec Ml 3, 6 : *Ego Dominus, et non mutor*) contre la conception chrétienne d'une « loi nouvelle », Mathias avait répondu : Dieu ne change pas, mais la créature évolue et croît avec le temps : la loi de Moïse correspond à la dimension terrestre (limon) de la constitution humaine, et l'Évangile à sa dimension spirituelle.

---

11. Mentions explicites : CYPRIEN, *Ad Quirinum*, II, 20 (*PL* IV, 703-810, 715A ; *CSEL* III, 1, p. 59) ; Ps-AUGUSTIN, *De Altercatione Ecclesiae et Synagogae dialogus*, III, 19 (*PL* XLII, 1135) ; THIBAULT DE SÉZANNE ?, *Dialogus pro Ecclesia contra Synagogam* (éd. M. Orfalí, p. 716) ; NICOLAS DE LYRE, *Postille* (éd. S. Brant, t. I, p. 305v) ; ABNER DE BURGOS, *Mostrador de Justicia*, II, 18 (éd. W. Mettmann p. 121) ; VINCENT FERRER, *Sermons* (éd. F. G. Blay *et al.*, p. 59 pour la légende de St. Mathias ; l'utilisation plus ou moins polémique, associée aux mêmes thèmes et aux mêmes versets que dans les textes évoqués ci-dessus, apparaît également aux p. 553, 668 [Dispute de Sylvestre], 680, 711, 781 et 800 de cet ouvrage). Chez THOMAS D'AQUIN (une mention dans la *Somme contre les Gentils*, deux dans *la Somme théologique*) et RAYMOND MARTIN (*Pugio fidei*, éd. J. Carpzov, p. 909), le verset n'a pas de fonction polémique.

12. Apôtre qui a remplacé Judas : cf. Ac 1. La source de la légende rapportée par Vincent Ferrer n'a pas pu être identifiée.

Nombres 23, 19

Dans la littérature juive de controverse, ce verset est abondamment cité et commenté[13] ; son utilisation est analogue à celle des interlocuteurs juifs dans les textes précédemment mentionnés et il n'est pas rare que dans ces différents contextes, les deux acceptions polémiques (réfutation de la divinité de Jésus et de l'abrogation de la loi de Moïse) soient simultanément présentes, explicitement ou en filigranes. Le thème des « mensonges » de Jésus, illustré par divers propos considérés comme contradictoires dans son discours, est omniprésent, en particulier dans les Additions au *Sefer Yosef ha-Meqane*, dans le *Niṣaḥon Vetus*, les *Teshuvot* de Joseph ben Nathan Official, et les développements présentent alors de nombreuses similitudes. Tous les auteurs soulignent également, à travers ce verset, la pérennité de la loi et des promesses faites à Israël.

Dans la tradition polémique juive, Nb 23, 19 connaît donc à la fois une utilisation négative (rejet de la divinité de Jésus et de la théologie de l'Incarnation) et positive (pérennité de la loi et de la providence divine à l'égard d'Israël). Les versets ou les paroles de Jésus auxquels il est associé ou opposé dans le cadre de cette double interprétation (Lv 25, 33 ; Ps 23/24, 1 ; Ps 115/116, 11 ; Ps 145/146, 3 ; Jr 17, 5 ; Jr 18, 8 ; Os 11, 9 ; Ml 3, 6) sont généralement les mêmes et, comme dans Hébreu 712 (implicitement ici), le raisonnement prend souvent la forme d'un syllogisme : Dieu, distinct des hommes ne ment pas, ne se repend pas de ses promesses et ne change pas ; Jésus ne correspond à aucune de ces caractéristiques ; il n'est donc pas Dieu et son message, qui met en cause celui qui fut transmis par Moise, n'est pas non plus de nature divine. La loi de Moïse, en revanche, est divine et éternelle. Les similitudes les plus frappantes avec le groupement de versets apparaissant dans Hébreu 712 se rencontrent dans les textes contemporains et produits dans le même milieu (*Dialogus* de Thibault de Sézanne [?], *Sefer ha-Berit*, *Sefer Yosef ha-Meqane*, Additions au *Sefer Yosef ha-Meqane*, *Niṣaḥon Vetus*, *Teshuvot* de Joseph ben Nathan Official).

---

13. Mentions explicites : Joseph Qimḥi, *Sefer ha-Berit* (éd. F. Talmage, p. 34 ; trad. angl., p. 42) ; Joseph ben Nathan Official *Sefer Yosef ha-Meqane* (éd. J. Rosenthal, p. 16 [avec 1S 15, 29], 38 et 135) ; Additions au *Sefer Yosef ha-Meqane* (éd. J. Rosenthal, p. 125 et 133) ; *Niṣaḥon Vetus*, n° 168 (éd. D. Berger, p. 118 ; trad. angl., p. 180) ; Joseph ben Nathan Official, *Teshuvot la-Minim* (éd. J. Rosenthal, p. 370) ; Lévi ben Abraham de Villefranche, *Livyat ḥen* (éd. M. Steinschneider, p. 5) ; Salomon ben R. Moïse Ben R. Yequtiel de Rome, *'Edut ha-Shem Neemanah* (éd. J. Rosenthal, p. 381) ; Moïse ha-Cohen de Tordesillas, *Sefer ha-'Ezer* (éd. Y. Shamir p. 32 [sur les images], 33 [*id.*]), 103) ; Yom Tov Lipmann Muelhausen, *Sefer ha-Niṣaḥon* (éd. Amsterdam, 1709, p. 37 et 52 [contextes différents]) ; Profiat Duran, *Réponses aux impies* (תשובות באנשי און), éd. J. V. Niclós Albarracín, C. del Valle Rodríguez, p. 34 ; Ḥayyim Ibn Musa, *Magen va-Romaḥ* (éd. A. Poznanski, p. 125 [réfutation de l'exégèse de Nicolas de Lyre sur Zach. 6, 12]).

Les citations dans le manuscrit

Deutéronome 32, 40

U1 : fol. 56v, 7b-7c [5]
U2 : non cité

Formules introductives

U1 : וזה להוכיח להם כי השם לא מת
Ceci, pour leur prouver que Dieu ne meurt pas [litt. : « n'est pas mort »]

Latin translittéré

U1 : דיקו ביבו אייגו איין שיימפייר
[Dico : Vivo ego in semper]

Vulgate

[Levabo ad caelum manum meam et dicam :] Vivo ego in aeternum.

Traduction hébraïque (interlinéaire)

U1 : אמרתי חי אנכי לעולם

Texte massorétique

כִּי־אֶשָּׂא אֶל־שָׁמַיִם יָדִי וְאָמַרְתִּי חַי אָנֹכִי לְעֹלָם:

Contexte : dans le cantique qu'il entonne avant de mourir, Moïse, se faisant l'interprète de Dieu, reproche à Israël ses péchés tout en menaçant ses ennemis. Ce verset n'est cité que dans la première unité, et il s'inscrit alors dans une série de citations destinées à prouver que Jésus était homme, et non Dieu ; plusieurs d'entre elles, situées avant ou après celle-ci (2, 3, 6, 8) se réfèrent à la crucifixion ; on en retrouve trois, dans le même ordre et alors consécutives, dans la seconde unité (12, 13, 14). La formule introduisant ce verset dans Hébreu 712 est une négation explicite de la théologie de la Passion. Le texte latin, dont seuls les deux premiers mots sont vocalisés, est un peu différent de celui de la Vulgate ; l'hébreu est parfaitement conforme au texte massorétique et les mots sont tous bien placés. Il semble que, pour ce verset comme pour d'autres dans les deux unités, la version hébraïque inscrite dans l'interligne ne s'écarte du texte massorétique que lorsque le latin l'impose.

Ce verset n'est cité dans aucun des textes chrétiens consultés ; Thomas d'Aquin s'y réfère deux fois dans la *Somme contre les Gentils*[14], mais le contexte ne ressortit pas à la controverse avec les juifs ; dans le *Pugio fidei*[15], Raymond Martin ne cite que la première partie du verset.

Les références rencontrées dans la littérature apologétique et polémique juive sont, en revanche, assez nombreuses[16] ; parfois associées à un commentaire du verset précédent[17], elles ont une triple fonction : affirmation de l'Éternité de Dieu ; rejet de la Trinité ; rejet de la théologie de la Passion. Les commentaires de Dt 32, 39 se présentent comme une réfutation de ce qui est donné comme la lecture chrétienne du verset : la répétition du pronom אני (*ego*) ne renvoie pas à la Trinité ; il ne faut pas lire « je mourrai et je vivrai » (אמות ואהיה), mais « je fais vivre et mourir » (אמית ואחיה)[18]. Comment affirmer à la fois que Dieu est « vivant » et qu'il puisse mourir ? Le verset suivant (Dt 32, 40) ne vient-il pas contredire une telle affirmation ? Les commentaires de Dt 32, 40 – qui ne s'appuient pas toujours sur Dt 32, 39 – mettent l'accent sur le fait que Dieu, qui « vit éternellement », ne peut mourir.

---

14. I, 97, 5 ; I, 99, 6.
15. Éd. J. B. Carpzov, p. 879.
16. Mentions explicites : Sa'adya Gaon, *Emunot we-De'ot* (éd. B. Cohen, Berlin 1927, p. 56 et 114 [série de versets attestant l'éternité de Dieu ; contexte non polémique]) ; Juda ha-Levi, *Sefer ha-Kuzari*, II, 34 (trad. fr. Ch. Touati, Paris 1993, p. 64 [non polémique]) ; Jacob ben Reuben, *Sefer Milḥamot ha-Shem* (éd. J. Rosenthal, p. 62) ; Joseph ben Nathan Official, *Sefer Yosef ha-Meqane* (éd. J. Rosenthal, p. 4) ; Anonyme (fin du XIIIe s.), *Niṣaḥon Vetus*, (éd. D. Berger nos 50, 152 et 194 : p. 35, 102-103 et 139 de l'hébreu ; 75, 163 et 200 de la traduction anglaise) ; Salomon ben R. Moïse Ben R. Yequtiel de Rome, *'Edut ha-Shem Neemanah* (éd. J. Rosenthal, p. 380) ; Moïse Ha-Cohen de Tordesillas, *Sefer ha-'Ezer* (éd. Y. Shamir, p. 37-38 et 39) ; Isaac ben Abraham Troki, *ḥizzuq Emunah*, I, 27 (éd. D. Deutsch, p. 178 ; trad angl. M. Mocatta, p. 144 [uniquement la première partie du verset : main levée]). Rashi interprète ce verset comme une formule de serment : « Je jure par ma vie éternelle ».
17. Dt 32, 39 : *Videte quod ego sim solus et non sit alius deus praeter me ego occidam et ego vivere faciam percutiam et ego sanabo et non est qui de manu mea possit eruere.*
18. Cette dernière lecture, avec sa critique, n'apparaît que chez Jacob ben Reuben et Moïse ha-Cohen de Tordesillas (qui connaissait le *Sefer Milḥamot ha-Shem* et l'y a vraisemblablement trouvée). Comme elle ne correspond pas à la traduction de Jérôme (*ego occidam et ego vivere faciam*), conforme à l'hébreu, elle fait sans doute référence à un commentaire chrétien ; ceux de la *Glose ordinaire* et de Nicolas de Lyre correspondent à la traduction de Jérôme.

Les citations dans le manuscrit

Job 25, 4

U1 : fol. 57r, l. 2d-4a [12]
U2 : fol. 68v, l. 4b-6a [29]

Formules introductives

U1 : איוב 'וזה להוכיחם כי ילוד אשה אינו יכול להיות נקי מחטא כמו שא
Ceci pour leur prouver que l'enfant de la femme ne saurait être pur de (tout) péché, comme le dit Job.

U2 : –

Latin translittéré

U1 :
קומו דו פוט איישט איישיי אומו יושטוט איין קומו דו פוט איישט מֶנְדוּש דֵיי פֵּייקְטִיש נָטוּש איִיש מוּלִיאָיירֵי

[Quomodo potest esse homo iustus et quomodo potest mundus de peccatis natus ex muliere ?]

U2 :
מ[...] קוֹמוֹנדוֹ דו פוט פוט איִשט איִשֵי אומו ג'וּשטוּש איֵין קוֹמוֹדוֹ פוט אֵישט מֶוֹנדוּש דֵי פֵּיקְאָטִיש נָטוּש אִיש מוּלִיאָר

[Quomodo potest esse homo iustus et quomodo potest mundus de peccatis natus ex muliere ?]

Vulgate

Numquid iustificari potest homo comparatus Deo aut apparere mundus natus de muliere?

Traduction hébraïque (interlinéaire)

U1 : מה אנוש כי יצדק וכי יזכה מחטא אשה
U2 : מה אנוש יצדק ו מה יזכה מן חטא ילוד אשה

Texte massorétique

מַה־יִּצְדַּק אֱנוֹשׁ עִם־אֵל וּמַה־יִּזְכֶּה יְלוּד אִשָּׁה:

Contexte biblique : hymne de Bildad à la toute puissance de Dieu. Dans les deux unités polémiques d'Hébreu 712, ce verset a la même situation : il fait suite aux citations illustrant le thème du mensonge et précède immédiatement Gn 17, 14 (circoncision). Le texte latin, ici encore très éloigné de la Vulgate, est identique, mais les translittérations présentent quelques variantes de détail (et celle de la première unité, hésitante, débute par plusieurs corrections) ; assez différent dans les deux cas, l'hébreu comporte plusieurs diver-

128

gences avec le texte massorétique : les mots latins ne sont pas tous traduits et, bien que l'hébreu soit correctement placé, il est évident, dans les deux cas, que le scribe ou son modèle a eu de la peine à faire coïncider le texte de la Bible hébraïque, qui reste la référence, et celui du latin[19] (le mot *natus* n'étant pas traduit dans le premier florilège, l'hébreu tel qu'il est alors donné correspond à « [comment serait-il innocent] du péché de la femme ? » et non « [comment serait-il innocent] du péché, l'enfant de la femme ? » La source latine est la même, mais les traductions ont été élaborées par deux personnes distinctes.

Ce verset n'apparaît dans aucun des textes hébreux consultés, mais sa fonction dans le manuscrit, explicite dans la formule introductive de la première unité, est tout à fait claire : Jésus ne saurait être Dieu puisqu'il « a menti » et plus généralement puisque, comme tout « enfant de la femme », il était pécheur. La question est traitée, en référence à ce verset, par Thomas d'Aquin[20], et, sans cette référence, par Petrus Pennis de Teramo (milieu du XVᵉ s.). Dans le second de ces textes, l'interlocuteur juif met en avant, contre la théologie de l'Incarnation, l'incompatibilité entre les natures humaine et divine, trop éloignées l'une de l'autre ; après avoir entendu la réponse du *Clericus*, il ajoute : « Si ergo Jhesus vester est Deus et homo, ut tu dicis, contra deitatem non arguo, sed adversus humanitatem que ex natura peccat ; ergo Jhesus vester, si fas est dicere, peccavit » ; il précise, ensuite (p. 47) : « Qui conturbat patrem aut matrem peccat. Sic Jhesus vester per triduum peccavit in patrem e matrem, ergo etc.[21] », invoquant, quelques lignes plus bas, Mt 1, 19[22] comme preuve que Joseph était bien le père de Jésus. Les deux derniers arguments étaient déjà réunis dans Hébreu 712 et dans d'autres textes.

---

19. Il semble bien qu'il faille lire, dans la première unité, ירבה au lieu de יזכה : confusion avec Jb 7, 17 (מה אנוש כי תגדלנו וכי תשית אליו לבך) = *Quid est homo quia* magnificas *eum aut quia ponis erga eum cor tuum*) ?

20. Dans la *Somme théologique* (III, Q31, art. 4), elle est introduite en ces termes : « Praeterea, illi qui concipiuntur ex femina, quandam immunditiam patiuntur, ut dicitur Iob XXV : *Nunquid iustificari potest homo comparatus Deo aut apparere mundus natus de muliere ?* Sed in Christo nulla immunditia esse debuit ; ipse enim est Dei sapientia, de qua dicitur, Sap. VII, quod nihil inquinatum in illam incurrit. Ergo non videtur quod debuerit carnem assumpsisse de femina. »

21. Référence à Lc 2, 48 : *Et videntes admirati sunt et dixit mater eius ad illum fili quid fecisti nobis sic ecce pater tuus et ego dolentes quaerebamus te.*

22. *Ioseph autem vir eius cum esset iustus et nollet eam traducere voluit occulte dimittere eam.*

Les citations dans le manuscrit

Psaume 15/16, 9-11

U1 : fol. 57v, l. 4b-10a [22]

U2 : non cité

Formule introductive

< ו"י > וזה להוכיחם על זשהם אומרים כי קודם שישו היה נצלב שהיה הולך לגיהינם בתילים מזמור

Ceci pour réfuter (litt. : prouver) leur affirmation selon laquelle Jésus, avant d'être crucifié, est allé dans la Géhenne, [conformément à ce qui est dit] dans le psaume < 16 >[23].

Latin translittéré

פְרוֹטִיּיר אוּק לַייאטָטוּם אֶץ קוֹרְמוֹ מֵאַם אַיי שוּלְטִיַיאַבְּיֵץ לִינְגֵּא מֵיאַה אֶץ שׁוּפֵּייר אֶץ קַ'ארוֹ
מֵיאַה רִיקִי אִישִׁיץ אַיין שְׁפֵּיה קוּנְיַם נֶון דִּירִילִינְקִישׁ אִינִיאַם מֵיאַה אֶץ פֵּרְנֵוֵיין נִיקְדַּבְּיֵץ
שֵׁוֹן טוֹם טוּאַם וַיִדִּירֵא קוֹרוֹצִיוֹנֵים נוֹטֵאשׁ מִיקִי פֵֿיצִיצְטֵיי וִיאַשׁ וִיטֵי אֶץ אַיין פְּלֵיבְּיֵץ מֵילֵיה
שִׁיצִיַּיא קוּם בֿוֹלְטוֹ טוֹאוֹדֵילֵייקְטָא **צַיֵיץ** צִיוֹנֵישׁ אַיין דֵישִׁטְרָא טוּאַה אוּשְׁקֵיא אַיין פֵּינֵים.

[Propter hoc laetatum est cor meum et exultavit lingua mea insuper et caro mea requiescit in spe, quoniam non derelinques animam meam in inferno neque dabis sanctum tuum videre corruptionem. Notas mihi fecisti vias vitae, adimplebis me laetitia cum vultu tuo, delectationes in dextera tua usque in finem.]

Vulgate : *idem.*

Traduction hébraïque interlinéaire

לכן שמח לבי **ויגל כבודי** ויגל כבודי אף בשרי ישכון לבטח
כי לא תעזבו [!] נפשי לשאול ולא תתן חסידיך לראות שחת
תודיעני אורח חיים שובע שמחות את פניך נעימות בימינך נצח.

Texte massorétique

לָכֵ֤ן ׀ שָׂמַ֣ח לִ֭בִּי וַיָּ֣גֶל כְּבוֹדִ֑י אַף־בְּ֝שָׂרִ֗י יִשְׁכֹּ֥ן לָבֶֽטַח׃
כִּ֤י ׀ לֹא־תַעֲזֹ֣ב נַפְשִׁ֣י לִשְׁא֑וֹל לֹֽא־תִתֵּ֥ן חֲ֝סִידְךָ֗ לִרְא֥וֹת שָֽׁחַת׃
תּֽוֹדִיעֵנִי֮ אֹ֤רַח חַ֫יִּ֥ים שֹׂ֣בַע שְׂ֭מָחוֹת אֶת־פָּנֶ֑יךָ נְעִמ֖וֹת בִּימִינְךָ֣ נֶֽצַח׃

Cette citation – l'une des plus longues du dossier – apparaît uniquement dans la première unité et c'est alors la seule qui illustre le thème de la descente aux enfers. Dans la second unité, ce thème est évoqué à travers deux formules

---

23. Le numéro du psaume est perdu dans la marge interne.

130

Psaume 15/16, 9-11

empruntées à la liturgie (n°s 8 et 19), et une citation de Mt 12, 40 qui se réfère au livre de Jonas (n° 20). Les deux dernières sont alors regroupées tandis que dans la première unité, ces versets du Psaume 15/16 sont situés entre Mc 6, 1-6 et Es 66, 17, respectivement consacrés à la famille de Jésus et à la question des prescriptions alimentaires.

Le latin est tout à a fait conforme à la Vulgate ; l'hébreu correspond au texte massorétique et les mots hébreux sont tous bien placés (avec deux erreurs, corrigées par le scribe lui-même, à la première ligne). La formule introductive, rédigée dans un hébreu assez maladroit, manifeste une connaissance superficielle de la chronologie de la Passion et, à travers elle, de la théologie chrétienne ; cette formule rapporte la citation à la descente aux enfers sans que soient clairement précisées les modalités de son utilisation polémique.

La lecture chrétienne de ces versets (prophétie de la descente aux enfers et de la Résurrection) est ancienne : elle apparaît déjà dans les Actes[24], où la citation est un peu plus large puisqu'elle inclut le verset 8. L'ensemble cité dans Hébreu 712 est sans doute tiré de la tradition évangélique (ou liturgique), puisqu'il est déjà constitué dans le Nouveau Testament, et il semble que l'auteur du florilège ait voulu respecter son unité sans retenir pour autant le premier verset, qui ne se rapporte pas directement à la descente aux enfers.

Dans la littérature des *Adversus Judaeos*[25], comme dans toute la tradi-

---

24. Ac 2, 25-28.
25. Hippolyte de Rome, *Demonstratio adversus Iudaeos* (*PG* X, 789) ; Anonyme, VIe s. (?), *Dialogos pros Ioudaious*, X, 97-103 (éd. J. H. Declerck, *CCSG* 30, p. 90) ; Grégoire de Nysse, *Delecta testimonia adversus Judaeos...* (*PG* XLVI, 217) ; *Dialogue d'Athanase et Zacchée*, 88 (éd. Fred. C. Conybeare, p. 46) ; Jean Chrysostome, *Adversus Iudaeos et Gentiles demonstratio, quod Christus sit Deus...* (*PG* XLVIII, 819) ; Gregentius de Taphar, *Disputatio cum Herbano Judaeo* (*PG* LXXXVI, 645) ; Anonyme, *Doctrina Iacobi nuper baptizati* (éd. N. Bonwetsch, p. 85, l. 2) ; Anastase Le Sinaïte, *Adversus Judaeos disputatio* (*PG* LXXXIX, 1232) ; Anonyme (IXe-Xe s.), *Dissertatio contra Judaeos*, VI, 626-628 et 630-633 (éd. M. Hostens, *CCSG* 14, 1986, p. 130) ; Anonyme, *Dialogue de Philon et Papiscus*, 12 (éd. A. C. McGiffert, p. 73) ; Cyprien, *Ad Quirinum*, II, 24, (*PL* IV, 717A ; *CSEL* III, 1, p. 62 : Weber) ; Ps-Augustin, *De Altercatione Ecclesiae et Synagogae dialogus* (*PL* XLII, 1136) ; Evagrius de Gaule, *Altercatio Simonis Judaei et Theophili Christiani* (*PL* XX, 1177C-D ; éd. A. Harnack, Leipzig 1883, p. 35) ; Serge le Stylite, *Disputatio contra Judaeum* (syriaque), I, 20 (éd. A. P. Hayman, *CSCO* 339, p. 5) ; Isidore de Séville, *De fide catholica contra Iudaeos* (*PL* LXXXIII, 467C, 491B et 492A) ; Amulo, *Contra Iudaeos* (*PL* 116, 0169D) ; Anomyme (Xe s.), *Altercatio Aecclesiae contra Synagogam et Synagogae contra Aecclesiam* (éd. B. Blumenkranz, Strasbourg 1954 = *Revue du Moyen-Age latin* 10, 1954, p. 113, l. 8) ; Gilbert Crispin, *Disputatio Judaei et christiani* (*PL* CLIX, 1032C) ; Gaultier de Châtillon, *Dialogus contra Judaeos* (*PL* 209, 444D) ; Alain de Lille, *De fide catholica contra haereticos liber quattuor*, 19 (*PL* 210, 418B) ; Guillaume de Bourges, *Liber Bellorum Domini*, 19, 1 (éd. G. Dahan, *SC* 288, p. 158) ; Id., *Homélie sur Mathieu* (*ibid.*, p. 288) ; Raymond Martin, *Pugio fidei* (éd. J.-B. Carpzov, p. 875) ; Thibault de Sézanne, *Dialogus pro Ecclesia contra Synagogam* (éd. M. Orfalí, p. 722).

Les citations dans le manuscrit

tion chrétienne[26], cette interprétation est récurrente; elle s'inscrit le plus souvent dans des listes de versets (*testimonia*) considérés comme preuves de la descente aux enfers et de la résurrection, mais il arrive qu'elle prenne une forme plus originale ou mieux argumentée : dans le *Dialogue* de Gregentius de Taphar, l'interlocuteur juif (Herbanus) affirme que ce psaume s'applique à David; Gregentius rappelle que David, contrairement au Christ, n'est pas ressuscité (argument déjà présent dans les Actes et quelquefois repris, par la suite); Herbanus fait remarquer que si cette interprétation est recevable, les paroles en question sont celles d'un inférieur à un supérieur; Gregentius répond que c'est la nature humaine du Christ qui s'exprime alors. En termes différents, l'argumentation est analogue chez Anastase le Sinaïte. Chez Gilbert Crispin, le commentaire du passage est immédiatement suivi d'un développement sur le thème : Jésus n'a pas menti et n'a pas péché; il est donc bien Dieu. Dans le *Pugio fidei*, il est assorti de citations rabbiniques dans lesquelles ce verset est appliqué au Messie.

Dans la littérature juive apologétique et polémique[27], ces versets sont utilisés 1) pour attester que, contrairement à ce qu'affirment les chrétiens, les âmes des Patriarches ne sont pas allées au Shéol (ou dans les « limbes »), mais en Éden; 2) comme preuve que Dieu ne saurait abandonner aux enfers ceux qui ont observé ses commandements; 3) comme témoignage de la rétribution future promise à ceux qui respectent les prescriptions de la loi. C'est toute la théologie de la Rédemption (péché originel, Incarnation, Passion, Résurrection) qui est ainsi contestée. Bien que le parallèle ne figure dans aucun de ces textes, l'argument fait pendant aux listes de justes antérieurs à la circoncision et à la loi du Sinaï (Adam, Abel, Noé, Henoch, Melchisédech, etc.), que l'on trouve chez Justin et, jusqu'au Moyen âge, dans de nombreux textes chrétiens. Dans les textes hébreux consultés, le psaume est souvent rapporté à David

---

26. Elle apparaît, entre autres, chez les auteurs suivants : IRÉNÉE, *Adversus Haereses*, III, 12, 2 ; ORIGÈNE, *Contre Celse*, III, 32 ; AUGUSTIN, *De civitate Dei*, XVII, 18, 2 [contre les espérances messianiques juives] ; NICOLAS DE LYRE, *Postille* sur ces versets (éd. S. Brant, vol. III, p. 105r).

27. SAʿADYA GAON, *Emunot we-Deʿot* (éd. B. Cohen, Berlin 1927, p. 132); Anonyme, *Sefer Nestor ha-Komer*, (éd. D. J. Lasker et S. Stroumsa, n° 183 [texte hébreu, p. 110; trad. angl., p. 129]); JOSEPH BEN NATHAN OFFICIAL *Sefer Yosef ha-Meqane* (éd. J. Rosenthal, p. 102 et 103); Additions au *Sefer Yosef ha-Meqane* (éd. J. Rosenthal, p. 139 [ajout marginal]); Anonyme (fin du XIIIᵉ s.), *Niṣaḥon Vetus* (éd. D. Berger, nᵒˢ 59 [texte hébreu, p. 39; trad. angl., p. 80] et 146 [texte hébreu, p. 98; trad. angl., p. 156]); SALOMON BEN R. MOÏSE BEN R. YEQUTIEL DE ROME, *ʿEdut ha-Shem Neemanah* (éd. J. Rosenthal, p. 420); DANIEL BEN SHLOMO ROFE, D'OFFIDA (XIVᵉ s., Italie), Remarques sur le *ʿEdut ha-Shem Neemanah* de Salomon ben R. Moïse ben Yequtiel de Rome (éd. Rosenthal, p. 427); MOÏSE HA-COHEN DE TORDESILLAS, *Sefer ha-ʿEzer* (éd. Y. Shamir, p. 48); PROFIAT DURAN, *Sefer Kelimmat ha-Goyim* (éd. F. Talmage, p. 57 et 58); BENJAMIN BEN MOÏSE DE ROME, *Teshuvot La-Noṣrim*, (éd. S. H. Degel-Zahav, p. 4); ISAAC BEN ABRAHAM TROKI, *Ḥizzuq Emunah*, I, 18 (éd. D. Deutsch, p. 120; trad. angl. M. Mocatta, p. 84).

(interprétation traditionnelle) et le rejet de son application à Jésus, avec référence au livre des Actes, est explicite chez Profiat Duran. L'argumentation s'appuie sur des versets – souvent regroupés – dans lesquels sont affirmés 1) le salut des Patriarches et des prophètes antérieurs à Jésus[28] ; 2) le caractère individuel de la rétribution : en particulier Ez 18, 20 (*C'est la personne qui pèche qui mourra : le fils ne portera pas la faute du père, ni le père la faute du fils ; la justice du juste est imputable au juste, la méchanceté du méchant au méchant.*), verset également cité dans Hébreu 712 (voir ci-dessous).

Psaume 21/22, 6/7

U1 : fol. 56v, l. 8a-9a [6]
U2 : non cité

Formule introductive

וזה להוכיח להם שהוא מתרעם על צרותיו

Ceci pour leur prouver qu'il s'est irrité [litt. : « s'irrite »] de ses épreuves.

Latin translittéré

אייגו ווירמיש אייך נון אומו אץ אונגייעציאו פליביש

[Ego vermis et non homo et abiectio plebis]

Vulgate

Ego autem sum vermis, et non homo ; opprobrium hominum, et abjectio plebis.

Traduction hébraïque interlinéaire

אנכי תולעת ולא איש חרפת אדם ובזוי עם

Texte massorétique

וְאָנֹכִי תוֹלַעַת וְלֹא־אִישׁ חֶרְפַּת אָדָם וּבְזוּי עָם:

---

28. Par exemple, pour Hénoch : Gn 5, 24 (*Hénoch marcha avec Dieu, puis il disparut, car Dieu l'enleva*) ; pour l'ascension d'Élie : 2R 2, 1-19 ; pour Abraham : Gn 15, 15/16 (*Toi, tu iras en paix vers tes pères, tu seras enterré après une heureuse vieillesse*) ; pour Moïse : Dt 31, 16 (*L'Éternel dit à Moïse : Voici, tu vas être couché avec tes pères*).

Les citations dans le manuscrit

Cette citation du Ps 21/22 intervient entre Dt 32, 40 (*Dico : Vivo ego in semper*) et Mt 11, 11/Lc 7, 28 (*Inter natos mulierum, non surrexit maior Iohanne Baptista*), deux versets également absents de la seconde unité. Elle s'inscrit dans la série de celles qui fondent la négation de la divinité de Jésus : peu explicite dans la formule introductive, cette interprétation découle du contexte et elle est confirmée par les occurrences du même verset dans la littérature polémique juive (voir ci-dessous).

L'hébreu est conforme au texte massorétique, complet, et les mots sont tous bien placés. Le latin correspond à la Vulgate, mais il manque l'expression *opprobrium hominum* : l'ensemble qui correspond, dans l'hébreu, à *opprobrium hominum et abjectio plebis* est situé au-dessus de la seule expression latine translittérée : *abjectio plebis*.

Dans la littérature chrétienne, l'ensemble du psaume, très souvent cité et commenté, est interprété comme prophétie de la Croix, le verset 7 se rapportant plus précisément à l'humiliation du Christ, à la descente aux enfers ou à la naissance virginale (« vermis » = sine semine / sine coitu / de virgine natus)[29]. Ces différentes interprétations sont conservées, par exemple, dans la *Glose ordinaire* et dans le commentaire de Thomas d'Aquin sur le Psaume. Dans la littérature chrétienne de polémique, le verset 7 n'est que rarement cité[30], et l'interprétation ici suggérée par la formule introductive n'apparaît pas dans les passages en question.

Dans les écrits juifs de controverse, ces différentes interprétations sont toutes réfutées, l'accent étant mis, selon le cas, sur l'une ou l'autre d'entre elles[31] : comment Dieu peut-il se désigner lui-même comme un ver ? (David Qimḥi, Benjamin ben Moïse de Rome) ; Si Jésus s'est à juste titre désigné avec ce mot, c'est qu'il a connu, après sa mort, le même sort que cet animal (pourrissement) et non celui que décrit la croyance chrétienne à l'Ascension (Benjamin ben Moïse de Rome ; cf. *Niṣaḥon Vetus*) ; si Jésus était véritable-

---

29. Le premier commentaire suivi du Ps 21/22 se trouve chez Justin (*Dial.* 98-106). Dans le NT, ce Psaume est évoqué au moment de la crucifixion : Mc 15, 29.34 et pll. ; Mt 27, 46 et pll.

30. Uniques mentions rencontrées dans l'ensemble des textes consultés : Anomyme (xe s.), *Altercatio Aecclesiae contra Synagogam et Synagogae contra Aecclesiam* (éd. B. Blumenkranz, p. 101, l. 3) ; THIBAULT DE SÉZANNE (?), *Dialogus pro Ecclesia contra Synagogam* (éd. M. Orfalí, p. 720). Dans le premier, c'est l'Ecclesia qui parle, et le verset n'est commenté que de façon lapidaire : « Quod in cruce iridendus esset, per Psalmistam dicit. » ; dans le second, deux des interprétations mentionnées ci-dessus se trouvent réunies : « Nonne hic vermis Christum figurat, qui dicit : *Ego autem sum vermis et non homo* – scilicet reputatione Judaeorum – qui sanguine suo infernum fregit et justorum animas liberavit ».

31. Mentions explicites : JACOB BEN REUBEN, *Sefer Milḥamot ha-Shem* (éd. J. Rosenthal, p. 66-67) ; DAVID QIMḤI, Commentaires sur les Psaumes (éd. F. Talmage, p. 73) ; Anonyme (fin du XIIIe s.), *Niṣaḥon Vetus* (éd. D. Berger, n° 145 [texte hébreu, p. 94 et 96 ; trad. angl. p. 150 et 153]) ; LÉVI BEN ABRAHAM DE VILLEFRANCHE, *Livyat ḥen* (éd. M. Steinscneider p. 6, l. 1) ; MOÏSE HA-COHEN DE TORDESILLAS, *Sefer Ha-'Ezer* (éd. Y. Shamir, p. 42-44) ; BENJAMIN BEN MOÏSE DE ROME, *Teshuvot la-Noṣrim* (éd. S. H. Degel-Zahav, p. 22).

ment Dieu, il n'aurait pas dit « Je suis un ver, et non un homme », mais « Je suis Dieu, et non un homme, et je souffre tout cela dans mon humilité, pour le salut des hommes » (*Niṣaḥon Vetus*) ; si le mot *tola'at* (*vermis*) se rapporte à la naissance virginale, il faudrait interpréter de la même manière tous les versets dans lesquels il apparaît (Jacob ben Reuben, repris par Moïse ha-Cohen de Tordesillas)[32]. Dans la réfutation de son interprétation christologique, Ps 21/22, 7 est souvent associé à d'autres passages du même psaume, en particulier le verset 2 (cf. Mc 15, 34)[33] ; chez Lévy ben Abraham de Villefranche, il introduit un groupement de citations analogue à celui qu'on trouve dans Hébreu 712 (Ez 28, 9 ; Jr 17, 5 ; Nb 23, 19 ; Os 11, 9) et constitué autour des mêmes affirmations : Dieu n'est ni homme, ni menteur, comme tout homme ; il ne change pas (si la Passion était bien voulue et assumée par Dieu, elle n'aurait pas été déplorée dans ce verset et dans d'autres) ; celui qui ment sur Dieu ment sur tout. Le Psaume 21/22 occupe une place particulière dans la controverse judéo-chrétienne puisqu'il donne lieu, dans les écrits juifs également (*Niṣaḥon Vetus*, *Sefer ha-Berit*, *Sefer ha-'Ezer*) à des commentaires suivis, le phénomène étant rarissime dans cette littérature.

Psaume 80/81, 8-10/9, 11

U1 : fol. 57r, l. 10b-12 [17]

U2 : non cité

Formule introductive

וזה להוכיחם כי אין [אות] כי אותו השם אשר העלנו ממצרים

Ceci pour leur prouver que ce n'est pas le même dieu qui nous a fait monter d'Égypte.

Latin translittéré

אִירָאִיל שִׁימֵי אַדִּיאֵיְירִין

נוֹן אִיְירִין אִיְינְטֵיי דְּיאוֹשׁ רֵינוֹשׁ נִיקֵיי אָץ אוֹרַאבִיץ דֵּייאָם אַלְיֵינְנֻם

אִיגוֹ שֶׁן דְּיִיאוֹשׁ טוּאוֹשׁ קִי אֵידוֹשִׁיטֵיי דֵּיי טֵיְירָא אַיְיטִי

[Israel si me audieris,
non erit in te deus recens (?) neque adorabis deum alienum ;
ego sum Deus tuus qui eduxi te de terra Aegypti]

---

32. Il y en a onze, dans la Bible hébraïque.

33. *Deus Deus meus respice me quare me dereliquisti longe a salute mea verba delictorum meorum.*

Les citations dans le manuscrit

[le mot *recens* (?), corrigé dans le manuscrit, est de lecture incertaine : **reynos* (= recens ?) devenu **alienos* (= alienus) ?]

Vulgate

[Audi populus meus et contestabor te :] Israel, si audieris me, non erit in te deus recens, neque adorabis deum alienum ; ego enim sum Dominus Deus tuus, qui eduxi te de terra Ægypti. [Dilata os tuum et implebo illud.]

Traduction hébraïque interlinéaire

ישראל אם תשמע לי
לא יהיה לך אלהים זר ולא תשתחוה לאל נכר
אנכי השם שלך המעלך מארץ מצרים

Texte massorétique

שְׁמַע עַמִּי וְאָעִידָה בָּךְ יִשְׂרָאֵל אִם־תִּשְׁמַע־לִי:
לֹא־יִהְיֶה בְךָ אֵל זָר וְלֹא תִשְׁתַּחֲוֶה לְאֵל נֵכָר:
אָנֹכִי יְהוָה אֱלֹהֶיךָ הַמַּעַלְךָ מֵאֶרֶץ מִצְרָיִם הַרְחֶב־פִּיךָ וַאֲמַלְאֵהוּ:

Ce verset n'est cité que dans la première unité ; la place qu'il y occupe (entre Es 7, 14/8, 3 et Mt 15, 26) et la formule introductive ne permettent guère de préciser sa signification dans ce contexte, mais il est évident que seule la partie intéressant la polémique a été retenue (le début du premier verset et la fin du dernier n'apparaissent pas ici). Le latin est très proche de la Vulgate ; l'hébreu correspond au texte massorétique, avec trois variantes de détail qui s'expliquent sans doute (en particulier la dernière : השם [*ha-Shem*] = « le Nom », au lieu du Tétragramme) par le fait que la version hébraïque est restituée de mémoire. Les mots hébreux sont tous bien placés.

Ces versets ne sont cités dans aucun des textes hébreux consultés ; leur mention dans Hébreu 712 est donc exceptionnelle. Ils apparaissent quelquefois dans la littérature polémique chrétienne, et en particulier dans les écrits les plus anciens, composés à une époque où se posait, dans la controverse entre christianisme et judaïsme, la question de savoir si le Dieu des chrétiens était « autre » ou « nouveau » (*recens*)[34].

---

34. Mentions explicites : *Dialogue d'Athanasius et Zacchée* (éd. Fred. C. Conybeare, p. 1) ; *Dialogue de Timothée et Aquila* (*ibid.*, p. 95) ; GREGENTIUS DE TAPHAR, *Disputatio cum Herbano Judaeo* (*PG* LXXXVI, 649B-C) ; Anomyme, *Trophées de Damas* I, II, 3 (éd. G. Bardy, *PO* XV, p. 196 [série de citations prouvant qu'il n'y a pas d'« autre Dieu »]) ; JACOB DE SAROUG, *Homélies contre les Juifs* (syriaque), V, 81 et VI, 15 (éd. M. Albert, *PO* XXXVIII, 1, p. 140-141 et 160-161 [allusions]) ; AMULO, *Contra Iudaeos* (*PL* CXVI, 618B) ; ALAIN DE LILLE, *De fide catholica contra haereticos liber quattuor* (*PL* 210, 414D).

Sagesse 1, 11

Dans ses sermons, Vincent Ferrer cite ce verset à trois reprises en rapportant, dans tous les cas, son utilisation juive visant à mettre en cause divinité de Jésus[35].

Très présent dans la polémique ancienne, le thème de l'« autre Dieu » ou du *Deus recens*[36] semble avoir progressivement disparu du débat entre juifs et chrétiens. Dans la littérature médiévale juive et chrétienne, l'interrogation porte plutôt sur la Trinité (formulée au concile de Nicée) ou sur la divinité de Jésus et l'argumentation, qui n'est plus seulement exégétique, se fonde aussi sur l'argument naturel et philosophique.

Sagesse 1, 11

U1 : fol. 57r, l. 2b-2c [11]
U2 : fol. 68v, l. 4b-3a [28]

Formules introductives

U1 : ועוד הם מוכיחים כי כיוון ששיקר הוא מאבד נפשו
Ils admettent d'ailleurs que, puisqu'il a menti, il a causé la perte de [litt. : « il perd »] son âme.

U2 : –

Latin translittéré

U1 : אוֹש קי מֶנְטִיטוֹר אוֹצִידִין אוֹנִימָא
[Os quod mentitur occidit animam]

U2 : אוֹש קי מֶנְטִיטוֹר אוֹצִידִין אֲנִימָא
[Os quod mentitur occidit animam]

Vulgate

Custodite ergo vos a murmuratione quae nihil prodest et a detractione parcite linguae, quoniam sermo obscurus in vacuum non ibit. Os autem quod mentitur occidit animam.

---

35. Vincent Ferrer, *Sermons* (éd. F. G. Gimeno Blay *et al.*, p. 58, 111 et 407).

36. Justin ne cite pas ce verset, mais une grande partie du *Dialogue avec Tryphon* est consacrée à la question de l'« autre Dieu » : voir, dans l'index analytique de notre édition, l'entrée « Dieu » (vol. II, p. 1059).

Les citations dans le manuscrit

Traduction hébraïque interlinéaire

U1 : פה שמשקר הורג נפש

U2 : פה המשקר הורג הנפש

Dans les deux unités, ce verset est précédé et suivi des mêmes citations (séjour de Jésus à Jéricho et Nb 23, 19 ; Jb 25, 4). Le lien avec les thèmes du mensonge et du péché est souligné par la formule introductive de la première unité. Le latin est conforme à la Vulgate, mais dans les deux cas, le scribe a écrit *qui* au lieu de *quod* et *anima* au lieu de *animam* ; les translittérations sont, elles aussi, presque identiques (dans la première unité, *occidit* n'est pas vocalisé) : une source commune, pour la citation elle-même, est donc ici très vraisemblable. Les traductions hébraïques présentent en revanche deux variantes minimes qui montrent qu'elles ne dépendent ni l'une de l'autre ni d'une même source ; les mots hébreux sont tous bien placés. Dans les deux cas, la traduction peut être imputée au scribe (ou à sa source) puisque le livre de la Sagesse a été composé en grec. Comme précédemment, seule la partie du verset qui intéresse l'argumentation en cours a été retenue.

Ce verset n'apparaît dans aucun des textes consultés. En revanche, le thème du mensonge/du péché (des hommes / de Jésus) est développé dans plusieurs d'entre eux, la principale référence étant alors Ps 115/116, 11 (*Omnis homo mendax*), non cité dans Hébreu 712[37]. Les versets regroupés et discutés autour de cette référence sont souvent les mêmes : essentiellement I Rois, 8, 46 (... *non est enim homo qui non peccet*...) et Nb 23, 19 (*Non est Deus quasi homo, ut mentiatur ; nec ut filius hominis, ut mutetur*[38]) mais pour les auteurs chrétiens, ils fondent l'affirmation de la divinité de Jésus alors que dans les écrits juifs, ils sont utilisés pour la réfuter : le Ps.-Gilbert Crispin écrit : « Quia *omnis homo mendax*, plus quam homo est qui non mendax, immo veritas ipsa et Deus est. »[39] ; et un peu plus loin : « Si ergo verum est quod beatus Job testatur : *Omnis homo mendax*, et alibi : *Non est homo qui non peccet*, nec < immunis a peccato > infans cuius vita est unius diei super terram. Si verum est quod et beatus David testatur : *Omnis homo mendax*, et alibi : *Non justificabitur in conspectu tuo omnis vivens* (Psal. CXLII, 2), plus quam homo est qui peccatum non facit. »[40] Avec une utilisation inversée, l'argumenta-

---

37. Références explicites : Ps.-Gilbert Crispin, *Disputatio Judaei cum Christiano de fide Christiana* (*PL* CLIX, 1030C et 1032D-1033A) ; Alain de Lille, *De fide catholica contra haereticos liber quattuor* (*PL* 210, 336D et 415B) ; Anonyme (fin du XIIIe s.), *Niṣaḥon Vetus* (éd. D. Berger, n° 168 : texte hébreu, p. 118 ; trad. angl., p. 180) ; cf. Anselme de Canterbury, *Cur Deus Homo*, II, 10 (*PL* CLVIII, 408-410). Le passage est presque identique chez le Ps Gilbert Crispin et chez Alain de Lille. Ps 115/116, 11 est cité par Paul en Rm 3, 4.
38. Voir ci-dessus.
39. *PL* CLIX, 1030 C.
40. *PL* CLIX, 1032 D-1033 A.

Siracide / Ecclésiastique, 22, 8-9/9-10

tion prend donc, dans les deux cas, la forme d'un syllogisme : Dieu ne peut ni mentir ni pécher (comme tout homme) / Jésus est homme / il ne peut donc être Dieu ; Dieu ne peut ni mentir ni pécher (comme tout homme) / Jésus est la Vérité et il n'a point commis de péché / il est donc [aussi] Dieu.

Siracide / Ecclésiastique, 22, 8-9/9-10

U1 : fol. 57v, l. 14-15b [24]

U2 : non cité

Formule introductive

וזה לקנתר הגלחים שאינם מכוונים ואינם משיבים כמשפט

. . .

.....וזה הלעז כי רקונטא לפרולא אצלוי קינא לקור טאנט

Ceci pour irriter les clercs [litt. : ceux qui portent la tonsure], mal préparés, qui n'offrent pas [= qui sont incapables d'offrir] des réponses appropriées : *Citation.*
Voici [le même passage] en *lo'az* : « Qui raconte lprola atsloy qui n'a le cor tant. »

Latin translittéré

קינַרין וַיִירבוֹ נֶון אַטנְדוֹנְטִי קַשִׁי קִי אִיצִיטַא דוֹרמִיאוּנְטֶם דֵּיגְרבֿי שֶׁונְט

[Qui narrat verbum non adtendenti quasi qui excitat dormientem de gravi somno]

Vulgate

Qui narrat verbum non audienti, quasi qui excitat dormientem de gravi somno. / Cum dormiente loquitur qui enarrat stulto sapientiam et in fine narrationis dicit : Quis est hic ?

Traduction hébraïque interlinéaire

דברו למי שאינו יודע להבין קשה לו כדי שמקיצין אותו משנתו

Cette citation n'apparaît pas dans la seconde unité. Elle clôt la première, où elle est immédiatement suivie d'une traduction en ancien français. Le latin est conforme à la Vulgate, mais le scribe a écrit *verbo* (comme *somno*) au lieu de *verbum*. L'hébreu, assez maladroit, se présente comme une tenta-

Les citations dans le manuscrit

tive de traduction (ou une copie de traduction) plutôt hésitante, et les mots ne sont pas tous bien placés ; dans la seconde moitié de la ligne 14, la première version hébraïque (ou la première copie de cette version) a été grattée et l'espace ainsi traité est resté vierge, ce qui suit étant écrit dans la marge, au-delà du dernier mot latin. La formule d'introduction présente ce verset comme purement polémique puisque son utilisation vise les prêtres eux-mêmes, et non la foi chrétienne.

Comme la Sagesse de Salomon, le Siracide ne fait pas partie du canon juif des Écritures, mais il a été rédigé en hébreu et conservé, dans cette langue, jusqu'au Moyen âge[41]. Les deux versets cités dans Hébreu 712 n'apparaissent pas ailleurs dans la littérature hébraïque de controverse. Dans les textes chrétiens consultés, une seule occurrence a été rencontrée : elle se trouve dans le *Dialogue de Timothée et Aquila*[42] et n'y figure alors que par allusion.

Isaïe 7, 14 / 8, 6

U1 : fol. 57r, l. 9a-10a [16]

U2 : non cité

Formule introductive

וזה להוכיחם על העלמה שהם אומרים הרה מעמנו יי כי עוד היה לאותה עלמה בן אחר.

Ceci pour leur prouver, à propos de la jeune fille (*'alma*), dont ils disent qu'elle a conçu de Dieu « avec-nous » (Emmanuel), que cette jeune fille avait aussi un autre fils.

Latin translittéré

אִינְפֵּיי פִּירֵים פִּילִיאָֻום נֹומֶן אַייּוש אִימָנוּאֵל פֵּיֹשטָא פְּרֵייּדָא אַיֵיץ פֵּישֹטָא פֹּולִיאָה

[Et peperit filium nomen eius Emmanuel, festina, praeda et festina spolia]

Vulgate

– Es 7, 14 : *Propter hoc dabit Dominus ipse vobis signum : Ecce virgo concipiet, et pariet filium, et vocabitur nomen ejus Emmanuel.*

---

41. Jérôme dit l'avoir vu dans sa langue originelle et il est cité jusqu'au IVe siècle dans la littérature rabbinique. Les deux tiers de ce texte, environ, ont été retrouvés dans des fragments de la Gueniza du Caire, à Qumran, et à Massada. La version hébraïque de ces versets n'a pas été conservée : voir Ch. Mopsik, *La Sagesse de Ben Sira*, Verdier, Paris 2003.

42. Éd. Fred. C. Conybeare, p. 102 (22, 8).

Isaïe 7, 14 / 8, 6

– Es 8, 3 : *Et accessi ad prophetissam et concepit et peperit filium et dixit Dominus ad me voca nomen eius Adcelera spolia detrahere Festina praedari. Cf. Lc 1, 31-32 : Ecce concipies in utero et paries filium et vocabis nomen eius Iesum. / Hic erit magnus et Filius Altissimi vocabitur et dabit illi Dominus Deus sedem David patris eius.*

Traduction hébraïque interlinéaire

היו שני בנים לאותה עלמה : עמנו[אל] ומחר שלל

Cette jeune fille (*'alma*) avait deux fils : Emmanuel et Maher Shalal.

Texte massorétique

לָכֵן יִתֵּן אֲדֹנָי הוּא לָכֶם אוֹת הִנֵּה הָעַלְמָה הָרָה וְיֹלֶדֶת בֵּן וְקָרָאת שְׁמוֹ עִמָּנוּ אֵל: Es 7, 14

וָאֶקְרַב אֶל־הַנְּבִיאָה וַתַּהַר וַתֵּלֶד בֵּן וַיֹּאמֶר יְהוָה אֵלַי קְרָא שְׁמוֹ מַהֵר שָׁלָל חָשׁ בַּז: Es 8, 3

Dans la forme qu'elle prend ici, cette citation est un amalgame d'Es 7, 14 et 8, 3[43]. La formule de présentation n'est pas très claire, d'autant que la précision שהם אומרים (litt. : « qu'ils disent » / « parce qu'ils disent »), qui s'intègre mal au reste de la phrase, a été copiée *supra lineam*, par le scribe, à un endroit qui ne permet pas de savoir sur quel élément elle porte. La seconde partie de cette formule de présentation, en revanche, donne avec une certaine précision la portée polémique de la citation et celle-ci est confirmée par le contexte (passages dans lesquels Jésus est désigné avec les mots « filius » et « homo »).

Bien que se présentant comme un mot à mot très littéral, la traduction hébraïque est une sorte de paraphrase fort éloignée de l'original. Son détail peut être restitué ainsi : *etpe-* (il y avait) / *-perit* (deux) / *filium* (enfants) / *nomen* (à cette) / *eius* (jeune fille : *'alma*) / *Immanuel* (Emmanuel) / *Fest[in] a Praeda* (et *Maher Shalal*) / et Fest[in]a (non traduit) / Folia (*Ḥash Baz*). Aux difficultés inhérentes à la traduction des mots hébreux *Maher Shalal* et *Ḥash Baz* (sur lesquelles Jérôme ne s'attarde pas dans ses commentaires à propos de ce verset) s'ajoute une évidente incompréhension du latin. Par ailleurs, la citation ne porte que sur Es 8, 3, alors que la formule de présentation fait aussi référence à Es 7, 14.

La polémique sur Es 7, 14 est omniprésente dans la littérature de controverse chrétienne et juive[44] (le commentaire de Nicolas de Lyre sur ce verset se présente comme une réfutation systématique des objections juives à son

---

43. L'amalgame entre Es 7, 10 s. et 8, 3 s. est très ancien dans la tradition chrétienne, puisque qu'on le trouve déjà chez Justin : *Dialogue avec Tryphon*, 43, 5-6 ; 66, 2-3.

44. Elle est toutefois absente du *Sefer Nestor ha-Komer*, ce qui constitue une exception remarquable.

Les citations dans le manuscrit

interprétation chrétienne[45]). La plupart des développements portent sur le sens du mot *'alma*, du nom « Emmanuel », du « signe » annoncé dans cette prophétie, et plus généralement sur l'application du verset à Jésus ou à Ézéchias. C'est dans le *Niṣaḥon Vetus*, puis dans le *Ḥizzuq Emunah* d'Abraham ben Isaac Troki que se trouvent les considérations les plus éclairantes pour ce qui prend ici un tour très elliptique, le rapprochement entre Es 7, 14 et Es 8, 3 ne se retrouvant que dans ces deux textes. À l'interprétation chrétienne des deux versets, l'auteur du *Niṣaḥon Vetus* oppose l'argumentation suivante : « Le livre d'Isaïe, qui est en notre possession, atteste que ces versets ne sont pas écrits ensemble, mais se trouvent dans deux ou trois passages différents ; il atteste en outre que la prophétie d'Isaïe concerne deux fils : l'un nommé Emmanuel, et l'autre Maher Shalal Ḥash Baz[46] » ; quant à l'argument tiré du nom Emmanuel, il est irrecevable puisqu'il pourrait tout aussi bien s'appliquer à d'autres personnages, tels qu'*Ishma-el*, dont le nom comporte une référence à Dieu. La conclusion est sans appel : « Quiconque lit le passage du début jusques à la fin[47] comprendra que les propos [des chrétiens] ne sont que peine et iniquité[48], car parmi leurs propositions hérétiques, il n'en est aucune qui ne puisse être réfutée avec l'un des versets adjacents. L'interprétation correcte de ce passage est celle qui le rapporte à Ézéchias[49] ». Le commentaire d'Isaac Troki[50] est aussi étendu, mais différemment composé, avec de nombreuses variantes de détail : l'argument historique, par exemple, est plus longuement développé, de même que celui des noms bibliques se terminant par -*el* ; Emmanuel, Maher Shalal et Ḥash Baz sont considérés comme les trois noms du (seul ?) fils d'Isaïe ; l'interprétation de David Qimḥi, pour qui Emmanuel s'applique au fils du roi et non à celui d'Isaïe, est réfutée.

Particulièrement sensibles lorsqu'on compare le *Niṣaḥon Vetus* et le *Ḥizzuq Emunah*, ces variantes sont le reflet des nombreux problèmes textuels et exégétiques que posent chacun de ces deux versets, leur association, et les passages dont ils sont tirés. Les incertitudes relevées dans Hébreu 712 (texte, traduction et commentaire) témoignent de la difficulté éprouvée par l'auteur du florilège – ou de sa source – à évaluer la portée polémique de ces versets, mais elles semblent faire écho à ce qui est exposé avec une grande clarté dans le *Niṣaḥon Vetus*, ouvrage rédigé à la même époque.

---

45. *Postille* (Éd. S. Brant, vol. IV, p. 18r-v).

46.   Éd. D. Berger, n° 86 (p. 57) : כי הנה ספר ישעיהו בידינו המעיד לנו שאין המקראות הללו ביחד נכתבו כי אם
בב' או בג' מקומות, ועל שני בנים ניבא ישעיהו, אחד שמו עמנואל ואחד שמו מהר שלל חש בז.

47. Argument du contexte, omniprésent dans la littérature hébraïque de controverse.

48. Cf. Ps 9/10, 7 et 89/90, 10.

49.   Éd. D. Berger, n° 87 (p. 60) : כי כל הקורא העניין מתחילתו לסופו יבין וישכיל כי אין בדבריהם כי אם עמל ואון
כי אין להם דבר פקרות שלא תמצא תשובתו בצדו. ופתרון הפרשה על חזקיהו נאמרה.

50. *Ḥizzuq Emunah*, I, 21 (éd. D. Deutsch, p. 132-141 ; trad. M. Mocatta, p. 95-104).

Isaïe 40, 25

U1 : non cité

U2 : fol. 68v, l. 10b-14a [32]

Formule introductive

עוד הם אומ' כשם שהשמש נכנס במקום הטנופת ואינו מטנף עצמו כך התלוי לא היה מטנף עצמו
על מה שנולד מאשה. ויש להשיב לדבריהם כי אין לדמות השם לשום דבר. דכת' בעון גיליון שלהם
שאמ' אחד מן הנביאים למקום

Ils disent encore : « De même que le soleil ne se souille pas lorsqu'il pénètre en un lieu de souillure, de même le crucifié ne s'est pas souillé en naissant d'une femme ». On peut leur répondre qu'il ne faut comparer l'Éternel à rien. Il est écrit en effet, dans leur Évangile, que l'un des Prophètes a dit à Dieu…

Latin translittéré

אקואי קונפרא נוטי אי אקואי אשימו לסטי
[a cui comparavisti et a cui assimulasti]

Vulgate

Et cui assimilastis me, et adaequastis, dicit Sanctus ?

Traduction hébraïque interlinéaire

למי אדמה לך ו למי אשוה אותך

Texte massorétique

וְאֶל־מִי תְדַמְּיוּנִי וְאֶשְׁוֶה יֹאמַר קָדֹושׁ
À qui donc m'assimilerez-vous, à qui vais-je ressembler ?, dit le Saint
(Bible du Rabbinat)

Ce verset d'Isaïe compte parmi les dernières citations de la seconde unité. Aucune thématique apparente ne le lie à ce qui précède et à ce qui suit. En dépit de ce qui est affirmé dans la formule de présentation, il n'apparaît pas dans le Nouveau Testament (l'auteur confond peut-être « Évangile » et version latine ou commentaire latin des Écritures).

Le texte translittéré n'est pas vocalisé ; il présente une même structure que celui de la Vulgate, mais aussi plusieurs variantes : il semble bien qu'il faille lire « a cui » et non **equi* (= « et cui ») devant les deux verbes ; ces deux

Les citations dans le manuscrit

verbes sont décomposés (*compara visti ... assimu lasti*) et la graphie de la fin du premier (*-*noti* au lieu de -*visti* ?), n'est pas claire : peut-être ne l'était-elle pas non plus pour le copiste lui-même.

La traduction hébraïque est assez éloignée du texte massorétique, mais très proche du mot à mot latin tel qu'il est compris ; comme le montrent à la fois cette traduction et la formule introductive qui en découle vraisemblablement, l'auteur du florilège (ou de sa source) a interprété les deux « terminaisons » (-*visti* et -*lasti*), ou leur dernier élément, comme des formes du pronom personnel à l'accusatif (*te*), en sorte que la traduction proposée signifie litéralement « a qui comparerai-je **à toi** [*sic*] et de qui **te** tiendrai-je l'égal ? », le locuteur étant alors le prophète, et non Dieu, comme dans l'original biblique. On observe toutefois que les verbes de la traduction interlinéaire sont les mêmes – à des formes différentes – que ceux du texte massorétique ; le traducteur avait donc identifié le verset.

Il faut distinguer ici la citation elle-même et le commentaire qui l'introduit, les deux composantes ne se trouvant réunies dans aucun des textes consultés pour cette étude.

Dans la littérature hébraïque de controverse[51] comme dans les commentaires classiques et dans les ouvrages de théologie, Es 40, 25 figure parmi les versets traditionnellement mis en avant pour proclamer l'unicité et l'incorporéité divines[52]. La négation de l'Incarnation est explicite chez Jacob ben Reuben, qui cite également, dans le même contexte, Es 40, 6[-7] (... *Toute chair est comme de l'herbe et toute sa beauté est comme la fleur des champs. L'herbe se déssèche,* la chair *se fane quand l'haleine du Seigneur a soufflé sur elles.*), et rappelle ce verset dans la conclusion de son ouvrage. Moïse ha-Cohen de Tordesillas et Salomon ben R. Moïse Ben R. Yequtiel de Rome citent ce verset parmi d'autres – dont certains qui se trouvent aussi dans Hébreu 712 – pour affirmer que Dieu n'a ni apparence ni corps.

Ce verset ne figure dans aucun des écrits chrétiens consultés ; le commentaire de Nicolas de Lyre[53] n'est pas polémique. Le thème des souillures liées à l'Incarnation est un lieu commun de la littérature de controverse[54].

---

51. Jacob ben Reuben, *Sefer Milḥamot ha-Shem*, (éd. J. Rosenthal, p. 98 et 185) ; Moïse ha-Cohen de Tordesillas, *Sefer ha-'Ezer*, (éd. Y. Shamir, p. 20) ; Salomon ben R. Moïse Ben R. Yequtiel de Rome, *'Edut ha-Shem Neemanah*, (éd. J. Rosenthal, p. 381).

52. Voir par exemple Maïmonide, *Mishne Torah*, « Yesodey ha-Torah », I, 8 (ואלו היה גוף, היה דומה לשאר גופים) ; *Guide des égarés*, I, 51 ; Yosef Albo, *Sefer ha-'Iqqarim* II, 7 et 4, 17, ainsi que les commentaires du Midrash, de Rashi, d'Ibn Ezra, ou encore de David Qimḥi.

53. *Postille* (éd. S. Brant, t. III, p. 70r).

54. Anonyme, *Sefer Nestor ha-Komer*, (éd. et trad. angl. D. J. Lasker et S. Stroumsa, nᵒˢ 5, 28, 59, 76 et 82 [texte hébreu, p. 95, 97, 101, 102 et 103 ; trad. angl., p. 98, 103, 110, 113-114 et 115]) ; Jacob ben Reuben, *Sefer Milḥamot ha-Shem* (éd. J. Rosenthal, p. 17-21) ; Joseph Qimḥi, *Sefer ha-Berit* (éd. F. Talmage, p. 36 ; trad. angl., p. 29) ; David Qimḥi, *Teshuvot la-Noṣrim* (éd. F. Talmage, p. 86-87) ; Meïr de Narbonne, *Milḥemet Miṣwa* (cf. R. Chazan,

Isaïe 66, 17

U1 : fol. 57v, l. 10b-13 [23]

U2 : non cité

Formule introductive

וזה להוכיחם מן השמד כמו שמשמע הלאטין מן הנבואה אשר ניבא ישעיהו

Ceci pour leur apporter une réfutation [litt. : leur prouver] à partir du baptême, selon le sens latin, à partir de la prophétie d'Isaïe.

Latin translittéré

קי שׁוֹנְטִי פִּיקַנְטוֹר אַנְבַּאטִי שַׁנְטוֹר אֵץ אוֹרְטִישׁ אַלְטֵייר אֵינִיפְרָא אוּנוֹ אוּנוּ מְדִיאַנְט קִי מַנְדוּקַנְט קַארְנְיֵישׁ שׁוּאֵיּרְלֵיישׁ אַבּוֹנְיֵמָא צִיאוֹנֵייִם אַצְמוֹרֶם שִׁימוּל קוֹנְטוּ מֵיּנְטוֹר דִיצִישׁ דוֹמִינוּשׁ.

[Qui sanctificantur et baptizantur in hortis alter enefra (?) uno uno mediant (?) qui manducant carnes suillas, abominationem et murem simul consumentur, dicit Dominus.]

Vulgate

Qui sanctificabantur et mundos se putabant in hortis post januam intrinsecus, qui comedebant carnem suillam, et abominationem et murem : simul consumentur, dicit Dominus.

Traduction hébraïque interlinéaire

המתקדשים והמטהרים <אל> הגנות אחר אחת בתוך אוכלי בשר חזיר השקץ והעכבר יחדיו יסופו נאם השם.

Texte massorétique

הַמִּתְקַדְּשִׁים וְהַמִּטַּהֲרִים אֶל־הַגַּנּוֹת אַחַר אַחַד בַּתָּוֶךְ אֹכְלֵי בְּשַׂר הַחֲזִיר וְהַשֶּׁקֶץ וְהָעַכְבָּר יַחְדָּו יָסֻפוּ נְאֻם־יְהוָה:

Daggers of Faith, Berkeley, 1988, p. 60) ; Moïse ha-Cohen de Tordesillas, *'Ezer ha-Dat*, (éd. Y. Shamir, p. 27) ; Benjamin ben Moïse de Rome, *Teshuvot la-Noṣrim* (éd. S. H. Degel-Zahav, dans *Koveṣ 'al Yad* 15, 1899, p. 29) ; Yom Tov Lipmann Muelhausen, *Sefer ha-Niṣaḥon* (Amsterdam, 1709 ; réimpr. 1711, p. 43). Pour d'autres références, voir également C. Del Valle, *La Inconsistencia de los dogmas cristianios de Crescas*, Madrid 2000, p. 157-158.

Les citations dans le manuscrit

Dans la Bible, ce verset conclut le fragment dirigé contre les mystères païens qui précède immédiatement le discours eschatologique de la fin d'Isaïe. Dans Hébreu 712, il est l'avant-dernière citation de la première unité (la dernière [Si 22, 9-10] étant également une critique des chrétiens). L'hébreu est presque parfaitement conforme au texte massorétique, mais à l'évidence, le scribe a été quelquefois gêné, pour placer les mots hébreux, par les différences entre le latin et l'hébreu et par la décomposition de certains vocables latins en deux parties distinctes que sépare une espace (*sancti/ficantur* ; *etbapti/zantur* ; *abonima/tionem* [sic] ; *consu/mentur*). Le texte hébreu du verset est bien connu de l'auteur du document – et peut-être cité de mémoire – mais le détail du latin est appréhendé avec difficulté.

La version latine présente deux différences essentielles avec la Vulgate : ce qui suit *in hortis* (*uno ... uno...*) semble plus proche du mot à mot hébreu que la traduction de Jérôme[55] ; le verbe המטהרים (litt. : « qui se purifient ») est traduit par *qui baptizantur*, le verset étant mis ainsi directement en relation avec le baptême (des convertis). Cette lecture est confirmée par la formule d'introduction, où le mot שמד (*shemad*) ne désigne pas la persécution, mais – comme le verbe להשתמד (*lehishtamed*) dans la 24e citation de la seconde unité – le baptême (= l'apostasie) considéré comme une de ses conséquences[56]. La traduction par *qui baptizantur* rend le verset directement utilisable dans la polémique avec les chrétiens ; cette traduction ne peut être attribuée au scribe ; elle a donc été empruntée à une version latine préexistant à la citation du verset dans Hébreu 712[57] (traduction latine juive ?).

---

55. Il semble que, pour cette partie du verset dont le sens demeure difficile, le texte latin cité (*alter *enefra *unu *unu *mediant) ait été assez proche du mot à mot hébreu ou d'une traduction alternative : alter = אחר ; *unu *unu = *uno uno* ? = אחד אחת ? ; *enefra = *intra* ? ; *mediant = בתוך = *medium* ou *medio* ? Cette lecture pourrait correspondre à celle qui est proposée et commentée par Maïmonide, dans le *Guide des Égarés* : « ceux qui se montrent saints et purs dans les jardins, mais autrement dans l'intérieur » (III, 33 : trad. S. Munk, vol. III, p. 264). Pour le même passage, Jérôme (*post januam intrisecus*) paraît s'appuyer sur le grec (καὶ ἐν τοῖς προθύροις), plutôt que sur l'hébreu.

56. Même sens dans le *Sefer Yosef ha-Meqane* (également conservé dans hébreu 712), éd. J. Rosenthal, p. 47, 73, 91 et p. 107. Le sens d'*apostasie* est attesté dans le dictionnaire de Jastrow. Sur le mot משומד (*meshumad*) ou משתעמד (*meshu'amad*) dans le sens de « converti », voir également L. Zunz, *Die synagogale Poesie des Mittelalters*, Francfort 1920, p. 468. Dans le *Niṣaḥon Vetus* et dans la plupart des textes hébreux de controverse, le baptême chrétien est (lui aussi) généralement désigné par le mot טבילה.

57. Dans la Vulgate, les mots tels que *baptisma*, *baptizare*, etc. sont fréquents pour la traduction du Nouveau Testament, exceptionnels pour l'Ancien Testament (Judith 12, 7 ; II Esd 4, 23), la racine טהר n'étant jamais traduite par un vocable formé sur cette racine.

Ce verset n'est qu'exceptionnellement cité dans les textes polémiques chrétiens : les seules occurrences rencontrées[58] le rapportent à la question des prescriptions alimentaires et, accessoirement, au culte des martyrs[59]. Dans les deux cas, l'interlocuteur juif ou la « Synagogue » fait reproche aux chrétiens de consommer des nourritures impures, et le chrétien répond que les prescriptions alimentaires inscrites dans la loi, tardives et provisoires, ne s'appliquent qu'à Israël[60]. Dans le *Dialogue* de Thibault de Sézanne (?), le débat porte également sur Es 66, 18-20 (rassemblement d'Israël ou « des nations » sur la montagne sainte).

Toutes les occurrences rencontrées dans la littérature juive de controverse[61] rapportent le verset à la question des prescriptions alimentaires et sa fonction polémique est alors si évidente que le verset est quelquefois cité sans commentaire. Jacob ben Reuben affirme que l'interdiction de consommer du porc s'applique aussi aux nations, puisque toutes, sauf celle des chrétiens, la respectent ; l'interprétation spirituelle est rejetée par Joseph ben Nathan Official, dans les Additions au *Sefer Yosef ha-Meqane* et par l'auteur du *Niṣaḥon Vetus* ; l'application au culte des reliques, fondée sur un rapprochement avec Es 65, 4 (*qui habitent dans les tombeaux, passent la nuit dans les recoins, mangent de la viande de porc et mettent dans leurs plats des morceaux impurs*) est

---

58. SERGE LE STYLITE, *Disputatio contra Judaeum*, 13, 1 et 20, 6 (éd. A. P. Hayman, p. 34 *sq.* et 66) ; THIBAULT DE SÉZANNE ?, *Dialogus pro Ecclesia contra Synagogam* (éd. M. Orfali, p. 704). Dans la *Disputatio Judei et Christiani* de GILBERT CRISPIN (*PL* CLIX, 1012 D), la question des nourritures pures et impures est abordée sans référence à ce verset. NICOLAS DE LYRE (*Postille* : éd. S. Brant, t. IV, fol. 106v) ne donne qu'un très bref commentaire, ces paroles étant appliquées à l'idolâtrie.

59. Uniquement chez Serge le Stylite (éd. A. P. Hayman, p. 34 *sq.*) ; le passage cité est en réalité une *combinaison* d'Isaïe 65, 4 et Es 66 17 (testimonium ?).

60. Question déjà débattue dans le *Dialogue* de JUSTIN (20, 1-4), à propos de Gn 9, 3-4 ; cf. Actes, 10, 12-16.

61. Mentions explicites : Anonyme, *Sefer Nestor ha-Komer* (éd. et trad. angl. D. J. Lasker et S. Stroumsa, n° 171 [texte arabe, p. 84 ; trad. angl., p. 86]) ; JACOB BEN REUBEN, *Sefer Milḥamot ha-Shem* (éd. J. Rosenthal, p. 38-39) ; JOSEPH BEN NATHAN OFFICIAL *Sefer Yosef ha-Meqane* (éd. J. Rosenthal, p. 38) ; Additions au *Sefer Yosef ha-Meqane* (éd. J. Rosenthal p. 134 [hébreu et latin] ; le latin en caractères hébreux [קונסומינטס איט אבומינטס שואילס קארנס קומיטאט קוי שימול קונשימנטור דיציט דומינוס = *qui *comitat carnes suillas et *abominat simul *consimentur dicit dominus*] est assez incertain et différent – texte et translittération – de celui qui est donné dans Hébreu 712) ; Anonyme (fin du XIIIᵉ s.), *Niṣaḥon Vetus* (éd. D. Berger, n° 210 [texte hébreu, p. 144 ; trad. angl., p. 206]) ; SALOMON ADRET *Perushey Aggadot* (éd. J. Perles, p. 36) ; ISAAC POLLEGAR, *'Ezer ha-Dat* (éd. George S. Belasco, p. 59-60) ; MOÏSE HA-COHEN DE TORDESILLAS, *Sefer ha-'Ezer* (éd. Y. Shamir, p. 86 [bis]) ; SIMEON BEN ṢEMAḤ DURAN, *Qeshet u-Maguen* (éd. et trad. P. Murciano, p. 33 [allusion, peu claire, à un Targum de Jérusalem non identifié par l'éditeur] et 43) : ḤAYYIM IBN MUSA, *Magen va-Romaḥ* (éd. A. Poznanski, p. 91 : le verset s'applique aux chrétiens [critique de Nicolas de Lyre]) ; BENJAMIN BEN MOÏSE DE ROME, *Teshuvot la-Noṣrim* (éd. S. H. Degel-Zahav, p. 33) ; ISAAC BEN ABRAHAM TROKI, *Ḥizzuq Emunah* (éd. D. Deutsch, p. 33 ; trad. angl. M. Mocatta, p. 8).

Les citations dans le manuscrit

présente dans le *Niṣaḥon Vetus*[62] ; comme la « Synagogue » dans le *Dialogue* de Thibault de Sézanne, Isaac Pollegar, Moïse ha-Cohen de Tordesillas et Benjamin ben Moïse de Rome se réfèrent également aux promesses eschatologiques par lesquelles s'achève ce dernier livre d'Isaïe : ils rejettent leur application aux chrétiens, affirmant que c'est bien à Israël qu'elles se rapportent puisqu'elles ne se sont pas encore réalisées et que, par contrecoup, ce sont bien les « nations » qui sont visées par les menaces s'achevant dans le verset (Es 66, 17) qui précède immédiatement.

La référence au baptême, mise en avant dans la formule précédant ici la citation, est exceptionnelle ; elle n'a été rencontrée dans aucun autre texte.

Jérémie 17, 5

U1 : fol. 56v, l. 6a-7a [4]

U2 : non cité

Formule introductive

וכשאתה מוכיח להם שהוא אדם אז תקללהו כי בכתוב כתיב

Et en leur prouvant qu'il était homme on lui (leur) indique qu'il(s) est (sont) maudit(s) puisqu'il est dit dans l'Écriture.

Latin translittéré

מַאלֶדְי דִיקְטוּש אומו קי קֶונְפִידְיץ אָרֶץ אומִינִי.

[Maledictus homo qui confidit in homine.]

Vulgate

Haec dicit Dominus maledictus homo qui confidit in homine et ponit carnem brachium suum et a Domino recedit cor eius.

Traduction hébraïque interlinéaire

ארור הגבר אשר יבטח באדם

---

62. Ce verset y est également cité, à propos de la consommation de porc, dans deux autres passages : éd. D. Berger, nᵒˢ 103 (texte hébreu, p 69 ; trad. angl., p. 118) et 217 (texte hébreu, p 148 ; trad. angl., p. 211).

Texte massorétique

כֹּה| אָמַר יְהוָה אָרוּר הַגֶּבֶר אֲשֶׁר יִבְטַח בָּאָדָם וְשָׂם בָּשָׂר זְרֹעוֹ וּמִן־יְהוָה יָסוּר לִבּוֹ:

Cette sentence de Jérémie est la quatrième citation de la première unité. Comme les deux précédentes et plusieurs de celles qui suivent, elle se caractérise par la présence, parmi les mots qui la constituent, de celui (*homo*) qui est ici au cœur de l'argumentation ; l'absence de la fin du verset s'explique vraisemblablement par ce mode de sélection. Le latin est conforme à la Vulgate, mais on note la décomposition de *maledictus* en deux éléments (*male dictus*) et la graphie particulière de *in*, qui correspond sans doute à une faute de lecture : אֱיֵץ (**[e]yets*) pour אֵין ou אֱיֵן (*eyn* ou **[e]yen*), graphies adoptées partout ailleurs. La version hébraïque est parfaitement conforme au texte massorétique et les mots qui la composent sont bien placés (le mot hébreu correspondant à *maledictus* est situé au-dessus de la première partie de la forme décomposée [*male*], et non sur l'ensemble).

La fonction polémique du verset est exposée dans une formule de présentation assez ambiguë, puisqu'elle signifie littéralement : « Et en **leur** prouvant qu'il était homme **on le maudit/on le traite avec dédain**, puisqu'il est dit dans l'Écriture… » ; le mot אדם (homme), oublié dans un premier temps (autre faute de copie ?), a été ajouté dans l'interligne. Cette fonction peut être précisée par le contexte de la citation (preuves que Jésus [n']était [qu']un homme) et par son utilisation dans la littérature de controverse.

L'objection qui s'exprime à travers ce verset est au cœur de la polémique entre judaïsme et christianisme : c'est l'une de celles que Justin met dans la bouche de Tryphon au début de son *Dialogue*[63]. On la retrouve, attribuée à des interlocuteurs juifs, dans la plupart des écrits de controverse composés par la suite, au cours des premiers siècles[64] ; elle est toujours prise en compte au Moyen âge[65].

---

63. Justin Martyr, *Dialogue avec Tryphon*, 8, 3 et 10, 3.
64. Références dans notre édition du *Dialogue*, t. II, n. 8, p. 607-608.
65. Paulo Álvaro de Córdoba, *Liber epistolarum Albari Eleazaro* (*PL* CXXI, 502D) : « Adjicis aliam gravissimam morem dicens : *Maledictus homo qui confidit in homine*, quasi ideo hominem credam, quia homo est, et non potius eum adorem, quia Deus est. Recte hoc diceres, si me purum eum hominem et non Deum credere saepe audisses. » ; *Glose ordinaire* : « Homo enim et Deus Christus » ; Thomas d'Aquin, *Somme contre les Gentils*, IV, 77, 6 (à propos des ministres qui donnent les sacrements) : « Ut ergo spem nostrae salutis in Christo ponamus, qui est Deus et homo, confitendum est quod sacramenta sunt salutaria ex virtute Christi, sive per bonos sive per malos ministros dispensentur. »

Les citations dans le manuscrit

Elle est également formulée dans plusieurs écrits hébreux de controverse[66] : par l'auteur du *Sefer Nestor ha-Komer*, pour rappeler qu'« il ne faut mettre son espoir que dans le Dieu de Jacob »[67] ; par Jacob ben Reuben, pour affirmer que Jésus, comme tout homme, fut touché par « la morsure du serpent » ; par Joseph ben Nathan Official, contre la divinité de Jésus ; par l'auteur du *Niṣaḥon Vetus*, pour attester que Jésus, comme tout homme qui « s'est fait Dieu », encourt la damnation ; par Salomon ben Moïse de Rossi, dans une série de preuves scripturaires de l'unicité divine. On retrouve, dans les mêmes contextes, plusieurs des versets qui sont associés à celui-ci dans Hébreu 712. Comme dans la formule introductive de notre florilège, la malédiction porte sur Jésus et/ou sur ceux qui le considèrent comme Dieu.

Ézéchiel 18, 20

U1 : non cité

U2 : fol. 66v, l. 14-15 [7]

Formule introductive

אחר. לא הגהתי בטוב

Autre [passage] ; *supra lineam* : Je n'ai pas bien examiné/vérifié (?).

Latin translittéré

פאטיר נון פורטאביץ אינקיטאטים פיליאי · איץ פיליאוש נון פורטאביץ אינקיטאטים פאטריש

[Pater non portabit iniquitatem filii et filius non portabit iniquitatem patris.]

Vulgate

Anima quae peccaverit ipsa morietur : filius non portabit iniquitatem patris et pater non portabit iniquitatem filii ; iustitia iusti super eum erit et impietas impii erit super eum.

---

66. Anonyme, *Sefer Nestor ha-Komer* (éd. et trad. angl. D. J. Lasker et S. Stroumsa, n° 151 [texte hébreu p. 109 ; trad. angl., p. 126]) ; Jacob ben Reuben, *Sefer Milḥamot ha-Shem* (éd. J. Rosenthal, p. 59) ; Joseph ben Nathan Official, Additions au *Sefer Yosef ha-Meqane* (éd. J. Rosenthal, p. 125) ; Anonyme (fin du xiiie s.), *Niṣaḥon Vetus*, éd. D. Berger, n°s 65, 67, 143 et 168 [texte hébreu, p. 43-44, 44-45, 92 et 118 ; trad. angl., p. 85, 86, 147 et 180]) ; Salomon ben R. Moïse de Rossi, *'Edut ha-Shem Neemanah* (éd. J. Rosenthal, p. 381).

67. La citation est alors donnée en hébreu, puis en latin dans une translittération qui diffère de celle d'Hébreu 712.

150

Traduction hébraïque interlinéaire

– *non traduit.*

Texte massorétique

הַנֶּפֶשׁ הַחֹטֵאת הִיא תָמוּת בֵּן לֹא־יִשָּׂא। בַּעֲוֹן הָאָב וְאָב לֹא יִשָּׂא בַּעֲוֹן הַבֵּן צִדְקַת הַצַּדִּיק עָלָיו תִּהְיֶה וְרִשְׁעַת רשע הָרָשָׁע עָלָיו תִּהְיֶה

Ce verset s'inscrit dans une série de prophéties relatives à la responsabilité personnelle. Dans Hébreu 712, il est précédé et suivi de citations tirées de textes doctrinaux, sans doute empruntées à la liturgie et se référant à la Rédemption : *Quia pro nobis ductus* (?) *et maledictus* (6) ; *Primo dierum omnium quo mundus exstat conditus quo resurgens conditor nos morte victa liberat* (8). Le détail du latin est identique à la Vulgate mais ici, les deux propositions sont inversées, ce qui rend très vraisemblable une citation faite de mémoire. L'hébreu n'est pas donné et cette citation est l'une de celles qui sont précédées, dans la seconde unité (et plus précisément au fol. 66v), de la formule לא הגהתי בטוב : « je n'ai pas bien examiné/vérifié (?)[68] ».

Cette prophétie est rarement citée dans la littérature chrétienne de controverse[69] : dans l'*Altercatio* éditée par B. Blumenkranz, l'« Ecclesia » se fonde sur elle pour affirmer qu'un juif ne saurait être absous par la justice de ses pères ; dans le *Dialogue* de Guillaume de Champeaux, au contraire, le verset est utilisé par le « Judeus » contre la théologie du péché originel et de la Rédemption ; dans le *Tractatus* de Bernard Oliver (daté de 1247, au sein de ce passage), il est rapporté que les juifs l'invoquent pour affirmer, contre l'interprétation chrétienne de l'exil d'Israël (*poenam captivitatis*), qu'un homme ne saurait être puni pour le péché de son/ses père(s) ; l'argumentation développée dans la Dispute de Tortosa[70] va dans le même sens.

La question de la faute originelle est abordée dans la *Somme contre les Gentils*[71] sous le titre : « Objectiones contra peccatum originale », Ez 18, 20 étant alors le deuxième verset cité et discuté ; dans la *Somme théologique*, Thomas d'Aquin résout l'objection en affirmant que cette prophétie vaut

---

68. Pour le verbe הגה, le dictionnaire de Ben Yehuda donne, parmi d'autres sens, ceux de « corriger » (*korrigieren*) et de « lire » (*lesen*).

69. Références : Anomyme (xe s.), *Altercatio Aecclesiae contra Synagogam et Synagogae contra Aecclesiam* (éd. B. Blumenkranz, *Revue du Moyen-Age latin* 10, 1954, p. 56, l. 10 [allusion]) ; GUILLAUME DE CHAMPEAUX, *Dialogus inter Christianum et Iudaeum de fide catholica* (*PL* 163, 1052 B) ; BERNARD OLIVER, *Tactatus contra caecitatem Judaeorum ou contra Judaeorum perfidia*, IX (éd. F. Cantera Burgos, p. 145) ; *Dispute de Tortosa*, Sessions 35 et 44 (éd. Antonio Pacios López, p. 268 [allusion] et 375).

70. Quarante-quatrième session (*éd. cit.*, p. 375).

71. IV, 51-52.

Les citations dans le manuscrit

exclusivement pour les peines temporelles ou corporelles, tandis qu'au plan spirituel, le fils n'est puni pour le péché de son père que s'il participe réellement de sa faute ou l'imite, ce qui est précisément le cas pour le péché originel[72]. Ces questions étaient déjà disputées dans le *Dialogue* de Justin[73], le verset de référence étant alors Ez 14, 20 (*Même si Noé, Jacob ou Daniel intercèdent pour leurs fils ou leurs filles, ils ne sauraient être exaucés ; car le père n'est pas au-dessus du fils, ni le fils au-dessus du père, mais chacun sera perdu pour son propre péché, et chacun sera sauvé pour sa propre justice.*). Ez 18, 20 et 14, 20 sont associés, autour de la même problématique, dans l'*Altercatio* éditée par B. Blumenkranz et dans un autre passage de la *Somme théologique*[74]. Dans sa *Postille*[75], Nicolas de Lyre ne s'attarde par sur ce verset.

Les mentions d'Ez 18, 20 sont nombreuses dans la littérature hébraïque apologétique et polémique[76], et les commentaires qui les accompagnent sont, le plus souvent, richement argumentés (chez Daniel ben Shlomo ha-Rofe d'Offida, le verset est rapproché de Ps 15/16, 10, également cité dans Hébreu 712) : il s'agit presque toujours d'une critique du péché originel et, plus généralement, de la théologie de la Rédemption. Ḥasdaï Crescas fait porter l'essentiel de cette critique sur le baptême considéré comme incompatible avec la justice divine puisque son initiative revient au père de l'enfant, et dépend de son intention, alors que l'enfant ne choisit pas son géniteur.

---

72. II, Q. 81, art. 1 : « Ad primum ergo dicendum quod filius dicitur non portare peccatum patris, quia non punitur pro peccato patris, nisi sit particeps culpae. Et sic est in proposito, derivatur enim per originem culpa a patre in filium, sicut et peccatum actuale per imitationem. » ; II, Q. 87, art. 8 : « Ad primum ergo dicendum quod utrumque dictum videtur esse referendum ad poenas temporales vel corporales, inquantum filii sunt res quaedam parentum, et successores praedecessorum. Vel si referatur ad poenas spirituales, hoc dicitur propter imitationem culpae, unde in Exodo additur, his qui oderunt me ; et in Matthaeo dicitur, et vos implete mensuram patrum vestrorum. » Dans le premier de ces passages, Thomas d'Aquin se réfère, sur ce point, à l'hérésie pélagianiste, souvent combattue par Augustin.

73. *Dialogue avec Tryphon*, 44, 2 ; 45, 3 ; 140, 3.

74. III, Q. 19, art. 4.

75. Éd. S. Brant, t. IV, p. 236r.

76. Références explicites : Sa'adya Gaon, *Emunot we-De'ot* (éd. B. Cohen, Berlin 1927, p. 132 [preuves scripturaires de la rétribution dans le monde futur]) ; Joseph ben Nathan Official, *Sefer Yosef ha-Meqane* (éd. J. Rosenthal, n° 70, p. 71) ; Anonyme (fin du XIIIᵉ s.), *Niṣaḥon Vetus* (éd. D. Berger, n° 188 : texte hébreu, p. 132 ; trad. angl., p. 194) ; Lévi ben Abraham de Villefranche, *Livyat Ḥen* (éd. M. Steinschneider, p. 4, l. 15) ; Daniel ben Shlomo Rofe, d'Offida, *Remarques sur le 'Edut ha-Shem Neemanah de Salomon ben R. Moïse ben Yequtiel de Rome* (éd. J. Rosenthal, p. 427) ; Salomon Adret, *Perushey Aggadot* (éd. J. Perles, p. 43) ; Yom Tov Lipmann Muelhausen, *Sefer ha-Niṣaḥon* (Amsterdam, 1709, réimpr. 1711, p. 3 et 46) ; Ḥasdaï Crescas, *Sefer Bittul 'Iqqarey ha-Noṣrim* (éd. C. Del Valle Rodríguez, p. 188 [Ez 18, 19]) ; *Dispute de R. Eliahu Ḥayyim ben Binyamin de Genezzano avec le Franciscain Francesco di Acquapendente* (éd. J. Rosenthal, p. 436) ; Benjamin ben Moïse de Rome, *Teshuvot la-Noṣrim* (éd. S. H. Degel-Zahav, p. 4) ; Isaac ben Abraham Troki, *Ḥizzuq Emunah*, I, 11 (éd. D. Deutsch, p. 93 et 95 ; trad angl. M. Mocatta, p. 56 et 58) ; Léon (Juda Aryeh) de Modène, *Maguen va-Ḥerev* (éd. S. Simonsohn, p. 10-11).

L'« injustice » du péché originel est également soulignée par Isaac Troki, qui n'admet pas, comme beaucoup de ses prédécesseurs, que les Patriarches aient pu aller en enfer, ni « que la faute du premier homme puisse être rachetée par ce crime bien pire encore que constitue le fait de tuer une divinité présumée »[77]. Pour Eliahu Ḥayyim de Genezzano et Léon de Modène, la conception chrétienne du péché original est irrecevable car seuls les corps sont liés les uns aux autres par la descendance naturelle, donc touchés par la malédiction d'Adam (douleurs de l'enfantement, etc.) ; s'appuyant sur un passage de la *Somme théologique* dont les références sont données au sein du texte hébreu[78], Léon de Modène précise que « l'âme d'un homme ne provenant pas de la semence de son père », il est impossible qu'elle soit touchée par le péché de ce dernier ». Eliayu ben Ḥayyim de Genezzano et Benjamin ben Moïse de Rome s'étonnent par ailleurs, avec une certaine ironie, de la persistance (ou de l'accroissement) du péché après la Rédemption par la Croix[79]. La plupart des auteurs se déclarent convaincus que la faute dépend exclusivement du libre arbitre, que chacun n'est puni que pour ses propres crimes et que seul le respect de la loi permet d'obtenir le salut. Il arrive que ces remarques soient assorties d'une réflexion sur la contradiction (apparente) entre Ez 18, 20 et Ex 20, 5 (*Tu ne te prosterneras point devant elles, et tu ne les serviras point ; car moi, l'Éternel, ton Dieu, je suis un Dieu jaloux, qui punis l'iniquité des pères sur les enfants jusqu'à la troisième et la quatrième génération de ceux qui me haïssent*), Ex 34, 7 (*...qui garde sa grâce à des milliers, tolère faute, transgression et péché mais ne laisse rien impuni et châtie les fautes des pères sur les enfants et les petits-enfants, jusqu'à la troisième et la quatrième génération*) ou d'autres versets analogues[80].

---

77. *Loc. cit.*, p. 90 : כי איך אפשר שיכופר עון אחד שהוא אכילת אדם הראשון מעץ הדעת בעון יותר חמור ממנו הוא הריגת גוף אלקיהם.

78. I, Q. 118, art. 2 : à la question de savoir si l'âme intellective est transmise avec la semence, Thomas d'Aquin répond clairement par la négative, et conclut : « Et ideo haereticum est dicere quod anima intellectiva traducatur cum semine ».

79. L'éditeur fait remarquer qu'on rencontre, dans la littérature rabbinique, une opinion différente s'appuyant sur Ex 34, 7 : ... *et châtie les fautes des pères sur les enfants et les petits-enfants, jusqu'à la troisième et la quatrième génération.*

80. Réflexion déjà présente dans le Talmud (*Berakhot*, 7a).

Les citations dans le manuscrit

Ézéchiel 28, 9

U1 : fol. 57r, 7a-8 [15]
U2 : fol. 68v, l. 8b-10a [31]

Formule introductive

U1 : וזה להוכיחם שהוא אדם והוא מסור ביד הורגים האמר תאמר אלהים אני לפני הרגיך ואתה
אדם ולא [אל] ביד מחלליך

Et ceci pour leur prouver qu'il était un homme et qu'il fut remis entre les mains de ceux qui l'ont tué : *Comment peux-tu dire « Je suis Dieu » devant ceux qui te tuent, alors que tu n'es qu'un homme, et non point Dieu, entre les mains de ceux qui te percent ?*

U2 : –

Latin translittéré

U1 : קוֹמוֹ דוּ פוֹטְרִיץ דִי צֵיְירֵי אֵיְיגוֹ שֶׁוּן דֵּיאוּש אָקָאפִּיטֵּיי אוֹצִישָׁוֹרֶוּן אֵיְיש אוֹמוֹ אֵיְיץ נֶוֹן דֵּייאוּש
אֵיְין מָאנוֹס אוֹצִישָׁוֹרֶוּן

[Quomodo poteris dicere ego sum Deus a capite occisorum ? Es homo et non Deus in manus occisorum.]

U2 : קוּמוֹדוֹ פּוֹטְרִיץ דִיצְרֵיה אֵיגוֹ שֶׁוּן דֵּיאוּש אַקְפִּיטֵּיה אוֹצִישׁוֹרֶוּן · טוּ אִיש אוֹמוֹ אֵיְץ נֶוֹן דַּאיוּש
אֵיְן מָאנוּש אוֹצִישׁוֹרֶוּן

[Quomodo poteris dicere ego sum Deus a capite occisorum ? Tu es homo et non Deus in manus occisorum.]

Vulgate

Numquid dicens loqueris : Deus ego sum, coram interficientibus te, cum sis homo, et non Deus, in manu occidentium te ?

Traduction hébraïque interlinéaire

U1 : איך תוכל לומר אנכי > אלהים > לפני הורגים אתה ולא > אל > ביד הורגים
U2 : איך תוכל לומר אנכי אל לפני הורגים אתה אדם ולא אל בתוך ידי הורגים

[les mots ajoutés entre crochets pointus n'apparaissent pas dans la première unité : ils correspondent aux deux occurrences de *Deus*, qui n'y sont pas traduites.]

Texte massorétique

הֶאָמֹר תֹּאמַר אֱלֹהִים אָנִי לִפְנֵי הֹרְגֶךָ וְאַתָּה אָדָם וְלֹא־אֵל בְּיַד מְחַלְלֶיךָ׃

154

Dans la prophétie d'Ézéchiel, ces paroles visent le prince de Tyr, « [dont le] cœur s'[était] enorgueilli [au point de] dire : "Je suis un dieu ; j'habite une demeure divine, au cœur de la mer" » (cf. Ez 28, 2). Dans Hébreu 712, cette citation compte parmi celles qui fondent l'affirmation de l'humanité de Jésus et la négation de sa divinité. La formule de présentation qui précède, dans la première unité, est tout à fait explicite ; elle est immédiatement suivie – phénomène exceptionnel – du texte massorétique du verset, ce qui met en évidence les différences entre l'hébreu de l'original et celui de la traduction interlinéaire, calquée sur le latin.

Avec une seule variante textuelle (*tu*[81]), et plusieurs différences pour la translittération, le texte latin, très éloigné de la Vulgate, est identique dans les deux unités. Les traductions hébraïques interlinéaires sont aussi fidèles que possible au latin : on remarque, en particulier, que les deux occurrences d'*occisorum* présentes dans le verset sont toujours traduites par le même verbe hébreu (הרג), alors que l'original avait deux verbes distincts (הרגך, מחלליך), rendus par deux verbes latins différents (*interficientibus*, *occidentium*) dans la Vulgate[82]. Ces traductions sont néanmoins distinctes : *in manu* est rendu par ביד dans la première unité, et par בתוך ידי dans la seconde et dans la première unité, les occurrences de *deus* ne sont pas surmontées d'un équivalent hébreu (il est possible que l'espace devant accueillir le premier d'entre eux ait été gratté). Il est donc très vraisemblable, ici encore, que la source latine de la citation (sans doute orale, puisque les translittérations ne sont pas parfaitement identiques) soit commune aux deux unités, mais que les traductions n'émanent pas de la même personne.

L'unique mention de ce verset rencontrée dans la littérature chrétienne de controverse se trouve dans le *Dialogue* de Thibault de Sézanne (?)[83] : La « Synagogue » y fait référence – il est alors cité selon la Vulgate – pour reprocher à l'« Ecclesia » une attribution inconsidérée (*incaute*) de la divinité à Jésus et dénoncer ce qu'elle considère comme une prétention démesurée et une mystification du « maître » des chrétiens (*gloriatio magistri vestri et false deitatis usurpatio et astutie eius*), faute que la prophétie présente comme devant être punie de mort. L'« Ecclesia » répond (sur le même ton), que le verset ne peut s'appliquer à Jésus puisque celui-ci n'était pas « prince de Tyr » et puisque, s'il avait désiré un empire terrestre, c'est à Jérusalem qu'il

---

81. Il semble que ce mot ait été rajouté, dans la première unité, entre *a capite* et *occisorum*.

82. L'auteur du dossier polémique veut insister sur le fait que Jésus est mort (a été tué), et qu'il n'est donc pas Dieu. Selon les versions, le texte biblique a *meḥalelekha* (profaner) ou *meḥolelekha* (percer, frapper à mort). Voir la *Biblia Stuttgartensia* sur ce verset.

83. Éd. M. Orfalí, p. 723. Dans la tradition de la *Glose ordinaire*, Nicolas de Lyre applique cette prophétie aux idolâtres.

Les citations dans le manuscrit

l'aurait fondé ; par ailleurs, ajoute l'« Ecclesia », Jésus n'a jamais dit : *Deus ego sum* (comme dans le verset), et plusieurs autres aspects de la prophétie (dont le détail est examiné) ne sauraient s'appliquer à lui.

Avec des commentaires plus ou moins élaborés, on retrouve une utilisation analogue du verset dans la littérature hébraïque de controverse[84] : Joseph Qimḥi le présente, sans autre précision, comme « une réponse irréfutable (והיא תשובה ניצחת) ; Simeon ben Ṣemaḥ Duran l'intègre à sa critique des éléments (miracles) sur lesquels se fonde l'attribution de la divinité à Jésus et, rappelant Mt 27, 39-44, conclut que celui qui n'a pu se sauver lui-même, ne pouvait être ni Dieu, ni même le Messie : « Dieu ne saurait mourir par la main de l'homme (האל לא ימות בידי אדם) et ceux qui persistent dans leur aveuglement après avoir lu ce verset parlent avec arrogance contre Lui ». Isaac Troki s'attarde plus longuement que d'autres sur la question de savoir si la Passion a été voulue ou subie par celui que les chrétiens considèrent comme Dieu. C'est sans doute parce que le sens du verset (toujours appliqué au roi de Tyr) et son utilisation polémique potentielle étaient sans ambiguïté que, comme dans la seconde unité d'Hébreu 712, certains auteurs ne prennent pas la peine de les préciser. La présence de ce verset dans le *Sefer Nestor ha-Komer* remonte peut-être à la traduction hébraïque élaborée, sans doute vers 1170, en milieu chrétien, car il n'apparaît pas dans l'original arabe[85] ; la translittération latine qui accompagne alors la version hébraïque est beaucoup plus étendue que celles qui apparaissent dans Hébreu 712, très différente de ces dernières, et beaucoup plus maladroite.

Malachie 3, 6

U1 : non cité

U2 : fol. 68v, l. 14b-15 [33]

Formule introductive

לא שינה המקום עצמו מעולם דכת' אני השם לא שניתי ובני יעקב לא כיליתים

---

84. Mentions explicites : Anonyme, *Sefer Nestor ha-Komer* (éd. D. J. Lasker et S. Stroumsa, n° 180a [texte hébreu p. 109-110 ; trad. angl., p. 128]) ; Joseph Qimḥi, additions au *Sefer ha-Berit* (éd. F. Talmage, p. 56 ; trad. angl., p. 67) ; Joseph ben Nathan Official, *Sefer Yosef ha-Meqane* (éd. J. Rosenthal, p. 72 *sq.*) ; Salomon ben R. Moïse Ben R. Yequtiel de Rome, *'Edut ha-Shem Neemanah* (éd. J. Rosenthal, p. 381 et 419) ; Simeon ben Ṣemaḥ Duran, *Qeshet u-Maguen*, (éd. et trad. P. Murciano, p. 29-30) ; Isaac ben Abraham Troki, *Ḥizzuq Emunah*, I, 47 (éd. D. Deutsch, p. 276 ; trad. angl., M. Mocatta, p. 222) ; *Dispute de Ferrare* (éd. G. Jaré, p. 7).

85. Éd. D. Lasker – G. Stroumsa, p. 168 de la traduction.

156

Dieu lui-même n'a jamais varié [litt. : « ne s'est jamais changé lui-même »], ainsi qu'il est écrit : *Moi, l'Éternel, je ne varie pas, et vous, les fils de Jacob, vous ne cessez pas !*

Latin translittéré (traduction interlinéaire)

איגו דיאוש נון מוטבי איפיליאוש יקוף נון דיפיצי בושיטיש

[Ego Deus non mutavi, et *filius Jacob non *defeci -busitis[86]]

Vulgate

Ego enim Dominus, et non mutor : et vos filii Jacob, non estis consumpti.

Texte massorétique

כִּי אֲנִי יְהוָה לֹא שָׁנִיתִי וְאַתֶּם בְּנֵי־יַעֲקֹב לֹא כְלִיתֶם:

Dans Hébreu 712, ce verset apparaît uniquement à la fin de la seconde unité, dont il est l'avant-dernière citation. Il n'a pas de lien direct avec celle qui précède, ni avec celle qui suit. Contrairement à tous les autres passages cités, celui-ci est donné en hébreu, juste après la formule de présentation, le latin étant ici, exceptionnellement, situé dans l'interligne (comme l'hébreu partout ailleurs). L'hébreu, qui paraît cité de mémoire[87], est presque parfaitement conforme à la Bible massorétique ; le latin, en revanche, est assez éloigné de la Vulgate et, semble-t-il, défectueux dans la seconde partie ; le scribe paraît transcrire ici, comme ailleurs, une version latine dont le détail a été plus ou moins bien perçu (entendu ?) par lui ou par l'auteur du document original ; les mots latins sont bien placés.

Dans la prophétie de Malachie, ce verset ouvre le passage consacré aux dîmes pour le Temple. La formule introductive qui le précède dans Hébreu 712 est un peu générale ; il semble que l'accent soit mis ici sur la seconde partie du verset, c'est-à-dire sur la persistance de la sollicitude divine à l'égard d'Israël.

Dans les textes chrétiens consultés[88], ce verset, parfois mis en relation avec Nb 23, 19, est le plus souvent invoqué à propos des principaux articles de la foi chrétienne : l'immutabilité de Dieu est-elle compatible avec les

---

86. Faut-il lire *non defecistis* ? La Vetus Latina a *non recessistis*.
87. Outre l'absence du pronom אתם, on observe que le nom divin est écrit comme il doit être *lu* : *ha-Shem* (« le Nom »).
88. Mentions explicites : Jean Chrysostome, *Adversus Judaeos orationes* (PG XLVIII, 875 [sur le jeûne]) ; Origène, *Cels.* I, 21 [affirmation chrétienne] ; IV, 15 [*id.* : différence avec le Dieu des Épicuriens] ; Thomas d'Aquin, *Somme contre les Gentils*, 95 [comment l'immutabilité de la providence divine ne supprime pas l'utilité de la prière], 19 [associé à Nb 23, 19] ; *Somme Théologique*, I, Q. 9, art. 1 [immutabilité de Dieu] ; I, Q. 41, art. IV [engendre-

Les citations dans le manuscrit

miracles, l'engendrement du Fils, la Trinité, l'Incarnation, l'Ascension ? La mission du Christ est-elle éternelle ou temporelle ? La réflexion théologique n'est pas toujours liée à des préoccupations polémiques : cette fonction n'est manifeste que lorsque la citation du verset est attribuée à l'interlocuteur juif ou rapportée à l'argumentation juive (Raymond Martin, Thibault de Sézanne, Bernard Oliver, Vincent Ferrer). Dans le *Dialogue* de Thibault de Sézanne, à propos de l'Incarnation, la « Synagogue » ne cite pas Ml 3, 6, mais Nb 23, 19 (*Deus non est homo mendax...*) qui apparaît également dans Hébreu 712, et Ps 115/116, 11 (*Omnis homo mendax...*). Vincent Ferrer raconte, dans la légende de St. Mathias, que le verset aurait été invoqué par des juifs contre l'affirmation selon laquelle une loi nouvelle devait se substituer à celle de Moïse.

Dans la littérature hébraïque apologétique et polémique[89], ce verset connaît une utilisation négative (refus de la corporéité divine, de l'engendrement du Fils, de l'Incarnation), et positive (affirmation de l'unité de Dieu, de son incorporéité, de l'éternité de la Torah et de la permanence de la providence divine à l'égard d'Israël), ces deux fonctions étant parfois réunies. Chez Joseph ben Nathan Official et Salomon ben R. Moïse ben Yequtiel de Rome, il s'inscrit, sans commentaire, dans une série de *neḥamot* (« Consolations ») ou de versets destinés à illustrer la pérennité des promesses accordées par Dieu à son peuple. L'argumentation est un peu plus développée qu'ailleurs chez Léon de Modène (Dieu n'a pas de corps et ne se divise pas) et chez Yom Tov Lipmann Muelhausen, qui se demande si seuls le Père et l'Esprit existaient avant l'engendrement du Verbe et la naissance du Christ.

---

ment du Fils] ; I, Q. 43, art. 2 [mission du Christ] ; I, Q. 105, art. 6 [miracles] ; III, Q. 16, art. 6 [Incarnation] ; III, Q. 57, art. 1 [Ascension] ; RAYMOND MARTIN, *Pugio fidei*, III, III, 5, 10 (éd. I.-B. Carpzov, p. 723 [objections (juives) contre l'Incarnation]) ; THIBAULT DE SÉZANNE (?), *Dialogus pro Ecclesia contra Synagogam* (éd. M. Orfalí, p. 695 [anthropomorphismes bibliques]) ; BERNARD OLIVER, *Tactatus contra caecitatem Judaeorum ou contra Judaeorum perfidiam*, 6 (éd. F. Cantera Burgos, p. 119 [Unité divine et Trinité]) ; VINCENT FERRER, *Sermons* (éd. et trad. Francisco M. Gimeno Blay *et al.*, p. 59).

89. SA'ADYA GAON, *Emunot we-De'ot* (éd. B. Cohen, p. 57 [éternité des commandements de la loi]) ; JOSEPH BEN NATHAN OFFICIAL, *Sefer Yosef ha-Meqane* (éd. J. Rosenthal, p. 24) ; LÉVI BEN ABRAHAM DE VILLEFRANCHE, *Livyat ḥen* (éd. M. Steinschneider, p. 2 [l. 4]) ; SALOMON BEN R. MOÏSE BEN R. YEQUTIEL DE ROME, *'Edut ha-Shem Neemanah* (éd. J. Rosenthal, p. 381 et 420 ; verset immédiatement suivi, dans le second cas, de Ps 115/116, 11) ; YOM TOV LIPMANN MUELHAUSEN, *Sefer ha-Niṣaḥon* (Amsterdam, 1701, p. 47) ; SIMEON BEN ṢEMAḤ DURAN, *Qeshet u-Maguen* (éd. et trad. P. Murciano, p. 2) ; LÉON (Juda Aryeh) DE MODÈNE, *Maguen va- Ḥerev* (éd. S. Simonsohn, p. 35).

NOUVEAU TESTAMENT

Matthieu 9, 13 ; Marc 2, 17 ; Luc 5, 32

U1 : non cité.

U2 : fol. 67v, l. 4-5 [19]

Formule introductive (dans la marge)

U1 : מי שיורד בגיהינם לא יעלה

Qui descend dans la Géhenne n'en saurait remonter.

Latin translittéré

קי אה איין פֵּירְנוֹ נוּלַא אֶישט רֵידֵנצִיאוּ נון בֵּיני בּוֹקְרֵייה ג'וּשטוּש שֵׁין פֵּיקַאטוֹרֵיש פְּנִיטוֹצִיאַם

[Quia in <in>ferno nulla est redemptio non veni vocare iustos sed peccatores
< ad > poenitentiam.]

Vulgate

Mt 9, 13 : ...*Non enim veni vocare iustos, sed peccatores.*
Mc 2, 17 : ...*Non enim veni vocare iustos, sed peccatores.*
Lc 5, 32 : ...*Non veni vocare iustos, sed peccatores ad poenitentiam.*
Texte complet du verset : *Euntes autem discite quid est : Misericordiam volo,*
et non sacrificium. Non enim veni vocare iustos, sed peccatores. (Mt 9, 3) ;
Euntes autem discite quid est : Misericordiam volo, et non sacrificium. Non
enim veni vocare iustos, sed peccatores. (Mc 2, 17) ; *Non veni vocare iustos,*
sed peccatores ad poenitentiam. (Lc 5, 32).

Traduction hébraïque interlinéaire

מי שיורד בגיהינם לא יעלה לא באתי להושיע הצדיקים אבל החוטאים ליסרם

Si elle est bien constituée des deux éléments, cette citation est composée
d'une formule ne se trouvant pas dans le Nouveau Testament (*Quia in*
<in>ferno nulla est redemptio) et de la réponse de Jésus aux Pharisiens lui
reprochant de partager son repas avec les publicains et les pécheurs (*Non veni*

Les citations dans le manuscrit

vocare justos, sed peccatores ad poenitentiam). Avec son dernier élément (*ad poenitentiam*), la référence néotestamentaire est plus conforme à Luc qu'aux autres évangélistes.

Dans la version hébraïque interlinéaire, les mots sont tous bien placés, mais on relève la traduction de *vocare* par להושיע (« sauver ») et celle de *poenitentiam* par ליסרם (= « pour les punir ») ; dans le second cas, c'est le sens étymologique de *poenitentia* qui paraît avoir été retenu. On observe également, dans la translittération, la forme *in ferno* (pour *in inferno*) et la disparition de la préposition *ad* devant *poenitentiam*. Les mots latins translittérés sont bien décomposés.

Dans Hébreu 712, cette citation précède celle de Mt 12, 40, etc. (Jonas dans le ventre de la Baleine) qui illustre, elle aussi, le thème de la Rédemption et de la descente aux enfers. Le premier élément (*Quia in <in>ferno nulla est redemptio*) est peut-être emprunté à la Liturgie des Heures (Office des morts, troisième nocturne de Matines, Lectio Septima)[90], mais comme il n'est pas suivi, dans ce contexte, du verset emprunté à Luc (*Non veni vocare justos, sed peccatores ad poenitentiam*), il est possible que ces deux éléments, copiés sur deux lignes différentes dans Hébreu 712, ne soient pas liés (ils ne se trouvent réunis dans aucun des autres textes consultés pour cette étude). La formule introductive porterait alors uniquement sur le premier.

La formule « Quia in inferno nulla est redemptio » est citée deux fois dans le *De fide Catholica* d'Alain de Lille[91], qui indique alors que certains hérétiques la mettent en avant pour soutenir que les Patriarches de l'Ancien Testament (liste) se trouvaient aux enfers avant la venue du Christ. Elle apparaît également, à deux reprises, dans la *Somme théologique*[92] : la première fois à propos de l'éternité du sacerdoce du Christ, la seconde fois comme fondement de l'objection suivante : « Ceux qui étaient damnés en enfer pour leur péché n'ont pas été délivrés par la Passion du Christ, car en enfer il n'est point de Rédemption »[93]. Ni Alain de Lille ni Thomas d'Aquin ne se réfèrent à l'argumentation juive.

Dans les écrits chrétiens consultés, le verset du Nouveau Testament (*Non veni vocare justos, sed peccatores ad poenitentiam*) n'apparaît que chez Raymond Martin et Thomas d'Aquin : dans le *Pugio fidei*[94], il nourrit l'argumentation relative à la Rédemption ; dans la *Somme théologique*[95], les réflexions suscitées par les deux questions suivantes : Dieu aurait-il dû

---

90. *Quia in inferno nulla est redemptio, miserere mei Deus, et salva me.*
91. Chap. 37 et chap. 38 (*PL* CCX, 342A et 344C).
92. III, Q22, art. 5 ; III, Q49, art. 3.
93. « Videtur quod per passionem Christi non fuerunt homines liberati a poena peccati. Praecipua enim poena peccati est aeterna damnatio. Sed illi qui damnati erant in inferno pro suis peccatis, non sunt per Christi passionem liberati, quia in inferno nulla est redemptio. Ergo videtur quod passio Christi non liberavit homines a poena. »
94. III, III, 7, 2 (éd. J. B. Carpzov, p. 739).
95. III, Q1, art. 5 ; III, Q36, art. 4.

s'incarner plus tôt pour sauver l'humanité ? À qui la naissance du Christ devait-elle être manifestée ? L'argument fondé sur la première de ces questions est fréquemment utilisé par les polémistes juifs, mais Thomas d'Aquin ne le signale pas.

Les occurrences du verset (uniquement) rencontrées dans la littérature hébraïque de controverse[96], peu nombreuses, sont toutes inscrites dans une critique de la théologie de la Rédemption et de ce que les auteurs considèrent comme contradictoire dans les discours de Jésus ou de ses disciples à propos du salut[97]. Joseph ben Nathan Official commente cette parole de Jésus avec une formule très laconique résumant toute la distance existant entre les conceptions juives et chrétiennes à ce sujet : Si Jésus n'est pas venu pour sauver les justes, « il n'est pas venu sauver Abraham et ses pairs »[98].

Matthieu 10, 34
cf. Luc 12, 51

U1 : non cité.
U2 : fol. 68v, l. 16 [34]

Formule introductive

מרק׳ש
Marc(u)s

Latin translittéré

נֶון בֵּינֵי פּונֵרֵי פְּצֶם אֲונטֵיר שִׁיגְלָא דִּיאון
[Non veni ponere pacem in terr<am>, sed gladium]

Vulgate

Nolite arbitrari quia pacem venerim mittere in terram : non veni pacem mittere, sed gladium (Mt) ;
Putatis quia pacem veni dare in terram ? Non, dico vobis, sed separationem (Lc).

---

96. Jacob ben Reuben, *Sefer Milḥamot ha-Shem* (éd. J. Rosenthal, p. 149 [première partie du verset]) ; Joseph ben Nathan Official, *Sefer Yosef ha-Meqane* (éd. J. Rosenthal, p. 129) ; Profiat Duran, *Sefer Kelimmat ha-Goyim* (éd. F. Talmage, p. 19) ; Simeon ben Ṣemah Duran, *Qeshet u-Maguen* (éd. et trad. P. Murciano, p. 31).

97. Par ex. : Mt 9, 10-12 ; Mt 15, 24 ; Mt 18, 2-3 ; Rm 3, 22 ; 10, 11-13.

98. אם כן בעבור אברהם וחביריו לא בא.

Les citations dans le manuscrit

Traduction hébraïque

כי לא באתי בשביל \ שלום בארץ כי אם \ לשים את כל בתגר

Ce verset tiré du discours apostolique de Jésus (Mt 10) n'apparaît que dans la seconde unité, dont il est la dernière citation qu'aucune thématique ne semble lier à la précédente (Ml 3, 6). Le verset est attribué à Marc, sans autre commentaire, alors qu'il ne figure pas dans son évangile. Le texte donné est assez proche de Matthieu, mais on note qu'ici, *in terram* est situé dans la seconde partie du verset – la seule qui soit citée –, et non dans la première, phénomène qui s'explique peut-être par une citation faite de mémoire. Dans Hébreu 712, pour *in terram*, le scribe a écrit **eonter*, sans la désinence, et pour *sed gladium*, **sigla dion* (deux éléments séparés par une espace). La traduction hébraïque n'est pas inscrite, ici, dans l'interligne, mais à la suite de la citation latine, sur trois petites lignes, dans le même module – et par la même main – que les autres passages en hébreu. Cette traduction est un mot à mot assez exact, mais le mot תגר (« querelle »), correspond plus à la version de Luc (*separationem*) qu'à celle de Matthieu (*gladium*). Ce mot assez rare n'est pas biblique, mais il est souvent utilisé chez les commentateurs, en particulier Rashi, ce qui pourrait constituer une indication sur le milieu dans lequel cette traduction a été effectuée.

Dans les textes chrétiens consultés, ce verset est toujours cité par l'auteur ou par l'interlocuteur chrétien, et le contexte n'est pas nécessairement polémique[99]. Dans la *Somme théologique*[100], il nourrit une réflexion sur la paix véritable et sur la question de savoir si la discorde est nécessairement un péché.

Les occurrences de ce verset dans la littérature hébraïque de controverse sont peu nombreuses[101]. Pour l'auteur du *Niṣaḥon Vetus*, cette parole contredit l'application à Jésus d'Es 9, 6 : « Un enfant nous est né … et on lui a donné ce nom : Conseiller-merveilleux, Dieu-fort, Père-éternel, *Prince-de-paix* (שר שלום ; Vulgate : *Princeps pacis*) ». Isaac Troki fait remarquer, pour sa part, qu'elle est en contradiction avec les promesses de paix qui sont associées, dans diverses prophéties, à la venue du Messie. C'est sans doute en ce sens qu'il faut interpréter la présence de cette citation dans Hébreu 712. L'argument des prophéties non réalisées par Jésus – en particulier la paix universelle – est omniprésent dans la littérature hébraïque de controverse.

---

99. Jean Chrysostome, *Adversus Judaeos orationes* (*PG* XLVIII, 888) ; Anonyme (IXe-Xe s.), *Dissertatio contra Judaeos*, V (éd. M. Hostens, *CCSG* 14, 1986, p. 86) ; Jacob de Saroug, *Homélies contre les Juifs*, VI (éd. M. Albert, *PO* XXXVIII, 1, n° 174, p. 177 [l. 267 : allusion]) ; Guillaume de Bourges, *Liber Bellorum Domini*, 11 (éd. G. Dahan, p. 126).

100. II, Q29, art. 2 ; II, Q37, art. 1.

101. Anonyme (fin du XIIIe s.), *Niṣaḥon Vetus* (éd. D. Berger, n° 85 [texte hébreu, p. 57 ; trad. angl., p. 102]) ; Isaac ben Abraham Troki, *Ḥizzuq Emunah*, I, 35 et II, 13 (éd. D. Deutsch, p. 220 et 295 ; trad. angl., M. Mocatta, p. 180 et 239).

Matthieu 11, 11 ; Luc 7, 28

U1 : fol. 56v, l. 9b-10a [7]

U2 : non cité

Formule introductive

וזה להוכיח להם כי טוב ממנו היה נולד מאשה

Ceci pour leur prouver qu' [un être] meilleur que lui était né d'une femme.

Latin translittéré

אינטייר נטוש מוליאיירום נון שור רֵייש'יש מַא ייוֹר יוֹהֲנֵי בָּטִישְׁטָא

[Inter natos mulierum non surrexit maior Iohanne Baptista]

Vulgate

> – *Amen dico vobis, non surrexit inter natos mulierum maior Iohanne Baptista :*
> *qui autem minor est in regno caelorum, maior est illo.* (Mt) ;
> – *Dico enim vobis : maior inter natos mulierum propheta Iohanne Baptista*
> *nemo est : qui autem minor est in regno Dei, maior est illo.* (Lc).

Traduction hébraïque interlinéaire

בין הנולדים מאשה לא היה גדול קא [!] יהאן בטישטרא

Ce témoignage rendu par Jésus à Jean-Baptiste est situé, dans Hébreu 712, entre deux citations (Ps 21/22, 7 et Jn 19, 26) qui soulignent l'humanité de Jésus. Cette citation est la première d'une série de trois où figure le mot *mulier*. Le latin est plus proche de Matthieu que de Luc. La traduction hébraïque interlinéaire est constituée d'un mot à mot assez fidèle dans lequel les termes hébreux sont bien placés ; on relève, toutefois, la traduction de *surrexit* par היה גדול (litt. : « était [plus] grand ») et celle de *ma(ior)* par קא (?) ; *sur -rexit* et *ma-ior* sont décomposés en deux éléments que sépare une espace. Dans Hébreu 712, seule la première partie du verset est prise en compte, sans doute parce que la seconde, qui nuance la précédente, se prête moins à une utilisation polémique. La formule de présentation est tout à fait explicite.

Dans la littérature chrétienne de controverse, ce verset, très rarement cité, n'entre jamais dans l'argumentation juive ou chrétienne[102]. Il n'est pas impossible, en revanche, que le commentaire de Nicolas de Lyre soit une réponse

---

102. Mentions explicites rencontrées : Ps-Augustin = Ambrosiaste (?), *Quaestiones veteris et novi Testamenti*, 26 (*PL* XXXV, 2230 [Jean, Élie et Élisée]) ; Guillaume de Bourges, *Liber*

Les citations dans le manuscrit

indirecte aux critiques juives qui s'appuient sur lui (voir ci-dessous), puisqu'il porte précisément sur les deux questions (naissance virginale et supériorité du Christ) qui sont abordées, avec le même verset, dans les sources hébraïques : « Non negat quod equalis surrexit inter natos mulierum : Christus enim maior fuit, sed non proprie dicitur filius mulieris sed virginis, quia mulier de communi cursu accipitur pro femina corrupta. »

Une seule autre occurrence a été rencontrée dans la littérature hébraïque de controverse : elle se trouve dans le *Sefer Yosef ha-Meqane*, ouvrage contemporain, également copié dans Hébreu 712[103]. Le commentaire qui l'accompagne alors est sans ambiguïté : « Il était donc bien né d'une femme, puisque *mulier* signifie *be'ula* [femme mariée] ; ils prétendent pourtant que la mère de Jésus n'était pas mariée. » (אש כן היה נולד מאשה, כי מולייר היא בעולה, ואם ישו לדבריהם לא נבעלה). Translittération latine, traduction hébraïque et commentaire diffèrent sensiblement dans le *Sefer Yosef ha-Meqane* et à la fin d'Hébreu 712 ; il est donc exclu qu'ils soient interdépendants ou qu'ils se réfèrent à une même source.

Matthieu 12, 40 ; Luc 11, 30

U1 : non cité.

U2 : fol. 67v, l. 6-8a [20]

Formule introductive

Dans la marge :

וזאת קשי להם שעושים יום איד שלהם ליום א' ואומרים על שם שקם ממיתה רצוש'יטא ב''ל ליום שלישי ואיה בהג' לילות ב דיונה

Il y a [dans ce qui suit] une difficulté pour eux : ils font du premier jour leur jour de fête[104] parce que, disent-ils, [Jésus] s'est (alors) relevé de la mort – *ressuscita* en *lo'az* (langue vernaculaire) – le troisième jour. Qu'en est-il alors (litt. : « où sont donc ») des trois nuits [évoquées] dans le second [chapitre] de Jonas ?

Au sein de l'espace écrit :

בעינו<יי> שבוע ראשון יום ד'

A *'I NU<Y>*, première semaine, 4e jour [le mercredi]

Bellorum Domini, IX (éd. G. Dahan, p. 122-123). Dans la *Somme théologique*, ce verset est intégré à la réflexion sur ce qui distingue les anges des hommes (I, Q108, art. 2 ; I, Q117, art. 2 ; cf. II, Q103, art. 2), sur les rapports entre foi et salut (II, Q2, art. 7) et sur le statut de Moïse parmi les prophètes (II, Q174, art. 4).

103. Éd. J. Rosenthal, p. 125.

104. Le mot איד désigne une fête païenne ou idolâtre. Dans les Additions *au Sefer Yosef ha-Meqane* (éd. J. Rosenthal, p. 133, l. 2), l'expression יום אידם désigne le jour de Pâques.

Matthieu 12, 40 ; Luc 11, 30

Latin translittéré

שׁיקוּץ פֿוּאיץ יוֹנאשׁ איין בֿנטְרֶיה נֶיטי טריבוּשׁ דיאֵיבוּשׁ איין טְריבוּשׁ נוֹטיבוּשׁ איטא אירֶיץ
פֿיליאוּשׁ אוֹמֶיניש איֵן קוֹרְדֶיה טֶיירֶרֶי

[Sicut fuit Iona in ventre ceti tribus diebvs et tribus noctibus, ita erit filius hominis in corde terrae.]

Vulgate

Sicut enim fuit Jonas in ventre ceti tribus diebus, et tribus noctibus, sic erit Filius hominis in corde terrae tribus diebus et tribus noctibus. (Mt) ;
Nam sicut fuit Jonas signum Ninivitis, ita erit et Filius hominis generationi isti. (Lc).

Traduction hébraïque (interlinéaire)

כמו שהיה יונה תוך בטן הדג שלשה ימים ואת [!] שלשה לילות כן היה בן אדם תוך לב הארץ

Dans le Nouveau Testament, Jésus répond ainsi aux Pharisiens qui lui demandent un signe. Dans Hébreu 712, le verset suit immédiatement une autre référence à la descente aux enfers (_Quia in <in>ferno nulla est redemptio / non veni vocare iustos sed peccatores < ad > poenitentiam_) ; les deux citations suivantes (Jn 1, 18 ; 1Tm 1, 17) illustrent le thème de l'invisibilité de Dieu. Avec quelques variantes de détail, le latin est beaucoup plus proche de Matthieu que de Luc. La traduction hébraïque est très littérale[105] et les mots bien placés, à une exception près : _et_, devant _tribus diebus_ est rendu par ואת (= « et » + préposition introduisant généralement le c.o.d.).

La question soulevée par la formule qui précède cette citation est abordée par de nombreux auteurs dans la tradition chrétienne, et pas uniquement dans les écrits polémiques[106] : la Passion ayant eu lieu le vendredi soir, et la résurrection le premier jour de la semaine juive (= le dimanche), comment concilier le récit de Jonas (resté _trois jours et trois nuits_ dans le ventre de la

---

105. L'expression _in corde terrae_, qui correspond au grec ἐν τῇ καρδίᾳ τῆς γῆς, est traduite mot à mot selon une tournure qui n'apparaît ni dans la Bible ni, semble-t-il, dans la littérature rabbinique (non trouvée dans le CD Rom « Responsa » de l'Université de Bar-Ilan).

106. JUSTIN, _Dialogue avec Tryphon_, 107, 1-108, 3 ; APHRAATE LE PERSAN, _Exposés_, XII, 7 (_SC_ 359, p. 577-578) ; VINCENT FERRER, _Sermons_ (éd. F. Gimeno Blay _et al._, p. 139) ; Ps-AUGUSTIN, _De Altercatione Ecclesiae et Synagogae dialogus_ (_PL_ XLII, 1137) ; Ps-AUGUSTIN = Ambrosiaste (?), _Quaestiones veteris et novi Testamenti_, 64 (_PL_ XXXV, 2259) ; RAYMOND MARTIN, _Pugio fidei_, III, III, 4, 9 (éd. I.-B. Carpzov, p. 693). Sur l'exégèse chrétienne du livre de Jonas, voir Y. M. DUVAL, _Le livre de Jonas dans la littérature chrétienne grecque et latine. Sources et influences du commentaire de Jonas par Saint Jérôme_, 2 vol., Paris, 1973. Cette question compte parmi celles qu'Héloïse soumit à Abélard.

Les citations dans le manuscrit

Baleine : cf. Jon. 2, 1) et celui de la Passion, en considérant le premier de ces récits comme une prophétie du second, ainsi que cela est déjà suggéré dans l'Évangile ?

Les réponses sont très variées, et plus ou moins subtiles : la plus courante, devenue traditionnelle au point d'être conservée dans la *Glose ordinaire*, consiste à considérer que, conformément à la semaine juive, le mot « jour » désigne le jour même et la nuit qui l'a précédé : le triduum pascal est ainsi constitué du vendredi, du samedi, et du dimanche, avec les nuits qui les précèdent : c'est donc bien « après trois jours et trois nuits » que le Christ est ressuscité. Comme cette réponse ne prend pas en considération le fait qu'entre la mort et la résurrection de Jésus ne se sont écoulées que deux nuits (et non trois), certains auteurs ont proposé une autre explication : Pour Aphraate le Persan[107], il faut compter « à partir du moment où [le Christ] donna son corps à manger et son sang à boire », c'est-à-dire : 1) le soir de la Cène (= la nuit précédant le vendredi) et le vendredi jusqu'à la sixième heure (jugement du Christ) ; 2) les trois heures de ténèbres ayant immédiatement succédé à la mort du Christ (le vendredi de la sixième à la neuvième heure) et les trois heures ayant suivi ces ténèbres (de la neuvième heure à la douzième heure ; 3) la nuit entière qui « illumine » (= précède) le jour du sabbat et tout le jour du sabbat. On dénombre ainsi, entre la Cène et la résurrection du Christ, qui eut lieu « dans la nuit du premier jour de la semaine », trois jours et trois nuits. Dans la *Somme théologique*, Thomas d'Aquin[108] se range à l'avis d'Augustin[109] qui contestait le calcul précédemment évoqué en faisant remarquer que, « même ainsi, on obtient au total deux nuits et deux jours ». Il faut considérer, précise Thomas en paraphrasant Augustin, que « selon la manière de parler des Écritures, le tout est compris dans la partie, en sorte qu'un jour ou une nuit doivent être pris pour un jour naturel [dans son entier] » (« Restat ergo ut hoc inveniatur illo Scripturarum usitato loquendi modo quo a parte totum intelligitur, ita scilicet quod unam noctem et unam diem accipiamus pro uno die naturali »). Il y a donc bien, en l'occurrence, trois « jours » : 1) la fin du vendredi, où le Christ est mort et a été enseveli ; 2) le sabbat (jour naturel complet) ; 3) la nuit suivant le sabbat, partie du troisième jour, au terme de laquelle le Christ est ressuscité.

---

107. *Les Exposés*, XII, 7 (éd. Marie-Joseph Pierre, *SC* 359, p. 577-578). Dans la note 5, p. 577, Marie-Josèphe Pierre donne plusieurs références de lectures analogues à celle d'Aphraate.

108. III, Q51, art. 4 : « Videtur quod Christus non fuerit in sepulcro solum una die et duabus noctibus. »

109. *De Consensu Evangeliorum*, III, 24.66 (*PL* XXXIV, 1199-1200).

Matthieu 12, 40 ; Luc 11, 30

Aucun auteur chrétien de texte de controverse ne présente Mt 12, 40 comme un élément de l'argumentation juive[110]. Dans le *Dialogue avec Tryphon*, Justin invoquait lui aussi ce verset, avec référence aux « Mémoires des Apôtres », comme une prophétie de la mort et de la résurrection du Christ, mais sans mentionner alors les problèmes posés par cette interprétation. Bien qu'elle soit plus équivoque encore que le passage du Nouveau Testament auquel elle se réfère, la formule utilisée dans ce contexte (« il devait ressusciter *le troisième jour après sa crucifixion* ») ne suscite ni précision de la part de Justin, ni réaction de la part de son interlocuteur.

Dans la littérature hébraïque consultée, seules deux mentions de ce verset, contemporaines d'Hébreu 712, on été rencontrées : l'auteur des Additions au *Sefer Yosef ha-Meqane* s'attarde sur cette question[111] : si Jésus a bien été enseveli le vendredi, écrit-il, il n'y a qu'un jour et deux nuits entre la Passion et la résurrection ; et même si l'on affirme qu'une partie du jour équivaut à sa totalité[112], il manque un jour. L'auteur du *Niṣaḥon Vetus* tient le même raisonnement, en termes similaires mais pas identiques[113]. L'explication chrétienne qui se trouve réfutée dans ces deux écrits correspond à celle d'Augustin, et de Thomas d'Aquin.

---

110. Selon A. Luckyn WILLIAMS, toutefois (*Adversus Judaeos*, p. 108), Dionysius Bar Salibi le donne comme tel dans l'un de ses écrits.
111. Éd. J. Rosenthal, p. 132-133.
112. Allusion à une formule (מקצת היום ככולו) fréquemment utilisée dans les *Responsa*.
113. Éd. D. Berger, n° 201 [texte hébreu, p. 141 ; trad. angl., p. 202]. Dans la note 5 à la p. 202 (p. 326 de son édition), D. Berger écrit que « le passage est tiré d[es Additions au] *Sefer Yosef ha-Meqane* » (« The paragraph is taken from Sefer Yosef haMeqane »). Les deux développements sont en effet très proches l'un de l'autre, mais pas assez pour qu'on puisse évoquer un emprunt direct (même les versions hébraïques de Mt 12, 40 diffèrent sur certains points), et encore moins pour qu'il soit possible de déterminer, dans cette hypothèse, quel est le texte qui s'inspire de l'autre.

Les citations dans le manuscrit

Matthieu 15, 24/26

U1 : fol. 57r, l. 13 [18]
U2 : non cité.

Passage introductif

וזה להוכיחם שאסור לחטוף מיהודי שום דבר שפעם אחת בא בן ישר' לסעודת ישו והיה מחזר על
הפתחים ושאל לבני הסעודה מן הלחם ונטלו רשות מישו ויען ישו ויאמר אין טוב ל<יקח לחם מבני
ישר' כדי לתת לכלבים>

Ceci pour leur prouver qu'il est interdit de rien prendre à un juif ; un fils d'Is-raël était venu mendier à la table (litt. : « à un repas ») de Jésus ; il allait et venait sur le seuil, demandant aux convives un peu de pain. Comme ces der-niers sollicitaient la permission de Jésus, celui-ci leur répondit : « Il n'est pas bon < de prendre le pain à un fils d'Israël et de le jeter aux chiens > »[114].

Latin translittéré

נֹון אִישְׁט בֹונֶם שֹומְרֵי פֶּנַיִים אַפֿלִיאִיש אִירָאֵיל אַנְדְרֵי קַנִיבֹּוש
[Non est bonum sumere panem a filiis Israel et dare canibus.]

Vulgate

Qui respondens ait : Non est bonum sumere panem filiorum, et mittere canibus.

Traduction hébraïque interlinéaire

אין טוב ליקח לחם מבני ישר' כדי לתת לכלבים

Les éléments du latin sont bien décomposés dans la translittération hébraïque, et les mots hébreux de la traduction tous bien placés ; on note la traduction très littérale de « non est bonum » par אין טוב (*eyn tov*), et, dans la translittération, la graphie אִירָאֵיל (*Yrael) pour « Israël ».

La situation de ce passage dans le dossier ne permet pas, comme c'est souvent le cas par ailleurs, d'envisager son utilisation polémique : cette réponse de Jésus à la Cananéenne qui lui demandait de guérir sa fille est ici précédée et suivie de deux citations qui ne sont aucunement liées à elle par leurs thématiques respectives : Ps 19/80, 9-11 (...*non erit in te deus recens*) ; Jn 1, 18 / 1Jn 4, 12 (*Nemo vidit Deum unquam*). La formule introductive, en revanche, est beaucoup plus explicite que la plupart des autres, mais elle mérite examen.

---

114. La fin de la phrase a disparu dans la marge rognée.

Matthieu 15, 24/26

Le latin est proche de la Vulgate, mais avec l'ajout (?) d'un mot, *Israel*, qui ne figure pas dans le texte reçu. L'hébreu est conforme au latin, mais le résumé des circonstances qui précède la citation est assez éloigné du texte de Matthieu : chez l'évangéliste, ce n'est pas un « fils d'Israël » qui sollicite les disciples (en réalité : Jésus), mais une Cananéenne, et celle-ci ne demande pas du pain, mais la guérison de sa fille. Il est difficile de savoir d'où proviennent ces écarts, mais l'identification de leur origine (transmission orale ? défaut de mémoire ? confusion de textes ? apocryphe ?) pourrait être déterminante dans l'analyse du dossier. Il est étrange que la citation soit très proche du texte évangélique alors que sa présentation en est fort éloignée.

Dans l'exégèse chrétienne, les « fils » représentent Israël et les « chiens », les païens. C'est cette interprétation que Chrysostome reprend, pour l'inverser, dans ses *Orationes adversus Judaeos*[115] :

> Ceux-là, qui étaient appelés à l'adoption comme fils (*huiothesian*), sont tombés dans la parenté des chiens (*pros tèn tōn kunōn suggeneian*) ; mais nous qui étions des chiens, nous avons reçu, par la grâce de Dieu, la force nécessaire pour déposer notre irrationalité première (*tèn proteran alogian*) et nous élever à la dignité des fils. D'où cela est-il évident ? [De ces passages de l'Écriture] : *Il n'est pas bon*, disait le Christ à la Cananéenne, *de prendre le pain des enfants et de le jeter aux petits chiens* (Mat. XV, 26), désignant ceux-là comme des « enfants », et comme des « chiens » ceux des nations. Mais voyez comment cet ordre a été par la suite inversé ! Ceux-là sont devenus des chiens, et nous des enfants, conformément à ce que Paul dit à leur sujet : *Prenez garde aux chiens ! Prenez garde aux mauvais ouvriers ! Prenez garde à l'incision*[116] (= aux faux circoncis) *! C'est nous qui sommes la circoncision* (= les vrais circoncis) !

Ce verset n'apparaît dans aucun des textes chrétiens consultés[117] ; il figure, en revanche, dans trois des textes hébreux pris en compte dans ce dossier[118], et l'utilisation qu'il connaît alors éclaire celle qui est peut-être suggérée dans Hébreu 712 :

Jacob ben Reuben donne Mt 15, 21-25 en hébreu, signalant que, dans sa (première) réponse, Jésus rappelle la priorité de sa mission à l'égard de « la maison d'Israël » (*beit Israel*). La fin de l'épisode (guérison de la fille de la Cananéenne) n'est pas évoquée et Jacob ben Reuben conclut de manière assez

---

115. *PG* XLVIII, 845.

116. Assimilation de la circoncision aux incisions sanglantes des païens (cf. 1R 18, 28).

117. Le commentaire de Nicolas de Lyre (éd. S. Brant, t. V, p. 49r) est conforme à la tradition chrétienne.

118. Jacob ben Reuben, *Sefer Milḥamot ha-Shem* (éd. J. Rosenthal, p. 152) ; Anonyme (fin du XIIIᵉ s.), *Niṣaḥon Vetus* (éd. D. Berger, n° 174 [texte hébreu, p. 121-122 ; trad. angl., p. 184]) ; Ḥasdaï Crescas, *Sefer Bittul 'Iqqarey ha-Noṣrim*, 8, 3 (éd. C. Del Valle Rodríguez, texte hébreu p. 299 ; trad. esp. p. 192-193).

Les citations dans le manuscrit

laconique : « Et la femme (cananéenne) se prosterna » (cf. Mt 15, 25) ». Les paroles de Jésus sont reprises peu plus loin[119], dans un passage où l'auteur cherche à prouver que Jésus n'est ni Dieu, ni même prophète, puisque son mode d'expression par paraboles ne correspond pas à celui qui caractérise la prophétie (authentique)[120] et puisque son discours à l'égard d'Israël contredit celui des prophètes (סותר דברי הנביאים).

L'auteur anonyme du *Niṣaḥon Vetus* cite tout le passage (Mt 15, 21-28[121]) en hébreu et le commente en ces termes : Il faut comprendre que Jésus n'est venu au monde que pour racheter les transgressions des juifs. S'il en est ainsi, pourquoi fut-il pour eux cause de péché, de « trébuchement » et d'aveuglement (מדוע הפשיעם והכשילם ועיורם) ? S'il est réellement venu pour le pardon d'Israël, pourquoi a-t-il fait « trébucher » la nation même qu'il était venu racheter (car c'est assurément à cause de sa mort qu'ils ont « trébuché »), plutôt qu'une autre ? Le langage métaphorique utilisé dans la réponse à la Cananéenne ne signifiait-il pas : « Il n'est pas juste que je donne à d'autres nations (c'est-à-dire à la Cananéenne, qui est appelée « chien ») la bienveillance qu'il me faut manifester à l'égard des juifs ? ». Ce commentaire laisse entendre que la réalité subie par les juifs au nom de Jésus est en contradiction avec les paroles de ce dernier et avec ce que doit être la mission d'un authentique prophète d'Israël[122]. Comme dans Hébreu 712 et dans le *Sefer Milḥamot ha-Shem*, la fin de l'épisode (guérison de la fille de la Cananéenne) n'est pas prise en compte ici. Ḥasdaï Crescas développe une argumentation analogue :

Il serait, de surcroît, parfaitement ignominieux (מגונה) que le Messie soit venu racheter (le genre humain) du péché universel – et tout particulièrement le peuple élu considéré par lui comme son « troupeau », tandis que les nations ont pour lui le rang de « chiens », comme c'est écrit dans l'Évangile –, et qu'il les ait (tous) abandonnés au désarroi, à la confusion et à une extrême culpabilité – et tout particulièrement son peuple élu, Israël ; qu'il ne se soit pas

---

119. Éd. cit., p. 152, l. 18-19 et p. 153, l. 1.
120. Argument classique dans la littérature hébraïque polémique et apologétique. Joseph Albo y revient fréquemment dans *le Sefer ha-'Iqqarim* (en s'appuyant sur les écrits de Maïmonide), sans mentionner explicitement celui que vise en priorité cette critique. Voir Ph. BOBICHON, « Polémique anti-chrétienne et théologie dans le *Sefer ha-'Iqqarim* (« Livre des Principes ») de Joseph Albo (xvᵉ s.) », dans *Yod-INALCO. Revue des études hébraïques et juives modernes et contemporaines*, NS 15 : « Philosophie et pensée juives : histoire et actualité », Publications Langues'O, Paris 2010, p. 115-143.
121. Le mot « Israel » n'est pas ajouté à l'expression « enlever le pain des fils < d'Israël > », comme il l'est dans Hébreu 712.
122. La note de D. Berger (p. 318) renvoie à *Cels.* 2, 78, où le Juif de Celse pose la question « N'est-il donc descendu que pour nous rendre incrédules ? » Origène conseille cette réponse : « Il n'est pas venu pour provoquer l'incrédulité de Juifs ; mais sachant d'avance qu'elle aurait lieu, il l'a prédite et il a fait servir l'incrédulité des Juifs à la vocation des Gentils » (trad. M. Borret, *SC* 132, p. 471).

170

Matthieu 17, 19/20 ; cf. Luc 17, 6

comporté de manière à être reconnu, et de telle sorte que son dessein puisse être authentifié par eux, surtout une fois le péché universel écarté. Comment ne s'est-il pas manifesté avec évidence et publiquement, celui qui enseignait que ses persécuteurs ne savaient pas ce qu'ils faisaient et demandait à son père de leur pardonner ? (cf. Lc 23, 34)

Comme pour l'ensemble des questions abordées dans l'ouvrage de Ḥasdaï Crescas, l'argumentation est plus théorique (elle achève le chapitre consacré à la question de la « venue du Messie »), l'épisode de la Cananéenne n'y étant évoqué que par allusion. L'argumentation du *Niṣaḥon Vetus* s'appuie plus précisément sur le texte de l'Évangile, longuement traduit avant d'être commenté ; elle s'apparente à celle de Jacob ben Reuben en soulignant ce qui est considéré comme une contradiction entre les paroles de Jésus, la réalité vécue par les juifs après lui, et plus généralement entre cet ensemble et la conception juive de la prophétie ou de la messianité. Aucun de ces trois commentaires ne fait référence à l'utilisation polémique du passage qui est mise en avant dans Hébreu 712 : « Ceci pour leur prouver qu'il est interdit de rien prendre à un juif ». Il est possible que l'auteur du dossier ait retenu cette citation sans bien connaître son origine ni maîtriser les modalités de son utilisation polémique.

Matthieu 17, 19/20 ; cf. Luc 17, 6

U1, fol. 56v, 1-2a [1]

U2 : fol. 66v, l. 22 à 67r, l. 2a [11]

Latin translittéré

U1 : קי אֲבוּאַיְירִיץ פִֿידֶם קוֹנְטוֹם גְרָנוּם שְׁנָאפִיש אֵיֹּשֶׁט אִי דִיצֶיּיְרִיץ אוֹאִיק מֶוֹנְטִי טְרוֹנְפַֿיְירְטֵיִי
אִיזֶן מַארִי אַיֶץ טְרוֹנְפַֿיְירְטֵיִי צֶיִי

[Qui habuerit fidem quantum granum senapis et dixerit huic monti : Transfer te in mare et transfer(e)t se.]

U2 : קי אֲבוּאַיְירִיץ פִידֶם קוֹנְטוֹם גְרָנוּם שְׁנָאפִיש אִישֶׁט אִי דִישׁ'רִיץ אוֹאִיק מוֹנְטִי טרנפירטיה
אַיינמַארִי אִיץ טרנפַּיְּירִיץ שֶׁיה

[Qui habuerit fidem quantum granum senapis et dixerit huic monti : Transfer te in mare et transfer(e)t se.]

Vulgate

– *Dixit illis Jesus : Propter incredulitatem vestram. Amen quippe dico vobis, si habueritis fidem sicut granum senapis, dicetis monti huic : Transi hinc illuc, et transibit, et nihil impossibile erit vobis.* (Mt) ;
– *Dixit autem Dominus : Si habueritis fidem sicut granum senapis, dicetis huic arbori moro : Eradicare, et transplantare in mare, et obediet vobis.* (Lc).

171

Les citations dans le manuscrit

Traduction hébraïque interlinéaire

U1 : מי שיהיה לו אמונה כגרעין אחד של חרדל אם יאמר אל ההר קפוץ בתוך הים מיד יקפוץ

U2 : למי שיש אמונה כגון גרעין חרדל יש ו יאמר אל ההר קפוץ בים בתוך הים ויקפוץ מיד

Cette citation est la première de la première unité ; elle y est suivie, comme dans la seconde unité, de Mt 27, 54 (*Vere iste erat homo*), puis d'un extrait du Credo (*Et homo factus est...*). Le lien entre ces deux dernières citations est évident, mais le thème qui les unit (humanité de Jésus) ne correspond à aucun des vocables qui apparaissent dans l'épisode du « grain de sénevé » (guérison, par Jésus, du démoniaque épileptique). Dans la seconde unité, la citation précédente (*Per sanctam circumcisionem tuam, libera nos Domine*) n'a pas non plus de lien avec celle-ci. Aucune formule de présentation ne vient préciser quelle peut être l'utilisation polémique du verset.

Le texte latin est identique dans les deux unités, avec quelques variantes pour la translittération ; il est plus proche de Matthieu que de Luc, où il est question d'un arbre, et non d'un mont. Les éléments du latin sont bien décomposés mais dans les deux cas, la citation, de longueur identique, est incomplète et peut-être même inachevée : il manque la fin (*et nihil impossibile erit vobis*) et l'ensemble restitué, dénué de proposition principale, ne constitue pas une phrase complète. Le mot à mot hébreu est exact et bien placé dans les deux unités, mais les variantes, assez nombreuses, indiquent qu'il a été fait par chacun des deux scribes ou emprunté par eux à des sources différentes ; ce mot à mot est particulièrement littéral dans la seconde unité : dans « et [dixerit] », le mot correspondant à *et* est d'abord écrit אישט (**eyst = est*), puis corrigé en אי (**ey = et*), mais c'est la première leçon, et non la seconde, qui est traduite (par יש [**yesh*] = « il y a ») ; par ailleurs, dans l'expression « et transfert se », le pronom personnel *se* est traduit par מיד (*miyad* = « aussitôt »). Il apparaît clairement ici, comme en plusieurs autres endroits, que les scribes ou les auteurs – et particulièrement celui de la seconde unité – s'efforcent de comprendre le latin à mesure qu'ils le traduisent ou qu'ils en recopient la traduction.

Les mentions de ce passage sont assez nombreuses dans la littérature de controverse chrétienne et juive[123] pour que sa présence dans notre dossier puisse aisément être expliquée.

---

123. CYPRIEN, *Ad Quirinum*, 3 et 42 (*PL* IV, 733b et 757c) ; APHRAATE LE PERSAN, *Exposés*, XXI, 1-2 (*SC* 359, p. 808-810) ; PIERRE LE VÉNÉRABLE, *Adversus Iudeorum inveteratam duritiem* (*PL* CLXXXIX, 0570 D) ; PIERRE DE BLOIS, *Contra perfidiam Judaeorum* (*PL* CCVII, 0852 B) ; THIBAULT DE SÉZANNE (?), *Dialogus pro Ecclesia contra Synagogam* (éd. M. Orfalí, p. 724-725) ; PETRUS DE PENNIS DE TERAMO, *Dialogus inter Judaeum et clericum* (éd. Sh. Shaḥar, p. 57) ; ALFONSO DE VALLADOLID, *Mostrador de Justicia*, X, 16-18 (éd. W. Mettmann, p. 423-426) ; Anonyme, *Sefer Nestor ha-Komer* (éd. D. J. Lasker et S. Stroumsa, n° 98

Matthieu 17, 19/20 ; cf. Luc 17, 6

Chez Cyprien, Pierre le Vénérable ou Pierre de Blois, les paroles de Jésus illustrent la puissance de la foi chrétienne, présentée uniquement du point de vue de l'auteur. En revanche, Aphraate, Thibault de Sézanne (?), Petrus Pennis de Teramo et Alfonso de Valladolid évoquent une utilisation juive du passage ; l'argument est le même dans tous les cas (les chrétiens sont incapables de réaliser de tels prodiges, ce qui prouve l'inanité de leur foi), mais il est présenté de diverses manières, avec des nuances propres à chaque texte :

Dans les *Exposés*, Aphraate, rapporte une algarade avec un sage juif mettant en avant cette parole pour faire remarquer que la foi des chrétiens ne les préservait même pas des persécutions ; la réponse s'appuie sur Es 43, 2-3, promesse de Dieu à Israël (*Si tu traverses la mer, je suis avec toi, et les fleuves ne te submergeront pas*, etc.) : « Or donc, n'y a-t-il aucun homme pieux, bon et sage dans tout votre peuple, qui puisse traverser la mer et rester en vie sans se noyer, – ou un fleuve sans qu'il le submerge[124] ? ».

Dans le *Dialogue* de Thibault de Sézanne (?), c'est la « Synagogue » qui cite le verset, et pose à l'Ecclesia la question suivante : « Nunquid hoc facere possunt Christiani ? ». En réponse, l'Ecclesia rapporte un récit selon lequel un juif aurait incité le roi de Babylone (un Sarrazin) à mettre à l'épreuve des chrétiens en leur ordonnant de « déplacer une montagne », et en les menaçant de mort s'ils n'y parvenaient pas. Le patriarche ordonne un jeûne au terme duquel le prodige est accompli par un simple cordonnier, qui s'en était déclaré indigne (« mons cepit moveri versus civitatem de suo loco »). L'Ecclesia commente ce récit en l'actualisant : les miracles de ce type sont devenus moins nécessaires avec le temps puisque, désormais, la foi chrétienne est largement répandue (*dilata*), mais les miracles spirituels tels que l'expulsion des démons (*expulsio demonum*) et la rémission des péchés (*curatio peccatorum*) le sont plus qu'autrefois, et c'est en ce sens que le verset doit être compris. La « Synagogue » ne réagit pas à ces propos.

Dans le *Dialogue* de Petrus Pennis de Teramo, l'interlocuteur juif utilise le même argument ; le « Clericus » propose, en réponse, une interprétation purement spirituelle du verset : la « montagne » représente les péchés et la « mer » le monde infernal dans lequel ces péchés doivent être précipités (« ...dicit *monti*, id est peccatis suis ut se mittant *in mare,* id est in mundum, quia in mundo oriuntur et in mundum redeunt tamquam forma ad materiam »). Ici encore, la lecture chrétienne ne suscite aucune réaction.

Dans le *Mostrador de Justicia* d'Alfonso de Valladolid, Le « Rrebelle » nie que la foi puisse être comparée à aucun élément matériel, mais considère que la petitesse du grain de sénevé illustre bien les limites de la foi

---

[texte hébreu, p. 104 ; trad. angl., p. 117] ; Anonyme (Italie, XIIIᵉ s.), *Viqquah ha-RaDaq* (éd. F. Talmage, p. 90) ; Anonyme (fin du XIIIᵉ s.), *Niṣaḥon Vetus* (éd. D. Berger, n° 203 [texte hébreu, p. 141 ; trad. angl., p. 203]).

124. Trad. Marie-Joseph Pierre, *SC* 359, p. 810.

Les citations dans le manuscrit

chrétienne ; les chrétiens sont incapables d'accomplir de tels miracles ; qui plus est, une telle prescription est vaine puisque les Patriarches eux-mêmes, dont la foi était exemplaire, ne déplaçaient pas les montagnes... L'interlocuteur chrétien répond qu'il faut comprendre le « grain de sénevé » et la « montagne » comme une image biblique représentant, parmi d'autres, les merveilles pouvant être accomplies par la foi. A la longue démonstration qui suit, le « Rrebelle » réagit en affirmant que, quelle que soit la vérité de la foi chrétienne ou musulmane, il ne convient pas que les juifs abandonnent pour elle la loi dans laquelle ils sont nés et qu'il leur est prescrit de respecter ; d'ailleurs, ajoute-t-il, on voit bien que Dieu reste sourd aux prières des chrétiens et des musulmans confrontés, par exemple, à une année de sécheresse...

L'argument attribué aux interlocuteurs juifs dans les textes chrétiens se retrouve, avec diverses nuances, dans la littérature hébraïque. L'auteur du *Viqquaḥ ha-RaDaQ* rapporte le récit évangélique en l'attribuant à Marc, mais sans le commenter (le contexte porte sur les rapports entre foi et salut). Le rédacteur du *Sefer Nestor ha-Komer* se montre, comme souvent, très ironique : « Je ne puis imaginer une telle scène : un chrétien disant à une montagne : "cours derrière moi"[125], et celle-ci se mettant à courir derrière lui[126]. ». Dans le *Niṣaḥon Vetus*, la citation, assez différente de celle qui apparaît dans Hébreu 712, se présente comme une sorte de paraphrase ; le commentaire qui l'accompagne est très succinct : « Même leurs saints sont incapables d'accomplir ce prodige, et cela vaut, *a fortiori*, pour le reste du peuple. Il est évident par là qu'aucun d'entre eux n'a foi dans le Créateur ».

Ces témoignages montrent que Mt 17, 19/20 a nourri la controverse entre juifs et chrétiens à différentes époques et dans différents milieux. Parmi les versets cités dans Hébreu 712, c'est celui qui est le plus souvent rapporté, dans la littérature chrétienne, avec une interprétation juive ; comme la teneur de cette interprétation se retrouve dans la littérature hébraïque médiévale, on peut considérer qu'en pareil cas, les interlocuteurs juifs auxquels elle est attribuée dans les écrits chrétiens ne sont pas (totalement) fictifs. Le commentaire de Nicolas de Lyre ne mentionne pas explicitement cette controverse, mais il semble bien qu'il la prenne en compte :

> Même s'il n'est pas dit que les Apôtres ont, à la lettre, « transporté les montagnes », il n'en demeure pas moins vrai qu'ils ont accompli, par la puissance de la foi, des miracles plus importants encore, tels que la résurrection de morts, la restitution de la vue à des aveugles, ou d'autres prodiges analogues qui ne peuvent être réalisés que sous l'effet d'une puissance surnaturelle et divine. Au reste, il arrive que la translation d'une montagne soit le fait d'une puissance

---

125. Le verset est cité en ces termes, dans ce qui précède.
126. Dans la note accompagnant ce passage (éd. D. Lasker, G. Stroumsa, p. 156), il est précisé que l'argument se retrouve dans l'*Examen des trois fois* de Sa'd ibn Mansur ibn Kammuna (XIIIᵉ s.).

Matthieu 26, 36-39 ; Marc 14, 32-36

naturelle, comme c'est le cas lors d'un violent tremblement de terre. On peut aussi admettre que le mot « montagne » a dans ce passage un sens métaphorique et qu'il désigne le diable, à cause de son orgueil[127].

Matthieu 26, 36-39 ; Marc 14, 32-36

U1 : non cité.

U2 : fol. 68r, l. 1-12 [25]

Formule introductive

שבוע פנוש'א
Semaine *PENOSA*

Latin translittéré

איך ביניש יש'וש אין פרידיאום קואי נומן ישימני איך אאיך דיצי פוליץ שואיש שידיאיטי איקדוניק
אורים איך אשונשיץ פיטרום איך יקובון איך יאונים שיקום אי איציפיץ פאשירי איך טידירי איך
אאיך איירליש טרישטיש אישט אנימא מיאה אושקיה אן מורטים שוצטיניטי איק אי ויג'לאטי
איך קום **פרוצישי<צ<שץ** פרוצישישיץ פרושידיץ שופיר טיראם אור̇אבאץ און שי פיאירי פושיץ
טרושיריץ אביאורא אי דישיץ אבא פאטיר אוניאה פושיביליאה טיבי שונט טרנפיר קליצים אוק אמי
שיצנון קוץ איגו בולו שיץ קוץ טו.

Traduction hébraïque

– non traduit.

---

127. « Licet apostoli legantur montes non transtulisse ad litteram, leguntur tamen maiora fecisse in virtute fidei, ut mortuos suscitasse et cecos illuminasse, et consimilia que non possunt fieri nisi virtute supernaturali et divina. Translatio autem montis ad alium locum aliquando fit virtute naturali, sicut in terremotu vehementi. At potest dici quod mons hic accipitur metaphorice : id est diabolus qui potest dici mons propter superbiam. » (*Postille*, éd. S. Brant, vol. V, fol. 53v).

Les citations dans le manuscrit

Hébreu 712 fol. 68r, l. 1-12 [25]	Matthieu 26, 36-39	Marc 14, 32-36
Et venit Iesus *in praedium cui nomen* *Gethsemani* *et ait discipulis suis :* *« Sedete hic donec orem »* *Et assumpsit Petrum et* *Iacobum et Iohannem* *secum* *et incipit pavere et tedere* *et ait illis :* *« Tristis est anima mea* *usque ad mortem.* *Sustinete hic et vigilate »* *et cum processisset* *procedit super terram* *< et > orabat* *ut si fieri posset transiret* *ab eo hora* *et dixit :* *« Abba pater, omnia* *possibilia tibi sunt.* *Transfer calicem hunc* *a me* *sed non quod ego volo* *sed quod tu. »*	*Tunc venit Iesus cum illis* *in villam quae dicitur* *Gethsemani* *et dixit discipulis suis :* *« Sedete hic donec vadam* *illuc et orem ».* *Et adsumpto Petro et* *duobus filiis Zebedaei* *coepit contristari et maestus* *esse* *Tunc ait illis :* *« Tristis est anima mea* *usque ad mortem.* *Sustinete hic et vigilate* *mecum »* *et progressus pusillum* *procidit in faciem suam* *orans* *et dicens :* *« Mi Pater si possibile est* *transeat a me calix iste* *verumtamen non sicut ego* *volo* *sed sicut tu. »*	*Et veniunt* *in praedium cui nomen Gethsemani* *et ait discipulis suis :* *« Sedete hic donec orem* *et adsumit Petrum et Iacobum et* *Iohannem secum* *et coepit pavere et taedere* *et ait illis :* *« tristis est anima mea usque ad* *mortem. Sustinete hic et vigilate »* *et cum processisset* *paululum procidit super terram et* *orabat ut si fieri posset transiret ab* *eo hora* *et dixit :* *« Abba Pater omnia possibilia tibi* *sunt Transfer calicem hunc a me* *sed non quod ego volo* *sed quod tu. »*

Ce long passage n'apparaît que dans la seconde unité ; bien que copiée par le même scribe, la citation est doublement isolée : elle est la seule qui figure au fol. 68r (l. 1 à 12) ; elle est précédée et suivie de blancs dans le manuscrit (le tiers inférieur du fol. 67v et la moitié inférieure du fol. 68r). Contrairement aux citations des fol. 67v et 68v, celle-ci n'est ni vocalisée, ni traduite, mais l'interligne est le même qu'ailleurs ; la vocalisation et la traduction interlinéaire ont probablement été envisagées, mais différées. Comme rien ne permet de penser que la copie de ce passage, situé *au recto* du feuillet, a été effectuée *après* celle des citations figurant au verso, et par lesquelles s'achève la second unité, il faut admettre que dans cette unité, la vocalisation et la traduction n'étaient pas (toujours) effectuées au fil de la copie, ce qui pourrait expliquer qu'elles y apparaissent de façon très irrégulière (en particulier au premier feuillet : 66v). Dans la première unité, au contraire, le latin est régulièrement vocalisé et traduit.

Le texte est incontestablement plus proche de Marc que de Matthieu, mais le début (*Et venit Jesus*) rappelle Matthieu (*Tunc venit Iesus*) plus que Marc (*Et veniunt*) ; la seule véritable variante avec Marc (*et incipit pavere* au lieu de *et coepit pavere*) provient très certainement de la source utilisée puisque

176

l'auteur du dossier ne maîtrisait pas suffisamment le latin pour procéder lui-même à une telle substitution. Les mots latins translittérés sont parfaitement bien isolés les uns des autres.

La formule de présentation, isolée dans la marge supérieure et de même module que la citation elle-même, se présente comme un véritable titre. Composée d'un mot hébreu (*shavu'a* : « semaine ») et d'un mot latin (« penosa »), elle situe le passage dans le cycle annuel des lectures liturgiques : Mt 26, 36-39 est tiré de la lecture de la Passion selon Mathieu, effectuée le dimanche des Rameaux, jour qui marque le début de la semaine sainte (« septimana poenosa »)[128]. Mais on s'explique mal pourquoi le texte est cité ici selon Marc, et non selon Matthieu.

Dans toute la littérature chrétienne, et particulièrement dans les écrits polémiques[129], ce passage suscite ou nourrit une réflexion sur la compatibilité entre la supplication formulée par Jésus, sa divinité, et une Passion librement assumée. Tous les auteurs l'interprètent comme une expression de l'humanité du Christ et, contre certaines hérésies[130], comme une preuve de l'authenticité de l'Incarnation[131]. Déjà rapportée dans le *Contre Celse*[132], l'argumentation juive est implicitement prise en compte dans le *Cur Deus homo* d'Anselme de Canterbury[133], dans *la Somme contre les Gentils* et dans la *Somme théologique*. Ces versets sont souvent rapprochés de ceux qu'on trouve également, autour de la même question, dans Hébreu 712 (*Pater maior me est*, etc.).

Ce passage est abondamment cité dans la littérature hébraïque de controverse[134]. Avec de nombreuses nuances dans le détail, les commentaires qu'il suscite, souvent réunis, sont constitués de quatre objections principales :

---

128. Ce dimanche commémore à la fois l'entrée solennelle de Jésus à Jérusalem et sa Passion suivie de sa mort sur la Croix. L'expression « Pâques fleuries » le désigne de manière poétique. L'expression « semaine penose » ou « semaine Penuse » est attestée dans T. Lommatzsch, *Altfranzösisches Wörterbuch*, t. 7, 1969, p. 659.

129. Origène, *Cels.*, II, 9 (*SC* 132, p. 300-303) et II, 24 (*SC* 132, p. 348-351) ; Aphraate, *Homélies*, XXIII (*SC* 359, p. 894-897) ; Serge le Stylite, *Disputatio contra Judaeum*, VII, 7 (*CSCO* 339, p. 18) ; Cyprien, *Ad Quir.*, III, 18 (*CSEL* III, 1, p. 113) ; Ps-Augustin, *Contra Iudaeos, Paganos et Arianos, sermo de Symbolo*, 9 (*PL* XLII, 1121) ; Paulo Álvaro de Córdoba, *Liber epistolarum Albari Eleazaro* (*PL* CXXI, 0246 C) ; Alain de Lille, *De fide catholica*, 21 (*PL* 210, 0323 D) ; Guillaume de Bourges, *Homélie sur Matthieu*, I (*SC* 288, p. 288-289).

130. Valentiniens (Irénée, *Adv. Haer.*, I, 8, 2 ; Tertullien ne cite pas ces versets dans son *Adversus Valentinianos*), Ariens, Sabelliens et Apollinariens (Thomas d'Aquin, *Somme contre les Gentils*, IV, 27, 3 ; IV, 32, 8 s. ; *Somme théologique*, III, Q5, art. 3 ; III, Q15, art. 6).

131. C'est également l'interprétation de la *Glose ordinaire* et de Nicolas de Lyre.

132. *Loc. cit.* ci-dessus, note 129.

133. Anselme de Canterbury, *Cur Deus homo*, I, 8 et I, 9 (*SC* 91, p. 236-255, notes).

134. Anonyme, *Sefer Nestor ha-Komer*, nos 53, 108 et 139-141 (éd. D. J. Lasker, S. Stroumsa : texte hébreu p. 100, 105 et 108 ; trad. angl., p. 109, 120 et 125) ; Jacob ben Reuben, *Sefer Milḥamot ha-Shem* (éd. J. Rosenthal, p. 150) ; Joseph Qimhi, *Sefer ha-Berit* (éd. F. Talmage, p. 64-65 ; trad. angl. F. Talmage, p. 77) ; Joseph ben Nathan Official *Sefer Yosef ha-Meqane* (éd. J. Rosenthal, « Critique du Nouveau Testament », nos 6 [p. 126], 10 [p. 127-128] et 37

Les citations dans le manuscrit

1) s'il avait été véritablement Dieu, Jésus n'aurait pas eu besoin de solliciter le secours d'un autre, et plus particulièrement de Dieu lui-même ; 2) Jésus n'était pas Dieu, puisque la volonté exprimée dans sa prière allait contre celle de celui par qui il se disait envoyé pour sauver l'humanité : il est impossible, en effet, que Dieu ait deux volontés contradictoires ; 3) comment celui qui n'a pu se sauver lui-même aurait-il pu sauver l'humanité ? 4) Jésus n'était ni le Messie annoncé par les Prophètes, ni même un juste, puisque les prières des justes sont exaucées, alors que la sienne ne l'a pas été.

Selon les textes, l'étendue de la citation varie, de même que sa forme (plus ou moins proche de l'original), la langue (hébreu uniquement ; hébreu et latin selon un ordre variable), la translittération en caractères hébreux, la traduction hébraïque, la teneur de l'argumentation polémique et même le contexte de son utilisation[135]. Même si les influences ne sont jamais exclues chez des polémistes qui connaissaient parfois les écrits de leurs prédécesseurs, il apparaît clairement qu'en l'occurrence, comme presque toujours ailleurs, chaque auteur a lui-même cité et commenté le texte de l'Évangile. Les développements sont plus originaux dans le *Niṣaḥon Vetus*, chez Moïse ha-Cohen de Tordesillas et Isaac ben Abraham Troki : celui du *Niṣaḥon Vetus* est de loin le plus élaboré, car il comporte la citation la plus longue (sous forme de paraphrase) et prend explicitement en compte les réponses chrétiennes aux objections (juives) soulevées par ce passage : on ne peut arguer que c'est « la chair » qui s'exprime dans la prière angoissée de Jésus, puisqu'il est écrit : « Mon *âme* est triste à en mourir »[136] ; par ailleurs, la « chair » elle-même ne peut parler : sans l'*impetus* qu'elle reçoit de l'esprit, elle serait comme une pierre. Dans la première évocation de ce passage, Isaac ben Abraham Troki envisage successivement les conséquences des affirmations chrétiennes (contradictoires) d'après lesquelles la Passion a été infligée à Jésus par les juifs selon ou contre sa volonté ; ces considérations s'achèvent par une citation d'Ez 28, 9 également présente dans Hébreu 712.

[p. 135]) ; Anonyme (fin du XIIIe s.), *Niṣaḥon Vetus* (éd. D. Berger, n°s 168 [texte hébreu, p. 118 ; trad. angl., p. 180] et 176 [texte hébreu, p. 123 ; trad. angl., p. 185]) ; Moïse ha-Cohen de Tordesillas, *Sefer ha-'Ezer* (éd. Y. Shamir, p. 27, 72 et 77) ; Profiat Duran, *Sefer Kelimmat ha-Goyim* (éd. F. Talmage, p. 53) ; Simeon ben Ṣemaḥ Duran, *Qeshet u-Maguen* (éd. et trad. P. Murciano, p. 25 et 29-30) ; Isaac ben Abraham Troki, *Ḥizzuq Emunah*, I, 47 et II, 24 (texte hébreu : éd. I. Deutsch, p. 275-276 et 301-302 ; trad. angl. M. Mocatta, p. 221-222 et 246).

135. Étude détaillée dans Ph. Bobichon, « Citations latines de la tradition chrétienne dans la littérature hébraïque de controverse avec le christianisme (XIIe-XVe s.) », dans Resianne Fontaine et Gad Freudenthal (éd.), *Latin-Into-Hebrew : Texts and Studies, I : Studies*, Brill, Leyde 2013, p. 349-390.

136. Argument qu'on retrouve, avec quelques nuances, chez Joseph ben Nathan Official (éd. J. Rosenthal, n° 6, p. 126) et Moïse ha-Cohen de Tordesillas (éd. Y. Shamir, p. 27).

Matthieu 27, 54

Cf. Mt 27, 54 ; Mc 15, 2 ; Mc 15, 39 ; Lc 23, 3 ; 23, 47

U1 : fol. 56v, l. 2b-4a [2]

U2 : fol. 67r, l. 2b-3 [12]

Formules introductives

U1 : וזה להוכיח להם שישו היה אדם

Ceci pour leur prouver que Jésus était un homme.

U2 : אמ' פילטוש לישו

Pilate dit à Jésus.

Latin translittéré

U1 : דיש'יש **פיליא** פֿילאטוש וֵוֹיְרֵיי אֵשטֵיירָץ טו אומו רֵיֵישפֿוֹנדֵיץ יֵיש'וֹש טו וֵוֹיְירִיטָאטֵיי דֵייש'יטִיש

[Dixit Pilatus : vere iste erat (tu) homo. Respondit Jesus : Tu veritate dixisti.]

U2 : וֵורֵיה אֵישטֵירַאץ אומו. רֵיישפֿוֹנדֵיץ יֵיש'וֹש טו דֵישישטֵי

[Vere iste erat homo. Respondit Jesus : Tu dixisti.]

Vulgate

Mt 26, 63-64 : *Iesus autem tacebat et princeps sacerdotum ait illi adiuro te per Deum vivum ut dicas nobis si tu es Christus Filius Dei. icit illi Iesus **tu dixisti** verumtamen dico vobis amodo videbitis Filium hominis sedentem a dextris virtutis et venientem in nubibus coeli.*

Mt 27, 11 : *Iesus autem stetit ante praesidem et interrogavit eum praeses dicens : Tu es rex Iudaeorum ? Dicit ei Iesus : **Tu dicis**.*

Mt 27, 54 : *Centurio autem et qui cum eo erant custodientes Iesum viso terraemotu et his quae fiebant timuerunt valde dicentes : **Vere Dei Filius erat iste**.*

Mc 15, 2 : *Et interrogavit eum Pilatus : Tu es rex Iudaeorum. At ille respondens ait illi : **Tu dicis**.*

Mc 15, 39 : *Videns autem centurio qui ex adverso stabat quia sic clamans exspirasset ait : **Vere homo hic Filius Dei erat**.*

Lc 23, 3 : *Pilatus autem interrogavit eum dicens : Tu es rex Iudaeorum. At ille respondens ait : **Tu dicis**.*

Lc 23, 47 : *Videns autem centurio quod factum fuerat glorificavit Deum dicens : **Vere hic homo iustus erat**.*

Jn 19, 5 : *Exiit ergo Iesus portans spineam coronam et purpureum vestimentum et dicit eis : Ecce homo.*

Traduction hébraïque interlinéaire

U1 : אמר פילאטוש באמת שליש [!] אדם ויען ישו אתה אמת אמרת

U2 : באמת אתה אדם. ענה אתה אמרת

Les citations dans le manuscrit

Le contexte immédiat et plus large de cette citation est identique dans les deux unités : entre Mt 17, 19 et un extrait du Credo, dans une série de preuves que Jésus [n']était [qu']un homme. Sa forme latine présente quelques variantes de détail, de même que la translittération des mots communs, mais les deux scribes – ou leur(s) source(s) – manifestent une même difficulté à distinguer ou à articuler correctement la deuxième et la troisième personne du singulier du verbe *esse*. Les traductions hébraïques diffèrent également, mais dans les deux cas les mots sont bien placés ; seul le scribe de la première unité prend la peine d'indiquer l'utilisation potentielle du passage, et de traduire le mot ישוע (*Yesus*). La formule de présentation ne comporte aucune référence à l'année liturgique mais il n'est pas impossible que la source indirecte de la citation soit l'une des lectures de la Passion qui sont effectuées au cours de la Semaine sainte.

Le scribe du premier florilège a tout d'abord écrit פיליא (*filia-*), puis s'est interrompu, a biffé le début de mot erroné et écrit à la suite la translittération correcte : פִּילָאטוּש (*Pilatus*). Il semble qu'il s'agisse d'une faute de copie mais le fait que, dans la traduction hébraïque interlinéaire, le mot פילאטוש (Pilatus) soit écrit au-dessus de la version erronée, et non de la seconde, pourrait être le signe que cette traduction est (parfois) faite après la copie de chaque mot latin, et non après celle de l'ensemble de la citation. Dans la première unité, le mot שליש (« homme de confiance »), qui est situé au-dessus de *iste erat*, pose problème, si c'est bien ainsi qu'il faut lire.

Telles qu'elles sont rapportées dans les deux unités, ces paroles ne correspondent exactement à aucune référence néotestamentaire : dans les deux cas, la question est rapportée à la confrontation de Jésus et de Pilate, mais sa teneur est plus conforme aux propos du centurion selon le récit de Marc (*Vere homo hic Filius Dei erat*) ou de Luc (*Vere hic homo iustus erat*), ou encore à la présentation de Jésus par Pilate, selon Jean (*Ecce homo*). Les références à la divinité de Jésus (*Vere Dei Filius erat iste* ; *Vere homo hic Filius Dei erat*), à sa qualité de « juste » (*Vere hic homo iustus erat*) ou de « roi des Juifs » (*Tu es rex Iudaeorum ?*) disparaissent ici pour ne laisser place qu'à une affirmation de son humanité présente à la fois dans la question et dans la réponse. Cette caractéristique étant commune aux deux versions proposées, il est probable que les scribes (ou leurs sources) se réfèrent à une même tradition (orale ?) dans laquelle ne subsistaient que les éléments utilisables pour l'argumentation juive. À moins d'identifier cette source – si elle existe –, il est impossible de savoir si l'altération du récit évangélique est fortuite (confusion entre différents passages cités à travers le filtre d'une mémoire sélective), ou délibérée. La même question se pose pour tous les textes attribués à la tradition combattue dans la littérature de controverse entre christianisme et judaïsme, alors qu'ils ne sont pas conservés (sous la forme citée) par cette tradition. Plus

180

Marc 6, 1-6

généralement, la valeur argumentative de citations dont l'authenticité ne peut être reconnue par l'interlocuteur (phénomène fréquent dans cette littérature) pose problème. Cette citation ne se retrouve dans aucun des textes consultés.

Marc 6, 1-6
cf. Matthieu 13, 54-58

U1 : fol. 57r, l. 16c-57v, l. 4a [21]
U2 : fol. 67r, l. 9-23 [16]

Formules introductives

U1 : זה הלטין להוכיחם שהיה לישו שתי אחיות וארבעה אחים כמו שמעיד עון גליון שלהם
Ce [passage en] latin, pour leur prouver que Jésus avait deux sœurs et quatre frères, comme l'atteste leur évangile.

U2 : מרקוש עשאה בין ניתל לעינויי. יום ו' אחר כ' ימים מניתל
Marc l'a faite (= l'a écrit?) entre *N I T [a] L* et *'I N U Y*. Le vendredi après vingt jours à partir de *N I T [a] L*.

Latin translittéré[137]

U1	U2
איין איירלו טְנפוֹיְירֵיה	איין איירלו טִינפוֹרֵיה
אֵיִינְגְרִישׁוֹש יִישׁוֹש וֵנִין אֵיִן פַּאטְרֵיָא שׁוֹאוֹן	אינְגְרִישׁוֹש ישׁוֹש בֵּיינִיש אֵיִן פַּאטְרֵיאַה שׁוֹאַה
אֵין שִׁיקֵיה בְּנְטוֹר אֵייָאוֹם דִיצִיפּוֹלֵי אֵייוֹש	אֵין שִׁיקֵיה בּוֹנְטוֹר אִי אֶוֹם דֵייצִיפּוֹלֵי אִיגוֹש
פֿא אֵיין פֿאטוֹ שׁאבְּטוֹ	אֵיין פֿאטוֹ שׁבַּאטוֹ
צִיפֿיץ אֵיין שׁנְגוֹגֿא דוֹצֵיְירֵרי	צִיפֿיץ אֵיין שׁנְגוֹגֿא דוֹצֵירֵיה
אֵין מוֹרְלֵטִי אַדֵיְינְטִיש	אֵין מוֹרְלֵטִי אַה דֵיינְטִיש
אוֹמֵירֵא בְּאוֹנְטוֹר אֵיין דוֹטְרִינַא אֵייוֹש	אוֹמֵירֵא בְּנְטוֹר אֵיִן דוֹטְרִינַא אִיגוֹש **שִׁפִיאַנְצִיאַה**
דִיצֵנְטֵיש	דִיצֵינְטֵיש
אַנְדֵיי אוֹאִיק אֵייק אוֹמְנִיאַה	אוֹנְדֵיה אוּ אִיק אִיקְאַוְנִיאַה
אֵיין קֵיאֵישְׁט שׁפִֿיאֵוֹנְצִיאַה קֵי דַאטַא אִישְׁט אֵיירְלוֹ	אֵיין קֵי אֵישׁט שׁפִֿיאַנְצִיאַה קֵיה דַאטַא אִישְׁט אֵייְרֵלֵי
אֵן וְרְטוֹטֵיש טֵלֵש	אֵין וֵרְטוֹטֵיש טַאלֵיש
קֵיי פִֿיר מַנוֹש אֵייוֹש אוֹפִֿי צִי אוֹנְטוֹר	קֵי פֿיר מנוֹש אִיגוֹש אִי פֿיצֵיאוֹנְטוֹר
נֵוֹן צָיה אִישְׁטֵי אִישְׁט פֿאבְּיר פִֿילִיאוֹש מַרְייֵא	נֵוֹן נִיה אִישְׁטֵי אִישְׁט פֿאבְּיר פִֿילִיאוֹש מַרְייָאי
פְּרַאטֵיר יַקוֹבְּין אֵין יוֹשֵׁיִף אֵן יֵוֹדֵי אֵן **אֵייד** אֵן שִׁימוֹנֵי<ש>	פְּרַאטֵיר יַקוֹבְּין אִי יוֹשֵׁיפֿ אִי גוֹדֵי אֵין שִׁימוֹנֵיש
נֵוֹן אֵן שׁוֹרוֹרֵיִיש אֵיוֹש אִיק נוֹפִֿיש קוֹמָא שֵׁוֹנְט	נֵוֹן אֵיין שׁוֹרוֹרֵיש אִיגוֹש אִיקְנוֹבִּישְׁקוֹם שֵׁוֹנְט

---

137. Mise en page arbitraire visant à faciliter la comparaison du détail.

Les citations dans le manuscrit

U1	U2
אֵין קוּנְדָא לִיבּוֹנְטוֹיֵיר אֵין אֵירְלוֹ	אֵין קָאנְדָאלִיזַאבְּנְטוּר אֵין אֵייִרְלוֹ
אֵין דֵיצֵייבֵּאן אֵיאיש יֵישׁוּש	אֵי דֵיצֵיבֵּאן אֵיאיש גֵישׁוּש
קֵיאָה גֵן אֵיישְׁט פְּרוֹפֵיטָא שׁינֵיא אוֹנוֹרֵייא	קֵיאָה גֵן אֵיישְׁט פְּרוֹפֵיטָא שׁינֵי אוֹנוֹרֵי
נֵישִׁי אֵין פַּטְרִיאָה שׁוּאָה	נֵישִׁי אֵיןֵ פַּטְרִיאָה שׁוּאָה
אֵין אֵין קוֹנֵיצְייוֹנֵי שׁוּאָה	אֵין אֵיןֵ אוּצַא קוֹנָאצִיאוּנִיאוּנִי שׁוּאָה
אֵיאָץ אֵל דוֹמוֹשׁוֹ שׁוּאָה	אֵין אֵיןֵ דוֹמוֹ שׁוּאָה
אֵין גֵן א פּוֹטֵייֵרֶץ אֵיבֵּי וֵירְטוּטֵם אוּרְלָם פַּצֵּרֵי	אֵין גֵן פּוֹטֵיִרַאֵן אֵיבֵּי וֵירֵיטוּטֵאם אוּרְלָאם פַאצְרֵייה
נֵישִׁי פַּאקוֹס אֵיין פֵּירְמוּשׁ	
אִין פּוֹזֵיטִישׁ מַאנִיבּוּץ קוּרַאבֵּיץ	
אֵין מִירַא בָּאטוּר קְרוּדֵי לְטַאטֶם אֵייֵךְ לוֹרֶם.	

Traduction hébraïque interlinéaire[138]

U1	U2
fol. 57r	
16ג.	
בעת ההיא	...
17.	
הלך ישו ותלמידיו עמו כדי נצטיידו [!] ללכת במדינתו	... ותלמידיו עמו
18.	
וישו היה עמהם כדי לההודות שבת בתוך עדת ישר׳ ועשה	... ו עשות השבת לההודיע בתוך עדת ישר׳ ועשה
19.	
עצמו נביא ויתמהו האנשים איש אל רעהו	צ...
20.	
ויאמרו הגם ישו בנביאים מהיכן באה אליו	...
21.	
הגבורה זו והכח והגבורה והחכמה והלא הוא	...
22.	
נפח בן מרים ויש לו אחים יעקב יוסף יהודה שמעון	...
23.	
ושתי אחיות הדרות בינינו וישמע ישו את דבריהם ויאמר	...
In marg., après אחים (l. 22) : ארבע והם שמותם	

---

138. La « traduction » hébraïque étant très éloignée de l'original latin, il est impossible d'adopter pour elle la même présentation que pour la translittération latine de l'hébreu. La présentation retenue en ce cas reproduit celle du manuscrit dans la première unité (où le passage est entièrement traduit), les seuls éléments traduits dans la seconde unité étant situés en regard dans la seconde colonne.

Marc 6, 1-6

fol. 57ᵥ	
1. לֹהם עתה ידעתי כי אין יש נביא בלא כבוד כי	...
2. אם בעיר שלו ובתולדה שלו ובבית שלו ולא יכול ישו	...
3. לעשות שום כח שבעולם באותה שעה כי אם לרפאות מעט חולים משים ידו עליהם	...
4א. ויפלא מאד על אשר היו האנשים אכזרים כנגדו	...

Traduction française de cette version hébraïque

En ce temps-là, Jésus alla avec ses disciples pour ... aller[139] dans sa patrie. Et Jésus était avec eux pour honorer le shabbat au sein de la communauté d'Israël, et il se fit (se prétendit) prophète et les personnes (présentes) se manifestaient les unes aux autres leur perplexité en disant : « Jésus serait-il aussi l'un des prophètes ? D'où tient-il cette puissance (*gevura*), ce pouvoir (*koaḥ*), cette puissance (*gevura*), et cette sagesse (*ḥokhma*) ? N'est-il pas le forgeron (*napaḥ*)[140], fils de Myriam, qui a pour frères [*in marg.* : qui a quatre frères dont les noms sont] Jacob, Joseph, Juda et Simeon, et deux sœurs qui vivent parmi nous ? » Entendant leurs paroles, Jésus leur dit : « Je sais à présent qu'il n'est point de prophète sans honneur, sinon dans sa propre cité, dans sa propre parenté et dans sa propre maison » ; et à ce moment-là, Jésus fut incapable d'accomplir aucun prodige (*koaḥ* : litt. : aucun des prodiges qui s'accomplissent dans le monde), si ce n'est de guérir quelques malades en leur imposant les mains ; et il était fort surpris de la violence que ces gens manifestaient à son endroit.

---

139. Le verbe « aller » est répété.
140. De la racine *nafaḥ* (souffler).

Les citations dans le manuscrit

Comparaison du texte cité avec celui des Évangiles

Mt 13, 54-58	Mc 6, 1-6	Hébreu 712 (U1 et U2)
[54] *Et veniens in patriam suam, docebat eos in synagogis eorum, ita ut mirarentur, et dicerent : Unde huic sapientia haec et virtutes ?* [55] *Nonne hic est fabri filius ? Nonne mater eius dicitur Maria et fratres eius, Iacobus, et Ioseph, et Simon et Iudas ?* [56] *Et sorores eius nonne omnes apud nos sunt ? Unde ergo huic omnia ista ?*	[1] *Et egressus inde, abiit in patria\<m\> sua\<m\> ; et sequebantur illum discipuli sui.* [2] *Et facto sabbato coepit in synagoga docere, et multi audientes admirabantur in doctrina eius, dicentes : Unde huic haec omnia ? et quae est sapientia quae data est illi, et virtutes tales quae per manus eius efficiuntur ?* [3] *Nonne iste est faber filius Mariae, frater Iacobi, et Ioseph, et Iudae, et Simonis ? Nonne et sorores eius hic nobiscum sunt ?*	In illo tempore, egressus Iesus venit in patria\<m\> sua\<m\> ; et sequebantur eum discipuli eius. Et facto sabbato coepit in synagoga docere, et multi audientes admirabantur in doctrina eius, dicentes : Unde huic haec omnia ? et quae est sapientia quae data est illi, et virtutes tales quae per manus eius efficiuntur ? Nonne iste est faber filius Mariae, frater Iacobi, et Ioseph, et Iudae, et Simonis ? Nonne et sorores eius hic nobiscum sunt ? Et scandalizabantur in [fol. 57v] illo. Et dicebat eis Iesus : Quia non est propheta sine honore nisi in patria sua, et in cognatione sua, et in domo sua. Et non poterat ibi virtutem ullam facere, *nisi paucos infirmos impositis manibus curavit. Et mirabatur incredulitatem illorum.*
[57] *Et scandalizabantur in eo. Iesus autem dixit eis : Non est propheta sine honore nisi in patria sua et in domo sua.* [57] *Et non fecit ibi virtutes multas propter incredulitatem illorum.*	*Et scandalizabantur in illo.* [4] *Et dicebat eis Iesus : Quia non est propheta sine honore nisi in patria sua, et in cognatione sua, et in domo sua.* [5] *Et non poterat ibi virtutem ullam facere, nisi paucos infirmos impositis manibus curavit. Et mirabatur propter incredulitatem eorum.*	

Ce long passage est le récit complet de la visite de Jésus à Nazareth. Avec d'assez nombreuses variantes dans les translittérations, le texte de la citation est presque identique dans les deux unités (la fin, en italiques ci-dessus, manque dans la seconde), et conforme à Marc ; la formule d'introduction « in illo tempore », assez rare dans le NT, est peut-être empruntée à Mt 12, 1 (épis arrachés le jour du sabbat) ou au contexte chrétien dont cette citation a été tirée ; elle n'apparaît pas non plus chez Luc (4, 16-30), dont le récit est très différent.

La décomposition arbitraire de mots ou de groupes de mots, également présente dans d'autres citations du dossier[141], est particulièrement fréquente ici : elle porte souvent – mais pas toujours – sur les mêmes vocables. On relève une unique « faute » dans le latin, commune aux deux unités : « in patria sua » au lieu de *in patriam suam* (la seconde unité a : « in patria *suon* »).

Le texte n'est complètement « traduit » en hébreu que dans la première unité : cette version hébraïque constitue un ensemble cohérent du point de vue narratif, mais un peu embarrassé du point de vue stylistique, et très éloigné du latin par endroits ; les mots hébreux ne correspondent que dans 50 % des cas, environ, aux vocables latins au-dessus desquels ils sont inscrits, et cette coïncidence est assez aléatoire ou paradoxale puisque *tolada* est bien écrit au-dessus de *cognitione*, alors que ni *Israel* ni *Yeshu* ne sont à leur place... L'hébreu et le latin se correspondent beaucoup mieux, en revanche, dans la seconde unité, mais la traduction ne commence alors qu'à *discipuli* et elle s'interrompt très vite (après la première lettre du mot devant être inscrit au-dessus de *au-dientes*) ; pour le passage traduit dans les deux unités, le mot à mot hébreu diffère sur plusieurs points. Dans la seconde unité, la traduction, très partielle, décousue et inachevée, semble pouvoir être attribuée au scribe ; dans la première unité, en revanche, il semble bien que le scribe ou sa source s'efforce de faire coïncider avec le texte latin tel qu'il est cité, une version hébraïque préexistante, et indépendante de lui...

Dans la première unité, ce passage est cité entre Ac 7, 55 (*Video coelos apertos*... : invisibilité de Dieu) et Ps 15/16, 9-11 (*Propter hoc laetatum est cor meum*... : critique de la théologie de la Rédemption) ; dans la seconde unité, il est précédé de la même citation et suivi de Lc 23, 34 (*Pater, dimitte eis*... : non culpabilité des juifs dans le supplice de Jésus). Dans les deux cas, le thème illustré par le récit du séjour à Nazareth (humanité de Jésus) correspond mieux à certaines citations antérieures ou postérieures (Lc 18, 33-37 ; Jn 19, 26 ; Lc 2, 48 ; Mt 11, 11 ; Jn 2, 3-4), souvent groupées, qu'au contexte immédiat dans lequel ce récit est inséré.

---

141. Voir, dans la première partie de ce travail, le développement consacré aux translittérations, et plus particulièrement aux phénomènes de soudure et de décomposition.

Les citations dans le manuscrit

La formule introductive de la première unité indique comment ce passage peut être utilisé dans la controverse ; celle de la seconde unité le situe dans l'année liturgique chrétienne. L'indication chronologique « entre *NIT[A]L* et *'INUY* » signifie « entre [le récit de] la nativité de Jésus et [celui de] sa Passion » : le mot hébreu עֲנוּי (litt. « mortification », « souffrance »), désigne en effet, dans la littérature hébraïque médiévale de controverse, le Carême ou la Passion[142] ; la formule « le 6e jour (vendredi) après vingt jours à partir de *NIT[A]L* » désigne la férie VI de la deuxième semaine après l'Épiphanie[143].

Les interrogations relatives aux « frères et sœurs de Jésus », avec les polémiques qui y sont associées, sont anciennes[144]. Elles sont régulièrement mises en avant, contre la naissance virginale et la virginité perpétuelle de Marie, dans les écrits de controverse judéo-chrétienne[145]. À la question de la virginité « post partum » de Marie, Thomas d'Aquin consacre un article de la *Somme*

---

142. Cf. I. Loeb, « Deux livres de commerce du commencement du xive siècle », *Revue des études juives* 15 (1884), p. 193. Autres occurrences trouvées dans cette littérature : Yom Tov Lipmann Muelhausen (1390-99 ?), *Sefer ha-Niṣaḥon,* Amsterdam, 1701, p. 43, 295 et 429 ; Isaac Troki (ca 1533-c. 1594), *Ḥizzuq Emunah*, éd. et trad. all. D. Deutsch, 1873, p. 301. Cf. Lv 16, 31 et Nb 29, 7.

143. Voir ci-dessus, p. 108.

144. Cf. Mt 12, 46-50 / Mc 3, 31-35 / Lc 8, 19-21 ; Mt 13, 53-58 / Mc 6, 1-6 ; Jn 2, 12 ; Jn 7, 3-5 ; Ac 1, 14 (et certains évangiles apocryphes) ; autres références : *Bible Osty*, n. 3, p. 2160-2161. Selon la théorie d'Helvidius (ive s.), qui était également celle d'Hégésippe (iie s.), de Tertullien (ca 150-ca 220) et de Bonose (évêque de Sardique en Mésie de la fin du ive siècle), les frères et sœurs de Jésus sont les enfants de Joseph et Marie nés après Jésus. Cette conception est devenue hérétique après que la doctrine de la virginité perpétuelle de Marie eut été inscrite dans le symbole de foi de saint Épiphane, en 374, et proclamée comme une « vérité de Foi » pendant le deuxième concile de Constantinople (553) ; elle fut confirmée, avant le xve siècle, par le Concile de Latran IV (1215) et le IIe Concile de Lyon (1274). Cette question est abordée, entre autres, par Jérôme, pour qui les « frères » de Jésus sont ses cousins (*consobrinos*), ou encore le peuple juif (*populus judaeorum*) auquel il s'adresse en Mc 6, 3 (*Commentarium in Evangelium Matthaei*, II, 13 [*PL* 26, 84-85] ; *Contra Helvidium : De perpetua virginitate beatae Mariae* [*PL* 23, 181-206, avec mention de Justin Martyr parmi les auteurs ayant traité cette question : dans le *Traité contre toutes les hérésies* ?]). Bibliographie récente dans : P.-A. Bernheim, *Jacques, frère de Jésus*, Paris 2003.

145. L'argument des frères et sœurs de Jésus se retrouve dans plusieurs textes hébreux de controverse : Anonyme, *Sefer Nestor ha-Komer*, 79 (éd. D. J. Lasker et S. Stroumsa [texte hébreu p. 103 ; trad. angl., p. 114) ; Additions au *Sefer Yosef ha-Meqane* (éd. J. Rosenthal, p. 127) ; Anonyme, *Niṣaḥon Vetus*, nos 145, 153 [Ct. 1, 5], 167 et 235 (éd. D. Berger, texte hébreu, p. 97, 105, 116-117 et 157-158 ; trad. angl., p. 154 [l. 20 s.], 166, 179 et 232-233) ; Profiat Duran, *Sefer Kelimmat ha-Goyim*, 12 (éd. F. Talmage, p. 66) ; Isaac ben Abraham Troki, *Ḥizzuq Emunah*, II, 17 (éd. D. Deutsch, p. 297 ; trad angl. M. Mocatta, p. 241) ; Léon (Juda Aryeh) de Modène, *Maguen va-Ḥerev* (éd. S. Simonsohn, p. 61 [avec renvoi à Thomas d'Aquin, *Somme théologique*, III, Q. 28, art. 3]). L'argument selon lequel les « frères » de Jésus seraient l'ensemble d'Israël est réfuté dans le *Sefer Nestor ha-Komer* et dans le *Niṣaḥon Vetus* (n°167). Le paragraphe 167 du *Niṣaḥon Vetus* débute par une citation (Mt 13, 53-58/ Mc 6, 1-4) dont les limites correspondent de près à celles d'Hébreu 712, et se poursuit avec un assez long commentaire prenant en compte les interprétations chrétiennes du passage ;

théologique (III, Q. 23, art. 2), où il s'appuie sur Jérôme et cite plusieurs des versets invoqués, à ce sujet, dans la littérature juive et chrétienne. Le commentaire de Nicolas de Lyre sur Matthieu est conforme à cette tradition[146].

Dans le *Dialogue d'Athanase et Zacchée*[147], par exemple, Zacchée cite le début de Matthieu et rapproche ironiquement de ce passage Es 53, 8 (...*Sa génération, qui la racontera ?* ...) souvent présenté, dans la littérature chrétienne, comme une prophétie de la génération éternelle et de la naissance virginale : la génération de Jésus n'est pas ineffable, puisque Matthieu la donne en détail ! Dans le *Mostrador de Justicia* d'Abner de Burgos (Alfonso de Valladolid)[148], le « Rrebelle » cite le passage de l'Évangile relatif aux « frères et sœurs » de Jésus parmi une série d'autres versets du Nouveau Testament considérés comme preuves que Jésus lui-même savait qu'il n'était pas Dieu.

Les mentions de ce passage sont extrêmement nombreuses dans la littérature hébraïque de controverse[149] et l'on sent bien que les questions qu'il pose sont au cœur de ce qui divise juifs et chrétiens : il s'agit toujours de mettre en cause la naissance virginale, la divinité de Jésus, et le fait même que ce dernier se soit considéré comme « fils de Dieu ». L'argumentation emprunte trois voies, souvent réunies dans un même développement ou dans une même œuvre[150] : 1) la réflexion de Jésus : *non est propheta sine honore nisi in patria sua et in domo sua* montre bien que Jésus n'était, à ses propres yeux, qu'un prophète, un messager ou un serviteur ; 2) plusieurs versets du Nouveau Testament laissent entendre que Joseph et/ou Marie ont eu d'autres enfants et l'interprétation hiéronymienne selon laquelle le mot « frères » désigne ici une

---

   l'hébreu de la citation est très différent de celui qu'on trouve dans Hébreu 712 (le latin n'est pas donné).

146. Éd. S. Brant, vol. V, p. 45v : « Dicuntur autem fratres Christi quia erant cognati germani, non quia essent de Maria et Ioseph post nativitatem Christi generati, ut dicit Elvidius hereticus, quia dicit Mariam esse cognitam a Ioseph post nativitatem Christi. »

147. Éd. Fred. C. Conybeare, Oxford 1898, n° 43, p. 30.

148. Éd. W. Mettmann, Opladen 1994, p. 45 fol. 159v.

149. Anonyme, *Sefer Nestor ha-Komer* (éd. D. J. Lasker et S. Stroumsa, n° 55, 79, 107 et 152 [texte hébreu, p. 100, 103, 105 et 109 ; trad. angl., p. 109, 114, 119 et 127]) ; JACOB BEN REUBEN, *Sefer Milḥamot ha-Shem* (éd. J. Rosenthal, p. 156) ; JOSEPH BEN NATHAN OFFICIAL *Sefer Yosef ha-Meqane* (éd. J. Rosenthal, p. 127) ; Additions au *Sefer Yosef ha-Meqane* (éd. J. Rosenthal, p. 127) ; Anonyme (fin du XIIIe s.), *Niṣaḥon Vetus* (éd. D. Berger, nos 167 et 207 [texte hébreu, p. 116-117 et 143 ; trad. angl., p. 179 et 204-205]) ; MOÏSE HA-COHEN DE TORDESILLAS, *Sefer ha-'Ezer* (éd. Y. Shamir, p. 40) ; PROFIAT DURAN, *Sefer Kelimmat ha-Goyim*, 9 (éd. F. Talmage, p. 47-48) ; SIMEON BEN ṢEMAḤ DURAN, *Qeshet u-Maguen* (éd. et trad. P. Murciano, p. 24) ; BENJAMIN BEN MOÏSE DE ROME, *Teshuvot la-Noṣrim* (éd. S. H. Degel-Zahav, p. 17) ; ISAAC BEN ABRAHAM TROKI, *Ḥizzuq Emunah*, II, 3 et II, 17 (éd. D. Deutsch, p. 288 et 297 ; trad. M. Mocatta, p. 231 et 241) ; LÉON (Juda Aryeh) DE MODÈNE, *Maguen va-Ḥerev*, 11 (éd. S. Simonsohn, p. 61).

150. Les emprunts aux textes antérieurs sont parfois manifestes.

Les citations dans le manuscrit

proximité spirituelle[151] ne peut être retenue si l'on prend en considération les occurrences du mot אח (*ah*) dans la Bible ; 3) dans Mt 1, 25 (*et non cognoscebat eam donec peperit filium suum primogenitum et vocavit nomen eius Iesum*), le mot « donec », qui correspond à l'hébreu עד (*'ad* : litt. « jusqu'à ce que »), pose la conception de Jésus comme une limite à la virginité de Marie et ce sens correspond à celui du mot עד dans la Bible. On retrouve dans ces différents développements, et selon diverses combinaisons, tous les versets du Nouveau Testament cités dans Hébreu 712 comme preuves que Jésus n'était pas Dieu et que Joseph et Marie étaient bien ses parents. L'auteur anonyme du *Niṣaḥon Vetus* cite longuement le passage en hébreu (n° 167), se demande s'il faut comprendre que c'est Marie qui a eu d'autres enfants, ou Joseph avec une autre femme, puis envisage les conséquences des deux interprétations.

Luc 1, 31-32

U1 : non cité
U2 : fol. 66v, 9b-13a [5]

Formule introductive

אחר. יום מרצנקא. לא הגהתי
Autre [passage]. Je n'ai pas examiné/vérifié (?). Le jour de *M R T S N Q E » (*Marceinche* : Annonciation).

Latin translittéré

איציה קונציפיאיש אינוטירו אינ פאריאינ פיליאום אי בוקאביש נומן אינגﬗוש יﬗﬕﬞום · איק איריש מאנוש אי פיליאוש ארטישימי בוקאבﬕטור אי דאביש איﬗﬗﬕ דומﬕנוש שﬗﬕם דויש פאטריש אינ﬙ﬢﬗﬞוש.
[*Ecce concipies in utero et paries filium et vocabis eius nomen Iesum. Hic erit magnus et filius altissimi vocabitur et dabit illi Dominus Deus sedem David patris eius.*]

Vulgate

[*Ecce concipies in utero et paries filium et vocabis eius nomen Iesum. Hic erit magnus et filius altissimi vocabitur et dabit illi Dominus Deus sedem David patris eius.*]

---

151. Dans le *De virginitate perpetua* (chap. 14), Jérôme distingue quatre sens pour le mot « frère », dans les Écritures : « Jam nunc doceberis quatuor modis in divinis Scripturis fratres dici : natura, gente, cognatione, affectu. » ; puis (chap. 15), un sens « commun » et « spirituel ».

188

Luc 1, 31-32

Traduction hébraïque

– non traduit.

Cette citation de Luc n'apparaît que dans la seconde unité ; elle s'inscrit dans la série de celles qui comportent le(s) mot(s) *pater* et *filius* et qui sont utilisées pour nier à la fois la naissance virginale et la divinité de Jésus. La formule de présentation laisse entendre que sa teneur n'est pas clairement appréhendée, ce que confirme peut-être l'absence de traduction. En revanche, elle situe avec précision le passage dans le cycle annuel des lectures liturgiques chrétiennes : le jour de l'Annonciation (25 mars) est en effet désigné par le mot *Marceinche* (« de mars ») en ancien français[152]. Les mots latins sont bien distingués les uns des autres ; on note, cependant, la graphie **inutero* pour *in utero*.

La fonction polémique du passage ne fait guère de doute. Elle ne se retrouve dans aucun des textes chrétiens évoquant une argumentation juive, mais elle est illustrée dans plusieurs textes hébreux[153], où elle prend plusieurs formes : 1) l'ange n'a jamais dit à Marie qu'elle donnerait naissance à un Dieu ; 2) comment à Dieu quelque chose pourrait-il être *donné*, puisque tout lui appartient ? 3) qu'y aurait-il d'honorifique, pour Dieu, dans le fait de s'asseoir sur le *trône de David* ? ; 4) un royaume (humain) peut-il être un honneur pour Dieu ? 5) le royaume de *David* ne fut pas universel, comme l'est celui de Dieu ; 6) qui fut créé en premier : l'enfant alors annoncé (et considéré par les chrétiens comme le Messie préexistant, avant son incarnation) ou *son père, David* ?

Le *Sefer Nestor ha-Komer* n'a que le premier argument ; les Additions au *Sefer Yosef ha-Meqane* et les deux passages consacrés à ce verset dans le *Niṣaḥon Vetus* ont la plupart des autres. Les similitudes sont nombreuses, mais la liste des arguments, leur ordre et leur formulation ne sont jamais identiques, ce qui montre que, pour cette question comme pour d'autres, les arguments *circulaient* en étant adaptés à leurs discours par ceux qui les reprenaient[154].

---

152. F. GODEFROY, *Dictionnaire de l'ancienne langue française*, au mot *Marsesche*.

153. *Sefer Nestor ha-Komer*, 73 (éd. D. J. Lasker et S. Stroumsa [texte hébreu p. 104 ; trad. angl., p. 102 : argument déjà présent chez Ibn Kammûna]) ; Additions au *Sefer Yosef ha-Meqane* (Vittorio Emmanuele, Hébreu 56), éd. J. Rosenthal, p. 125 ; Anonyme (fin du XIIIe s.), *Niṣaḥon Vetus* (éd. D. Berger, n°s 179 [texte hébreu p. 126 ; trad. angl., p. 188] et 208 [texte hébreu p. 144 ; trad. angl., p. 205]).

154. Comme le *Sefer Yosef ha-Meqane* attribué au même auteur, les Additions sont une compilation ; le *Niṣaḥon Vetus* et le *Sefer Nestor ha-Komer* sont des écrits anonymes.

Les citations dans le manuscrit

Luc 2, 48

U1 : non cité

U2 : 67v, l. 2b-3 [18]

Formule introductive

אחר ניתל
Après *N I T [a] L [Noël].

Latin translittéré

פִּילִי קֵין פֵּיצִישְׁטִי נוֹבִּיש שִׁיק אַיגו אֵין פַּאטִיר טוֹאוּש דוֹלְנְטֶיש קֵירֵיה בַּאמוּשְׁטֵיה
[Fili, quid fecisti nobis sic ? Ego et pater tuus dolentes quaerebamus te.]

Vulgate

Et videntes admirati sunt. Et dixit mater ejus ad illum : Fili, quid fecisti nobis sic ? Ecce pater tuus et ego dolentes quaerebamus te.

Traduction hébraïque interlinéaire

בן מה עשית פה אנחנו אנכי ואת[!] אב שלך כואבים בקשנו אותך

Cette citation n'apparaît que dans la second unité, où le seul lien qu'elle semble avoir avec ce qui précède est la référence à Noël et à Pâques, présentés comme des repères chronologiques. Le motif commun à cette citation et à celles qui précèdent est en réalité la négation de la divinité de Jésus, « homme », « fils », parmi ses « frères » et « sœurs », d'un « père » et d'une « femme » qui manifeste ici l'inquiétude éprouvée par elle et par son mari pendant que leur fils se trouvait au Temple, parmi les Docteurs. La première partie du verset aurait pu être citée également, puisqu'elle comporte le mot « mère ».

Le latin est assez proche de Luc (seul évangéliste rapportant cet épisode), avec une inversion : *ego et pater tuus* au lieu de *pater tuus et ego*. Dans la translittération, les mots latins sont bien distingués les uns des autres, à l'exception du dernier : *quaere-bamuste* au lieu de *quaerebamus te*. La traduction hébraïque est assez exacte (et chacun de ses éléments bien placés), mais si littérale – c'est-à-dire faite mot après mot, sans que soit prise en considération la fonction des vocables dans la phrase – qu'elle comporte plusieurs écarts avec la grammaire hébraïque ou avec l'original latin : *fili* est traduit par בן qui correspond au nominatif « filius » plutôt qu'à la forme (בני : *b[e]ni*, litt. « mon fils »), normalement utilisée en pareil cas ; *fecisti* est traduit par עשית פה = litt. : « [qu']as-tu fais ici ? » ; *nobis* est traduit par אנחנו (*anaḥnu* = « nos »), et non par la forme hébraïque du datif (לנו = *lanu*) ; devant « pater », *et* est

190

traduit par ואת, qui se prononce presque de la même manière (*ve-et*) mais correspond à « et » (*ve*) accolé à la préposition (*et*) qui introduit en hébreu le complément d'objet direct.

La référence à la période suivant Noël, dans la formule introductive, est exacte puisque la lecture du passage correspond à la fois à l'Évangile du dimanche dans l'octave de l'Épiphanie (Lc 2, 42-52) et à l'antienne in Evangelio du même jour (Lc 2, 48-49). Dans les deux cas, le verset suivant (Lc 2, 49 : *Quid est quod me quaerebatis ? Nesciebatis quia in his quae patris mei sunt oportet me esse ?*) est pris en compte ; il ne l'est pas ici, sans doute parce que sa teneur va à l'encontre de la fonction polémique attribuée au premier.

Ce verset est parfois présenté, dans la littérature chrétienne[155], comme l'un de ceux que juifs et hérétiques utilisent pour nier la naissance virginale : le Ps.-Augustin l'inclut dans une question relative à la généalogie de Jésus (fils de Joseph ou d'Élie ?). Alain de Lille rapporte qu'avec d'autres passages scripturaires (dont Es 7, 14), il fonde l'argumentation de ceux qui prétendent que Jésus et Marie étaient bien les parents de Jésus (la réponse ne porte que sur Es 7, 14). Thomas d'Aquin indique lui aussi que ce verset (cité après Lc 1, 33) est mis en avant pour nier la virginié de Marie (« Ergo Christus non est conceptus ex virgine matre ») ; dans sa réponse, il mentionne les Ébionites, Cérinthe, les Photiniens et, parmi d'autres auteurs chrétiens, Augustin, Jérôme et Bède. Nicolas de Lyre connaît à l'évidence l'objection qui s'appuie sur ce verset, puisqu'il la prend en compte dans son commentaire : ces paroles n'ont pas été prononcées par Joseph – qui savait bien que Jésus était le fils de Dieu –, mais par Marie et elles [ne] sont [que] l'expression spontanée de son amour maternel[156]. Dans le *Dialogue* de Petrus Pennis de Teramo, le « Judeus » met en avant ce verset pour affirmer 1) que Jésus [ne peut être Dieu puisqu'il] a péché en suscitant l'inquiétude de son père et de sa mère (cf. Pr 19, 26) ; 2) qu'il a bien eu, comme tout homme, un père et une mère « de chair ». La réponse du « Clericus » porte sur les diverses significations du mot « pater » (*pater generationis, pater honore, pater in cura, sic fuit Joseph pater Jhesu*). Le « Judeus » répond en évoquant la généalogie de Jésus selon Mathieu (*Joseph virum Marie*), ce qui entraîne les considérations du « Clericus » sur les différents sens du mot « vir ».

---

155. Références trouvées : Ps-Augustin = Ambrosiaste (?), *Quaestiones veteris et novi Testamenti*, 56 (*PL* XXV, 2253) ; Alain de Lille, *De fide catholica*, 16 (*PL* 210, 0415C) ; Thomas d'Aquin, *Somme Théologique*, III, Q28, art. 1 ; Nicolas de Lyre, *Postille* sur ce verset (éd. S. Brant, t. V, fol. 131r) ; Petrus de Pennis de Teramo, *Dialogus inter Judaeum et clericum* (éd. Sh. Shahar, *Michael* 4, p. 46-47).

156. « Joseph autem, licet pater eius diceretur, tamen non fuit ausus illud arguere, cum firmiter crederet ipsum esse Dei filium, sed mater ex maxima dilectione quam habebat ad illum hoc fecit quia amor excellens dominium nescit. »

Les citations dans le manuscrit

Le rapprochement avec la généalogie de Jésus et avec les passages du Nouveau Testament qui le désignent comme « fils [de l'homme] » et « homme » avec un « père », une « mère », des « frères » et des « sœurs » sont omniprésents dans la littérature hébraïque de controverse[157] et les versets alors réunis[158] sont souvent les mêmes que dans Hébreu 712, en sorte que la signification polémique de Lc 2, 48, bien que non explicite dans ce document, ne fait aucun doute. L'auteur du *Sefer Nestor ha-Komer* se demande si Marie a dit la vérité ou menti : dans la première hypothèse, ces paroles sont encontradiction avec tous les passages dans lesquels il est dit que Jésus était le fils de Joseph, son mari ; la seconde hypothèse n'est pas examinée, sans doute parce que ses implications pour la foi chrétienne sont évidentes. Après une longue citation-paraphrase de Lc 2, 42-48, l'auteur du *Niṣaḥon Vetus* avance trois arguments qu'on ne retrouve pas ailleurs sous cette forme : si le « père » mentionné par Marie était Joseph, Jésus ne peut être appelé Dieu ; si c'était le Père qui est dans les cieux, Jésus a commis un péché en suscitant l'inquiétude de son Créateur ; qui plus est, ce Père qui est dans les cieux, omniscient, avait-il besoin de « chercher » son fils ? Isaac ben Isaac Troki conclut par une formule définitive la longue série des citations néotestamentaires invoquées contre le dogme de la naissance virginale : « Ces passages offrent une complète réfutation de la doctrine de la conception miraculeuse, sapant ainsi le fondement même de la foi chrétienne[159] ».

Luc 23, 34

U1: non cité.

U2 : fol. 67v, l. 1-2a [17]

Formule introductive

אחר : « autre [passage/preuve] ».

---

157. Anonyme, *Sefer Nestor ha-Komer*, 99 (éd. D. J. Lasker et S. Stroumsa [texte hébreu p. 104 ; trad. angl., p. 117]) ; Anonyme (fin du XIIIe s.), *Niṣaḥon Vetus* (éd. D. Berger, n° 180 [texte hébreu p. 126 ; trad. angl., p. 188]) ; Moïse ha-Cohen de Tordesillas, *Sefer ha-'Ezer* (éd. Y. Shamir, p. 64) ; Simeon ben Ṣemaḥ Duran, *Qeshet u-Maguen* (éd. et trad. P. Murciano, p. 22) ; Benjamin ben Moïse de Rome, *Teshuvot la-Noṣrim* (éd. S. H. Degel-Zahav, p. 17 et 28) ; Isaac ben Abraham Troki, *Ḥizzuq Emunah*, II, 34 (texte hébreu : éd. I. Deutsch, p. 312 ; trad. angl., M. Mocatta, p. 253).

158. C'est chez Isaac Troki que leur liste est la plus longue.

159. ע"כ הנך רואה שגם אלו המאמרים עומדים כנגדם והורסים פנת אמונתם שמאמינים שנולד בלא אב (éd. D. Berger, p. 312).

192

Luc 23, 34

Latin translittéré

פַאטֶיר דִימִיטֶיה איאיש קי אַנֶיצִיאָונט קיץ פַאצִיאָונט

Pater, dimitte eis quia nesciunt quid faciant.

Vulgate

> *Jesus autem dicebat : Pater, dimitte illis : non enim sciunt quid faciunt. Dividentes vero vestimenta ejus, miserunt sortes.*

Traduction hébraïque interlinéaire

אבי מחול להם כי אינם יודעים מה הם עושים

Ce verset de Luc n'a pas de parallèle dans les autres évangiles. Il n'est cité que dans la seconde unité, où la formule introductive le présente comme un supplément de preuve : cette citation est en effet liée à la précédente (Mc 6, 1-6 : frères et sœurs de Jésus) et à la suivante (Lc 2, 48 : *Fili, quid fecisti nobis…*) par le mot « pater » ; mais si c'est bien ainsi que doit être interprétée sa présence dans ce contexte, « pater » renvoie ici à Joseph (non mentionné dans le récit de la Passion), plutôt qu'au Père céleste.

Dans la littérature chrétienne, cette parole connaît parfois une utilisation polémique[160] : on s'efforce de faire coïncider sa teneur avec la conviction que les juifs sont responsables de la mort de Jésus. A la question (juive ?) que peut-on pardonner à celui qui n'a pas conscience de sa faute ? L'auteur des *Quaestiones veteris et novi Testamenti* répond que seul peut être considéré comme véritablement « ignorant [de sa faute] » celui qui n'a eu personne pour lui donner l'enseignement nécessaire à cette prise de conscience[161]. Or, précise-t-il, ce n'est pas le cas ici ; le pardon demandé par Jésus sur la Croix est donc conditionné par la conversion. Cette réponse s'appuie sur Jn 15, 22 (*Si non venissem et locutus eis fuissem, peccatum non haberent*) et Ac 3, 19 (*Convertimini, ut deleantur peccata vestra*)[162]. Isidore de Séville rapproche les paroles de Jésus de trois prophéties : Es 53, 12 (*Ipse peccata multorum tulit, et pro transgressoribus oravit*) ; Ps 108, 4 (*Pro eo quod eos*

---

160. Occurrences rencontrées : Ps-Augustin = Ambrosiaste (?), *Quaestiones veteris et novi Testamenti*, 67 (*PL* XXXV, 2262) ; Isidore de Séville, *De fide catholica contra Iudeos*, 42 (*PL* LXXXIII, 0487 C) ; Thomas d'Aquin, *Somme Théologique*, III, Q47, art. 5 et 6 ; Nicolas de Lyre, *Postille* sur ce verset (éd. S. Brant, t. V, fol. 179v).

161. « Non omnis ignorans immunis a poena est : ille enim ignorans potest excusari a poena, qui a quo disceret non invenit. Istis autem hoc ignosci petit, qui habentes a quo discerent, operam non dederunt. Hujusmodi non licet ignorare. Accipient ergo veniam, si convertantur. »

162. Ici et ci-dessous, les citations scripturaires sont données selon la forme qu'elles prennent dans le texte mentionné.

Les citations dans le manuscrit

diligebam, adversabantur mihi ; ego autem orabam pro eis) ; Ha 3, 2 (*Cum conturbata fuerit anima mea, in ira misericordiae tuae memor eris*), rapportant la dernière à la crucifixion : « Praefiguravit enim sub hac sententia in semetipso Judaeorum personam, qui Christum commoti ira crucifixerunt. » Thomas d'Aquin consacre à cette question deux longs développements de la *Somme théologique*, nourris de références nombreuses. Dans le premier d'entre eux (art. 5), il distingue, parmi les juifs contemporains de Jésus, les « minores » ou « populares », incapables, pour la plupart d'entre eux, de reconnaître Jésus, et les « maiores » ou « Judaeorum principes », coupables de l'avoir délibérément rejeté alors que, grâce à leur connaissance des Écritures, ils avaient reconnu en lui le Christ, fils de Dieu. L'ignorance volontaire, ajoute-t-il, n'excuse pas la faute, mais l'aggrave ; c'est pourquoi les juifs ont péché en crucifiant le Christ non seulement comme homme, mais aussi comme Dieu[163]. Dans l'article 47, Thomas d'Aquin se demande si le péché comportant une excuse – et *a fortiori* celui pour lequel le Christ lui-même a demandé le pardon – peut être très grave. En s'appuyant sur la même différenciation que précédemment, il distingue trois niveaux de culpabilité : celui des païens (qui ne connaissaient pas les Écritures), celui des « minores Judaei » et celui des « principes Judaeorum ». La fin de l'article répond à une objection très souvent mise en avant dans la littérature hébraïque (voir ci-dessous) : « Jésus a voulu sa Passion, certes, comme Dieu lui aussi l'a voulue, mais pas l'action inique des juifs »[164]. Dans sa *postille* sur ce verset, Nicolas de Lyre présente une explication analogue à celle de Thomas, distinguant, parmi les juifs contemporains de Jésus, les « gens simples et ignorants, trompés par les prêtres » (*simplices et illiterati a sacerdotibus Iudeorum decepti*) et les gens « instruits » (*litterati*). La prière de Jésus ne concerne que les premiers.

Cette parole de Jésus sur la Croix est fréquemment citée dans la littérature hébraïque de controverse[165], en hébreu, et parfois aussi en latin, sous des formes toujours différentes, y compris, parfois, à l'intérieur d'un même

---

163. « Ad tertium dicendum quod ignorantia affectata non excusat a culpa sed magis videtur culpam aggravare, ostendit enim hominem sic vehementer esse affectum ad peccandum quod vult ignorantiam incurrere ne peccatum vitet. Et ideo Iudaei peccaverunt, non solum hominis Christi, sed tanquam Dei crucifixores.

164. « Ad tertium dicendum quod Christus voluit quidem suam passionem, sicut et Deus eam voluit, iniquam tamen actionem Iudaeorum noluit. Et ideo occisores Christi ab iniustitia non excusantur. »

165. Joseph Qimḥi, *Sefer ha-Berit* (éd. F. Talmage, p. 64 ; trad. angl. : F. Talmage, p. 76 et 77) ; Joseph ben Nathan Official *Sefer Yosef ha-Meqane* (éd. J. Rosenthal, p. 136 : allusion) ; Addition au *Sefer Yosef ha-Meqane* (éd. J. Rosenthal, p. 131 et 133) ; Anonyme (fin du XIIIᵉ s.), *Niṣaḥon Vetus* (éd. D. Berger, nᵒˢ 133, 147, 148 et 191 [texte hébreu p. 86, 98, 99 et 137 ; trad. angl. p. 140, 156, 158 et 198]) ; Ḥasdaï Crescas, *Sefer Bittul 'Iqqarey ha-Noṣrim* (éd. C. Del Valle Rodríguez : texte hébreu, p. 299 ; trad. esp., p. 193 : allusion) ; Daniel ben Shlomo Rofe, d'Offida (XIVᵉ s., Italie), Remarques sur le *'Edut ha-Shem Neemanah* de Salomon ben R. Moïse ben Yequtiel de Rome (éd. J. Rosenthal, p. 427) ; Isaac ben Abraham

Jean 1, 18 ; I Jean 4, 12

ouvrage. L'argumentation qui l'accompagne prend essentiellement deux formes : 1) les juifs ne peuvent être tenus pour responsables d'un supplice que les chrétiens considèrent comme voulu par Dieu et assumé par Jésus lui-même pour le salut de l'humanité ; 2) en reprochant aux juifs la mort de Jésus et en présentant leur exil comme un châtiment, les chrétiens se mettent en opposition avec la volonté divine et avec la prière exprimée par Jésus. Les développements sont toujours différents les uns des autres (au moins dans leur formulation), et plus élaborés parfois : si la prière de Jésus était sincère, demande Joseph Qimḥi, ses souffrances et sa mort « nous sont pardonnées » (l'expression revient plusieurs fois dans ce passage) ; si elle ne l'était pas, ses autres discours ne l'étaient sans doute pas non plus. L'auteur du *Niṣaḥon Vetus* cite ce verset dans quatre lieux distincts (l'opposant à divers passages des Psaumes). Isaac Troki se demande, pour sa part, si les chrétiens peuvent croire, en considérant l'exil comme un châtiment, que Dieu a refusé d'accéder à la prière de Jésus[166].

La plupart des occurrences rencontrées se trouvent dans des textes rédigés en Ashkenaz, à la fin du XIIIe siècle, ce qui montre, avec les mentions rencontrées chez Thomas d'Aquin et Nicolas de Lyre, que les problèmes posées par cette parole occupaient alors une place centrale dans la polémique. En revanche, la lecture suggérée par la place de cette citation dans Hébreu 712 (Jésus s'adresserait à Joseph) ne se retrouve dans aucun de ces textes. Il est possible que le scribe (ou sa source) ait mal interprété le sens du passage, manifestant ainsi une certaine méconnaissance du contexte dont il est tiré, et de ses virtualités polémiques.

Jean 1, 18 ; I Jean 4, 12

U1 : fol. 57r, l. 13b-14a [19]

U2 : fol. 67v, l. 8b-9a [21]

Formules introductives

U1 : וזה הלעז 'וזה להוכיחם על שה[ם] אומרים **שהם אומרים** שהם רואים אלהיהם וקדש פול אמ
נול נביט אונקש ג'יו כלומר שהשם לא נראה לשום אדם.

Ceci pour réfuter (litt. « prouver ») le fait qu'ils disent voir leur Dieu. Voici, en *la'az*[167], ce que Saint Paul a dit [à ce sujet] : *Nul ne vit oncques Dieu*, c'est-à-dire que Dieu n'a jamais été vu par aucun homme.

TROKI, *Ḥizzuq Emunah*, I, 50 et II, 40 (éd. D. Deutsch, p. 281 et 316 ; trad. angl. M. Mocatta, p. 225 et 258).

166. זה המאמר ג''כ סותר פנת אמונת הנוצרים שאומרים שהאל ענש היהודי' בעונש גדול על שעשו שפטים בישו א''כ לא
קבל האל את בקשתו ולא סלח להם.

167. Langue vernaculaire.

Les citations dans le manuscrit

U2 : <>פו<>ל ק<>דש<
S(aint) Pa(ul)

Latin translittéré

U1 : נֵיימוֹ דֵיאָוּם וִידִּיץ אֶנקֶם
[Nemo Deum vidit unquam.]
U2 : נֵיימוֹ דֵיאָוּם וִידִּיץ אֶנקֶם
[Nemo Deum vidit unquam.]

Vulgate

> *Deum nemo vidit umquam : unigenitus Filius, qui est in sinu Patris, ipse enarravit.* (Jn 1, 18)
> *Deum nemo vidit umquam. Si diligamus invicem, Deus in nobis manet, et caritas ejus in nobis perfecta est.* (1Jn 4, 12)

Traduction hébraïque interlinéaire

U1 : ...השם לא נראה לשום אדם
U2 : שום בריה השם ... מעולם

Cette affirmation est tirée du début de l'Évangile de Jean ou de la première Épître de Jean. Dans la première unité, la traduction hébraïque n'est pas donnée, comme d'habitude, au-dessus du latin translittéré, mais à la fin de la formule introductive et elle est alors présentée comme une traduction de l'ancien français, non du latin ; la fonction polémique est clairement exposée dans cette introduction alors qu'elle n'est pas évoquée dans la seconde unité. Dans les deux cas, le texte est attribué à Paul, et non à Jean[168].

Le détail des mots latins est identique dans les deux unités ; il en va de même pour la translitération des consonnes (exception faite du *yod* supplémentaire, dans la seconde unité, pour *nemo* : ניימו), mais les voyelles sont différentes. Les traductions hébraïques sont très éloignées l'une de l'autre puisque la première signifie littéralement « Dieu n'a été vu/n'est vu d'aucun homme », et la seconde « aucune créature [n'a] jamais vu Dieu ». L'expression « aucune créature » (שום בריה) est courante dans la littérature rabbinique[169] ; celle qui est utilisée pour « n'a été vu/n'est vu » dans la première unité (לא נראה) rappelle Ex 4, 1 : לא נראה אליך ה'.

---

168. Ces attributions erronées ou discutables sont extrêmement fréquentes, pour les citations du Nouveau Testament, dans la littérature hébraïque médiévale.
169. Elle correspond aussi au commentaire de Nicolas de Lyre, qui utilise plusieurs fois l'expression « nulla creatura » dans son commentaire sur Jn 1, 18 (*Postille* : éd. S. Brant, t. VI, p. 187 r-v).

Jean 1, 18 ; 1 Jean 4, 12

Le scribe de la première unité a copié deux fois « qu'ils disent (שהם אומרים), et barré la seconde ; il semble qu'il s'agisse d'une faute de copie entraînée, peut-être, par l'assonance שהם אומרים שהם רואים (*she-hem omerim she-hem royim* = « [le fait] qu'ils disent qu'ils voient ») ; le mot נול (*nul* [ne vist…]) a lui aussi été barré à la l. 5, et réécrit au début de la l. 6, ce qui pourrait être une autre faute de copie. Dans la seconde unité, l'hébreu est bien placé, mais « vidit » n'est pas traduit : le mot écrit au-dessus du latin translittéré a été gratté et il semble bien qu'il se soit agi d'un mot latin ou français puisque la lettre centrale (sans doute un *shin*) porte le signe de palatisation (ˇ).

Cette citation est opposée à Ac 55 (*Video coelos apertos et Iesum stantem a dextris virtute Dei*) dans la première unité, et associée à 1Tm 1, 17 (*Regi autem saeculorum inmortali invisibili soli Deo honor e gloria in saecula saeculorum*) dans la seconde. La fonction polémique des versets est claire- ment exposée dans les formules introductives de la première unité, et ce qui est alors dit s'applique aussi à la seconde unité ; mais dans le premier cas, les deux citations s'opposent alors que dans le second cas, elles se renforcent. Il s'agit toujours d'affirmer que Jésus ne peut être Dieu, puisque « Dieu ne peut être vu ». Se distinguant en cela de tous les autres, ces deux ensembles sont exclusivement constitués de citations du Nouveau Testament : le second souligne la convergence de deux affirmations implicitement présen- tées comme conformes à la révélation biblique, mais incompatibles avec le discours sur Jésus ; le premier met en évidence ce qui est considéré comme une contradiction interne au discours chrétien. La seconde partie de Jn 1, 18 ou de 1Jn 4, 12 n'est pas prise en compte.

Cette formule n'a été rencontrée, dans un contexte polémique chrétien, que chez Ruper de Deutz[170] : le « Judeus » affirme que le serpent d'airain, figure de la Croix dans la tradition chrétienne, ne peut être qu'un « signe » de Dieu, et non celui d'un homme mort (*hominis mortui*) ; Jésus, « vu » et « tué » ne saurait être Dieu. Citant parmi d'autres le verset de Jean, le « Chris- tianus » répond que Dieu, invisible, s'est fait homme afin d'être vu de ceux qui étaient devenus, à cause du péché originel, incapables d'appréhender sa subs- tance (*non poterat visio substantiae ejus ab homine videri*). « Il y a donc deux dieux ? », demande son interlocuteur, s'appuyant sur différents versets dans lesquels est affirmée l'unicité divine.

La méthode adoptée dans Hébreu 712 est originale puisque, dans la littérature hébraïque de controverse (où le verset de Jean n'est, semble-t-il, jamais cité), c'est toujours sur l'Ancien Testament que se fonde l'argumenta- tion juive à ce sujet[171]. Parmi les versets invoqués, c'est Ex 33, 20, absent de

---

170. *Annulus, sive Dialogus inter Christianum et Judaeum* (PL 170, 0604B).

171. Anonyme, *Sefer Nestor ha-Komer*, 118, 119 (éd. D. J. Lasker et S. Stroumsa [texte hébreu p. 106 et 109 ; trad. angl., p. 122 et 127]) ; Joseph Qimḥi, *Sefer ha-Berit* (éd. F. Talmage, p. 29 ; trad. angl. : F. Talmage, p. 36) ; Lévi ben Abraham de Villefranche, *Livyat Ḥen* (éd.

Les citations dans le manuscrit

notre dossier, qui apparaît le plus régulièrement (le plus souvent seul) : *Tu ne saurais voir ma face, car nul homme ne peut me voir, et vivre.* Il est toujours question de nier la divinité de Jésus en faisant remarquer que ce dernier a été vu et, plus généralement, que la théologie de l'Incarnation est incompatible avec l'incorporéité divine. Les développements se présentent parfois comme une série de citations dénuées de commentaire, mais il arrive qu'ils soient mieux argumentés, en particulier là où sont prises en compte les réponses chrétiennes à cette objection : l'auteur du *Niṣaḥon Vetus* (n° 44) fait remarquer que si le Père, le Fils et l'Esprit ne font qu'un, qui a vu l'un des trois a vu aussi les deux autres ; les différents passages bibliques évoquant une vision divine font référence à une perception indirecte de Dieu « dans un miroir non lumineux » (באספקלריא שאינה מאירה), et seul Moïse a pu percevoir Dieu dans un « miroir lumineux » (באספקלריאה מאירה)[172] ; le mot *Elohim* désigne alors des anges, et non Dieu (n° 46). C'est parce que Moïse avait demandé plus que ce qui lui avait été accordé dans la révélation faite « face à face[173] », précise Léon de Modène, qu'il lui a été répondu *Tu ne saurais voir ma face, car nul homme ne peut me voir, et vivre* : Comment la génération de Jésus aurait-elle obtenu ce qui avait été refusé au plus grand des prophètes ? Les réflexions relatives aux visions divines – peut-être celles de Maïmonide[174] – semblent être à l'arrière-plan de plusieurs de ces développements. Dans leur commentaire du *Sefer Nestor ha-Komer*, Daniel Lasker et Sarah Stroumsa signalent[175] que dans les versions arabes de cet ouvrage, l'argument juif se présente sous deux formes : 1) Jésus n'a pu voir le Père et « s'asseoir à côté de lui[176] » ; 2) s'il était vraiment Dieu, il n'aurait pu être vu.

M. Steinschneider, p. 2, l. 4) ; Anonyme, *Niṣaḥon Vetus*, n⁰ˢ 44 et 46 (éd. D. Berger, texte hébreu, p. 31 et 32 ; trad. angl., p. 71 et 72) ; Joseph ben Nathan Official, *Teshuvot la-Minim* (éd. J. Rosenthal, p. 371) ; Salomon Adret, *Perushey Aggadot* (éd. J. Perles, p. 45) ; Salomon ben R. Moïse Ben R. Yequtiel de Rome, *'Edut ha-Shem Neemanah* (éd. J. Rosenthal, p. 381, 412 et 420) ; Simeon ben Ṣemaḥ Duran, *Qeshet u-Maguen* (éd. et trad. P. Murciano, New York 1975, p. 24) ; *Dispute de Ferrare* (éd. G. Jaré, p. 7) ; Léon (Juda Aryeh) de Modène, *Maguen va-Ḥerev*, I, 6ʳ (éd. S. Simonsohn, p. 41).

172. *TB Yebamot*, 49b.

173. Ex 33, 11 ; cf. Dt 34, 10.

174. *Guide* I, 37 (sur le mot *panim* : « *Et l'Éternel parla à Moïse face à face*, ce qui veut dire : *en présence l'un de l'autre*, sans intermédiaire […] ») ; II, 42 (l'apparition d'un ange désigne une vision prophétique ou un songe) ; II, 44 (sur les visions prophétiques).

175. Page 159.

176. Allusion à Ac 7, 55 (voir ci-dessous).

Jean 2, 3-4

Jean 2, 3-4

U1 : fol. 57r, 5b-6 [14]

U2 : non cité

Formule introductive

וזה להוכיחם שאמרה מרים לישו שהיה לכם [!] חסרון מלחם ומיין לחופת אחד מתלמידיו רקלין
היה שמו

Ceci pour leur prouver que Marie (Myriam) a dit a Jésus que le pain et le vin manquaient pour les noces de l'un de ses disciples, nommé Raqlin.

Latin translittéré

פְּלִי פָּאנְיֵים נוֹן אבֵיֵינְט וֵויְינוּם נוֹן אבֵיֵינְט רֵיְישְׁפוֹנְדִי יֵישׁוֹש נוֹן רָוְנבֵיֵינִיץ אוֹרָא מֵיְיאה.

[Fili, panem non habent, vinum non habent. Respondit Iesus : nondum venit hora mea.]

Vulgate

Et deficiente vino, dicit mater Jesu ad eum : Vinum non habent. Et dicit ei Jesus : Quid mihi et tibi est, mulier ? Nondum venit hora mea.

Traduction hébraïque interlinéaire

בני לחם אין לנו יין אין לנו ויען ישו עדיין לא בא שעתי.

La requête formulée par Marie lors des noces de Cana, et la réponse de Jésus, ne sont citées que dans la première unité. Contrairement à toutes les autres formules introductives de cet ensemble, celle qui apparaît ici n'indique pas clairement quelle peut être l'utilisation polémique du passage. Il semble bien que le scribe – ou sa source – ne l'ait pas lui-même compris : la citation qui précède (Gn 17, 14) porte sur la circoncision et celle qui suit (Ez 28, 9-10) est présentée comme une preuve que Jésus n'était qu'un homme. Cette situation particulière doit sans doute être interprétée comme un autre signe que la fonction de cette référence n'était pas clairement appréhendée par l'auteur du document, puisque les autres citations qui le constituent sont le plus souvent groupées autour d'une même thématique.

Le latin est assez proche de la source, mais avec une variante importante : l'expression *panem non habent* ne figure pas dans ce passage de l'Évangile de Jean : peut-être une confusion avec la multiplication des pains à Capharnaüm

Les citations dans le manuscrit

(Jn 6, 1, 15)[177]. Les éléments du latin sont bien décomposés. *Fili* est ici bien traduit par בני, mais les deux occurrences de *non habent* sont rendues par אין לנו (« nous n'avons pas »).

Les mentions de ce passage qui se rencontrent dans les écrits de controverse chrétiens et juifs éclairent ce qui demeure ici très indéterminé et incomplet, les deux phénomènes étant évidemment liés :

Dans la tradition chrétienne les commentaires de ces versets, et en particulier de la réponse de Jésus, portent sur la divinité de ce dernier et sur le moment choisi par lui pour se révéler en tant que Fils de Dieu[178]. La fonction polémique est plus explicite chez Thibault de Sézanne[179] : dans une partie du débat consacrée à la question de la naissance virginale, la « Synagogue » fait remarquer que Jésus lui-même appelle ici sa mère *mulier*, comme il le fait également en Jn 9, 26 (autre verset cité dans la première unité polémique d'Hébreu 712)[180]. La réponse de l'« Ecclesia » porte sur les différents sens bibliques de *mulier* qui, d'après les versets alors mis en avant (Gn 3, 4 ; 3, 13 ; 24, 5), peut désigner aussi une vierge (*virgo*).

Dans la littérature hébraïque de controverse[181], ces versets connaissent une riche interprétation polémique, qui prend essentiellement trois formes : 1) dans la seconde partie de sa réponse, Jésus a appelé sa mère *mulier/isha* (אישה) : il était donc bien le fils de Marie [et de Joseph] ; 2) ici comme en d'autres occasions, Jésus a bu [avec excès et dormi] et cette faiblesse, incompatible avec l'affirmation de sa divinité, montre qu'il était même inférieur au Grand prêtre ; 3) il est étrange que celui qui était en l'occurrence le « maître du repas/de cérémonie », puisque sa mère avait demandé aux serviteurs d'agir selon sa volonté (Jn 2, 5), se soit montré aussi indifférent au bien être de ses hôtes.

---

177. Épisode évoqué, avec les noces de Cana, dans le même passage du *Niṣaḥon Vetus* (voir ci-dessous, note 181).

178. Par exemple le Ps-Augustin = Ambrosiaste (?), *Quaestiones veteris et novi Testamenti* (*PL* XXV, 2358) ; Thomas d'Aquin, *Somme Théologique*, III, Q46, art. 9 ; Nicolas de Lyre, *Postille* sur Jn 2, 4 (éd. S. Brant, vol. V, p. 191v).

179. *Dialogus pro Ecclesia contra Synagogam*, 18 (éd. M. Orfalí, p. 712) : unique occurrence rencontrée dans la littérature chrétienne anti-judaïsque.

180. Voir ci-dessus.

181. Anonyme, *Sefer Nestor ha-Komer*, n°s 85, et 95 (éd. et trad. angl. D. J. Lasker et S. Stroumsa, p. 103, 104 [hébr.] et 115, 116 [trad. angl.]) ; Joseph ben Nathan Official, *Sefer Yosef ha-Meqane* (éd. J. Rosenthal : critique de l'Évangile, n°s 2 [p. 125] et 36 [p. 135]) ; Additions au *Sefer Yosef ha-Meqane* (éd. J. Rosenthal., p. 126) ; Anonyme (fin du XIIIe s.), *Niṣaḥon Vetus*, (éd. D. Berger, n° 186 [texte hébreu, p. 130 ; trad. angl., p. 192]) ; Profiat Duran, *Sefer Kelimmat ha-Goyim*, 9 (éd. F. Talmage, p. 46) ; Isaac ben Abraham Troki, *Ḥizzuq Emunah*, I, 49 et II, 42 (éd. D. Deutsch, p. 270 et 317 ; trad angl. M. Mocatta, p. 224 et 259).

Jean 2, 3-4

Avec quelques différences de détail, les développements du *Sefer Yosef ha-Meqane*, des *Additions* à cet ouvrage, et du *Niṣaḥon Vetus* sont si proches les uns des autres (ordre et terminologie) que l'hypothèse d'une source commune ou d'une interdépendance est très vraisemblable[182].

Le dernier argument n'apparaît que dans le *Sefer Yosef ha-Meqane*[183] (dont la version la plus ancienne et la plus complète est conservée, elle aussi, dans Hébreu 712) et dans le *Niṣaḥon Vetus*[184]. En termes un peu différents, les deux textes attribuent à Jésus une réponse qui pourrait être traduite par : « Que me chaut qu'ils manquent de vin ? ». L'expression « l'un de ses disciples, nommé Raqlin » qui est utilisée ici dans la formule de présentation, se comprend mieux à la lumière de la première mention des noces de Cana dans le *Sefer Yosef ha-Meqane* : « Raqlin » (רקלין) est alors nommé « Artaqlin » (ארטקלין) ; les deux mots sont une déformation du latin *architriclinus*, qui désigne littéralement le « maître de la salle à manger » ou « maître d'hôtel », titre qui correspond exactement à *ba'al se'uda* (בעל סעודה), utilisé pour désigner le rôle de Jésus lors des noces de Cana dans le second passage du *Sefer Yosef ha-Meqane*[185] et dans le *Niṣaḥon Vetus*[186].

Le deuxième argument (Jésus a [trop] bu [et dormi]) ne se rencontre que dans le *Sefer Nestor ha-Komer*[187] : ce thème est alors illustré par diverses allusions à des épisodes « de l'Évangile », dont celui des noces de Cana, mais les éditeurs font remarquer[188] qu'il n'est dit dans aucun d'entre eux que Jésus « a dormi » et/ou « a bu »[189]. Dans celui des développements qui est exclusivement consacré aux noces de Cana[190], il est précisé que Marie a « réveillé » (ותיקץ אותו) son fils assoupi sous l'effet de la boisson pour lui demander de faire servir plus de vin à ses hôtes.

---

182. Dans son commentaire de ce passage du *Niṣaḥon Vetus* (p. 320), D. Berger affirme qu'il est basé sur les Additions au *Sefer Yosef ha-Meqane*, mais sans prouver que l'influence, si elle est avérée, se soit effectuée dans ce sens (les deux textes sont contemporains).

183. Critique de l'Évangile n° 36 (p. 135).

184. *Loc. cit.*.

185. Éd. J. Rosenthal, p. 135. Le second dimanche après l'Épiphanie, dont l'Évangile contient le récit des noces de Cana, est appelé *Architriclini dies*, *festum* dans le calendrier latin médiéval : cf. A. Giry, *Manuel de Diplomatique*, 1894, p. 260.

186. Éd. D. Berger, p. 130.

187. Il est présent dans tous les passages dont les références sont données ci-dessus, note 134.

188. Page 154 ; cf. p. 155-156.

189. L'argument selon lequel Jésus ne peut être Dieu puisqu'il a été soumis à tous les besoins physiques d'un être humain (dormir [en particulier lors de l'épisode de la tempête apaisée : Mt 8, 22-26], manger, etc.) est présent dans de nombreux textes hébreux de controverse : par exemple le *Niṣaḥon Vetus* (éd. D. Berger, n° 172 [texte hébreu, p. 121 ; trad. angl., p. 183]) et le *Maguen va-Ḥerev*, de Léon de Modène (éd. S. Simonsohn, p. 40 et 45).

190. N° 95 (éd. p. 104 ; trad. angl., p. 116).

Les citations dans le manuscrit

Le premier argument (présence du mot *mulier* dans la réponse de Jésus) est absent du *Sefer Nestor ha-Komer* et présent dans tous les autres textes. L'association directe à Jn 19, 26 (*mulier ecce filius tuus*), rencontrée dans le discours de la « Synagogue », chez Thibault de Sézanne, ne se retrouve que chez Profiat Duran[191] et chez Isaac Troki[192], mais comme on l'a vu ci-dessus, ce dernier verset figure souvent parmi ceux qui fondent la négation de la divinité de Jésus.

La comparaison des textes confirme l'hypothèse d'une citation mal comprise par l'auteur du premier dossier polémique conservé à la fin d'Hébreu 712. La fonction du passage est en revanche clairement exposée dans le *Sefer Yosef ha-Meqane* dont la rédaction et la copie (d'une autre main, sur une autre unité codicologique) conservée dans Hébreu 712 peuvent être également datées de la fin du XIIIe siècle.

Jean 5, 30 ; 6, 38

U1 : non cité.

U2 : fol. 66v, l. 8-9a [4]

Formule introductive

אחר. לא הגהתי בטוב

Autre [passage/preuve]. Je n'ai pas bien examiné/vérifié (?).

Latin translittéré

נולו פַאצֶרֶיה בֹולֹונטַאטֶים מֵיֹום שֵיץ בֹולֹונטַאטֶים פַּאטְרִיש מֵיאִי.

[Nolo facere voluntatem meam, sed voluntatem Patris mei.]

Vulgate

– *Non possum ego a meipso facere quidquam. Sicut audio, judico : et judicium meum justum est, quia non quaero voluntatem meam, sed voluntatem ejus qui misit me.* (Jn 5, 30)

– *Quia descendi de caelo, non ut faciam voluntatem meam, sed voluntatem ejus qui misit me.* (Jn 6, 38)

---

191. *Loc. cit.* ci-dessus (note 181).

192. Éd. D. Deutsch, p. 317 de l'hébreu et 259 de la traduction.

Jean 5, 30 ; 6, 38

Traduction hébraïque (interlinéaire)

– non traduit

En Jn 5, 30, Jésus répond ainsi à ceux qui l'accusaient de violer le sabbat en opérant, ce jour-là, des guérisons ; en Jn 6, 38, il s'adresse en ces termes aux disciples, après la multiplication des pains.

Cette citation est la première d'une série de trois qui sont simplement précédées de אחר (« autre [passage/preuve] » et/ou de לא הגהתי (je n'ai pas bien examiné/vérifié [?]). La formule comporte sans doute une indication précieuse sur la nature du travail effectué pour élaborer ce dossier et/ou pour le copier, mais en l'absence d'autres précisions, il est difficile d'en déterminer le sens exact : elle peut faire référence à la compréhension et à la traduction des citations latines, à la mise au propre de notes préliminaires qui n'émanent pas nécessairement de la même personne, ou à la reproduction phonétique d'une source orale. La première signification est la plus vraisemblable, puisque ces trois citations ont en commun le fait de n'être pas traduites, alors qu'elles sont correctement transcrites et vocalisées ; mais d'autres citations de la seconde unité sont, elles aussi, dénuées de traduction sans être pour autant précédées de la formule לא הגהתי : celle qui précède ce groupement (3) est simplement introduite par אחר (« autre [passage/preuve] »), et celle qui suit (7) n'a aucune formule d'introduction ; par la suite, on retrouve אחר devant les citations n° 13, 14 et 17 mais dans cette unité, celles qui sont introduites uniquement par une mention de la source (1, 2, 12, 21, 22, 23, 34) ou par une référence à l'année liturgique (9, 15, 16, 18, 25, 30), et celles qui sont dénuées de toute formule introductive (8, 10, 11, 26, 27, 28, 29, 31) sont de loin les plus nombreuses. La fonction polémique n'est indiquée ou suggérée, selons diverses formules, que dans 5 cas sur un total de 33 (19, 20, 24, 32, 33), alors qu'elle est systématiquement donnée dans la première unité, où tous les passages cités sont traduits et vocalisés[193]. Les incertitudes exprimées ou observables dans les formules introductives de la seconde unité sont un signe parmi d'autres que son auteur (ou son copiste) en maîtrisait mal le contenu. Située entre un extrait du Symbole d'Athanase et un passage tiré de l'Annonciation, cette citation paraît avoir été placée là de façon tout à fait arbitraire. Le latin est peut-être un amalgame des deux sources possibles, dans l'Évangile de Jean.

---

193. Sur les 24 citations constitutives de cette unité, seule la première est dénuée de formule introductive ; les autres sont presque toutes précédées de la formule « ceci pour leur prouver que… » (...וזה להוכיח להם).

Les citations dans le manuscrit

Ces versets ne sont guère cités dans la littérature de polémique anti-judaïque, mais les questions qu'ils posent sont abordées dans de nombreux textes[194], en association avec d'autres passages néotestamentaires où la volonté du Père et celle du Fils semblent dissociées[195]. Leur utilisation juive est certainement (aussi) à l'arrière-plan des explications proposées pour résoudre cette contradiction. En termes différents, les auteurs s'accordent sur un point : c'est l'humanité du Christ qui s'exprime alors, conformément à la volonté divine ; en dépit des apparences, la volonté humaine et la volonté divine du Christ sont une, de même que la volonté du Fils et celle du Père.

Dans la littérature polémique juive, les versets et le contexte de leur utilisation sont analogues[196] : pour nier la divinité de Jésus, la plupart des auteurs regroupent, dans des développements parfois très similaires[197], des versets néotestamentaires comportant l'expression « le Père [qui] m'a envoyé », ainsi que plusieurs autres passages dans lesquels Jésus se présente comme un « envoyé », un « prophète », un « serviteur » ou un « fils d'homme[198] ». Jn 5, 30 et 6, 38 figurent presque toujours au sein de ces ensembles. Les commentaires prennent diverses formes qui sont, comme ailleurs, parfois réunies : celui qui est envoyé est inférieur à celui qui l'envoie, donc différent de lui : Jésus était il distinct de Dieu ? Y avait-t-il en lui deux volontés ? Celle du Père et celle du Fils étaient-elles contradictoires ? Ces remarques s'appuient sur la notion de « voluntas » ou sur le verbe « misit ». Dans notre dossier polémique,

---

194. Voir par exemple Cyprien, *Ad Quirinum*, III, 18 (*CSEL* III, 1, p. 113) ; Ps-Augustin = Ambrosiaste (?), *Quaestiones veteris et novi Testamenti* (*PL* XXV, 2282) ; Anselme de Canterbury, *Cur Deus Homo*, 1.09 : « Non ergo venit Christus voluntatem suam facere sed patris, quia iusta voluntas quam habebat, non erat ex humanitate, sed ex diuinitate » ; Thomas d'Aquin, *Somme théologique*, IV, Q.18, art. 1 (« Unde etiam voluntas humana Christi habuit quendam determinatum modum ex eo quod fuit in hypostasi divina, ut scilicet moveretur semper secundum nutum divinae voluntatis ») et 6 (« Ad primum ergo dicendum quod hoc ipsum quod aliqua voluntas humana in Christo aliud volebat quam eius voluntas divina, procedebat ex ipsa voluntate divina, cuius beneplacito natura humana propriis motibus movebatur in Christo, ut Damascenus dicit »).

195. En particulier Mt 26, 39 (*Mi Pater, si possibile est transeat a me calix iste verumtamen non sicut ego volo sed sicut tu*), qui se trouve également dans notre dossier (n° 25).

196. Anonyme, *Sefer Nestor ha-Komer*, nᵒˢ 40 et 41 (éd. et trad. angl. D. J. Lasker et S. Stroumsa, p. 99 [texte hébreu] et 106-107 (trad. angl.) ; Jacob ben Reuben, *Sefer Milḥamot ha-Shem*, chap. 11 (éd. J. Rosenthal, p. 155-156) ; Joseph ben Nathan Official, *Sefer Yosef ha-Meqane* (éd. J. Rosenthal, p. 136 : critique du Nouveau Testament n° 40) ; Addition au *Sefer Yosef ha-Meqane* (éd. J. Rosenthal, p. 129) ; Anonyme (fin du XIIIᵉ s.), *Niṣaḥon Vetus* (éd. D. Berger, nᵒˢ 192 et 194 [texte hébreu, p. 137-139 ; trad. angl., p. 198-200]) ; Profiat Duran, *Sefer Kelimmat ha-Goyim*, chap. 1 (éd. F. Talmage, p. 5) ; Simeon ben Ṣemaḥ Duran, *Qeshet u-Maguen* (éd. et trad. P. Murciano, p. 22 et 24) ; Isaac ben Abraham Troki, *Ḥizzuq Emunah* (éd. D. Deutsch, p. 318 ; trad. angl., M. Mocatta, p. 260).

197. En particulier pour *le Sefer Yosef ha-Meqane*, les *Additions* à cet ouvrage, et le *Niṣaḥon Vetus*.

198. Jn 5, 30 ; 5, 36 ; 8, 16 ; 8, 18 ; 12, 44 ; 12, 49 ; 14, 24.

Jean 13, 5.15

la fin commune aux deux versets-source, *eius qui misit me*, est remplacée par *patris mei* : seul le premier thème est donc implicitement mis en avant. Comme l'auteur du document semble maîtriser mal le latin, il faut admettre que cette « adaptation » n'est pas de lui et qu'il reproduit ici la citation telle qu'il l'a lue ou entendue.

Jean 13, 5.15

U1 : non cité.
U2 : fol. 66v, l. 18b-20a [9]

Formule introductive

יום ה' לפני קצח
Le cinquième jour avant *Q S H* [Pâque].

Latin translittéré

אין לאביש ג'ישוש פֵּידֶיש דיציפולורוש שוארום אי דיש'יש אֵינשנפלום מ אביש אוֹן נוש איטא פַּאצ'יאטיש...

[Et lavit Iesus pedes discipulorum suorum et dixit : Exemplum habetis ut vos ita faciatis.]

Vulgate

Jn 13, 5 : *Deinde mittit aquam in pelvem et coepit lavare pedes discipulorum et extergere linteo quo erat praecinctus. /6/ Venit ergo ad Simonem Petrum et dicit ei Petrus Domine tu mihi lavas pedes. /7/ Respondit Iesus et dicit ei : quod ego facio tu nescis modo scies autem postea. /8/ Dicit ei Petrus : non lavabis mihi pedes in aeternum respondit Iesus ei si non lavero te non habes partem mecum. /9/ Dicit ei Simon Petrus : Domine non tantum pedes meos sed et manus et caput. /10/ Dicit ei Iesus : qui lotus est non indiget ut lavet sed est mundus totus et vos mundi estis sed non omnes. /11/ Sciebat enim quisnam esset qui traderet eum propterea dixit non estis mundi omnes. /12/ Postquam **ergo lavit pedes eorum** et accepit vestimenta sua, cum recubuisset iterum **dixit** eis : scitis quid fecerim vobis. /13/ Vos vocatis me magister et Domine et bene dicitis : sum etenim. /14/ Si ergo ego lavi vestros pedes Dominus et magister et vos debetis alter alterius lavare pedes. /15/ **Exemplum enim dedi vobis ut quemadmodum ego feci vobis ita et vos faciatis**.*

Traduction hébraïque interlinéaire

– non traduit

205

Les citations dans le manuscrit

Cette citation est un résumé du *pedilavium*[199]. Comme la précédente, elle doit être fidèle à ce qui a été lu ou entendu, puisque le scribe (ou l'auteur) du document ne maîtrise pas assez bien le latin pour avoir procédé lui-même à cette adaptation du récit original. Elle n'est ni vocalisée (sauf le mot « pedes ») ni traduite, mais les éléments du latin sont bien décomposés. Les formes verbales « lavit » et « dixit » se terminent par un *shin*, ce qui est exceptionnel pour la translittération du *t* final de troisième personne du singulier, presque toujours rendu, dans les deux unités, par un *ṣadé final*. La translittération hébraïque du mot « exemplum » se lit **ensemplum* ; la première lettre du mot correspondant à « habetis » (un *alef*?) a été écrite, puis réécrite au début d'un mot qui se lit **[ha]bis* ; au lieu de « vos » [ווש] il faut sans doute lire **nos* [נוש], car il est très peu vraisemblable que le scribe ait transcrit ici le son w/v avec un *waw*, alors qu'il le fait partout ailleurs avec un *beth* ; avant le signe de ponctuation final, une lettre (?) a été rayée. L'ensemble de ces observations montre que que le scribe comprend mal ce qu'il copie.

La formule introductive situe le passage dans l'année liturgique, sans autre précision : le mot *Q Ṣ Ḥ* (קצח : *qeṣaḥ*, litt. « nigelle »), désigne la pâque chrétienne : on le retrouve avec cette acceptation dans les Additions au *Sefer Yosef ha-Meqane*[200] et I. Loeb le signale dans d'autres documents médiévaux[201]. L'indication du jour est exacte, puisque le Lavement des pieds a eu lieu « le cinquième jour » (= le jeudi)[202] précédant la Pâque.

Le récit du Lavement des pieds (Jn 13, 1-15) correspond bien à l'une des lectures faites le soir du Jeudi saint. La source de la citation est peut-être liturgique, ou liée à la liturgie, mais tel qu'il est rapporté ici, le texte paraît tiré d'un récit secondaire plutôt que de l'Évangile lui-même.

Cette citation ne présente aucune similitude thématique ou lexicale avec celles qui précèdent et qui suivent : toutes se caractérisent par l'absence d'indication relative à leur utilisation polémique, et parfois même par l'absence de formule introductive.

Aucune occurrence polémique de ce passage n'a été trouvée dans la littérature chrétienne. Dans la littérature hébraïque de controverse, il semble que seuls l'auteur du *Sefer Nestor ha-Komer*[203] et Léon de Modène[204] s'y réfèrent : le premier indique que Jésus se présente alors comme un mortel, littéralement comme un « fils de la chair » (בן בשר : *ben basar*), et ne peut donc être Dieu,

---

199. Ou *Mantadum*.

200. Éd. J. Rosenthal, p. 133, l. 1.

201. I. Loeb, « Deux livres de commerce du commencement du XIVe siècle », *REJ* 15 (1884), p. 194 : ce mot aurait été choisi à cause de l'assonance avec פסח (*pesaḥ*), qui désigne, en hébreu, la Pâque juive. Il apparaît trois fois dans la Bible (Es 28, 25 et 27 [bis]).

202. Cette manière de compter correspond à la fois à la désignation hébraïque et liturgique latine (conservée en portugais : « quinta feira »).

203. Éd. D. J. Lasker et S. Stroumsa, n° 105 (texte hébreu, p. 105 ; trad. angl., p. 119).

204. *Maguen va-Ḥerev* (éd. S. Simonsohn, p. 43).

comme l'affirment les chrétiens. Mais les propos alors attribués à Jésus : « Le fils de la chair n'est-il pas venu pour servir et non pour être servi ? » ne figurent pas dans ce contexte ; il paraissent empruntés à Mt 20, 28 : *C'est ainsi que le Fils de l'homme est venu, non pour être servi, mais pour servir et donner sa vie comme la rançon de plusieurs*, où l'expression utilisée par Jésus pour se désigner est « fils de l'homme / fils d'homme », qui correspond à בן אדם (*ben adam*), et non « fils de la chair ». On retrouve le même argument chez Léon de Modène qui cite lui aussi le verset en hébreu, mais exception faite de l'expression *ben basar*, les termes de la citation sont différents.

Dans les textes chrétiens, la scène est toujours présentée comme un exemple à suivre. Là où le passage est cité dans la littérature hébraïque, l'argument s'appuie sur une phrase qui ne figure pas chez Jean mais chez Matthieu, et dans un autre contexte. Comme l'utilisation du passage est identique chez Léon de Modène et dans le *Sefer Nestor ha-Komer* alors que les versions hébraïques diffèrent, il est possible que nous ayons ici la trace d'une tradition orale. Ce passage aurait été recueilli dans Hébreu 712 parce qu'il avait été emprunté à une source polémique (peut-être un autre florilège), mais sans que sa fonction dans un tel contexte soit clairement appréhendée. La même interprétation s'applique vraisemblablement à toutes les citations de ce dossier qui ne sont assorties d'aucun commentaire.

Jean 14, 9

U1 : non cité

U2 : fol. 66v, l. 1-2a [1]

Formule introductive

כתוב בע' גליון
Il est écrit dans l'Évangile.

Latin translittéré

קי וִידֵין מִי וִידַאץ אִיץ פַּשטְרֵים אִיץ פִּילִיאוּם אִיץ שפִּירִינטוּם שֶנטוּם
[Qui videt me videt et Patrem et filium et spiritum sanctum.]

Vulgate

Dicit ei Jesus : Tanto tempore vobiscum sum, et non cognovistis me ? Philippe, qui videt me, videt et Patrem. Quomodo tu dicis : Ostende nobis Patrem ?

Les citations dans le manuscrit

Traduction hébraïque interlinéaire

מי רואה אותי רואה את הבן האב ואת הבן האב ואת רוח

Cette réponse de Jésus à Philippe est la première des citations de la seconde unité qui figurent au sein de l'espace écrit (une autre [Jn 14, 28] est copiée un peu au-dessus, dans l'angle externe de la marge supérieure). La formule introductive est inscrite au-dessus de la première ligne, dans un module un peu supérieur à celui du reste de la copie : elle semble postérieure à la copie de cette première ligne, mais antérieure à celle de la traduction hébraïque supralinéaire ; inscrite à peu près à égale distance des marges interne et externe du feuillet, elle est précédée, au début de la ligne, d'un mot gratté qui pourrait être une première copie, fautive, de עון גליון (*'avon gillayon*). Cette expression qui signifie « rouleau de péché » est une désignation courante de l'Évangile dans la littérature hébraïque[205]. Le titre ne vaut que pour la première citation du dossier et pour certaines des suivantes puisque, même si les extraits du Nouveau Testament sont de loin les plus nombreuses dans ce dossier[206], elles sont associées, surtout vers la fin, à plusieurs passages tirés de l'Ancien Testament.

La citation copiée dans la marge est liée à celle-ci par la référence à l'Évangile qui la précède également et par la mention du Père, qui se retrouve dans les citations 3 (extrait du Symbole) et 4 (cf. Jn 5, 30 ; 6, 38) de la seconde unité. On observe d'ailleurs que trois des cinq premières citations de ce dossier (Jn 14, 28 ; Jn 14, 9 ; Jn 5, 30/6, 38) sont tirées de l'Évangile de Jean ; la deuxième, empruntée aux distiques de Denys Caton, ne semble avoir aucun rapport avec ce qui précède et ce qui suit.

L'utilisation polémique de ces différents passages mentionnant le Père n'est jamais spécifiée, mais les explorations auxquelles ont déjà donné lieu certains d'entre eux, montrent qu'il est toujours question, lorsqu'ils se rencontrent dans d'autres textes, de la divinité de Jésus. Selon cette lecture, les deux premières citations de la seconde unité (*Pater meus maior me est* et *Qui videt me videt et Patrem et Filium et Spiritum*) sont implicitement considérées comme contradictoires puisque l'une dissocie le Fils du Père, tandis que l'autre les met sur le même plan.

Pour Jn 14, 9, le début de la citation (*qui videt me, videt et Patrem*) est conforme à la source, mais la fin (*et filium et spiritum sanctum*) n'y figure pas. Cet ajout procède peut-être d'un amalgame avec une formule de Credo. Les éléments du latin sont bien décomposés et là où elle est donnée, la traduction hébraïque est très exacte, mais on observe que l'adjectif *sanctum*, premier mot

---

205. Cf. art. « Sifrei ha-Minim », *EJ*[1], 14, 1521.

206. Il est possible que les extraits du Symbole, de la liturgie, ou de Denys Caton soient considérés comme tels par l'auteur ou par le copiste.

de la ligne 2, n'est pas traduit. Cela vaut aussi pour toute la fin de la ligne et, à l'exception de la citation commençant à la dernière ligne, pour tout le reste de la page[207]. Plus généralement, on note que dans cette seconde unité, ce sont le plus souvent les premières lignes de chaque page, en nombre inégal, qui portent une traduction interlinéaire et les dernières, elles aussi en nombre variable, qui n'en portent pas : il semble donc que la traduction, postérieure à la copie de chaque page ou de l'ensemble de l'unité, ait été effectuée page par page, en commençant par la première ligne de chacune d'entre elles. L'adoption de cette méthode est facilitée par le fait qu'à l'exception du fol. 57v, dont la dernière ligne porte un début de citation, toutes les autres pages de cette unité commencent par un début de citation (les trois dernières n'étant occupées que dans la moitié supérieure)[208]. Dans la traduction de Jn 14, 9, les mots hébreux correspondant à *Patrem* (האב) et *Filium* (הבן) ont été inversés, puis rayés et recopiés dans l'ordre de l'original. Faut-il comprendre que sous la forme étendue qu'il prend ici, le verset a paru, dans un premier temps, plus compréhensible au traducteur ou à sa source en lisant (« Qui videt *me* videt et *filium* et Patrem, et Spiritum sanctum) plutôt que « Qui videt *me* videt et Patrem, et *Filium*, et Spiritum sanctum » ?

Dans la littérature chrétienne – et en particulier dans les écrits ou les passages polémiques – ce verset de Jean est compris, selon sa forme originale, comme une affirmation de l'égalité du Père et du Fils, et, par extension, des trois personnes de la Trinité : « Avoir la notion du Père, écrit Thomas d'Aquin en citant cette référence, c'est avoir celle du Fils. [...] Il ne doit donc y avoir qu'un seul article sur le Père et sur le Fils, et, pour la même raison, sur le Saint Esprit[209] ». Dans la *Somme contre les Gentils*, Thomas rappelle par ailleurs que les Sabelliens (ou Patripassiens) utilisaient ce verset, parmi d'autres, pour affirmer que le Fils n'était qu'un des « modes » du Père. Avec la même référence, Anastase le Sinaïte et le Pseudo-Augustin mettaient l'accent sur l'identité de substance du Père et du Fils. La polémique avec le judaïsme est plus sensible chez Gaultier de Châtillon qui s'efforce de montrer que l'interprétation juive d'Ex 33, 20 (*non poteris videre faciem meam non enim videbit me homo et vivet*) est irrecevable puisque dans d'autres versets bibliques (Jn 14, 8/9 et Ps 84, 8), il est question de voir la « face de Dieu ». Contrairement à ce qu'affirment les juifs, ajoute-t-il, le Messie ne pouvait être simplement un homme ; en s'incarnant dans la personne du Fils, Dieu a permis

---

207. Autrement dit, seules la première et la dernière ligne portent une traduction supralinéaire complète ; ailleurs la traduction n'apparaît, de façon très sporadique, que sur cetains mots.

208. Dans la première unité, en revanche, toutes les citations portent une traduction hébraïque supralinéaire.

209. *Somme théologique*, IIa IIae, Q1, art. 8 : « Praeterea, eadem est notitia patris et filii, secundum illud Ioan. XIV, qui videt me videt et patrem. Ergo unus tantum articulus debet esse de patre et filio ; et, eadem ratione, de spiritu sancto ».

Les citations dans le manuscrit

que soit « vue sa face » c'est-à-dire que sa substance soit appréhendée par les hommes[210]. Pour Nicolas de Lyre, ce verset et ceux qui suivent signifient que la divinité du Fils ne peut être perçue que sous l'effet d'une grâce divine[211].

L'auteur du *Sefer Nestor ha-Komer*[212] et Profiat Duran[213] citent ou évoquent ce verset dans des passages déjà étudiés précédemment : il y est toujours question, à travers diverses citations, du « père » et de la mère de Jésus, et des paroles dans lesquelles Jésus paraît se distinguer de Dieu. C'est en ce sens que doit être interprétée la présence de Jn 14, 9 dans notre dossier.

Jean 14, 28

U1 : non cité.

U2 : fol. 66v, in marg. [1]

Formule introductive

עון גליון מיחרם

Évangile [de Jean ?]

Latin translittéré

פאטיר מיאוש מאגור מי אישט

[Pater meus maior me est.]

Vulgate

Audistis quia ego dixi vobis : Vado, et venio ad vos. Si diligeretis me, gauderetis utique, quia vado ad Patrem : quia Pater maior me est.

Traduction hébraïque interlinéaire

– non traduit.

---

210. Commentaire de Ps 80, 4 (*loc. cit.*) : « *Ostende faciem tuam*, id est figuram substantiae tuae per assumptionem carnis ostende visibilem ».

211. *Postille* sur ce verset : « Sicut enim Pater non videtur nisi in beatitudine, sic nec filius in sua deitate [–]. »

212. Éd. D. J. Lasker et S. Stroumsa, n° 68 [texte hébreu, p. 102 ; trad. angl., p. 112] et 145 [texte hébreu, p. 108 ; trad. angl., p. 126].

213. *Sefer Kelimmat ha-Goyim*, 1 (éd. F. Talmage, p. 6).

Jean 14, 28

La citation est ajoutée, par le scribe, dans l'angle externe supérieur du feuillet, un peu au-dessus de la première de celles (Jn 14, 9) qui sont situées au sein de l'espace écrit. Sa place dans le dossier s'explique vraisemblablement par le thème commun à la plupart des citations par lesquelles débute la seconde unité (égalité du Père et du Fils ou infériorité du Fils) : explication qui vaut aussi pour l'extrait du Symbole inscrit, par la même main, dans la marge externe du feuillet. Ces diverses observations mettent en évidence une ébauche de classification des passages cités déjà observée par ailleurs dans ces deux unités polémiques.

Cette parole est tirée du récit de la Passion (adieu de Jésus à ses disciples, le soir du Jeudi Saint) et, comme plusieurs autres dans cette seconde unité polémique, elle est peut-être empruntée à la liturgie de la Semaine sainte, mais il n'est pas certain que le mot *MIḤRAM (?), dont la lecture est douteuse, renvoie à un tel contexte. Peut-être faut-il comprendre : « Évangile (עון גליון) selon (מ) Jean (יחרם) », puisque, d'après le document publié par I. Loeb[214], יחרם désigne la Saint Jean.

Le latin est conforme à la source évangélique et ses éléments sont bien décomposés. Comme presque toutes les autres citations figurant à cette page (à l'exception de la première et de la dernière ligne), celle-ci n'est pas traduite. Sa fonction polémique n'est pas précisée, mais elle ne fait aucun doute si l'on tient compte de la situation de ce propos dans le dossier, et de son utilisation sans la littérature chrétienne et juive.

C'est aux Ariens que se réfèrent la plupart des auteurs chrétiens[215], en s'efforçant de montrer que cette parole de Jésus ne saurait être utilisée comme preuve que le Christ était inférieur à son Père. Thomas d'Aquin consacre plusieurs articles de la *Somme théologique* aux divers aspects de cette question[216], s'appuyant en particulier, pour ce verset, sur le *De Trinitate* d'Augustin[217] : en tant qu'homme, le Christ est soumis au Père mais en tant que Dieu, il est égal à son Père. Nicolas de Lyre exprime à sa manière la

---

214. *Art. cit.*, ci-dessus, note 142, p. 186. Loeb renvoie à « Revue IV, 1 » : il s'agit d'un article d'A. Neubauer, « Le Memorbuch de Mayence : essai sur la littérature des complaintes », publié dans *Revue des études juives* 7 (1882), dans lequel (n. 1, p. 1) plusieurs hypothèses sont proposées pour expliquer que, dans divers manuscrits, יחרם ou יחרש désigne Jean.

215. Entre autres Irénée, *Adv. haer.*, II, 28, 8 (diverses hérésies) ; Cyprien, *Ad Quir.* III, 58 (*CSEL* III, 1, 33-184 : Weber : p. 146 : sans référence aux hérésies, à la fin d'une série de citations prouvant qu'il ne faut pas s'attrister de la mort du Christ) ; Ps-Augustin, *Contra Iudaeos, Paganos et Arianos, sermo de Symbolo*, 7 (*PL* XLII, 1121) ; Thomas d'Aquin, *Somme Théologique*, I, Q42, art. 4 ; III, Q3, art. 8 ; III, Q20, art. 1 ; III, Q57, art. 2 ; III, Q58, art. 3 ; Nicolas de Lyre, *Postille* sur ce verset (éd. S. Brant, t. V, p. 228v) ; Raymond Martin, *Pugio fidei*, III, iii, 3, 19 (éd. I.-B. Carpzov, p. 679).

216. Le verset n'est cité que dans les passages mentionnés ci-dessus, mais il faut toujours prendre en compte le contexte plus large de la question traitée.

217. I, 7.

Les citations dans le manuscrit

même conviction[218]. Pour le même verset, Raymond Martin évoque un autre commentaire d'Augustin également cité par Thomas d'Aquin[219], puis il développe des considérations personnelles qui visent explicitement les Ariens et les juifs. Les questions soulevées par ce verset, et d'autres apparentés, étaient déjà abordées dans le *Contre Celse*[220].

Ce verset est cité par l'auteur du *Niṣaḥon Vetus*[221] et par Isaac Troki[222] : l'objection est la même, mais les développements diffèrent : dans le premier texte, Jn 14, 28 est opposé à Jn 10, 30 (*ego et Pater unum sumus*), et la réponse chrétienne prise en compte : « Les chrétiens prétendent qu'[en Jn 14, 28 Jésus] s'exprime selon la chair, mais cette explication est irrecevable car, si les trois sont effectivement égaux, en puissance et en acte, le fait que l'un d'entre eux revête l'humanité (comme un homme revêt un vêtement) ne le rend pas inférieur aux autres[223] ». Sur le même thème, Isaac Troki rapporte ce verset parmi d'autres passages néotestamentaires[224] considérés par lui comme contradictoires : Jn 13, 3 (*sachant que le Père lui avait tout remis entre les mains et qu'il était venu de Dieu et qu'il s'en allait vers Dieu*) ; Mc 13, 32 (*Quant à la date de ce jour, ou à l'heure, personne ne les connaît, ni les anges dans le ciel, ni le Fils, personne que le Père*) ; Mt 20, 23 (*Il ne m'appartient pas d'accorder cela, mais c'est pour ceux à qui mon Père l'a destiné*) ; Mt 8, 20 (*Les renards ont des tanières et les oiseaux du ciel ont des nids ; le Fils de l'homme, lui, n'a pas où reposer la tête*) ; Jn 14, 28 (*Je vais vers le Père, parce que le Père est plus grand que moi*). La plupart de ces versets sont également présents dans les développements consacrés par les auteurs chrétiens au même sujet.

---

218. *Loc. cit.* : « Non secundum deitatem, in qua filius est equalis patri, sed secundum humanitatem, in qua filius est minor patre. » (Arius est mentionné dans la suite du commentaire).

219. *In Evangelium Iohannis*, LXXVIII, 1-3 (*CCSL* 36, p. 523-525) : cité dans la *Somme théologique* en III, Q20, art. 1.

220. VIII, 14 et 15.

221. Éd. D. Berger, n° 191 (texte hébreu, p. 136-137 ; trad. angl., p. 198).

222. *Ḥizzuq Emunah*, II, 53 (texte hébreu, éd. D. Deutsch, p. 325 ; trad. angl., M. Mocatta, p. 267).

223. ואני משיב להם הואיל והם אומרים שהשלשה חלקים חלק אחד הם ולא זה ולא זה גדול מזה לא בכח ולא במעשה, אם חלק אחד לבש בשר ולובש אותו כאדם הלובש לבוש אחד מבגד, ואם הוא לבש הבשר מה חסרון יש לו בעבור זאת ומפני מה הוא מחליש ומקטין על זאת?

224. Tous cités en hébreu. Jn 10, 30 est également cité par Isaac Troki, et dans le même esprit, au chap. 50 de la seconde partie (texte hébreu : éd. D. Deutsch, p. 321 ; trad. angl. M. Mocatta, p. 264).

Jean 19, 26

Jean 19, 26

U1 : fol. 56v, l. 10b-11a [8]
U2 : fol. 67r, l. 5b-6a [14]

Formules introductives

U1 : וזה להוכיח להם שקרא אמו בעולה
Ceci pour leur prouver qu'il appelait sa mère « femme (mariée) ».
U2 : אחר
Autre [passage].

Latin translittéré

U1 : מוּלְאַיְיר מוּלְאַיְיר אֵיְי צֵיי פִילִיאוּש טוּאוּ
[Mulier, mulier, ecce filius tuus.]
U2 : מֶוּלְיאר מֶוּלְיאר אֵיצֵיה פִילִיאוּש טוּאוּש
[Mulier, mulier, ecce filius tuus.]

Vulgate

Cum vidisset ergo Jesus matrem, et discipulum stantem, quem diligebat, dicit matri suae : Mulier, ecce filius tuus. Deinde dicit discipulo : Ecce mater tua. Et ex illa hora accepit eam discipulus in sua.

Traduction hébraïque interlinéaire

U1 : אשה אשה ראי פה בנך
U2 : אשה אשה ראי בן שלך

Dans la première unité, cette citation est la deuxième d'une série de trois (Mt 11, 11/ Lc 7, 28 ; Jn 19, 26 ; « Mulier, vado Iericho »), dans lesquelles Marie est appelée *mulier*, ce qui constitue, pour l'auteur du florilège, une preuve que Jésus était bien le fils de cette dernière et de Joseph. La formule de présentation est tout à fait explicite. Dans la seconde unité, elle l'est beaucoup moins et la place de la même citation est, à première vue, plus difficilement explicable : celles qui précèdent ont en commun le mot *homo* et celle qui suit comporte le verbe *video*. Il est toujours question de nier la divinité de Jésus, mais en fonction de thématiques qui sont bien mieux distinguées, par les formules de présentation et par le regroupement des citations, dans la première unité que dans la seconde : 1) Jésus [n']était [qu']un *homme* ; 2) comme il a été *vu*, il ne pouvait être Dieu, puisque Dieu est invisible.

213

Les citations dans le manuscrit

Comme les trois précédentes, cette citation est tirée du récit de la Passion selon l'Évangile de Jean, mais elle est la seule qui apparaisse à la fois dans les deux unités. Seule la partie du verset qui est la plus utile à la polémique est translittérée. Les mots latins sont bien distingués les uns des autres, mais le scribe de la première unité décompose *ecce* en deux éléments (*ec ce*) et il écrit clairement *filius tuo* au lieu de *filius tuus*. Les deux translittérations présentent, dans le détail, les mêmes variantes qu'ailleurs. La traduction hébraïque est très littérale ; *ecce* est rendu par ראי (litt. : « vois »), plutôt que par le présentatif הנה, et dans la première unité, les deux syllabes de ce mot, séparées par une espace, sont respectivement traduites par ראי (« vois »), et par פה (« ici »), ce qui correspond à l'étymologie du mot français « voici ».

Dans un passage déjà mentionné du *Dialogue* de Thibault de Sézanne[225], ce verset est rapproché de Jn 2, 4[226], par la « Synagogue », pour nier la naissance virginale. La réponse de l'« Ecclesia » (dans la Bible, *mulier* peut également ment signifier *virgo*) porte sur l'ensemble des versets alors mis en avant par la « Synagogue ». Aucune autre mention de ce verset n'a été rencontrée dans la littérature chrétienne de polémique, mais dans son commentaire, Nicolas de Lyre semble prendre en compte l'objection juive puisqu'il explique que Jésus utilise ici un terme générique (*mulier*) plutôt que le mot *mater*, plus chargé d'affect, pour éviter d'accroître le chagrin de sa mère devant le spectacle de son fils supplicié[227].

Les occurrences rencontrées dans la littérature hébraïque s'inscrivent toutes dans des ensembles, plusieurs fois évoqués ci-dessus, de citations néotestamentaires destinées à nier la naissance virginale ou, plus précisément, la virginité de Marie après la naissance de Jésus[228]. Aussi le verset suivant (*Puis il dit au disciple : « Voici ta mère ». Dès cette heure-là, le disciple l'accueillit chez lui*) est-il souvent cité, lui aussi. Isaac Troki commente ainsi le verset : Si Jésus avait [réellement] cru que sa naissance fût miraculeuse, Marie étant demeurée vierge, n'aurait-il pas utilisé ici la plus affecteuse et la plus élogieuse des appellations, plutôt que le simple mot de « femme » ?[229].

---

225. *Dialogus pro Ecclesia contra Synagogam* (éd. M. Orfalí, p. 712).

226. Voir, ci-dessus, les commentaires sur ce verset.

227. *Postille* sur Jn 19, 26 (éd. S. Brant, t. V, p. 238v) : « Et nota quod loquens matri sue de cruce, non dixit ei mater, sed mulier, vocans eam communi nomine, ne ex teneritudine nominis materni, si exprimeretur, aggravaretur animus virginis videntis passionem filii. »

228. PROFIAT DURAN, *Sefer Kelimmat ha-Goyim*, 6 et 9 (éd. F. Talmage, p. 37 et 46) ; SIMEON BEN ṢEMAḤ DURAN, *Qeshet u-Maguen* (éd. et trad. P. Murciano, p. 25) ; ISAAC BEN ABRAHAM TROKI, *Ḥizzuq Emunah*, I, 49 et II, 42 (éd. D. Deutsch, p. 279 et 317 ; trad. M. Mocatta, p. 224 et 259).

229. La traduction de M. Mocatta (« the more endearing and exalting appellation ») est ambiguë et elle ne correspond pas exactement au texte hébreu édité par D. Deutsch, qui a simplement : « Si les choses étaient conformes à ce que prétendent les chrétiens, comment comprendre que Jésus n'ait pas utilisé, pour s'adresser à sa mère, le mot betula (בתולה : vierge), plutôt que le mot isha (אשה : femme), qui désigne une femme mariée (בעולה : *be'ula*) ? Peut-être

Actes 7, 55

Actes 7, 55

U1 : fol. 57r, l. 14b-16a [20]
U2 : fol. 67r, l. 6b-8a [15]

Formules introductives

U1 : ועוד אמ' קדש שהוא ראה את ישו ולא יכול לדמות בו את גבורות השם: ויכולים להשיב
כי דברי העון גיליון סותרים זה את זה שבמקום אחד כתיב שהשם לא נראה ובמקום אחר כתיב
אייטיינא שראהו.

Saint < Paul/Étienne > a dit encore qu'il voyait Jésus et [laissé entendre] qu'il ne pouvait pas le (בו) confondre avec la puissance de Dieu[230]. On peut répondre que les paroles de l'Évangile se contredisent puisqu'il est écrit quelque part que Dieu ne saurait être vu et ailleurs qu'Étienne l'a vu.

U2 : ק' איטיינא למחרת ניתל
S(aint) Étienne, le lendemain (de) _n i t [a] l._

Latin translittéré

U1 : וִידְאאׁו צִילוׁש אפֵּיירְטׁוש אֵץ יֵישׁום שְׁטוׁטֵנָס אַדֵּיטְרִיש וַייְרטוׁטֵי דִיאי
[Video coelos apertos et Iesum stantem a dextris virtute (-tis ?) _Dei.]_

U2 : וִידֵיאאׁו צִילוׁש אפֵּירְטׁוש אֵיץ יֵשׁ'וֹם שְׁטוׁנטֵים אה דֵּיטְרִיש וְיֵירְטוׁטֵי דֵיאִי
[Video coelos apertos et Iesum stantem a dextris virtute (-tis ?) _Dei.]_

Vulgate

Cum autem esset plenus Spiritu Sancto, intendens in coelum, vidit gloriam Dei, et Jesum stantem a dextris Dei. Et ait : Ecce video coelos apertos, et Filium hominis stantem a dextris Dei.

Traduction hébraïque interlinéaire

U1 : ראיתי שמיים פתוחים וישו עומד לימין נפלאות השם
U2 : ראיתי השמים פותחים ואת ... עומד אל ימין נפלאות השם

Cette parole est prononcée par Étienne à la fin du discours précédant son martyre. Comme plusieurs autres citations de notre dossier, elle est introduite de façon tout à fait explicite dans la première unité, et simplement située dans l'année liturgique par l'auteur de la seconde unité. Elle est précédée, dans la première unité, de Jn 1, 18 / 1Jn 4, 12 (_nemo vidit umquam_), qui illustre la même

---

   M. Mocatta (ou sa source) avait-il compris que Jésus aurait dû utiliser le mot « mère », plutôt que le mot « femme ».

230. Cf. Ac 7, 55 : Étienne a vu « la gloire de Dieu et Jésus debout à la droite de Dieu ».

Les citations dans le manuscrit

thématique, les deux passages étant considérés comme contradictoires. Dans la seconde unité, la citation qui précède (Jn 19, 26) et celle qui suit (Mc 6, 1-6) portent respectivement sur le mot *mulier* utilisé par Jésus pour s'adresser à sa mère, et sur la famille de Jésus. Les propos d'Étienne auraient sans doute été mieux placés un peu plus loin (avec Jn 1, 18 et 1Tm 1, 17).

Les éléments du latin sont toujours bien décomposés ; les translittérations et les traductions présentent quelques variantes, ce qui prouve qu'elles sont indépendantes l'une de l'autre, mais les traductions offrent également des similitudes qui ne peuvent s'expliquer par un même souci de littéralité : dans les deux cas, *video* est rendu par ראיתי (« j'ai vu ») et *virtute Dei* par נפלאות השם (litt. : « les merveilles de Dieu »), qui paraît emprunté à Jb 37, 14, traduit dans la Septante, par δύναμιν κυρίου, et dans la Vulgate par *miracula Dei*. La forme translittérée en caractères hébreux correspond à celle que prend le verset dans la liturgie de la Saint-Étienne, dont la date (26 décembre) est effectivement située « après Noël ». La Vulgate a simplement *a dextris Dei* ; la forme liturgique (*a dextris virtutis Dei*) procède d'une fusion avec d'autres versets du Nouveau Testament, tous inspirés de Ps 110, 1 (*...sede a dextris meis...*) : Mt 26, 64 (*...videbitis Filium hominis sedentem a dextris virtutis...*) ; Mc 14, 62 (*...videbitis Filium hominis a dextris sedentem virtutis...*) ; cf. Mc 16, 19 (*...et sedit a dextris Dei*) et Lc 22, 69 (*...erit Filius hominis sedens a dextris virtutis Dei*). C'est donc bien à la liturgie que les deux unités empruntent ce verset, mais il faudrait pouvoir expliquer aussi pourquoi les deux traductions rendent le présent *video* par un passé et comment la formule finale de Jb 37, 14 – si c'est bien la source – est passée de ce verset biblique à ces deux traductions.

Dans la seconde unité, cette citation est précédée de la première occurrence du mot *N I T A L* (ניתל), qui désigne Noël en hébreu médiéval[231] ; la formule introductive comporte également la première occurrence, dans cette unité, de

---

231. Le mot *nital* (ניתל), qui apparaît quatre fois dans le second florilège (n⁰ˢ 15, 16 [bis] et 18), désigne la fête de Noël dans les écrits juifs médiévaux rédigés en Ashkénaz (on le trouve dans plusieurs écrits de controverse, et I. Loeb le signale aussi à la p. 193 de l'article mentionné ci-dessus (IIᵉ partie), note 142. Il est toujours écrit ici avec un *tav* (ת), ce qui est remarquable puisque, conformément à la pratique courante dans les manuscrits médiévaux c'est toujours le *teth* (ט) qui est utilisé par ailleurs pour la translittération du *t*, y compris pour certaines occurrences du mot *nital*. Cette désignation de Noël est, semble-t-il, spécifiquement juive : elle n'est attestée, pour l'ancien français, ni dans le dictionnaire de Godefroy, ni dans celui de W. von Wartburg (*Französisches Etymologisches Wörterbuch*, t. 7, 1953, p. 37). Outre l'homophonie avec le latin *natalis* (*dies*), elle a reçu diverses explications se fondant toutes sur une étymologie populaire : « le jour où cet homme [Jésus]) a été enlevé (נטילתו : *netilato*) du monde » ; initiales des mots composant la formule « נישט יידן טֿארֿן לֿערֿנען » (*Nisht yidn torn lernen*) : « il est interdit à tout juif d'étudier (allusion au fait que l'on évitait d'étudier la Torah le soir de Noël) ; « le soir du pendu » = du crucifié (לילו של תלוי : *leylo shel **taluy***).

l'abréviation 'ק, pour קדש (*qadosh* / *qadesh*[232]) ; la forme entière apparaît à deux reprises dans la première unité[233]. La translittération du nom d'Étienne (איטיינא) est la même que celle qu'I. Loeb a relevée ailleurs[234].

Dans la littérature chrétienne prise en compte pour cette étude, le verset apparaît uniquement chez Pierre le Vénérable, dans un commentaire du Ps 109/110[235]. Il ne figure dans aucun des textes hébreux consultés, mais sa fonction polémique dans notre manuscrit ne fait aucun doute.

I Timothée, 1, 17

U1 : non cité

U2 : fol. 67v, l. 9b-11a [22]

Formule introductive

אמר ק' פו' במיתתו

S(aint) Pa(ul) a dit au moment de sa mort.

Latin translittéré

רֵיגִ'יאטֶם שִׁיקוֹלוֹרֶון אִייֵנמוּרְטָאלִי אִייֵנְבִישִׁי בִּילִי שׁוֹלִי דֵיאוּ אָונוֹר אִיץ גְלוֹרִיאַה אִייֵן ... שִׁיקוּלָא שִׁיקוּלוֹרֶון

[Regi autem saeculorum inmortali, invisibili soli Deo honor et gloria in saecula saeculorum.]

Vulgate

Regi autem saeculorum immortali, invisibili, soli Deo honor et gloria in saecula saeculorum. Amen.

---

232. Le premier mot désigne le saint, le second le prostitué (cf. Dt 23, 17/18), et l'ambiguité est entretenue dans certains textes de polémique.

233. Nᵒˢ 19 (קדש פול) et 20 (קדש).

234. *Art. cit.*, p. 192.

235. *Adversus Iudeorum inveteratam duritiem* (*PL* CLXXXIX, 0516 B-C ; *CCCM* LVIII, p. 12). Dans la *Somme Théologique* (IV, Q. 58, art. 1), Thomas d'Aquin se demande s'il y a contradiction entre « sedere ad dextram » et « stare ad dextram » et il s'interroge sur le problème posé par le fait que si le Fils est à la droite du Père, le Père est à la gauche du Fils. Le contexte est plus nettement polémique dans le Sermon 156 de Vincent Ferrer (éd. F. Gimeno Blay *et al.*, p. 639).

Les citations dans le manuscrit

Traduction hébraïque interlinéaire

מולך עול[ם] בלי מוות ונעלם מראות עין יחיד ש [!] אכבדך ו אשבחך תוך עולמי עולמים

Cette citation tirée du début de la première Épître à Timothée est liée à la précédente (Jn 1, 18 : *Nemo Deum vidit umquam*) par une même thématique. La précision donnée dans la formule introductive (« au moment de sa mort ») repose sur la tradition associant la rédaction de II et II Tit. à la période s'écoulant entre la fin de la première captivité de Paul, à Rome (63), et sa mort (67).

Le latin est conforme à la source, et ses éléments bien décomposés, à l'exception de *regi autem* (copié sous la forme *regiautem*) et de l'adjectif *invisibili* (copié en deux temps : *invisi bili*). La traduction hébraïque interlinéaire manifeste le souci de rendre avec précision (et de distinguer clairement ?) chaque élément de la phrase, mais elle comporte plusieurs singularités : *regiautem* est rendu par מולך (« il règne ») ; *saeculorum* par עולך (pour עולם)[236] ; *inmortali* par בלי מות (litt. « sans mort »), chacun des deux mots hébreux étant situé exactement au-dessus de la partie de l'adjectif latin à laquelle il correspond ; *invisi bili* par la tournure assez littéraire, et non biblique, נעלם מראות עין (litt. : « qui échappe / se dérobe à la vue de l'œil »), qui paraît avoir été choisie pour rendre compte du caractère composite du latin tel qu'il est copié ici ; dans la tournure אכבדך ו אשבחך (litt. : « je t'honorerai / et / je te louerai »), la conjonction, qui doit être réunie au second verbe en hébreu, en est artificiellement dissociée pour que chacune des trois composantes de la traduction corresponde exactement à l'un des mots du latin (*honor et gloria*) ; *in saecula saeculorum* est littéralement rendu par une tournure non biblique[237] composée, elle aussi, de trois éléments : תוך עולמי עולמים.

Dans les textes chrétiens consultés, les commentaires de ce verset ne ressortissent jamais à la polémique judéo-chétienne[238] ; aucune occurrence n'a été trouvée dans la littérature hébraïque, mais, comme pour la citation précédente, le contexte permet de comprendre ici ce qui n'est indiqué ni par la formule introductive, ni par la comparaison avec d'autres écrits.

---

236. La graphie erronée ne fait aucun doute.

237. L'expression « in saecula saeculorum » n'apparaît qu'une seule fois dans la traduction latine de l'Ancien Testament (Ps 83/84, 5 : *Beati qui habitant in domo tua in saecula saeculorum, laudabunt te*) : elle traduit alors l'hébreu עוד, qui signifie littéralement « encore » ou « de façon continue ». Les versions hébraïques modernes du Nouveau Testament rendent la tournure « in saecula saeculorum », qui correspond au grec εἰς τοὺς αἰῶνας τῶν αἰώνων (Ga 1, 5, Ph 1, 2, etc.), par עד עולמי עולמים.

238. Voir en particulier Thomas d'Aquin, *Somme contre les Gentils*, I, 20, 36 ; *Somme théologique*, I, Q31, art 3 et I, Q 39, art. 4 ; Nicolas de Lyre, *Postille* sur ce verset (éd. S. Brant, t. VI, p. 116v).

CITATIONS NON BIBLIQUES

Professions de foi

– *Et homo factus est et crucifixus…* (U1, U2)
– *Et Pater a nullo factus est…* (U2)
– *Quia pro nobis ductus et maledictus…* (U2)
– *Primo dierum resurget…* (U2)
– *Circumci… Libera nos, Domine* (U2)
+ *In inferno, nulla est redemptio* (Mt 9, 13 *et al.*) (U2)

Apocryphes ?

– *Vado Iericho* (U1, U2)
– *Dixerunt latrones…* (U2)
– *Rogabat mater sua : Quid facis…* (U2)

Denys Caton (U2)

Et homo factus est et crucifixus…

U1 : fol. 56v, 4b-5 [3]
U2 : fol. 65r, l. 5-6 [13]

Formules introductives

U1 : ועוד הוכחה אחרת שכתוב בקרייא שלהם
Une autre preuve encore, écrite dans leur lecture (*qeriya*) /Kyrie.
U2 : אחר
Autre [passage].

Latin translittéré

U1 : אֵייץ אוֹמוֹ פַּאשְטוֹש אֵיישְט אֵייץ קְרוּצִי פִּי צוּש אֵיִי צִיוֹן פְּרוֹנוֹבִישׂ
[Et homo factus est et crucifixus etiam pro nobis.]
U2 : אֵיץ אוֹמוֹ פַּאטוֹש אֵישְט אִי קְרֶוּצִיפִּישׁוּש אֵי צִיאָוֹן פְּרוֹנוֹבִּישׂ
[Et homo factus est et crucifixus etiam pro nobis.]

219

Les citations dans le manuscrit

Traduction hébraïque interlinéaire

U1 : אדם וסבלת כמה יסורין בתוך ציון בשבילינו

U2 : non traduit.

Cet extrait du Credo (Symbole de Nicée) a une situation analogue dans les deux unités : entre Mt 27, 54, etc. (*Vere iste erat homo*) et Jr 17, 5 (*Maledictus homo qui confidit in homine*), dans la première ; entre Mt 27, 54, etc. (*Vere iste erat homo*) *et* Jn 19, 26 (*Mulier, mulier, ecce filius tuus*), dans la seconde. Bien que cela ne soit explicite dans aucune des deux formules de présentation, il est à l'évidence considéré comme une preuve parmi d'autres de l'humanité de Jésus.

La première de ces formules renvoie à la liturgie, et le mot קרייא (*qeriya*), non vocalisé, paraît désigner ici une « lecture »[239]. La seconde interprétation (*Kyrie*) révélerait une connaissance superficielle du culte chrétien, mais elle est confortée par la présence de deux *yod* dans la graphie du mot.

Les deux translittérations présentent quelques divergences, mais aussi plusieurs similitudes qui montrent qu'elles procèdent d'une même source :
– pour *factus*, la première unité a *fastus, et la seconde *fatus ; *crucificus* est écrit en un seul mot dans la seconde unité, mais décomposé en trois éléments *cruci fi sus, dans la première ; *pro nobis* est écrit en un seul mot dans les deux cas. On relève par ailleurs plusieurs différences dans le détail des consonnes et des voyelles utilisées pour cette translittération.
– le texte retenu, identique dans les deux unités, est le résultat d'un découpage arbitraire puisqu'il est constitué de la fin d'une phrase (*Et incarnatus de Spiritu sancto ex Maria virgine, **et homo factus est**.*) et du début de la suivante (***Crucifixius etiam pro nobis** sub Pontio Pilato, passus, et sepultus est.*). La mention de la naissance virginale disparaît, et celle de l'Incarnation n'est conservée que dans la formule et *homo factus est*[240], dont l'auteur du florilège ne retient que le mot *homo*. Dans les deux unités, *etiam* est transcrit sous la forme *ey tsion et la traduction hébraïque montre qu'au moins dans la première d'entre elles, l'auteur a entendu (ou lu) *in Sion*, erreur favorisée par la décomposition du mot en deux éléments. Cette traduction est partielle puisque, parmi les cinq premiers mots, elle ne prend en compte que le second (*homo*) et hésitante, puisque *crucifixus* (ici décomposé) est traduit par une expression signifiant « et tu as subi maintes souffrances ».

---

239. Le même mot, différemment orthographié, est utilisé, dans le *Sefer Yosef ha-Meqane* (éd. J. Rosenthal, p. 100), à propos de la Bible : « Jérôme, qui a traduit pour eux la *qeriyah*, s'est trompé… » (כאן ירומי אשר העתיק להם הקריה). L'éditeur le donne comme un équivalent de *miqra* (מקרא), de même racine.

240. L'usage de s'incliner pendant cette mention de l'Incarnation a été établi par Saint Louis.

Et Pater a nullo factus est…

L'ensemble de ces observations atteste une connaissance très imparfaite du texte source, de sa composition, de son détail, du contexte de son utilisation liturgique (s'il faut bien lire *Kyrie*), de sa teneur théologique et de ses implications polémiques. On ne retrouve cette citation très particulière dans aucun des textes hébreux consultés pour cette étude.

Et Pater a nullo factus est…

U1 : non cité

U2 : fol. 66v, 3b-7 [3]

Formule introductive

אחר

Autre [passage].

בטריניטי שלהם

Dans leur Trinité

La première de ces deux formules précède le latin (copié dans l'espace écrit) ; la seconde, la version hébraïque (copiée dans la marge).

Latin translittéré

אֵיץ פַּטִיר אַנוּלוֹ אֵישׁט פַאטוּשׁ נֵיק קְרִיאָטוּשׁ נֵיק יֵינִיטוּשׁ פִּילְיוּשׁ אָה פַּאטְרֵיה שׁוֹלוֹ אֵישׁט נוֹן
פַּאטוּשׁ נֵיק קְרִיאָטוּשׁ שֵׁיץ יֵינִיטוּשׁ · דִיאוּשׁ אֵישׁט · אֵישׁ שׁוּצְטַנְצִיאָה פַּאטְרִישׁ אוֹנְטֵיה שֵׁקוּלָא
יֵינִיטוּשׁ · אוֹמוֹ אֵישׁ שׁוּצְטַנְצִיאָה מַאטְרִישׁ אִיןֵן שְׁקוּלוֹ נָטוּשׁ.

[Et pater a nullo est factus nec creatus nec genitus, filius a patre solo est non factus nec creatus sed genitus […] Deus est ex substantia patris ante saecula genitus, homo est ex substantia matris in saeculo natus.]

Traduction hébraïque marginale

האב לא נעשה ולא נוצר ולא הולד והבן לא נעשה ולא נוצר אבל הולד שקו' ב''ל אנג'נדריר
אלהה הוא מזרע האב בעולם הולד ואדם הוא מזרע האם בעולם הולד.

Cette citation est constituée de deux extraits du *Quicumque vult* (ou Symbole dit « d'Athanase »)[241] qui s'enchaînent ici sans autre solution de continuité qu'un signe de ponctuation faible (parmi d'autres). En dépit de ce qu'indique la formule introductive, le passage consacré à l'Esprit et à la

---

241. Récité à l'office de Prime, jusqu'en 1960.

221

Les citations dans le manuscrit

Trinité[242] est laissé de côté, si bien que seuls le Père et le Fils sont mentionnés ici. Cettte omission doit être délibérée puisque tout porte à croire que l'auteur du document maîtrise ici le contenu de ce qui est copié : les mots sont bien distingués les uns des autres, sans soudures ni décompositions analogues à celles qu'on rencontre ailleurs ; les différentes propositions, avec leurs contenus théologiques respectifs, sont liées entre elles mais clairement dissociées par des signes de ponctuation qui préparent le double point final ; la traduction hébraïque est fidèle à l'original et elle s'enrichit, pour le mot hébreu correspondant à *genitus*, d'une référence à l'ancien français (« engendrer »). Le fait que cette traduction hébraïque apparaisse dans la marge, et non dans l'interligne – unique occurrence de ce phénomène dans les deux unités – pourrait signifier qu'elle n'est pas, comme d'autres dans ce dossier, le fruit d'une analyse plus ou moins laborieuse. On observe toutefois que le traducteur a rendu *ante saecula* et *in saeculo* par une même expression (בעולם = *in saeculo*), ce qui dénote une certaine méconnaissance des dogmes liés à cette distinction (préexistence éternelle et Incarnation du Christ). Il faut sans doute distinguer l'auteur de cette citation, suffisamment averti du contenu du *Quicumque vult* pour n'en retenir que ce qui intéresse la polémique sur Jésus, et le traducteur, moins au fait de la théologie chrétienne.

L'absence du passage relatif au Saint Esprit s'explique très certainement par la fonction polémique de cette citation : comme la plupart de celles qui apparaissent dans le même contexte, elle se caractérise par la présence des mots *pater* et *filius*, l'interrogation portant alors sur l'identité du père de Jésus et sur la relation du Père au Fils. Dans l'ensemble des deux unités, l'Esprit ou la Trinité ne sont évoqués qu'une seule fois, et il s'agit alors d'un ajout à la citation originale non pris en compte dans le commentaire implicite[243]. Jusqu'au XVe siècle, la réflexion sur la Trinité demeure accessoire dans la littérature hébraïque de controverse, se limitant, pour l'essentiel, au commentaire de certains versets (Gn 1, 1 ; Gn 1, 16 ; Gn 18, etc.). C'est surtout en Espagne, sous l'influence de la philosophie, qu'elle prend une dimension théorique[244].

---

242. « Spiritus Sanctus a Patre et Filio, non factus, nec creatus, nec genitus, sed procedens. Unus ergo Pater, non tres Patres ; unus Filius, non tres Filii ; unus Spiritus sanctus, non tres Spiritus sancti. Et in hac Trinitate, nihil prius aut posterius, nihil majus aut minus, ser totae tres personae coaetemae sibi sunt et coaequales. Ita ut per omnia, sicut jam dictum est, et unitas in Trinitate et Trinitas in unitate veneranda sit. Qui vult ergo salvus esse ita de Trinitate sentiat. Sed necessarium est ad aeternam salutem ut Incarnationem quoque Domini nostri Jesu Christi fideliter credat. Est ergo fides recta, ut credamus et confiteamur quia Dominus noster Jesus Christus Dei Filius, Deus et homo est [Deus est ex substantia Patris.... ».

243. Voir ci-dessus, Jn 14, 9.

244. Voir à ce sujet. Daniel J. LASKER, *Jewish Philosophical Polemics against Christianity in the Middle Ages*, New York 1977 [sur la Trinité, p. 45-104], rééd. avec mise à jour : Littman Library of Jewish Civilisazion, 2007.

Cette partie du *Quicumque vult* n'est pas citée dans les autres textes hébreux consultés. En revanche, d'autres passages apparaissent, en hébreu et en latin, dans le *Sefer Yosef ha-Meqane* et dans le *Niṣaḥon Vetus*[245], ce qui montre que le texte était connu dans le milieu de ceux qui composèrent des écrits polémiques, en Ashkenaz, à la fin du XIIIᵉ siècle.

Quia pro nobis ductus (?) et maledictus

U1 : non cité

U2 : fol. 66v, 13 [6]

Formule introductive

אחר
Autre [passage].

Latin translittéré

U1 : קיאה פְּרוֹ נוֹבִּיש דוטוש אֵי מַלֵידִיטוש
[Quia pro nobis ductus (?) et maledictus]

Traduction hébraïque

– non traduit

Cette citation (?) peut-être tirée d'un texte faisant référence à Ga 3, 13 (*Christus nos redemit de maledicto legis factus pro nobis maledictum quia scriptum est maledictus omnis qui pendet in ligno*) n'a pas pu être identifiée, et on ne la retrouve dans aucun des textes consultés pour cette étude. L'assonance *ductus et maledictus*, qui semble intentionnelle, renvoie peut-être à un poème liturgique. La formule de présentation ne permet pas de déterminer avec certitude la fonction polémique du passage – s'il en a une –, mais le fait qu'il soit immédiatement suivi d'Ez 18, 20 (*Pater non portabit*

---

245. JOSEPH BEN NATHAN OFFICIAL, *Sefer Yosef ha-Meqane*, éd. J. Rosenthal, p. 127 : « Pater ingenitus, Filius genitus, Spiritus Sanctus ab utroque procedit » (latin et hébreu) ; *ibid.*, p. 126 et *Niṣaḥon Vetus*, éd. D. Berger, n° 222 (hébreu et latin en caractères hébreux, p. 150 ; trad. angl., p. 215) : « Sicut anima et caro unus est homo, ita Deus et homo unus est Christus » (latin et hébreu). L'ordre des deux versions et leur détail varient dans les deux ouvrages. La première de ces deux citations est utilisée (dans les deux textes) pour nier la coexistence éternelle du Père, du Fils et de l'Esprit, la seconde pour affirmer que la divinité (אלהות) de Jésus est morte en même temps que son humanité.

Les citations dans le manuscrit

iniquitatem filii et filius non portabit iniquitatem patris) permet de penser que dans la source, ces deux affirmations étaient rapprochées parce que considérées comme contradictoires.

Primo dierum omnium quo mundus exstat conditus quo resurgens conditor nos morte victa liberat

U1 : non cité

U2 : fol. 66v, 16-18a [8]

Formule introductive

– aucune.

Latin translittéré

פרימו דיאירון אוניאון קו מונדוש אויישטאץ ו קונדיטוש [ויר]קו רישורג̇'ינץ קונדיטור נוש מורטיה
ויטא ליבּיראץ

[Primo dierum omnium quo mundus exstat conditus quo resurgens conditor nos morte victa liberat.]

Traduction hébraïque

– non traduit.

Cette hymne attribuée à Grégoire le Grand est récitée dans la Liturgie des Heures (office de Matines du dimanche, pendant le temps ordinaire[246]). Si l'on excepte les lettres mises ici entre crochets, qui paraissent être une faute de copie, la translittération est exacte et les mots latins bien distingués les uns des autres ; seuls les deux derniers sont vocalisés. Aucune formule de présentation ne vient préciser la fonction de ces vers dans le florilège, et leur situation (entre Ez 18, 20 : *Pater non portabit iniquitatem filii...* et Jn 13, 12-14 : pedilavium) ne nous éclaire pas davantage. Peut-être les citations n° 6 (*Quia pro nobis ductus et maledictus*), 8 (*Primo dierum omnium quo mundus exstat conditus quo resurgens conditor nos morte victa liberat*), et 10 (*Per sanctam circumcisionem tuam libera nos Domine*), étaient-elles réunies, dans

---

246. Les quatre premiers vers uniquement (ceux qui sont copiés ici) : depuis l'octave de l'Épiphanie jusqu'au premier dimanche de Carême et depuis le dimanche le plus proche du premier jour d'Octobre jusqu'à l'Avent.

224

Per sanctam circumcisionem tuam libera nos, Domine

la source, par une commune thématique de la Rédemption et par leur origine non biblique. Aucune autre citation de cette hymne n'a été relevée dans la littérature de controverse.

Per sanctam circumcisionem tuam libera nos, Domine

U1 : non cité.

U2 : fol. 66v, l. 20b-21 [10]

Formule introductive

– aucune.

Latin translittéré

פיר שנטום **צירקונשי** טו- \ צירקונצישי אונם · טואם ליבירא נוש דומיניה

[Per sanctam circumcisionem tuam libera nos Domine]

Traduction hébraïque (interlinéaire)

– non traduit.

Cette citation n'apparaît que dans la seconde unité, où elle est située, sur deux lignes, entre l'évocation du *pedilavium* (cf. Jn 13, 12-14) et Mt 17, 19 (*Qui habuerit fidem quantum granum senapis…*). Le commencement du mot « circumcisionem » (*circumci-*) a été écrit une première fois à la fin de la première ligne, où il est suivi de ce qui paraît être le début de *tu*[*am*], puis rayé et réécrit, au début de la ligne suivante, dans la séquence **circumcisi onem tuam*. Les deux graphies des trois premières syllabes sont identiques ; ce n'est donc pas une faute qui est ici corrigée mais plutôt, semble-t-il, la copie anticipée de *tu*[*am*], à la fin de la première des deux lignes.

Cette formule est d'origine liturgique : elle apparaît dans diverses litanies (et dans la prière de Saint Brendant), où la première partie prend deux formes, parfois réunies : *Per sanctam circumcisionem tuam… / Per sanctam resurrectionem tuam...* Dans la litanie des Saints, chantée principalement pendant la veillée pascale ou à l'occasion du baptême (conversions ?), c'est la première forme qui est retenue.

Les citations dans le manuscrit

Mulier, mulier, vado Jericho et veniam tertia die, et non venit

U1 : fol. 56v, 11b-12 [9]

U2 : fol. 68v, 1-2a [26]

Formules introductives

U1 : וזה בא להוכיח להם שישו שיקר
Ceci vient leur prouver que Jésus a menti.
U2 : aucune formule de présentation.

Latin translittéré

U1 : מוּלְאָיְיר מוּלְאָיְיר וַוא דוֹ יְרְיקוֹ אֶץ וַוְיְנִיאַץ טֶיְיְךְ צִיאַה דִיאַיי אֶ[ץ] נֶוֹן בֵּינִיץ
[Mulier, Mulier, vado Iericho et veniam tertia die, et non venit]
U2 : מוּלְיאַר מוּלְיאַר וַדוֹ יְרִיקוֹ אֵיץ וַינִיאַיץ טֵירְצִיאַה דִיאַי אֵיץ נֶוֹן וַיְנִיץ
[Mulier, Mulier, vado Iericho et veniam tertia die, et non venit]

Traduction hébraïque interlinéaire

U1 : אשה אשה הולך ליריחו ואבא ביום השלישי אץ אץ ו<לא ?> לא בא
U2 : אשה אשה הולך אני ליריחו ו אבוא לשלושה ימים ו לא בא

Cette citation, qui n'a pu être identifiée[247], ouvre la série de celles qui illustrent le thème du « mensonge » (de Jésus) : elle est suivie, dans les deux unités, de Nb 23, 19 (*Deus non est homo mendax...*) et Sg 1, 11 (*Os quod mentitur occidit animam*). Le rapport avec ce qui précède est plus aisément perceptible dans la première unité puisque les deux citations copiées juste avant comportent, elles aussi, le mot *mulier* appliqué à la mère de Jésus. La transition se trouve ainsi assurée entre deux des principaux thèmes polémiques du florilège : négation de la virginité de Marie (*mulier*) et de la divinité de Jésus (mensonge).

Les deux translittérations présentent d'assez nombreuses différences, mais le détail des mots qui les constituent est identique ; la forme *veniat*, pour *veniam*, est commune aux deux unités ; *vado* et *tertia* sont décomposés dans la première unité (**va do* ; **ter tia*), mais pas dans la seconde.

---

247. Elle n'est tirée ni des *Toldot Yeshu*, ni d'aucun des apocryphes du Nouveau Testament qui ont pu être consultés. Plusieurs spécialistes ont été sollicités, qui ne se rappellent pas l'avoir rencontrée dans les textes relatifs à Jésus. Il s'agit peut-être d'un souvenir corrompu de Mt 20, 17s (Jésus monte à Jérusalem, annonçant à ses disciples que le Fils de l'homme sera crucifié et ressuscitera le troisième jour).

Les traductions hébraïques ne laissent subsister aucun doute sur le sens de ce passage puisqu'elles signifient respectivement : « Femme, femme, [je][248] vais à Jéricho et je serai de retour[249] le troisième jour[250], et il n'est pas [re]venu. » (U1) et « Femme femme, je vais à Jéricho et je serai de retour dans trois jours, et il n'est pas [re]venu. » (U2). Ces traductions présentent, elles aussi, plusieurs variantes de détail, mais dans les deux cas, les mots hébreux sont bien placés : dans la première unité, הולך (« [je] vais ») est à juste titre situé au-dessus des deux parties de la forme latine décomposée (*va do), de même que ביום השלישי au-dessus de l'ensemble constitué par *ter tia die ; il semble que le copiste ait écrit en deux temps l'hébreu correspondant à *et non venit*, et que la première version, non rayée, soit une faute de copie. Dans la seconde unité, הולך אני (« je vais », le pronom personnel étant ici présent) est placé exactement au-dessus de *vado* et la conjonction ו (*we*) artificiellement dissociée de la forme verbale qui suit pour que chacun des deux éléments de l'hébreu ainsi décomposé soit inscrit au-dessus du latin correspondant (*et venia[m]*) ; le même artifice est utilisé pour traduire *et non venit* à la fin de la phrase. Le mot à mot du latin semble bien maîtrisé dans les deux cas[251], et si les traductions sont simplement *reproduites* – ce que leurs différences et leur lien étroit avec la disposition matérielle du latin rendent peu vraisemblable –, cette copie est effectuée, par les deux scribes, en connaissance de cause.

Dixerunt latrones qui fuerunt crucifixi cum Jesu

U1 : non cité

U2 : fol. 67v, 10b-12 [23]

Formule introductive

אמרו שני גנבים \ שנתלו עם ישו

Les deux larrons qui furent pendus avec Jésus ont dit.

---

248. Pronom personnel absent de cette première traduction.

249. Litt. : « je [re]viendrai ».

250. L'expression hébraïque renvoie au troisième jour de la semaine (le mardi), mais comme elle est calquée sur le latin – ce qui explique sans doute la forme *be-yom **ha**-shelishi* –, elle signifie plus vraisemblablement ici « le troisième jour [après mon départ] », c'est-à-dire « dans trois jours ». La traduction proposée dans la seconde unité conforte cette lecture. Il est possible que la traduction de la première unité soit plus ou moins directement influencée par une référence à la résurrection « le troisième jour ».

251. On trouve même un signe de ponctuation faible, dans la seconde unité, avant la dernière partie de la phrase (*et non venit*).

Les citations dans le manuscrit

Latin translittéré

דישירונט לטרוניש קי אי פואירונט קרוציפישוש קום ג׳יש׳וש
[Dixerunt latrones qui fuerunt crucifixi cum Jesu]

Vulgate

Cf. Mt 27, 38-44 : **Tunc crucifixi sunt cum eo** *duo latrones unus a dextris et unus a sinistris. Praetereuntes autem blasphemabant eum moventes capita sua. Et dicentes : « Qui destruit templum et in triduo illud reaedificat, salva temet ipsum! si Filius Dei es, descende de cruce! Similiter et principes sacerdotum inludentes cum scribis et senioribus dicentes : « Alios salvos fecit, se ipsum non potest salvum facere! Si rex Israel est, descendat nunc de cruce et credemus ei. Confidet in Deo; liberet nunc eum si vult. Dixit enim : quia Dei Filius sum. » Id ipsum autem et* **latrones qui fixi erant cum eo** *inproperabant ei.*
Cf. Lc 23, 39-43 : *Unus autem de his qui pendebant latronibus blasphemabat eum dicens : « Si tu es Christus salvum fac temet ipsum et nos ». Respondens autem alter increpabat illum dicens : « Neque tu times Deum quod in eadem damnatione es ». Et nos quidem iuste nam digna factis recipimus hic vero nihil mali gessit. Et dicebat ad Iesum : « Domine memento mei cum veneris in regnum tuum ». Et dixit illi Iesus : « Amen dico tibi hodie mecum eris in paradiso ».*

Traduction hébraïque (interlinéaire)

– non traduit

La formule introductive parait être une traduction de la citation latine, mais elle comporte une précision (les *deux* larrons) qui ne figure pas dans la citation elle-même. Les éléments du latin sont bien décomposés, mais le détail de la translittération présente plusieurs particularités : **qui e* ou **qui a* pour *qui*; **crucifixus* pour *crucifixi*; **Jesus* pour *Jesu*. Ce qui suivait n'est pas noté; on peut imaginer qu'il s'agissait, peut-être sous une autre forme, des paroles attribuées à l'un des deux larrons dans l'Évangile de Luc (*Si tu es Christus salvum fac temet ipsum et nos*), aux « passants » (*praetereuntes*), aux « principaux sacrificateurs, scribes et Anciens » (*principes sacerdotum ... cum scribis et senioribus*) et aux *deux* larrons dans l'Évangile de Mathieu. Dans la citation d'Hébreu 712, la présentation de ces derniers (« qui fuerunt crucifixi cum Jesu ») rappelle en effet celle de Mt 27, 44 (*qui fixi erant cum eo*).

Cette citation et le passage auquel elle fait référence ne se retrouvent dans aucun des textes hébreux consultés. Le contexte immédiat n'éclaire pas ici sa fonction polémique, mais l'extrait complet devait compter parmi les arguments utilisés pour nier la divinité de Jésus.

Rogabat/vit mater sua : Quid facis ?
– Uncio(nem) faciam/facio praeter circumcision(em)

U1 : non cité.

U2 : fol. 67v, 13a-15b [24]

Formule introductive

להוכיח להם כי משיח \ שהם קוראים מלוכה ואו' \ אונציאון טעות הוא \ בידם אלא אונציאון הוא
\ בטימא לדבריהם

Pour leur prouver que le Messie (Oint) qu'ils appellent « royaume » et « unc »-/unction (?), cela est une erreur de leur part, car *unction* désigne, selon eux, le baptême (*ba[p]tema*).

פירו' שאלה לו אמו מה אתה עושה. ענה לה אני נותן אונציאון במקום צירקונשיציאון והיה זורק
מים על ראשו להשתמד

Explication : Comme sa mère lui demandait : « Que fais-tu ? », il répondit : « Je donne l'onction à la place de la circoncision », et il versait de l'eau sur sa tête, pour se convertir/apostasier.

Latin translittéré

דוגאמא מטיר שואה קי פאציש אונציאון ויפאצים פרוטיר צייירקונשיציאון

[*Rogabat mater sua : Quid facis ? – Unction(em) facio praeter circumcicion(em)*]

Traduction hébraïque

– donnée dans le commentaire

Cette citation pose de nombreux problèmes qui ne sont qu'en partie résolus par la traduction hébraïque :

– le verbe *rogabat* ou *rogavit* est translittéré sous la forme *dogama*, faute de lecture qui procède d'une double confusion : entre *resh* (ר) et *daleth* (ד) au début du mot, puis entre *mem* (מ) et *beth* (ב) au début de la dernière syllabe ;

– *facio* (?) ou *faciam* est écrit *wefatsem* (?) ; d'après l'hébreu, il faut lire le verbe au présent ;

– le mot *unctio* ou *unctionem* est toujours donné, dans l'introduction et dans la translittération, sous la forme *uncion*, et le mot *circumcisio[nem]* apparaît également, dans le latin, sous la forme *circumcision* ;

– *praeter* (?) est écrit *proter*, ce qui convient mieux à *propter*, mais la traduction hébraïque a bien « à la place de » ;

Les citations dans le manuscrit

– la formule de présentation fait référence à l'étymologie du mot « messie » (en hébreu *mashiaḥ* : « oint ») et, indirectement, à son équivalent grec (*christos*), mais on comprend mal ce que l'auteur veut montrer. L'auteur de cette formule semble considérer que le titre de Messie ne saurait être attribué à Jésus, « baptisé » et non « oint », mais si cette interprétation est la bonne, le lien avec la citation reste obscur.

– la citation elle-même fait peut-être référence à Jésus et à sa mère, mais cela n'est pas certain. D'après l'hébreu, c'est sur sa propre tête que celui qui répond à « sa mère » verse de l'eau pour « donner l'onction à la place de la circoncision ».

Les incertitudes de la translittération laissent entendre que son auteur maîtrise mal le sens de la citation, ce qui s'applique peut-être aussi à l'ensemble de l'argument ici présenté. Le contexte immédiat, dans Hébreu 712, ne nous éclaire pas davantage. En tout état de cause, il est question du baptême (de Jésus/des chrétiens), et de son rapport avec l'onction et la circoncision et le verbe להשתמד (*lehishtamed*), qui signifie « se convertir » ou « apostasier »[252], renvoie explicitement à la conversion. L'identification de la source serait sans doute riche d'enseignements.

Quod vile est carum et quod vile carum putato

U1 : non cité.

U2 : fol. 66v, 2b-3ª [2]

Cette citation ne se retrouve dans aucun des textes consultés. Le texte complet est : « Quod vile est carum, quod carum vile putato. Sic tibi nec cupidus, nec avarus nosceris ulli. ». Il est possible que l'auteur lui prête une signification chrétienne, en relation avec la théologie de la Passion (l'absence de la seconde partie conforte cette interprétation). Les distiques de Denys Caton (IIIᵉ s. ?) étaient considérés depuis longtemps, parmi d'autres textes païens christianisés, comme faisant partie du patrimoine chrétien[253].

---

252. Voir ci-dessus, note 56 : sur le mot *shemad* à propos d'Es 66, 17.

253. Cf. P. RICHÉ, *Écoles et enseignement dans le haut Moyen Âge*, Picard, Paris 2000², p. 190 *sq.*, 228 et 236 ; J. VERGER, *Les gens de savoir dans l'Europe de la fin du Moyen Âge*, Puf, Paris 1997, p. 56-57 et 103 ; P. RICHÉ, J. VERGER, *Des nains sur des épaules de géants. Maîtres et élèves au Moyen Âge*, Paris 2006, p. 46, 56, 124, 166 et 298.

CONCLUSION

Au terme de cette enquête, les questions posées par ces deux florilèges peuvent être, sinon toutes résolues, du moins précisées dans la plupart des cas : les différentes perspectives adoptées (examen des aspects matériels du manuscrit, des structures, des citations et de leurs caractéristiques) permettent de mieux comprendre comment, par qui, dans quelles circonstances et pour quelle destination ces documents ont été élaborés.

Les différents aspects du dossier (codicologique, paléographique, linguistique, historique et textuel) sont évidemment liés. Leur interdépendance est constamment prise en compte dans ce travail, même si la clarté de l'exposé imposait parfois que les approches fussent dissociées. Les données recueillies au cours de l'analyse, et rapprochées dans les conclusions partielles, peuvent être elles-mêmes réunies dans une conclusion d'ensemble. Cette confrontation éclaire plusieurs aspects du dossier. Les interrogations qui subsistent sont autant de pistes offertes à une recherche plus spécialisée.

Points communs et différences

Bien qu'ils présentent de nombreuses différences de détail, ces deux florilèges sont incontestablement de même nature et très vraisemblablement contemporains ; leur réunion dans le manuscrit, sur des unités codicologiques distinctes, s'explique par des analogies de structure et de contenu ; ils partagent avec les deux autres textes copiés dans ce manuscrit une même fonction polémique.

Ils se distinguent l'un de l'autre sur plusieurs points de détail mais les similitudes, qui portent sur l'ensemble, sont plus déterminantes :

– *Principales dissemblances* : scribe ; nombre et ordre des citations ; nombre des citations latines vocalisées et/ou traduites ; détail de la translittération latine en caractères hébreux et de la traduction hébraïque lorsque celles-ci sont également présentes, pour une même citation, dans les deux florilèges ; importance des citations non scripturaires, des références au calendrier liturgique chrétien, des notations en ancien français et des formules introductives.

– *Analogies les plus significatives* : datation des mains ; citations communes, parfois inscrites dans des blocs communs ; présence d'une vocalisation et/ou d'une traduction hébraïque, pour le latin cité ; identité de certaines traductions très spécifiques ; teneur polémique de certaines formules introductives.

Conclusion

Les différences et les ressemblances se renforcent mutuellement. La méthode comparative s'imposait donc pour l'analyse de ces deux florilèges et pour la mise en évidence de leur spécificité dans la tradition polémique juive.

Sources et composition

Ces deux florilèges ne sont pas intégrés à un discours construit, comme c'est le cas généralement de ceux qui apparaissent, par ailleurs, dans la littérature polémique juive médiévale[1]. L'unique mise en forme réside dans les formules introductives qui indiquent, avec plus ou moins de précision, la fonction polémique des citations ou leur place dans le calendrier liturgique chrétien. Ces formules étant inégalement réparties, parfois peu claires ou manifestement incomplètes, elles ne sauraient être assimilées à un authentique travail de composition, même si leur présence plus régulière dans le premier florilège donne à ce dernier une apparence plus structurée. Lorsqu'elles existent, elles portent uniquement sur la citation qu'elles introduisent, sans que la teneur de ce qui précède ou de ce qui suit paraisse être prise en considération[2]. Le document copié est donc, dans les deux cas, un amalgame d'éléments disparates dont le rapprochement ne paraît justifié (souvent de manière implicite) que par leur fonction commune.

Les citations tirées de l'Ancien Testament et du Nouveau Testament ne sont pas réparties dans des ensembles distincts, comme c'est généralement le cas dans les écrits juifs de polémique anti-chrétienne[3], ou clairement dissociées par un discours intermédiaire ; elles sont ici présentées sans distinction ni hiérarchie, et semblent investies d'une même valeur argumentative ; les cita-

---

1. La remarque vaut également pour les recueils de *testimonia* chrétiens : même chez Cyprien, les listes de citations bibliques sont organisées, précédées d'une introduction générale et de sous-titres justifiant leur réunion. La constitution de recueils est un phénomène répandu au Moyen âge et constitutif de l'activité d'apprentissage ou d'enseignement : cf. P. RICHÉ, *Écoles et enseignement dans le haut Moyen Âge*, Picard, Paris 2000, p. 300 ; J. VERGER, *Les gens de savoir dans l'Europe de la fin du Moyen Âge*, PUF, Paris 1997, p. 24, 202 et 268-269. Les *tossafot* (commentaires de traités du Talmud, qui doublent celui de Rashi) ont été élaborées sur le même modèle, en France du nord et en Allemagne : cf. S. SCHWARZFUCHS, « La vie interne des communautés juives du Nord de la France au temps de Rabbi Yéhiel et de ses collègues », dans G. DAHAN (éd.), *Le Brûlement du Talmud à Paris 1242-1244*, Cerf, Paris 1999, p. 27.
2. Les deux seules exceptions se trouvent dans les formules introductives des citations n°s 2, 3 et 4 du premier florilège, qui soulignent leur enchaînement selon une même thématique liée à l'humanité de Jésus : « Ceci pour leur prouver que Jésus était un homme » (2) ; « Une autre preuve encore, inscrite dans leur lecture » (3) ; « Et en leur prouvant qu'il était homme on le maudit (?) puisqu'il est dit dans l'Écriture… » (4).
3. *Sefer Nestor ha-Komer* (§§ 69-119 et 136-184) ; *Sefer Milḥamot ha-Shem* (chap. XI) ; *Sefer Yosef ha-Meqane* (IIIe et dernière partie) ; *Niṣaḥon Vetus* (§ 154 à 235) ; *Ḥizzuq Emunah* (seconde partie).

Conclusion

tions empruntées à des apocryphes (?), à des professions de foi, à Denys Caton ou à la liturgie (?) sont traitées de la même manière. Les différentes composantes de ces florilèges sont donc considérées comme *chrétiennes* et *canoniques*, parce qu'elles sont données en latin et tirées d'un contexte chrétien.

Les citations bibliques prennent, elles-mêmes, des formes assez diverses : texte latin plus ou moins éloigné de la traduction hiéronymienne, parfois remanié ou « adapté » à une utilisation polémique potentielle ; fusion (?) de deux ou trois sources pour les Synoptiques ; paraphrases ou résumés plus ou moins proches de l'« original » pour les récits tirés du Nouveau Testament (ce qui ne nuit pas toujours à leur cohérence propre). D'autres phénomènes accroissent cette impression d'hétérogénéité : variantes de détail ; inversion ou disparition d'éléments constitutifs d'une même citation ; erreurs d'attribution pour les passages tirés du Nouveau Testament, etc.[4] Il semble exclu que ces caractéristiques, plus ou moins accentuées mais communes aux deux florilèges, renvoient à une/des source(s) qui ne soi(en)t pas elle(s)-même(s) composite(s).

L'existence d'au moins une source commune, directe ou indirecte, est prouvée par la présence, au sein de ces deux florilèges, de trois blocs identiques réunissant les mêmes citations dans le même ordre. À l'intérieur de ces blocs comme dans le reste des documents, c'est par analogie ou par glissement thématique que s'effectue le regroupement des citations : on voit ainsi se dessiner, à travers les formules de présentation et certaines similitudes lexicales, plusieurs ensembles constitués autour des principaux motifs de la polémique juive anti-chrétienne[5] : négation du caractère « provisoire » de la loi, de l'existence d'un « autre Dieu », de la naissance virginale, de la divinité de Jésus, de l'Incarnation, et de la théologie de la Rédemption. Plus ou moins riches et cohérents, ces ensembles ne connaissent aucun cloisonnement et si les citations ne sont pas rangées selon leur origine, elles ne le sont pas non plus de manière exhaustive selon leur fonction particulière (certaines d'entre elles pourraient être regroupées, qui ne le sont pas) : les passages cités illustrent parfois plus d'un thème, ce qui favorise les enchaînements, mais aussi un certain désordre… En admettant même qu'un classement thématique ait été possible, il supposait une égale maîtrise de la langue des citations et de leur portée polémique ; or, il est manifeste que les termes de l'énoncé latin et sa valeur argumentative sont très inégalement appréhendés et que cette disparité ne correspond pas à leur difficulté objective. Les deux florilèges ont donc été copiés sans être (intégralement) compris, ce qui contribue à leur hétérogénéité.

---

4. La plupart de ces phénomènes peuvent être observés dans d'autres textes analogues, mais ils sont alors différents dans le détail, moins concentrés, et le plus souvent compensés par l'existence d'un discours construit qui donne plus de cohérence à l'ensemble.

5. Voir ci-dessus l'analyse de la structure des documents.

Conclusion

L'examen des *fautes* conduit à des conclusions analogues[6]. Elles sont, elles aussi, différentes dans les deux florilèges, de natures très diverses, sans rapport avec la difficulté du texte, et souvent difficiles à distinguer : il semble qu'il s'agisse, dans la plupart des cas, de fautes de lecture (confusion entre des lettres hébraïques ou des mots latins translittérés de graphies similaires ; oubli d'un mot rajouté dans l'interligne ; homéiotéleuton, etc.) ; mais celles qui peuvent ressortir à la dictée[7] (par exemple la translittération incomplète ou manifestement erronée de certains phonèmes) ou à une certaine méconnaissance de la langue latine sont également nombreuses, et toutes ne sont pas nécessairement intervenues au même stade de la transmission textuelle. La variété des fautes doit être interprétée comme un autre signe que ces florilèges ne sont pas de constitution homogène et qu'ils ont été copiés, par chacun des deux scribes et par leurs prédécesseurs, avec un discernement inégal.

Lorsque le *texte* de la citation – même assez distinct de la Vulgate – est identique dans les deux florilèges, les *translittérations*, les *traductions* et les formules introductives diffèrent généralement[8]. Ce phénomène prouve 1) que les deux documents renvoient, en pareil cas, à une même source latine orale, même si celle-ci n'était peut-être qu'un intermédiaire entre deux écrits[9] ; 2) que la traduction n'a pas toujours accompagné la translittération (elle est souvent absente dans le second florilège) ; 3) que les formules introductives, souvent absentes, elles aussi, du second florilège et parfois peu claires dans le premier, ne sont pas non plus (toutes) originales. Les translittérations correspondent à au moins deux perceptions distinctes du texte « premier » ; les traductions et les formules de présentation, inégalement présentes[10] et précises, révèlent divers degrés de compréhension du texte cité[11] ; elles ne sont donc pas non plus (toujours) simultanées, même lorsqu'elles accompagnent une même citation.

L'ensemble de ces observations prouve que ces deux documents, qui présentent des éléments communs remontant à une ou plusieurs sources proches les unes des autres, sinon identiques, sont l'un et l'autre de facture composite,

---

6. Voir le chapitre consacré à leur analyse.
7. On ignore, en pareil cas, si cette « dictée » était silencieuse, effectuée par le scribe à haute voix, ou par une autre personne.
8. Certaines translittérations et certaines traductions très singulières apparaissent dans les *deux* florilèges, mais elles sont toujours ponctuelles, et exceptionnelles ; l'origine commune des deux opérations ne peut être affirmée que dans ce cas.
9. L'enseignement médiéval était oral et les pratiques mnémotechniques y jouaient un rôle important. La source écrite la plus ancienne des deux florilèges est peut-être une sorte de *reportatio*.
10. Cela vaut également pour les traductions en ancien français.
11. Lorsque la citation vétérotestamentaire a été identifiée, l'hébreu (parfois un peu inexact) est cité de mémoire.

234

Conclusion

constitués de plusieurs strates, et eux-mêmes inachevés ; leurs scribes respectifs ne sont vraisemblablement que deux témoins parmi d'autres d'une transmission plus largement répandue, et peut-être poursuivie après eux.

Les auteurs et le milieu

L'analyse codicologique, paléographique et textuelle fournit quelques indications sur le milieu dans lequel ces documents ont été élaborés, sur leurs auteurs, et sur leur degré de familiarité avec la culture chrétienne.

Le manuscrit peut être daté de la fin du XIIIe siècle[12] ; les écritures sont toutes de type ashkénaze ; le parchemin de mauvaise qualité est caractéristique de cette aire géographique. Les deux textes principaux qui précèdent les florilèges (*Sefer Yosef ha-Meqane* et recension hébraïque de la première Dispute de Paris), copiés par un même scribe, ont été composés en France du nord, entre 1240, date de la dispute, et 1306, date de l'expulsion décrétée par Philippe le Bel[13]. Le *Sefer Yosef ha-Meqane* est plus précisément daté de 1274 ; son auteur, Yosef ben Nathan Official, est aussi celui de la recension hébraïque de la seconde dispute de Paris (qui eut lieu en 1260)[14] et des Additions qui complètent le premier de ces ouvrages[15]. Les textes réunis dans ce manuscrit (*Sefer Yosef ha-Meqane*, Dispute de Paris, extraits de commentaires bibliques et talmudiques, florilèges de citations chrétiennes) sont donc contemporains et, pour quatre d'entre eux, de même nature ; les copies ont été effectuées durant la même période. L'ensemble du manuscrit (ou ses différentes composantes) fait sans doute partie des biens confisqués lors de l'expulsion ou après la première dispute de Paris[16].

---

12. Voir la première partie de cette étude (p. 11-13) et la description détaillée dont la référence est donnée ci-dessus, note 4, p. 11.
13. Sur ces deux événements et leurs diverses conséquences, voir en particulier G. DAHAN (éd.), *Le Brûlement du Talmud* (1242-1244), Paris 1999 et Céline BALASSE, *1306. L'expulsion des juifs du royaume de France*, De Boeck, Bruxelles 2008. Pour le XIVe siècle, G. DAHAN (éd.), avec la collaboration d'Élie Nicolas, *L'expulsion des Juifs de France (1394)*, Cerf, Paris 2004. Pour les traces littéraires de l'expulsion de 1306, voir Susan L. EINBINDER, *No Place of Rest. Jewish Literature, Expulsion and the Memory of Medieval France*, University of Pennsylvania Press, Philadelphie 2009.
14. Éd. J. SCHATZMILLER, Paris 1994.
15. Éd. J. ROSENTHAL, dans Ch. BERLIN (éd.), *Studies in Jewish Bibliography, History and Literature, in Honor of I. Edward Kiev*, Berlin-New York 1971, p. 123-139.
16. Cf. A. TUILIER, « La condamnation du Talmud par les maîtres universitaires parisiens, ses causes et ses conséquences politiques et idéologiques », dans G. DAHAN (éd.), *Le brûlement du Talmud*, p. 59-78 (sur les confiscations, p. 75 et *passim*) ; R. CHAZAN, *Medieval Jewry in Northern France. A Political and Social History*, Baltimore 1973, p. 189-254.

Conclusion

Les citations hébraïques de l'Ancien Testament, qui paraissent faites de mémoire, manifestent une bonne connaissance du texte scripturaire ; certaines des formules utilisées rappellent la langue des commentaires rabbiniques ou de la prière[17]. De ce point de vue, les deux florilèges ne se distinguent guère l'un de l'autre.

L'analyse des citations, de leurs traductions, et des formules de présentation donne par ailleurs des résultats paradoxaux : certains phénomènes ne s'expliquent que par une maîtrise, même relative, du latin et de la culture chrétienne : formules introductives indiquant de manière explicite et claire la fonction polémique de la citation[18] ; vocables nettement séparés dans la translittération[19] ; éléments de la traduction hébraïque interlinéaire judicieusement répartis[20] ; traductions étymologiques[21] ; présentation d'équivalents en ancien français[22] ; « omission » des éléments de la citation qui ne se prêtent pas à son utilisation polémique, ou qui pourraient être utilisés pour la réfuter[23] ; intromissions destinées, peut-être, à favoriser cette utilisation polémique[24] ; références précises à certains passages néotestamentaires[25], au calendrier liturgique[26] et à des professions de foi chrétiennes[27]. D'autres sont le signe de diverses insuffisances : fautes de translittération ou de grammaire[28] ;

---

17. *Ha-Shem*, « le Nom » (U1 : 5, 10, 17 [*bis*], 19, 20 [*ter*], 23) ou *ha-Maqom* , « le Lieu » (U2 : 32 et 33), pour désigner Dieu ; *aḥer* (« autre ») pour introduire un argument ou une explication complémentaires (U2 : 3, 4, 5, 6, 7, 13 et 14) ; *ketiv* ou *dikht[iv]*, « [ainsi qu']il est écrit », pour les citations scripturaires (U1 : 4, 20 [*bis*] ; U2 : 32 et 33) ; *deyona* pour la référence à Jonas (U2, 20) ; choix du mot *teger*, « querelle », pour traduire le mot *gladium* (U2 : 34) ; *shum beriah*, « aucune créature » (U2 : 21) ; *shemad*, pour le baptême (U1 : 23). L'utilisation des mots *nital* pour Noël (U2 : 15, 16 [bis] et 18), *qeṣaḥ* pour la Pâque chrétienne (U2 : 9), *'inuy* pour le Carême ou la Passion (U2 : 16 et 20) et *q[ade/osh]* pour les saints du Nouveau Testament (U1 : 19, 20 ; U2 : 15, 21, 22) est elle aussi courante dans la littérature hébraïque médiévale.

18. U1 : 2, 5, 7, 8, 9, 10, 11, 12, 15, (16), 19, 20, 21, 22 et 24 ; U2 : 19, (20), 32 et 33.

19. Également répartis dans les deux florilèges, en tenant compte de la proportion de citations traduites dans chacun d'entre eux : voir les conclusions du développement consacré aux traductions.

20. Même remarque que pour la séparation des vocables.

21. Traduction de *poenitentiam* par ליסרם (Mt 9, 13 et pll. : U2 : 19) ; de *ecce* par ראי פה (Jn 19, 26 : U1, 8).

22. U1 : 19 et 24 ; U2 : 20, 24, 27 et 30. Voir la dernière partie du développement consacré aux traductions.

23. Ps 15/16, 9-11 (U2 : 22) ; Ps 80/81, 8-10/9, 11 (U1 : 17) ; Jr 17, 15 (U1 : 4) ; Mt 11, 11 / Lc 7, 28 (U1 : 7) ; Mt 27, 54, etc. (U1 : 2 ; U2 : 12) ; Lc 2, 48 (U2 : 18) ; *Quicumque* (U2 : 3).

24. Traduction de המטהרים par *qui baptizantur* (Es 66, 17 : U1, 23) ; ajout du mot *Israel* dans la citation de Mt 15, 24/26 (U1 : 18).

25. Mention d'Étienne dans la présentation d'Act.7, 55 (U2, 15 ; cf. U1 : 20) ; de Marc dans l'introduction à Mc 6, 1-6 (U2 : 16) ; de Paul dans l'introduction à 1Tm 1, 17 (U2 : 22).

26. U1 : 13 ; U2 : 5, 9, 15, 16, 18, 20, 25 et 30. Voir le développement consacré à cette question.

27. U1 : 2 ; U2 : 3.

28. Également réparties sur les deux florilèges : voir le développement consacré aux « fautes ».

236

Conclusion

formules introductives absentes ou remplacées par l'expression : « je n'ai pas bien vérifié/ examiné »)[29] ; formules introductives peu claires, embarrassées, ou manifestant une mauvaise appréhension de la portée polémique de la citation[30] ; traduction hébraïque inexacte ou erronée[31] ; absence de traduction[32] ; tentatives plus ou moins maladroites de faire coïncider l'hébreu (texte massorétique, pour l'Ancien Testament ou version hébraïque parfois préexistante à la copie [?], pour le Nouveau Testament) et le latin[33] ; erreurs (?) dans l'attribution de textes néotestamentaires[34] ou dans l'évocation de réalités chrétiennes[35].

Les listes de références montrent qu'en dépit de certaines dissemblances, les observations positives et négatives sont présentes dans les deux florilèges et, dans leur ensemble, également réparties. Il est donc impossible de conclure que l'un ou l'autre de ces deux documents témoigne d'une connaissance plus approfondie de la langue latine et de la religion chrétienne. Cette disparité se retrouve au sein de chaque florilège, puisque, sur ce point, les éléments de même nature et ceux qui peuvent être interprétés dans un sens ou dans l'autre ne sont pas regroupés. Il y a là une autre forme d'hétérogénéité : la lettre des citations, leur origine et leur valeur polémique étant appréhendés de manière très inégale, on peut penser que leur introduction dans chaque florilège est intervenue à différents moments et qu'au sein de chacun d'entre eux, elle s'est parachevée en plusieurs étapes, la copie, la présentation, la traduction et les références au calendrier chrétien, lorsqu'elles sont présentes, n'étant pas (toutes) simultanées. En d'autres termes, nous avons ici deux témoignages d'un travail auquel chacun des deux scribes ne fait que *contribuer* (dans une mesure qu'il est difficile de déterminer). La forme sous laquelle ces documents ont été conservés montre que ni l'un ni l'autre de ces deux scribes ne pouvait procéder seul à une vérification exhaustive de l'ensemble copié par

---

29. U1 : 1 ; U2 : 3 à 7, 8, 10, 11, 13, 14, 17, 26 à 29, 31.
30. U1 : (4), 13, 14, (16), 18, 23 ; U2 : 23, 24. Comme pour les traductions, ces formules imprécises sont plus nombreuses dans le premier florilège, mais les formules introductives elles-mêmes le sont aussi (U1 : 23/24 ; U2 : 26/34). Sur les différences entre les deux florilèges, de ce point de vue, voir le commentaire de Jn 5, 30 ; 6, 38.
31. Phénomène plus fréquent dans le premier florilège (17) que dans le second, mais les citations y sont toutes traduites alors que seules 11 sur 34 le sont dans le second : voir les conclusions relatives aux « fautes » de traduction.
32. Voir la note précédente.
33. Jb 25, 4 (U1 : 12 ; U2 : 29) ; Mc 6, 1-6 (U1 : 21 ; U2, 16).
34. Mention de Paul dans la formule introduisant 1Jn 1, 18 (U1 : 19 ; U2 : 21) ; de Marc dans l'introduction à Mt 10, 34 (U2 : 34) ; omission du nom de l'auteur après « saint … » dans la présentation d'Ac 7, 55 (U1 : 20 ; cf. U2 : 15).
35. U2 : 22.

Conclusion

lui. Comme l'existence de documents analogues aujourd'hui perdus est très vraisemblable[36], les auteurs ou les copistes de ces derniers avaient sans doute les mêmes compétences et les mêmes insuffisances.

Le contexte polémique

Parmi les citations présentes dans l'un et/ou l'autre des deux florilèges, seules neuf apparaissent aussi dans le *Sefer Yosef ha-Meqane*[37], et si l'utilisation est parfois analogue, elle est toujours formulée différemment, les autres aspects de la citation (longueur, langue[s], translittération, traduction) étant toujours distincts. Ces deux florilèges indépendants l'un de l'autre, pour l'essentiel, le sont aussi de ce qui les précède dans le manuscrit, même si la copie du premier d'entre eux débute sur le dernier des feuillets qui portent la recension hébraïque de la Dispute de Paris[38].

La recherche de parallèles[39] met en évidence de nombreuses similitudes avec d'autres écrits de polémique juifs ou chrétiens ; le phénomène permet de comprendre ce qui justifie la présence, dans les deux florilèges, de citations qui n'y sont pas (clairement) introduites. Certaines références sont très anciennes et fort répandues dans cette littérature (par exemple la controverse à propos d'Es 7, 14, présente dans presque tous les textes) ; d'autres y sont plus rares (par exemple la réponse de Jésus à la Cananéenne [Mt 15, 24/26]) ; d'autres encore exceptionnelles (professions de foi chrétiennes, apocryphes [?] non identifiés).

C'est dans la littérature chrétienne et juive du XIIIe siècle, élaborée ou diffusée en France du nord (et plus précisément à Paris ou dans ses environs), que se rencontrent les parallèles les plus nombreux et les plus singuliers[40] : *Sefer Yosef ha-Meqane* ; Additions au *Sefer Yosef ha-Meqane* ; *Niṣaḥon Vetus* ; *Somme contre les Gentils* ; *Somme théologique* ; les auteurs les plus souvent cités par ailleurs, dans notre annotation, sont Raymond Martin (ca 1120-1284), Bernard Oliver (ca 1290-1348), Nicolas de Lyre (ca 1270-1340) et Thibault de Sézanne (sous-prieur du couvent dominicain Saint-Jacques de Paris, vers 1240-1250) : tous ont étudié ou enseigné à Paris, à la fin du

---

36. Elle est prouvée, pour la période antérieure à la copie des florilèges, par leurs ressemblances et leurs disparités.
37. Nb 23, 19 (U1 : 10 ; U2 : 27 ; *Sefer Yosef ha-Meqane*, éd. J. Rosenthal, p. 16, 38 et 135) ; Dt 32, 4 (U1 : 5 ; *ibid.*, p. 4) ; Es 7, 14 / 8, 6 (U1 : 16 ; *ibid.*, p. 75, 76 et 135) ; Es 66, 17 (U1 : 23 ; *ibid.*, p. 21 et 38) ; Ez 28, 9-10 (U1 : 15 ; U2 : 31 ; *ibid.*, p. 72) ; Mt 11, 11 / Lc 7, 28 (U1 : 7 ; *ibid.*, p. 125) ; Jn 2, 3-4 (U1 : 14 ; *ibid.*, p. 125) ; Jn 5, 30 ; 6, 38 (U2 : 4 ; *ibid.*, p. 136) ; Symbole d'Athanase (U2 : 3 ; *ibid.*, p. 127). L'édition de J. Rosenthal reproduit le ms. de la BnF. Aucune de ces citations n'apparaît dans la recension hébraïque de la dispute de Paris.
38. Fol. 56v (le scribe est différent).
39. Voir la partie II de cette édition.
40. Voir la liste de références qui accompagne l'étude de chaque citation.

Conclusion

XIIIe s. et au début du XIVe. Certains d'entre eux étaient des convertis[41]. L'attribution du *Dialogus pro Ecclesia contra Synagogam* à Thibault de Sézanne, présentée comme possible par l'éditeur de ce texte (M. Orfalí), se trouve confortée par les similitudes très étroites que présente l'argumentation développée dans ce texte par la « Synagogue » avec celle de nos deux florilèges et des autres écrits de polémique contemporains. Même si Thomas d'Aquin désigne rarement comme juives les objections auxquelles il répond dans son œuvre, il n'ignore pas que certaines d'entre elles le sont (aussi). Nicolas de Lyre, qui connaissait bien la littérature rabbinique, et même certains écrits polémiques[42], semble lui aussi prendre en compte les exégèses ou les objections juives dans certains de ses commentaires. La présence de ces objections dans la littérature hébraïque contemporaine prouve qu'elles sont loin d'être fictives ou purement conventionnelles lorsque les auteurs chrétiens les attribuent au « Judeus » ou à la « Synagogue ». C'est bien de questions réellement débattues entre juifs et chrétiens, en Ashkenaz, à la fin du XIIIe siècle, que ces différents textes conservent la trace ; leur facture plus ou moins élaborée et la teneur inégale de l'argumentation montrent que l'examen de telles question n'était ni réservé à une élite, ni totalement livresque, ni cantonné à un cadre institutionnel[43]. Leur véritable enjeu (la conversion) concernait tous les juifs vivant à cette époque dans l'espace où s'exerçaient l'autorité du roi de France et l'activité missionnaire des Mendiants[44].

Les analogies les plus frappantes résident aussi dans ces rapprochements ou groupements de citations scripturaires qui fondent l'argumentation juive exposée dans les écrits composés en hébreu et rapportée dans les œuvres

---

41. Cela ne fait aucun doute pour Thibault de Sézanne (cf. G. DAHAN, dans *Le brûlement du Talmud*, p. 95-117) ; la question est toujours discutée pour Nicolas de Lyre et elle devrait l'être aussi pour Raymond Martin : cf. Ph. BOBICHON, « Ramón Martí (XIIIe siècle) : un "Maître orientaliste" ? », dans Cl. ANGOTTI, M. BRINZEI, M. TEEUWEN (éd.), *Portraits de Maîtres offerts à Olga Weijers*, Porto 2012, p. 405-414 (Textes et études du Moyen âge, 65). Même s'ils n'ont pas laissé d'écrits, Nicolas Donin (instigateur de la première Dispute de Paris : 1240) et Pablo Christiani (qui joua le même rôle, pour la Dispute de Barcelone : 1263) doivent être mentionnés ici. Après le retour du second à Paris, vers 1268, les mesures contraignantes pour les juifs de France furent considérablement renforcées.

42. Le « libellus » mentionné dans son *Quodlibet* est presque certainement le *Sefer Yosef ha-Meqane* ou l'un des textes ayant servi à cette compilation. Cf. Ph. BOBICHON, « Nicolas de Lyre dans la littérature hébraïque et juive : XIVe-XVIIe siècles », dans G. DAHAN (dir.), *Nicolas de Lyre, franciscain du XIVe siècle exégète et théologien*, Paris 2011, p. 281-312 (Collection des Études Augustiniennes. Série « Moyen Âge et Temps modernes », 48).

43. L'argumentation est presque toujours exégétique dans le *Sefer Yosef ha-Meqane* et dans le *Niṣaḥon Vetus*, exégétique et historique chez Nicolas de Lyre, exégétique et philosophique chez Thomas d'Aquin ; assez commune chez Thibault de Sézanne ; rudimentaire dans nos deux florilèges.

44. D'après les sources chrétiennes, le nombre des convertis s'est considérablement accru, en France du nord, dans la seconde moitié du XIIIe siècle : cf. R. CHAZAN, *Medieval Jewry*, p. 146 et 189. Le *Sefer Yosef ha-Meqane* comporte de nombreuses références à l'apostasie.

Conclusion

chrétiennes[45] : comme ceux de notre manuscrit, ces florilèges illustrent la composition de *testimonia* destinés à la controverse avec les chrétiens, ce qui montre que le phénomène n'est pas réservé à la tradition polémique chrétienne.

Spécificité de ces documents

Si les deux florilèges s'apparentent aux autres écrits juifs de controverse anti-chrétienne par le détail des thèmes abordés et des citations qui les illustrent, ils s'en distinguent par bien des points :

– *Leur caractère inachevé, et peut-être transitoire* : les autres textes cités dans la recherche des sources et des parallèles sont tous le résultat d'un travail de composition plus ou moins accompli[46], mais incontestable ; par leur forme singulière, ces deux documents s'apparentent plutôt à des « brouillons » ou à des documents préparatoires ; ils témoignent donc du processus qui mène à une argumentation élaborée, non de son résultat. Dans bien des cas, ce processus est inachevé, puisque les citations ne sont pas (bien) comprises.

– *La nature et la forme très hétéroclites de l'argumentation* : les citations sont beaucoup plus diversifiées qu'ailleurs et le plus souvent mêlées sans que leur origine (toujours appréhendée ?) paraisse déterminer la prééminence de certaines d'entre elles ou une quelconque hiérarchie. Dans le reste de la littérature polémique juive, les citations tirées de l'Ancien Testament, du Nouveau Testament (ou d'Apocryphes), et d'autres sources sont souvent en nombre très inégal, et soigneusement dissociées ; elles ne reçoivent pas la même valeur argumentative puisque seules les premières ont le statut de texte révélé pour les juifs et pour les chrétiens.

– *La langue des citations* : partout ailleurs, pour l'Ancien Testament, c'est l'hébreu qui prédomine et qui fait foi (l'ajout d'une version latine est rarissime, et généralement destiné à souligner son imprécision). Les citations néotestamentaires sont plus fréquemment données en latin translittéré, mais il n'est pas rare qu'elles le soient aussi, ou seulement, en hébreu. Quelle que soit leur origine, les citations sont ici données en latin, la version hébraïque, généralement placée dans l'interligne, étant toujours seconde. C'est donc exclusivement sur un texte chrétien ou considéré comme tel que repose l'argumentation, y compris pour la version hébraïque des citations tirées de l'Ancien Testament, qui n'est conforme au texte massorétique que dans la mesure où le latin le permet. Cette méthode fait écho à celles de Nicolas de Lyre, qui restitue en latin la « Veritas hebraica » et de Raymond Martin, qui « retraduit » lui

---

45. Tous sont signalés dans l'étude des citations. Beaucoup d'entre eux se transmettent, dans la littérature polémique juive, au-delà du XIIIᵉ siècle.
46. Il s'agit également de compilations, dans la plupart des cas, mais leur mise forme est toujours plus élaborée.

aussi les versets tirés de l'Ancien Testament et donne parfois en hébreu ceux qui sont empruntés au Nouveau Testament ; mais elle est ici exclusive, ce qui ne se rencontre dans aucun autre écrit de polémique judéo-chrétienne.

– *Les références au calendrier liturgique chrétien* : plus importantes dans le second florilège que dans le premier (qui n'en a [conservé ?] qu'une), elles y ont un rôle structurant. Leur origine est difficile à déterminer[47], mais, comme les extraits de professions de foi, elles témoignent d'une certaine familiarité avec la pratique du culte chrétien. Ce phénomène est exceptionnel : dans les autres textes consultés, les indications de cette nature sont rarissimes, et toujours ponctuelles.

– *Les gloses ou traductions en langue vernaculaire* : très sporadiques dans la littérature hébraïque anti-chrétienne, elles sont ici relativement nombreuses, et plus systématiquement données, ce qui accentue l'aspect « populaire » et pratique du dossier. La langue (français) est aussi un élément de localisation.

Fonction et destinataires

Les différentes caractéristiques de ces documents permettent d'appréhender leur destination avec plus d'exactitude, peut-être, qu'au travers d'une déclaration d'intention toujours plus ou moins conventionnelle dans ce type d'écrits.

L'aspect matériel est celui du libelle, manuscrit dont les dimensions restreintes facilitent l'utilisation, la circulation[48], et, si nécessaire, la dissimulation[49]. La mise en page évoque des notes personnelles dont le contenu est plus ou moins bien maîtrisé, mais qui demeurent dans tous les cas aisément consultables puisque les éléments qui la composent sont nettement disposés et hiérarchisés (situation dans l'espace écrit et dans les marges, module des caractères, etc.). La présence, inégale, d'une vocalisation et d'une traduction, montre que celle-ci est constitutive des deux florilèges et d'autant plus nécessaire à ceux qui interviennent dans leur élaboration et dans leur

---

47. Elles peuvent renvoyer à un univers canonial ou monacal. La seconde hypothèse est moins vraisemblable car elle suppose que celui qui a, le premier, offert ces textes à une utilisation polémique juive, avait passé un certain temps dans un monastère ; or la vie monastique procède d'un choix et d'une démarche personnelle qui vont au-delà de la conversion.

48. Cf. J. Verger, *Les gens de savoir*, p. 88 et 94.

49. Cf. R. Chazan, *Medieval Jewry*, p. 145 (à propos du florilège néotestamentaire qui occupe la dernière partie du *Sefer Yosef ha-Meqane*) : « It is particularly noteworthy that the author introduces occasional anti-Christian materials into his discussion. In fact, the concluding section of the Book is devoted to a careful and critical analysis of the Gospels. While rebuttals of Christian claims were perhaps intended to serve as guidelines for self-defense in interfaith argumentation, anti-Christian statements could not be openly aired in Jewish-Christian debate. Surely such materials were intended primarily to buttress the faith of the Jews who were being subjected to a totally new kind of frontal attack. »

Conclusion

diffusion, que la prononciation et la teneur du texte latin cité sont moins clairement appréhendées. Pour les citations tirées de l'Ancien Testament, les auteurs ne cherchent pas à éprouver l'exactitude de la version latine, comme c'est généralement le cas par ailleurs, mais à comprendre et restituer, en hébreu et en français, son exacte teneur dans la perspective d'une utilisation polémique.

L'hypothèse d'une destination concrète et orale est plus plausible ici que celle de travaux préparatoires à un écrit polémique : la présence de *deux documents distincts* l'un de l'autre en dépit de leurs similitudes, constitués de *plusieurs strates* et copiés par *deux scribes différents* témoigne d'une certaine variété qui autorise à envisager la pluralité de travaux analogues ; les citations ne sont *pas classées*, comme c'est toujours le cas dans les écrits de polémique dont la forme est plus achevée ; elles sont presque *systématiquement vocalisées* (phénomène exceptionnel et toujours ponctuel par ailleurs), ce qui constitue à la fois une indication sur la source, sur les auteurs, et sur les destinataires ; la présence d'une *traduction* systématiquement donnée, entreprise ou envisagée, est également exceptionnelle ; cette traduction est disposée de telle manière que, de toute évidence, c'est le détail des citations latines qui est visé, et non leur signification générale[50] : ces translittérations et ces traductions ne s'adressent pas à des lettrés.

La même observation peut être faite à propos des formules introductives : lorsqu'elles sont présentes et claires, ce qui n'est pas toujours le cas, elles indiquent de manière très didactique comment la citation qui suit peut être utilisée : précision inutile, sous cette forme très succincte, pour un lecteur versé dans la controverse[51]. Sans doute les destinataires de ces documents (et leurs auteurs) étaient-ils aussi « mal préparés » que les clercs évoqués à la fin du premier d'entre eux[52]. En tout état de cause, la concision des formules introductives est un autre aspect de l'immédiateté qui caractérise ces deux florilèges.

---

50. Lorsqu'elles sont données dans les autres textes, elles prennent souvent la forme de paraphrases plus ou moins éloignées de l'original. Joseph ben Nathan Official, qui connaissait bien le latin, comme son père, ne donne que par endroits, et jamais sous la forme d'un mot à mot, la traduction hébraïque des passages qu'il cite dans cette langue.

51. Dans les autres textes polémiques, la fonction des citations est richement exposée, ou considérée comme suffisamment connue du lecteur pour qu'il ne soit pas nécessaire de l'indiquer.

52. G. DAHAN (éd.), *Le Brûlement du Talmud*, introduction (p. 12) signale que les discussions avec un juif en public ou en privé furent progressivement interdites, et réservées à des clercs « dûment patentés et formés pour cette tâche ». Voir également, sur cette question, le passage de la *Somme théologique* cité dans G. DAHAN, *La polémique chrétienne contre le judaïsme au Moyen Âge*, Paris 1991, p. 45. La maîtrise du latin et de la théologie chrétienne par les clercs était parfois sommaire : cf. J. VERGER, *Les gens de savoir*, p. 14.

Conclusion

Ateliers de polémique ?

Tout porte à croire que nous avons ici la trace d'une activité assez largement répandue, inscrite dans la réalité historique, et répondant à une nécessité pratique. Les questions abordées dans ces florilèges sont celles qui nourrissent la controverse judéo-chrétienne à la fin du XIIIe siècle et les textes qui en portent témoignage montrent que ces questions faisaient l'objet d'une réflexion collective dont les résultats écrits ne procèdent pas uniquement d'initiatives individuelles et isolées les unes des autres[53] ; les ensembles de citations et d'arguments rencontrés à la fois dans les textes juifs et chrétiens prouvent que la constitution de dossiers polémiques était non seulement parallèle, mais aussi réciproque.

En milieu chrétien, le phénomène s'est trouvé accentué par la participation de convertis à la controverse et à la prédication[54] ; il n'est pas impossible que la prééminence des éléments chrétiens, dans nos deux florilèges, s'explique par une même cause, puisque des cas de retour au judaïsme sont attestés[55]. Avec des méthodes analogues à celles des chrétiens (et en particulier des Mendiants), ceux qui s'attachaient à la défense du judaïsme auraient opposé aux entreprises de ces derniers une réaction concertée, sinon organisée. Dans cette hypothèse, la constitution d'« ateliers », même informels, destinés à préserver de l'apostasie ceux qui y étaient le plus exposés est très vraisemblable. Nous aurions donc ici la trace (peut-être unique) de cette activité et des difficultés auxquelles furent confrontés ceux qui y contribuèrent.

---

53. Cf. G. DAHAN, *Le Brûlement du Talmud, ibid.* : « La discussion religieuse se poursuit au XIIIe siècle, malgré la dégradation des conditions de vie des juifs ; si les témoignages de conversations sereines en France se font plus rares, se développe une littérature polémique juive, elle aussi fondée parfois sur des rencontres réelles ; la plus significative en ce sens est le *Sefer Yosef ha-Meqane*, "Livre de Joseph le Zélateur", en réalité un recueil de pièces diverses, parmi lesquelles on relève quelques anecdotes parfois savoureuses, véritables "reportages" d'échanges pris sur le vif. Le développement de ce genre littéraire en hébreu s'explique par l'évolution historique : de plus en plus souvent pris à partie, dans une situation de moins en moins confortable, les juifs ont besoin d'"argumentaires", en quelque sorte, qui leur fournissent des éléments de réponse devant les accusations portées contre leurs croyances et leur exégèse par des chrétiens. »

54. Le destin de ces derniers est ailleurs mal connu puisque ceux qui n'utilisèrent pas ouvertement leurs connaissances au service du christianisme (Nicolas Donin, Pablo Christiani, Thibault de Sézanne) vécurent dans l'ombre. Cf. R. CHAZAN, *Medieval Jewry*, p. 146.

55. Ils comportent plusieurs allusions au baptême et à l'apostasie. Cf. R. CHAZAN, *ibid.* : « In some instances, converts achieved renown in the opposite direction, that is, by reversion to the faith of their forebearers. These cases of relapse, along with the anticipated punishment, seem to have made a profound impression in Christian circles. One such incident is preserved in an anonymous journal depicting Parisian life in the late 1260's. » Deux cas sont ensuite évoqués (p. 146-147) : l'un à Paris, l'autre à Rouen ; le premier concerne un juif qui avait vécu pendant 20 ans comme chrétien.

ÉDITION DES FEUILLETS

Paris, BnF, Hébreu 712, fol. 56v-57v et 66v-68v

UNITÉ 1

fol. 56v-57v

	Texte latin des citations en translittération hébraïque	Formules d'introduction traduites en français ; Texte latin (corrigé) des citations	Texte hébreu des formules d'introduction ; Texte hébreu de la traduction interlinéaire
1		**fol. 56v**	
	1. קִי אַבּוּאַיְירֶירִץ פִידֵם קוֹנְטוֹם גְרָנוֹם שְׁנָאפִּישׁ אֵלְיֵישׁ אִי דִיצִייֵרִץ אוּאִיק מֶוֹנְטִי 2. טְרוֹנְפֵּיְירְטֵיֵי אֵיֵין מָארֵי אֵיֵץ טְרוֹנְפֵּיְירְטֵיֵי צֵיֵי :	**1.** *Qui habuerit fidem quantum granum senapis < et > dixerit huic monti* **2a.** *Transfer te in mare et transfer(e)t se* (Mt. 17, 19/20 ; Lc 17, 6)	1. מי שיהיה לו אמונה כגרעין אחד של חרדל אם יאמר אל ההר 2א. קפוץ בתוך הים מיד יקפוץ
2	בב.	**2b.** Ceci pour leur prouver que Jésus était un homme : **3.** *Dixit Pilatus : « Vere iste erat tu* [!] *homo ? » Respondit Iesus : « Tu* **4a.** *veritate dixisti. »* (cf. Mt. 27, 54 ; Mc 15, 2 ; Mc 15, 39 ; Lc. 23, 3 ; 23, 47)	2ב. וזה להוכיח להם שישו היה אדם
	3. דֵּישׁ'יֵשׁ פִּילְיאָא פֵּילָאטוֹשׁ וֵוֵירֵיֵי אַשְׁטֵיֵירִץ ⁵ אוֹמוֹ רֵיְישְׁפּוֹנְדֵירִץ יֵישׁ'וֹשׁ טוּ 4א. וֵוֵירִיטָאטֵיֵי דֵּיְישׁ'יֵטְשׁי :		3. אמר פילאטוש באמת שליש אדם ויען ישו אתה 4א. אמת אמרת
3	ב4	**4b.** Une autre preuve encore, inscrite dans leur lecture (*qeriya*) : **5.** *Et homo factus est et crucifixus etiam pro nobis.* (Credo [Symbole de Nicée])	4ב. ועוד הוכחה אחרת שכתוב בקרייא שלהם
	5. אֵיִץ אוֹמוֹ פָאשְׁטוֹשׁ אֵיֵישְׁטְ אֵיִץ קְרוּצִי פִּי צוֹשׁ אֵיֵי צִיוֹן פְּרוֹנוֹבִּישׁ :		5. אדם וסבלת כמה יסורין בתוך ציון בשבילינו
4	6א.	**6a.** Et en leur prouvant qu'il était homme on le maudit (?) puisqu'il est dit dans l'Écriture : **6b.** *Maledictus homo qui* **7a.** *confidit in homine.* (Jr. 17, 5)	6א. וכשאתה מוכיח להם שהוא אלהים⁵⁵ אז תקללהו כי בכתוב כתיב
	6ב. מָאלְיֵי דִיקְטוֹשׁ אוֹמוֹ קִי 7א. קוֹנְפֵידִין אֵיֵץ אוֹמִינֵי		6ב. ארור הגבר אשר 7א. יבטח באדם
5	7ב.	**7b.** Ceci, pour leur prouver que Dieu ne meurt pas : **7c.** *Dico vivo ego in semper.* (Dt. 32, 40)	7ב. וזה להוכיח להם כי השם לא מת 7ג. אמרתי חי אנכי לעולם
	7ג. דִיקוֹ בִּיבוֹ אֵיִגוֹ אֵיִין שֵׁיִימְפֵּיִיר		
6	8א.	**8a.** Ceci pour leur prouver qu'il s'est irrité [litt. : s'irrite] de ses épreuves : **8b.** *Ego vermis et non homo et abiectio* **9a.** *plebis.* (Ps. 21/22, 7)	8א. וזה להוכיח להם שהוא מתרעם על צרותיו 9א. אנכי תולעת ולא איש חרפת אדם ובזוי עם
	8ב. אֵיִגוֹ וֵוֵירְמֵישׁ אֵיִין נוֹן אוֹמוֹ אֵיץ אוֹנְגְיֵיעֵצִיאוֹ 9א. פְּלֵיבִּישׁ :		

---

¹ Après ג, שׁ et ק, l'apostrophe correspond, dans le manuscrit, au signe de palatisation ˅, placé au-dessus de la lettre hébraïque.

Édition des feuillets

#			
7	.9בֿ 9ג. אינטשיר נטוש מוליאיירום נון שור 10א. רֵיֵישׁ'יש מַא יוֹר יוֹהֲנֵי בַּטישׁטא :	**9b.** Ceci pour leur prouver qu'[un être] meilleur que lui était né d'une femme : **9c.** *Inter natos mulierum non sur-* **10a.** *–rexit maior Iohanne Baptista.* (Mt. 11, 11 ; Lc 7, 28)	9ב. וזה להוכיח להם כי טוב ממנו היה נולד מאשה 9ג. בין הנולדים מאשה לא היה 10א. גדול קא [!] יהאן בטישטרא
8	.10בֿ 11א. מוֹלָאֵיר מוֹלָאֵיר אֵיי צֵיי פִילִיאוש סוֹאוֹ :	**10b.** Ceci pour leur prouver qu'il appelait sa mère « femme (mariée) » : **11a.** *Mulier, mulier, ecce filius tuus.* (Jn. 19, 26)	10ב. וזה להוכיח להם שקרא אמו בעולה 11א. אשה אשה ראי פה בנך
9	.11בֿ 11ג. מוֹלָאֵיר 12. מוֹלָאֵיר וַוא דוֹ יֵירֵיקוֹ אֵין וֵיינִיאֵין טֵיירֵ צִיאַה דִיאֵיי אֵ[ן] נֵוֹן בֵּינִיֵיר	**11b.** Ceci vient leur prouver que Jésus a menti : **11c.** *Mulier,* **12.** *Mulier, vado Iericho et veniam tertia die, et non venit.* (?)	11ב. וזה בא להוכיח להם שישו שיקר 11ג. אשה 12. אשה הולך לירחו ואבא ביום השלישי אין ר<לא ?> לא בא
10	.1 1ב. דִיאֵיוש נוֹן אֵישְׁטְ אוֹמוֹ מֵונְדָאש נֵיק פֵילִיאוש אוֹמֵינִיש קִי שֵׁיי 2א. פֵנִיטֵיֵאץ :	**fol. 57r** **1.** Et ceci pour leur prouver que Dieu ne ment pas : **1b.** *Deus non est homo mendax nec filius hominis qui se* **2a.** *paeniteat.* (Nb. 23, 19)	1. וזה להוכיח להם שהשם לא שיקר 1ב. אל לא יש איש ויכזב ובן אדם 2א.
11	.2בֿ 2ג. אוֹש קִי מֵנְטִיטוֹר אוֹצִידִין אוֹנִימַא :	**2b.** Ils admettent d'ailleurs que, puisqu'il a menti, il a causé la perte de [litt. : « il perd »] son âme : **2c.** *Os quod mentitur occidit animam.* (Sag. 1, 11)	2ב. ועד הם מוכיחים כי כיון ששיקר הוא מאבד נפשו 2ג. פה שמשקר הורג נפש
12	.2ד 3. קוֹמוֹ דוֹ פוֹט אֵיישְׁטְ אֵיישִׁי אוֹמוֹ יושטוס אֵיץ קוֹמוֹ דוֹ פוֹט אֵיישְׁט מֵנְדוּש 4א. דֵיי פֵּיֵיקְטִיש נטוש אֵיש מוֹלִיאֵירֵי :	**2d.** Ceci pour leur prouver que l'enfant de la femme ne saurait être pur de (tout) péché, comme le dit Job. **3.** *Quomodo potest esse homo iustus et quomodo potest mundus* **4a.** *de peccatis natus ex muliere ?* (Jb 25, 4)	2ד. וזה להוכיחם כי ילוד אשה אינו יכול להיות נקי מחטא כמו שא' איוב 3. מה אנוש כי יצדק וכי יזכך ? ירבה 4א. מחטא אשה
13	.4בֿ 4ג. משקולוש קוייוש פְרֵיפוּצִיאֵיי 4ד. ק'ארוֹ צֵיירקוֹנְצִיזַא נוֹן פוּ 5א. אֵיירִיבִּיט פֵּירִיבִּיץ אֵנִימַא דֵיי פופולו סוֹאוֹ :	**4b.** Ceci pour leur montrer, à partir de la circoncision, comme ils disent le jour de *A R N O F (l'An neuf) : **4c1.** *Masculus cuius preputii* **4c2.** *caro circumcisa non fu-* **5a.** *-erit peribit anima de populo suo.* 'Gn.17, 14)	4ב. וזה להוכיח להם מן המלה כמו שאומרים ליום ארנוף 4ג. זכר אשר 4ד. בשר ערלתו אינו נימול 5א. יאבד נפשו מתוך הקהל
14	.5בֿ	**5b.** Ceci pour leur prouver que Marie (Myriam) a dit a Jésus que le	5ב. וזה להוכיחם שאמרה מרם לישו שהיה לכם [!] חסרון מלחם ומיין לחופת אחד

Paris, BnF, Hébreu 712

	5ג. פְלִי פָּאנֵיים 6. נוֹן אַבְיֵינְט וַויינוּם נוֹן אַבֵּינְט רֵיישְׁפּוֹנְדֵי יֵישׁוּשׁ נוֹן רֶונְבֵּינֵיץ אוֹרָא מִיֵּיאָה	pain et l'eau manquaient pour les noces de l'un de ses disciples, nommé Raqlin : **5c.** *Fili, panem* **6.** *non habent, vinum non habent. Respondit Iesus : nondum venit hora mea.* (Jn 2, 3-4)	מתלמדיו רקלין היה שמו 5ג. בני לחם 6. אין לנו יין אין לנו ויין ישו עדיין לא בא לו שעתי
15	7א. 7ב. קוֹמוֹ דוֹ פּוֹטְרִיץ דִי צֵיִירֵי אֵיְיגוֹ 8. שׁוּן דֵיאוּשׁ אָקָאפִּיטֵי אוֹצִישׁוֹרוּן אֵישׁ אוֹמוֹ אֵיְין גוֹן דֵיאוּשׁ אֵיְין מַאנוּשׁ אוֹצִישׁוֹרֵן	**7a.** Et ceci pour leur prouver qu'il était un homme et qu'il fut remis entre les mains de ceux qui l'ont tué : *Comment peux-tu dire « je suis Dieu » devant ceux qui te tuent, alors que tu n'es qu'un homme, et non point Dieu, entre les mains de ceux qui te percent ?* **7b.** *Quomodo poteris dicere ego* **8.** *sum Deus a capite occisorum ? Es homo et non Deus in manus occisorum.* (Éz. 28, 9-10)	7א. וזה להוכיחם שהוא אדם והוא מסור ביד הורגים האמר תאמר אלהים אני לפני הרגיך ואתה אדם ולא [אל] ביד מחלליך 7ב. איך תוכל לומר אנכי 8. < אלהים > לפני הורגים אתה ולא < אל > ביד הורגים
16	9א. 9ב. אִינְפְּיִי פִּירֵים פִּילְיָאוּם נוֹמֵן אֵיְישׁ אֵיְמנוּאָל 10א. פִּישׁטָא פְּרֵיְידָא אֵיְין פִּישְׁטָא פּוֹלְיָאה	**9a.** Ceci pour leur prouver à propos de la jeune fille ('alma), puisqu'ils disent qu'elle a conçu de Dieu « avec-nous » (Emmanuel), que cette jeune fille avait aussi un autre fils. **9b.** *Et peperit filium nomen eius Emmanuel* **10a.** *festina, praeda et festina spolia.* (Is. 7, 14 et Is. 8, 3)	9א. וזה להוכיחם על העלמה שהם אומרים הרה מעמנו יי כי עוד היה לאותה עלמה בן אחר 9ב. היו שני בנים לאותה עלמה: עמנו[אל] ומחר שלל
17	10ג. אִירָאֵיל 11. שִׂימֵי אַדְיֵאיִירֵיץ נוֹן אֵיִירֵיץ אֵיְנְטֵיי דֵיאוּשׁ רֵינוּשׁ נַקִיי אוֹר אוֹרַאבִּיץ דֵיאָם 12. אַלְיֵנוּם אֵינוֹ שֵׁן דֵיאוּשׁ טוּאוּשׁ קִי אִידוּשִׂישְׁטֵיי דֵיי טֵיְירָא אֵיִיטִי	**10b.** Ceci pour leur prouver que ce n'est pas le même dieu (?) qui nous a fait monter d'Égypte. **10c.** *Israel,* **11.** *si me audieris, non erit in te deus recens neque adorabis deum* **12.** *alienum. Ego sum Deus tuus qui eduxi te de terra Aegypti.* (Ps. 80/81, 9-11)	10ב. וזה להוכיחם כי אין [אות] כי אותו השם אשר העלנו ממצרים 10ג. ישראל 11. אם תשמע לי לא יהיה לך אלהים זר ולא תשתחוה לאל 12. נכר אנכי השם שלך המעלך מארץ מצרים
18	13א. ... נוֹן אִישְׁט בּוֹנֻם שׁוֹמֵרֵי פָּנֵיים אַפְּלִיאִישׁ אִירָאֵיל אַנְדַרֵי קָנִיבּוּשׁ :	**13.** Ceci pour leur prouver qu'il est interdit de rien prendre à un juif ; un fils d'Israël était venu mendier à la table (litt. : à un repas) de Jésus ; il allait et venait sur le seuil, demandant aux convives un peu de pain. Comme ces derniers sollicitaient la permission de Jésus, celui-ci leur répondit : 'Il n'est pas bon < de prendre le pain à un fils d'Israël et de le jeter aux chiens >' » *Non est bonum sumere panem a filiis Israel et dare canibus.* (Mt. 15, 24/26)	13. וזה להוכיחם שאסור לחטוף מיהודי שום דבר שפעם אחת בא בן ישר' לסעודת ישו והיה מחזיר על הפתחים ושאל לבני הסעודה מן הלחם ונטלו רשות מישו ויען ישו ואמר אין טוב ל> יקח לחם... > 13א. אין טוב ליקח לחם מבני ישר' כדי לתת לכלבים

249

19	13ב.	**13b.** Ceci pour réfuter (litt. prouver) le fait qu'ils disent voir leur Dieu. Voici, en *lo'az* (langue vernaculaire), ce que Saint Paul a dit [à ce sujet] : *Nul ne vit oncques Dieu*, c'est-à-dire que Dieu n'a jamais été vu par aucun homme. **14a.** *Nemo Deum vidit unquam.* (Jn 1, 18 ; 1 Jn 4, 12)	13ב. זה להוכיחם על שה[ם] אומרים שהם אומרים־שהם רואים אלהיהם וקדש פול אמ' זה הלעז נול נביט אונקס ג'ו כלומר שהשם לא נראה לשום אדם
	14א. ניימו דיאום וידיד אֶנְקֶס :		
20	14ב	**14b.** Saint < Paul/Étienne > a dit encore qu'il voyait Jésus et [laissé entendre] qu'il ne pouvait pas le (בו) confondre avec la puissance de Dieu. On peut répondre que les paroles de l'Évangile se contredisent puisqu'il est écrit quelque part que Dieu ne saurait être vu et ailleurs qu'Étienne l'a vu. **16a.** *Dei.* (Act. 7, 55)	14ב. ועד אמ' קדש שהוא ראה את ישו ולא יכול לדמות בו את גבורות השם: ויכולים להשיב כי דברי העון גיליון סותרים זה את זה שבמקום אחד כתיב שהשם לא נראה ובמקום אחר כתיב אייטיינא שראהו
	15. וידאו צֶילוֹש אפֵּיירטוֹש אֶץ יֵישוּם שטוֹטַנֶים אַדֵּיטְרִיש וֵיירטוֹטֵי 16א. דיאי :	**15.** *Video coelos apertos et Iesum stantem a dextris virtute*	15. ראיתי שמים פתוחים וישו עומד לימין נפלאות 16א. השם
21	16ב.	**16b.** Ce (passage en) latin, pour leur prouver que Jésus avait deux sœurs et quatre frères, comme l'atteste leur évangile : **16c.** *In illo tempore* **17.** *egressus Iesus venit in patriam suam et sequebantur eum* **18.** *discipuli eius et facto sabbato cepit in synagoga docere et multi* **19.** *audientes admirabantur in doctrina eius dicentes :* « *Unde huic* **20.** *hec omnia et que est sapientia que data est illi et* **21.** *virtutes tales que per manus eius efficuntur ? Nonne iste est* **22.** *faber filius Marie, frater Iacobi et Ioseph et Iude et Simonis ?* **23.** *Nonne et sorores eius hic nobiscum sunt ? Et scandalizabantur in*	16ב. וזה הלטין להוכיחם שהיה לישו שתי אחיות וארבעה אחים כמו שמעיד עון גליון שלהם 16ג. בעת ההיא 17. הלך ישו ותלמידיו עמו כדי נצטיידו [!] ללכת במדינתו 18. וישו היה עמהם כדי להודות שבת בתוך עדת ישר' ועשה 19. עצמו נביא וחממהו האנשים איש אל רעהו 20. ואמרו הגם ישו מבניהם מהיכן באה אליו 21. הגבורה זו והכח והגבורה והחכמה והלא הוא 22. נפח בן מרים ושי לו אחים יעקב יוסף יהודה שמעון 23. ושתי אחיות הדרות ביניני וישמע ישו את דבריהם ויאמר
	16ג. אִין אֵיירְלוֹ טֵנְפּוֹוֵירֵיה 17. אֵינְגְרֵישוֹש יֵישוּש וֵינִיט אִין פַּאטְרִיַא שוֹאוּ אֵץ שֵיקֵיה בֵנְטוּר אֵיאָם 18. דִיצִימֹפֹלֵי אֵיוֹש פָא אֵיין פָאטֹו שַאבְּטֹו צִיפִּיט אֵיץ שְנֵגוֹנֵא דוֹצֵיירֵי אֵץ מוּרְלֵטִי 19. אַדְיֵינְטֵיש אוֹמִירַא בָּאוֹנְטוּר אֵין דוֹקְטְרִינַא אֵייוֹ דִיצֵנְטֵיש אַנְדֵי אוּאִיק 20. אֵיק אוֹמְנִיאַה אֵיץ קֵיאֵישְט שַפִּיאָונְצִיאַה קִי דַאטַא אֵישְט אִילִי אֵץ 21. וִירְטוֹטֵיש טַלֵש קֵיי פֵיר מַנוּס אֵייוֹש אופִי אֵץ אֵטוֹר גֵון צִיה אֵישְטֵי אֵישְט 22. פָאבֵּיר פִילִיאוֹש מַרֵיַיא אֵץ יוֹש"יף אֵיודֵי אֵץ שִימוֹנִי<ש> 23. גֵון אֵץ שוֹרוֹרֵיש אֵיוֹש אִיק נוֹפִּיש קוֹמָא שֵונְט אֵץ קוּנְדַא לִיזַבּוֹנְטוֹיר אֵיין		**In marg.**, après אחים (l. 22) : ארבע והם שמחות
		fol. 57v	
	1. אִיְרֵלוֹ אֵץ דִיצֵיְיבַּאץ אֵיאִיש יֵישוּש קֵיאַ נוֹן אֵיש אֵישְטֵי פְרוֹפֵיטָא שִינֵיא אוֹנוֹרֵייַא נִישִי 2. אֵץ פַּטְרִיאַה שוֹאַה אֵץ אֵין קַנְצִיוֹנֵי שוֹאַה אֵיאַל דוֹמוֹ"ש'וּ שוֹאַה אֵץ גֵון א פוֹטֵיירֵץ	**1.** *illo et dicebat eis Iesus : « Quia non est propheta sine honore nisi* **2.** *in patria sua et in cognatione sua et in domo sua », et non poterat* **3.** *ibi virtutem ullam facere nisi paucos infirmos inpositis manibus* **4a.** *curavit et mirabatur*	1. להם עתה ידעתי כי אין יש [!] נביא בלא כבוד אלא 2. אם בעיר שלו ובתולדה שלו ובבית שלו ולא יכול ישו 3. לעשות שום כח שבעולם באותה שעה כי אם לרפאות מעט חולים משים ידו עליהם 4א. ויפלא מאד על אשר היו האנשים אכזרים

	‏3. איבי וירטוטם אורלם פַּצֵרי נישׁי פֿאקוס ‏אֵין פֵֿירמוש אֵין פֿוזיטיש מֵאניבוּן ‏א4. קוראביץ׳ אץ׳ מירא בָּאטור קרודי ‏לטַאטס אֵיךְ לוֹרֶם :	*<in>credulitatem illorum.* (Mc. 6, 1-6 ; cf. Mt. 13, 54-58)	כנגדו
22	‏ב4. ‏5. פְֿרוטיֵיר אוק לייאקטטום אֵץ קוֹרְמוֹ מֵאם ‏אֵי שׁוּלטֵיאבֵֿיץ ‏6. לינגא מֵאה אֵץ שׁוּפֵֿייר אֵץ ק׳ארוֹ ‏מֵאה ריקי אישֵיץ אֵין ‏7. שְׁפֵֿיה קוֹנינֵם נוֹן דֵירֵילינֵקיש אינַיאַם ‏מֵאה אֵץ פְֿרֵגוֵין ניקֵדַבֵֿיץ שׁוּן טוֹם טוֹאַם ‏8. וֵידֵירא קוֹרוֹצֵיוֹנֵם נוֹטַאַש מיקי ‏פֵֿיצֵיטֵיי וִיאַש וִיטֵי אֵץ אֵין פֵֿליבֵיץ מיליֵה ‏9. שׁיצֵייַא קוֹם בֿוֹלְטוֹ טוֹאַוֹדֵֿילֵייקטֵקְטַא צֵייצ ‏ציוֹוֹנֵיש אֵין דֵישֵיכְטֵירַא טוֹאַה אוּשׁקֵיא ‏10א. אֵין פֵֿינֵם :	**4b.** Ceci pour réfuter (litt. : prouver) leur affirmation selon laquelle Jésus, avant d'être crucifié, est allé dans la Géhenne, [conformément à ce qui est dit] dans le psaume < 16 >. **5.** *Propter hoc letatum est cor meum et exultavit* **6.** *lingua mea insuper et caro mea requiescit in* **7.** *spe quoniam non derelinques animam meam in inferno neque dabis sanctum tuum* **8.** *videre corruptionem, notas mihi fecisti vias vite, adimplebis me le-* **9.** *-titia cum vultu tuo, delectationes in dextera tua usque* **10a.** *in finem.* (Ps. 15/16, 9-11)	ב. וזה להוכיחם על זשהם [!] אומרים כי קודם שישׁי היה נצלב שהיה הולך לגיהנם בתילים מזמור < ו"י > ‏5. לכן שמח לבי ויגל כבודי ויגל ‏6. כבודי אף בשרי שׁכון ‏7. לבטח כי לא תעזוב [!] נפשׁי לשׁאול ולא ‏תתן חסידיך ‏8. לראות שׁחת תודיעני אורח חיים שׁובע ‏9. שׁמחות את פניך נעימות בימינך ‏10א. נצח **In marg.** (l. 6) : כבודי אף בשרי ישׁכון
23	‏10ב. ‏11. קי שׁוֹנֵטֵי פֵֿיקַנֵטוֹר אַנֵבָּאטֵי שֵׁנֵטוֹר ‏12. אֵץ אוֹרֵטֵיש אַלֵטֵיר אינֵיפְֿרָא אונוּ ‏אונוּ מֵדַיאַנֵט קי מֵנֵדוּקֵנֵט קארֵנֵייש ‏שׁוּאֵירֵלֵייש ‏13. אֲבוֹנֵימַא צֵיאוֹנֵים אֵצֵמוֹרֵם שׁימוּל ‏קוֹנֵטוֹ מֵיֵנֵטוֹר דֵיצֵיש דוֹמֵינוּשׁ :	**10b.** Ceci pour leur apporter une réfutation (litt. leur prouver) à partir du baptême, selon le sens latin, à partir de la prophétie d'Isaïe. **11.** *Qui sanctificantur et baptizantur* **12.** *in hortis alter ... uno uno ... qui manducant carnes suillas* **13.** *abominationem et murem simul consumentur, dicit Dominus.* (Is. 66, 17)	‏10ב. וזה להוכיחם מן השׁמד כמו שׁמשׁמע הלאטין ‏11 מן הנבואה אשׁר ניבא ישׁעיהו המתקדשׁים והמטהרים. ‏12. <אל> הגנות אחר אחת בתוך אוכלי בשׂר חזיר ‏13. השׁקץ והעכבר יחדיו יסופו נאם השׁם
24	‏14. קינֵרין ויֵירֵבֿו גֵון אטֵנֵדֿוֹנֵטי קשׁי קי ‏איצֵיטַא ‏15א. דֿורֵמיאַונֵטֵם דֵיגֵרֵבִֿי שׁוֹנֵט : ‏15ב.	**14.** Ceci pour irriter les clercs (litt. « ceux qui portent la tonsure ») ignares (litt. : mal préparés) qui n'offrent pas des réponses appropriées : *Qui narrat verbo non adtendenti quasi qui excitat* **15a.** *dormientem de gravi somno.* (Sir. 22, 8-9/9-10) **15b.** Et voici (le texte) en *lo'az* langue vernaculaire) : « Qui raconte les paroles à celui qui n'a le cor tant. »	‏14. וזה לקנטר הגלחים שׁאינם מכוונים ואינם משׁיבים כמשׁפט דברו למי שׁאינו יודע להבין קשׁה לו כדי ‏15. שׁמקיצין אותו משׁנתו ‏15ב. וזה הלעז כי רקונטא לפרולא אצלוי קינא לקור טאנט

UNITÉ 2

fol. 66v-68v

	Texte latin des citations en translittération hébraïque	Formules d'introduction traduites en français ; Texte latin (corrigé) des citations	Texte hébreu des formules d'introduction ; Texte hébreu de la traduction interlinéaire (ou marginale)
1		**fol. 66v**	
	In marg. : פאטיר מיאוש מאגור מי אישט	In marg. : *Aven Gilayon* (Evangelium) *MIHRAM* *Pater* *Meus maior me est.* (Jn 14, 28)	עון גליון מיחרם non traduit
	1. קי וידין מי וידאץ איץ פטטרים איץ פיליאום איץ שפירינטוס 2a. שָׂנטוס	Il est écrit dans l'Évangile : **1.** *Qui videt me videt et patrem et filium et spiritum* **2a.** *sanctum.* (Jn 14, 28)	כתוב בעْ גליון 1. מי רואה אותי רואה את הבֵּן האב ואת הבן האב ואת רוח 2a.
2	2b. א קטונוש קוֹץ וִילָיה אִישְט קאָרוּץ אָרוּץ 3a. קו קאָרוּץ וִל וִילָיה פוּטאטוֹ	**2b.** A C(a)tonos : *Quod vile est carum et* **3a.** *quod vile carum putato.* (Denys Caton, *Distiques*)	non traduit
3	3b. איץ פטיר אנולו אישט 4. פאטוש ניק קריאטוש ניק יֵנִיטוש פיליוש אה פאטְרֵיה 5. שוֹלוֹ אישט נון פאטוש ניק קריאטוש שֵׁד יֵנִיטוש דֵיאוש 6. אישט איש שוצטונציאה פאטריש אונטיה שקולֵא יֵנִיטוש 7. אומוֹ אישט איש שוצטונציאה מאטריש אִיץ שקולוֹ נטוש	**3b.** Autre [passage] : *Et pater a nullo est* **4.** *factus nec creatus nec genitus, filius a patre* **5.** *solo est non factus nec creatus sed genitus Deus* **6.** *est ex substantia patris ante saecula genitus,* **7.** *homo est ex substantia matris in saeculo natus.* (*Quicumque vult* [Symbole d'Athanase])	3b. אחר In marg. : traduction hébraïque du passage, précédée de la formule « Dans leur Trinité » : בטריניטי שלהם האב לא נעשה ולא נצר ולא הולד והבן לא נעשה ולא נצר אבל הולד שקוْ ב"ל אנג'נדריר אלהה הוא מזרע האב בעולם הולד ואדם הוא מזרע האם בעולם הולד
4		**8.** Autre [passage] ; *Supra lineam* : je n'ai pas bien examiné/vérifié (?)	לא הגהתי בטוב אחר
	8. נולו פאצרֵיה בולונטאטים מיום שיץ בולונטאטים 9a. פאטריש מיאי	*Nolo facere voluntatem meam sed voluntatem* **9a.** *Patris mei.* (Jn 5, 30 ; 6, 38)	non traduit
5		**9b.** Autre [passage], le jour de *MRTSNQE* (*Marceinche* : Annonciation) *Supra lineam* : je n'ai pas examiné/vérifié (?)	לא הגהתי 9b. אחר יום מרצנקא
	9b. יום מרצנקא איציה קונציפיאיש	**9b.** *Ecce concipies*	

252

	10. אינוטירו אין פֿרַאיֵץ פֿיליאוּם אי בֿוקַאבֿיש נוֹמֵן אינ'וּש 11. יֵשׁ'וֹם אִיק אִירֵישׁ מֵאַנוּשׁ אֵי פֿיליָאוּשׁ אֵרְטִישִׁימִי בֿוֹקַאבִּיטוּר 12. אִי דַאבִּישׁ אִיַּרְלִי דומינוּשׁ דיַאוּשׁ שִׁידֵים דוד פַֿאטְרֵישׁ 13א. אינ'וּשׁ	10. *in utero et paries filium et vocabis eius nomen* 11. *Iesum. Hic erit magnus et filius altssimi vocabitur* 12. *et dabit illi Dominus Deus sedem David patris* 13a. *eius.* (Lc 1, 31-32)	non traduit
6	13ב. קיאה פֿרו נובֿיש דוטוּשׁ אֵי מלידיטוּשׁ	13b. Autre [passage] : *Quia pro nobis ductus (?) et maledictus.* (?)	13ב. אחר non traduit
7		14. Autre [passage] *Supra lineam* : Je n'ai pas bien examiné/vérifié (?) 14. *Pater non portabit iniquitates filii et* 15. *filius non portabit iniquitates patris.* (Éz. 18, 20)	לא הגהתי בטוב אחר non traduit
	14. פַֿאסִיר נון פֿורטַאבִּיץ אינקיטַאטִים פֿיליאי אִיץ 15. פֿיליָאוּשׁ נון פֿורטַאבִּיץ אינקיטַאטִים פַֿאטְרֵישׁ		
8	16. פֿרימו דיַאירון אוניַאן קו מונדוּשׁ אוֵישְׁטַאץ ו 17. קונדיטוּשׁ [וִיר]קו רֵישׁורְג'נֵיץ קונדיטור נוש מורטֵיה וִיטַא 18א. ליבֵּירַאץ	16. *Primo dierum omnium quo mundus exstat* 17. *conditus quo resurgens conditor nos morte victa* 18a. *liberat.* (hymne)	non traduit
9	18ב. אִיץ לַאבִּישׁ גִישׁ'וּשׁ פֵּֿידֵישׁ 19. דיצִיפֿולורוּם שׁוַאורוּם אִי דִישׁ'ישׁ אֵינוּשְׁנַפְֿלוּם מֵי אבִּישׁ 20א. אַרוֹן נוּשׁ אִיטַא פַֿאציַאטִישׁ ...	18b. Le cinquième jour (le jeudi), avant *Q S H (qesah = Pâques) : Et lavit Iesus pedes* 19. *discipulorum suorum et dixit : Exemplum habetis* 20a. *ut vos ita faciatis.* (Jn 13, 5.15)	18ב. יום ה' לפני קצח non traduit
10	20ב. פֿיר שׁנטוּם צירקוּנְשֵׁי טוּ 21. צירקונצֵישִׁי אוּנְם טוֹאוּם ליבֵּירַא נוּשׁ דומיניה	20b. *Per sanctam* 21. *circumcisionem tuam libera nos Domine.* (formule litanique)	non traduit
11	22. קי אבֿוַאירֵיץ פִֿידֵים קונְטוּם גְרַנוּם שְׁנַאפִֿישׁ 1. אִישְׁט אי דִישׁ'רֵיץ אואיק מוּנטי טרַנְשְׁפֵֿרְטיה אינַמַארֵי 2א. אִיץ טרַנְפֵֿירֵיץ שִׁיה	22. *Qui habuerit fidem quantum granum sinapis* **fol. 67r** 1. *et dixerit huic monti :* « *Transfer te in mare* » 2a. *et transfer(e)t se* (Mt. 17, 19 ; Lc 17, 6)	22. למי שיש אמונה כגון גרעין חרדל 1. יֹא' ויאמר אל ההר קפוץ בֹּיֹם בתוך הים 2א. ויקפוץ מיד
12	2ב. וַרֵיה 3. אִישְׁטִירַאַץ אוֹמוֹ רֵישְׁפֵּונֵדִין יֵשׁ'וּשׁ טוּ דִישְׁישְׁטִי	2b. Pilate dit à Jésus : « *Vere* 3. *iste erat homo ?* » *Respondit Iesus* : « *Tu dixisti* ». (cf. Mt. 27, 54 ; Mc 15, 2 ; Mc 15, 39 ; Lc 23, 3 ; 23, 47)	2ב. אמ' פֿילטוש לישו באמת 3. אתה אדם ענה אתה אמרת

253

Édition des feuillets

13	אֵין אוֹמוֹ פָּאטוּש אישֵט אִי .4 קרוּצִיפִישוּש אֵא. אִי צִיאָן פְּרוֹנוֹבִּיש .5	**4.** Autre [passage] : *Et homo factus est et crucifixus* **5a.** *etiam pro nobis.* (Credo [Symbole de Nicée])	אחר .4 non traduit
14	מֵזוּלִיאר מֵזוּלִיאר אֵיצִיה .5ב פִילִיאוּש טוֹאוּש .6א	**5b.** Autre [passage] : **5b.** *Mulier, mulier, ecce* **6a.** *filius tuus.* (Jn 19, 26)	אחר .5ב אשה אשה ראי .5ב בן שלך .6א
15	וִידִיאוֹ .6ב צִילוֹש אַפִּירְטוּש אֵין יֵשׂוּם שְׁטֵוּנטִים .7 אה דִיטְרִיש וִירְטוּטֵי דַיאִי .8א	**6b.** S(aint) Étienne, le lendemain (de) N I T A L (Noël) : *Video* **7.** *coelos apertos et Iesum stantem a dextris* **8a.** *virtute Dei.* (Act. 7, 55)	ק' איטיינא למחרת ניתל. ראיתי .6ב השמים פתוחים ואת עומד אל ימין .7 נפלאות השם .8א
16	8ב. אֵין אֵיירְלוֹ טִינְפּוֹרֵיָה אִינְגְרִישוּש .9 יֵשׂוּש בֵּינִיש אֵין פָּאטרִיאה שׂוֹאה .10 אֵין שִׁיקִיה בּוּנְטוּר אִי אֵם דִיצִיפּוֹלִי אִיגְ'וּש אֵין פָּאטוֹ .11 שַׂאבָּאטוֹ צֵיפִּין אֵין שְׁנָגוּנָא דוֹצֵירֵיה אֵין מוּרְלְטִי אה .12 דֵייֵנְטִיש אוֹמִירָא בָּנְטוּר אֵין דוֹקְטרִינָא אִיגְ'וּש .13 ~~שַׂפִּיאֵנְצִיאֵה~~ דִיצֵינְטִיש אֵונְדִיה אוּ אִיק אִיקְאָונִיאה אֵין קִי .14 אישֵט שַׂפִּיאֵנְצִיאה קִיה דָאטָא אישֵט אִיֵרְלִי אֵין .15 וִירְטוּטֵיש טָאלְיש קִי פֵּיר מָנוּש אִיגְ'וּש אִי פִיצִיאָנְטוּר נֵון נִיה .16 אישֵטי אישֵטי פָּאבֵּיר פִּילִיאוּש מְרִיאֵה פְּרָטֵיר .17 יַקוֹבִּין אִי יוֹשֵׂ'יפ אִי ג'וּדֵי אִי שִׁימוּנִיש · נֵון אֵין שׂוֹרוֹרֵיש .18 אִיגְ'וּש אִיקְנוֹבִּיש קוּם שְׁוּנוֹש אֵין קָאנְדָאלִיזָאבַּנְטוּר אֵין .19 אֵיֵרְלוֹ אִי דִיצֵיבַּאץ אֵיאִיש ג'ִיש'וּש · קִיאה נֵון אישֵט .20 פְּרוֹפֵיטָא שִׁינֵי אוֹנוֹרֵי נִישֵׂ'י אֵין פְּקְרִיאה שׂוֹאה אֵין אֵין .21 אַצָא קוֹנָאצִיאוֹנְיָאֵנוֹ שׂוֹאה אֵין אֵין דוֹמוֹ שׂוֹאה אֵין נֵין .22 פּוֹטִירָאא אִיבִּי וִירְטוּטֵיאָם אוּרְלָאם פָּאצֵרֵיה .23	**8b.** Marc l'a faite (?) entre N I T A L (Noël) et *'INUY* (le Carême/la Passion). **9.** Le vendredi après vingt jours à partir de N I T A L (Noël) : *In illo tempore egressus* **10.** *Iesus venit in patria<m> sua<m> et sequebantur* **11.** *eum discipuli eius et facto sabbato coepit in* **12.** *synagoga docere et multi audientes admira-* **13.** *bantur in doctrina eius ~~sapientia~~ dicentes :* **14.** « *Unde huic haec omnia et quae est sapientia* **15.** *quae data est illi et virtutes tales quae per* **16.** *manus eius efficiuntur ? Nonne iste est* **17.** *faber filius Mariae, frater Iacobi et Ioseph et* **18.** *Iudae et Simonis ? Nonne et sorores eius hic nobis-* **19.** *-cum sunt ? Et scandalizabantur in illo et dicebat* **20.** *eis Iesus quia non est propheta sine honore* **21.** *nis in patria sua et in cognatione* **22.** *sua et in domo sua, et non poterat ibi* **23.** *virtutem ullam facere.* (Mc 6, 1-6 ; cf. Mt. 13, 54-58)	מרקוש עשׂאה בין ניתל לעינוי .8ב יום ו' אחר כ' ימים מניתל .9 .10 ותלמידיו עמו ו עשׂות השבת להוזיע .11 בתוך עדת ישׂר' ועשׂה צ .12 .13 .14 .15 .16 .17 .18 .19 .20 .21 .22 .23 lignes 8b-12 : traduction partielle lignes 13-23 : non traduit
17	פָּאטִיר דִימִיטְיָה אִיאִיש קִי אַנְצִיאָוּנְט .1 קִיץ פָּאצִיאָנְט .2א	**fol. 67v** **1.** *Pater, dimitte eis quia nesciunt quid* **2a.** *faciant.* (Lc 23, 34)	אבי מחול להם כי אינם יודעים מה .1 הם עושׂים .2א

254

Paris, BnF, Hébreu 712

18	2ב. פילי קיץ פֿציישטי נוביש 3. שיק אינו אין פֿאקטיר טואוש דולנטיש קיריה באמושטיה	**2b.** Après N I T A L (Noël) : *Fili, quid fecisti nobis* **3.** *sic ? Ego et pater tuus dolentes quaerebamus te.* (Lc 2, 48)	2ב. אחר ניתל. בן מה עשית פה אנחנו 3. אנכי ואת אב שלך כואבים בקשנו אותך
19	4. קי אה אין פֿירנו נולא אישט ריידנצֿיאו 5. נון ביני בוקריה גֿושטוש שיץ פיקאטוריש פניטוציאם	**4. In marg.** : « Qui descend dans la Géhenne n'en saurait remonter. » **4.** *Quia in <in>ferno nulla est redemptio* (Office des Morts [?]) **5.** *Non veni vocare iustos sed peccatores < ad > paenitentiam.* (Mt 9, 13 ; Mc 2, 17 ; Lc 5, 32)	4. מי שיורד בגיהינם לא יעלה non traduit 5. לא באתי להושיע הצדיקים אבל החוטאים ליסרם
20	 6. שיקרון פואיץ יונאש אין בֿנקריה ניטי טריבֿוש 7. דֿיאיבֿוש אין טריבֿוש נוטיבֿוש איטא אירירֿ פֿיליוש 8א. אומיניש אין קורדֿיה טיירירירי	**6. In marg.** : « Il y a [dans ce qui suit] une difficulté pour eux : ils font du premier jour leur jour de fête parce que, disent-ils, [Jésus] s'est relevé de la mort — *ressuscita* en *lo'az* (langue vernaculaire) — le troisième jour. Qu'en est-il alors des (litt. : 'où sont donc les') trois nuits [évoquées] dans [le livre de] Jonas ? **6.** « A '*INU<Y>*', première semaine, le 4e jour (le mercredi) » : *Sicut fuit Iona in ventre ceti tribus* **7.** *diebvs et tribus noctibus, ita erit filius* **8a.** *hominis in corde terrae.* (Mt 12, 40 ; Lc. 11, 30)	6. וזאת קשי להם שעושים יום \ איד שלהם ליום א' ואומרים על \ שם שקם ממיתה רצוש'יטא ב"ל \ ליום שלישי ואיה בהג' לילות בדוינה 6.בעיני>י< שבוע ראשון יום ד'. כמו שהיה יונה תוך בטן הדג שלשה 7. ימים ואת שלשה לילות כן היה בן 8. אדם תוך לב הארץ
21	8ב. ק' פו' נימו דֿיאום וידֿיץ 9א. אנקם	**8b.** S(aint) Pa(ul) : *Nemo Deum vidit* **9a.** *unquam.* (Jn 1, 18 ; 1 Jn 4, 12)	8ב. >דש< פו>ל< שום בריה השם [...] 9. מעולם
22	9ב. ריג'יאסֿם שיקולורֿץ איינמורֿטאלֿי 10. איינֿבֿישֿי בילי שולֿי דֿיאו אונוֿר אין גֿלוֿריאה אין ... 11א. שיקולֿא שיקולורֿץ	**9b.** S(aint) Pa(ul) a dit au moment de sa mort : *Regi autem saeculorum inmortali* **10.** *invisibili soli Deo honor et gloria in* **11a.** *saecula saeculorum.* (I Tim. 1, 17)	9ב. אמר ק' פו' במיתתו מולך עולך בלי מוות 10. ונעלם מראות עין יחיד ש אכבדֿ ו אשבחֿן תוך 11א. עולמי עולמים
23	11ב. דֿישירונט לטרוניש 12. קי אי פֿואירונט קרוציפֿישוש קום גֿ'יש'וֿש	**11b.** Les deux larrons qui furent pendus avec Jésus ont dit : *Dixerunt latrones* **12.** *qui fuerunt crucifixi cum Iesu.* (Mt. 27, 38.44 ?)	11ב. אמרו שני גנבים \ שנתלו עם ישו
24	13א.	**13a.** « Pour leur prouver que le Messie (Oint) qu'ils appellent « royaume » et « unc »- /*unction* (?), cela est une erreur de leur part, car *unction* désigne, selon eux, le	13א. להוכיח להם כי משיח \ שהם קוראים מלוכה ואו' \ אונציאון טעות הוא \ בידם אלא אונציאון הוא \ בטימא לדבריהם

255

Édition des feuillets

		baptême (*ba[p]tema).	
	13ב. דונאמא מטיר שואה קי פאציש 14. אונציאון ויפאצים פרוטיר 15א. ציירקונשיציאון ·‧ 15ב.	13b. *Rogavit mater sua : « Quid facis ? »* 14. *Uncion.. faciam praeter* 15a. *circumcision.* 15b. Explication : Comme sa mère lui demandait : « Que fais-tu ? », il répondit : « Je donne l'onction à la place de la circoncision », et il versait de l'eau sur sa tête, pour se convertir/apostasier (?)	13ב. 14. 15א. 15ב. פירו' שאלה לו אמו מה \ אתה עושה ענה לה אני \ נותן אונצּיאון במקום \ ציירקונשיציאון והיה \ זורק מים על ראשו להשתמד
25	1. שבוע פנוש'א 2. אין ביניש יש'וש אין פרידיאום קואי נומן ישימני אין אאין 3. דיצי פוליץ שואיש שידיאיטי איקדוניק אורים אין 4. אשונשרין פיטרום אין יקובון אין יואנים שיקום אי 5. איצימיף פאשירי אין סידירי אין אאין איירליש 6. טרישטיש איטש אנימא מיאה אושקיה אן מורטים 7. שוטצטינטי איק אי וג'לאטי אין קום פרוציש>צצ<שץ 8. פרוצישיששיא פרושידין שופיר טיראם אורראבאן און 9. שי פיאירי פושין טרושירית אביאורא אי דישין 10. אבא פאטיר אוניאה פושיביליאה טיבי שונט 11. טרנשפיר קליצים אוק אמי שיצנון קון איגו בולו 12. שיץ קון טו	**fol. 68r** 1. Semaine PENOSA 2. *Et venit Iesus in predium cui nomen Gethsemani et ait* 3. *discipulis suis : « Sedete hic donec orem » et* 4. *assumpsit Petrum et Iacobum et Iohannem secum et* 5. *incipit pavere et tedere et ait illis :* 6. « *Tristis est anima mea usque ad mortem.* 7. *Sustinete hic et vigilate et cum* 8. *processisset procedit super terram < et > orabat ut* 9. *si fieri posset transiret ab eo hora et dixit :* 10. « *Abba pater, omnia possibilia tibi sunt.* 11. *Transfer calicem hunc a me sed non quod ego volo* 12. *sed quod tu.* » (Mt. 26, 36-39 ; Mc 14, 32-36)	1. שבוע פנושא non traduit
26	1. מולּיאר מולּיאר ודו יריקו אין וַניאַין טירציאה דּיאי · אין 2א. נֶן וַנִיט	**fol. 68v** 1. *Mulier, mulier, vado Iericho et veniam tertia die et* 2a. *non venit.* (?)	1. אשה אשה הולך אני \ לירוחו ו אבוא לשלושה ימים ו 2א. לא בא
27	2ב. דּיאוש נון איטש אומו מֶנדּאש · 3א. נֶיק פֿילּיאוש אומינּיוש קי שי פֿנִיטיאַן	2b. *Deus non est homo mendax* 3a. *nec filius hominis qui se paeniteat :* « *qui se repente* » en *lo'az* (langue vernaculaire). (Nb. 23, 19)	2ב. אל לא יש [!] איש ויכזב 3א. ו בן אדם ויתנחם קי שרפנטא בלע'
28	3ב. אוש קי מֶנטיטור 4א. אוצידין אנימא	3b. *Os quod mentitur* 4a. *occidit anima<m>* (Sg. 1, 11)	3ב. פה המשקר 4א. הורג הנפש
29	4ב. מֶ[..]‧ קומנדו דו פוט פוט	4b. *Quomodo pot-*	4ב. מה

	5. אֵישט אֵישֵׁי אוֹמוֹ ג'וּשְׁטוּשׁ אֶיְץ קֵומוֹדוֹ פּוֹט אֵישְׁט מֻונדוּשׁ 6א. דֵי פֵּיקַאטִיש נַטוּשׁ אֵיש מוּלִיאַר	**5.** *est esse homo iustus et quomodo potest mundus* **6a.** *de peccatis natus ex mulier<e> ?* (Jb 25, 4)	5. אנוש יצדק ו מה יזכה 6א. מן חטא ילוד אשה
30	6ב. מֵשְׁקוּלוּשׁ 7. קוּגוּשׁ פְּרֵיפּוּצִיאִי קָרוֹ צֵירְקֻונצִישַׁא נֻון פּוּאֵירִיץ פֵּירִיבִּיץ אַנִימַא 8א. דֵי פּוּפּוּלוֹ שׁוּאוֹ	Le jour de *L O R N O F (l'An neuf) **6b.** *Masculus* **7.** *cuius preputii caro circumcisa non fuerit peribit anima* **8a.** *de populo suo.* (Gn 17, 14)	יום לורנוף 6ב. זכר 7. אשר רבולון ב"ל שלהם נקרא נימול לא יהיה או יכול [!] נאבד נפשו 8א. מקהל שלו
31	8ב. קֻומוֹדוֹ פּוֹטְרִיץ דִיצְרֵיה אֵיגוֹ שֻׁון 9. דֵיאוּשׁ אַקַפִּיטֵיה אוֹצִישׁוֹרֻון טוּ אֵיש אוֹמוֹ אֶיץ נֻון דֵאיוּשׁ 10א. אִיןֵ מַאנוּשׁ אוֹצִישׁוֹרֻון	**8b.** *Quomodo poteris dicere ego sum* **9.** *deus a capite occisorum ? Tu es homo et non deus* **10a.** *in manus occisorum.* (Éz. 28, 9-10)	8ב. איך תוכל לומר אנכי 9. אל לפני הורגים אתה אדם ו לא אל 10א. בתוך ידי הורגים
32	10ב. 11. 12. 13. אקואי 14א. קונפרא נוטי אי אקואי אשימו לסטי	**10b.** Ils disent encore : « De même **11.** que le soleil ne se souille pas lorsqu'il pénètre en un lieu de souillure, de même le crucifié ne s'est pas souillé **12.** en naissant d'une femme. On peut leur répondre qu'il ne faut comparer l'Éternel. **13.** à rien. Il est écrit en effet, dans leur Évangile, que l'un des Prophètes a dit à Dieu : *A* (?) *cui* **14a.** *conparavisti<s me> et cui assimulasti<s me> ?* (Is. 40, 25)	10ב. עוד הם אומ' כשם 11. שהשמש נכנס במקום הטנופת ואינו מטנף עצמו כך התלוי לא היה מטנף 12. עצמו על מה שנולד מאשה. ויש להשיב לדבריהם כי אין לדמות השם 13. לשום דבר. דכת' בעון גיליון שלהם שאמ' אחד מן הנביאים למקום למי 14א. אדמה לך ו למי אשוה אותך
33	14ב. 15. איגו דיאוש נון מוטבי איפיליאוש יקוף נון דיפיצי בושיטיש	**14b.** Dieu lui-même n'a jamais : **15.** varié, ainsi qu'il est écrit : *Moi, l'Éternel, je ne varie pas, et vous, les fils de Jacob, vous ne cessez pas !* (Ml. 3, 6)	14ב. לא שינה המקום עצמו 15. מעולם. דכת' אני השם לא שניתי ובני יעקב לא כיליתים
34	16. נֻון בֵּינִי פּוֹנֵירֵי פְּצֶם אֻונְטֵיר שִׁיגְלַא דִיאוֹן	**16.** Marc(u)s : *Non veni ponere pacem in ter<ram> sed gladium.* (Mt.10, 34 ; cf. Lc 12, 51)	16. מרק'ש כי לא באתי בשביל \ שלום בארץ כי אם \ לשים את כל בתגר

REPRODUCTION DES FOLIOS DU MANUSCRIT

Paris, BnF, Hébreu 712, fol. 56v-57v et 66v-68v © BnF

UNITÉ 2

fol. 66v-68v

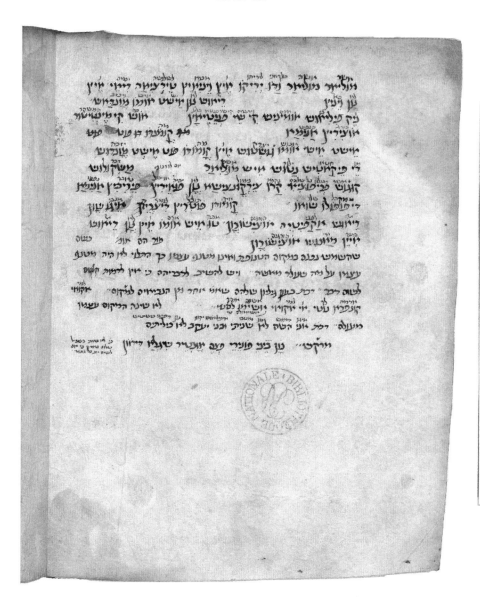

Reproduction des folios du manuscrit

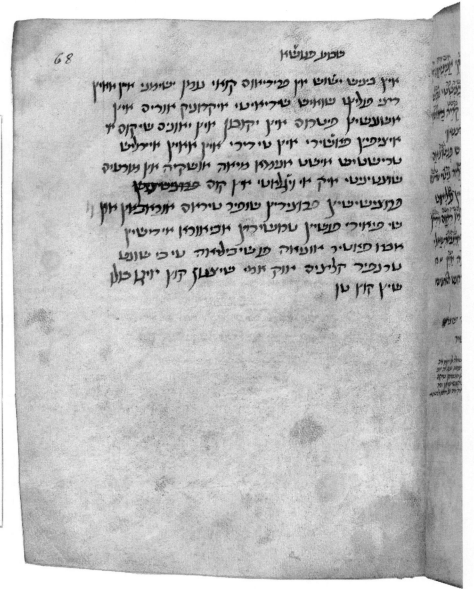

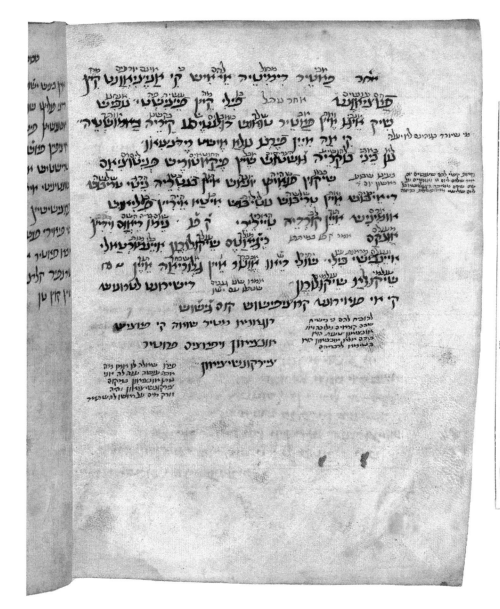

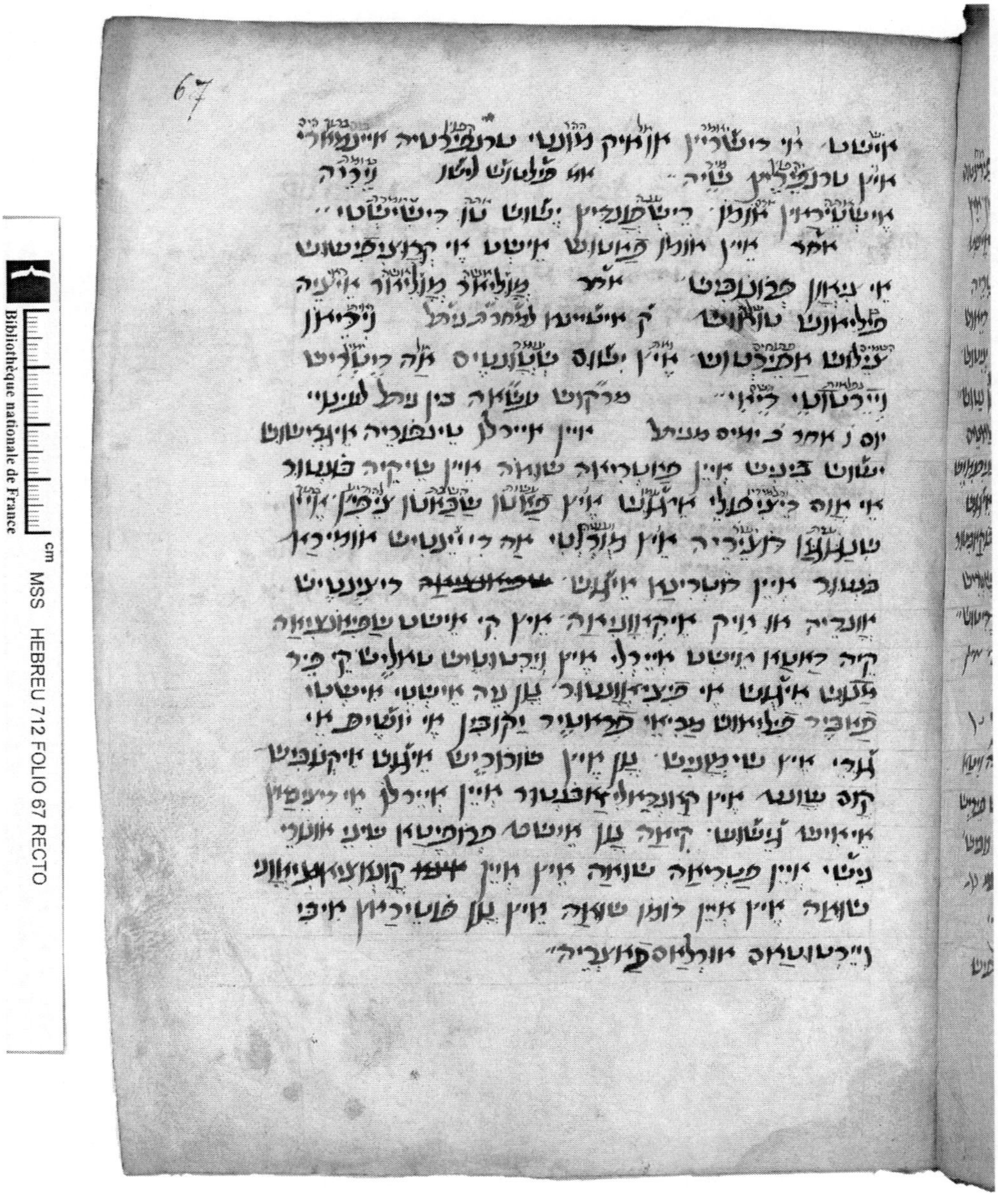
67
Bibliothèque nationale de France
cm
MSS HEBREU 712 FOLIO 67 RECTO

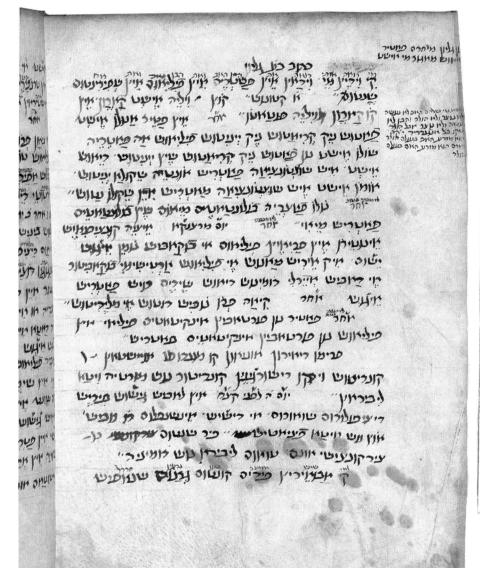

UNITÉ 1
fol. 56v-57v

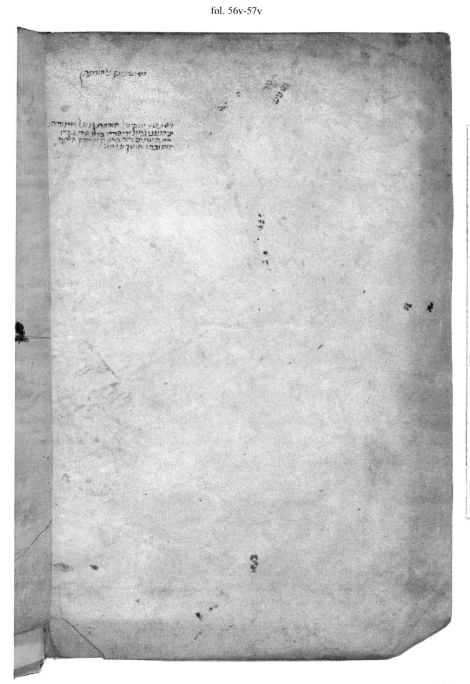

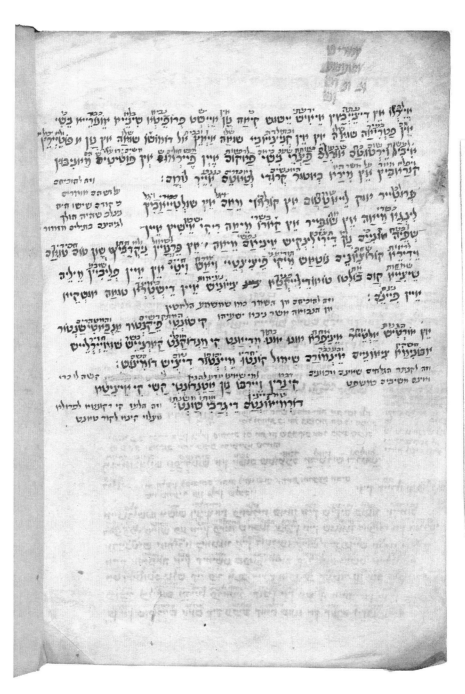

Reproduction des folios du manuscrit

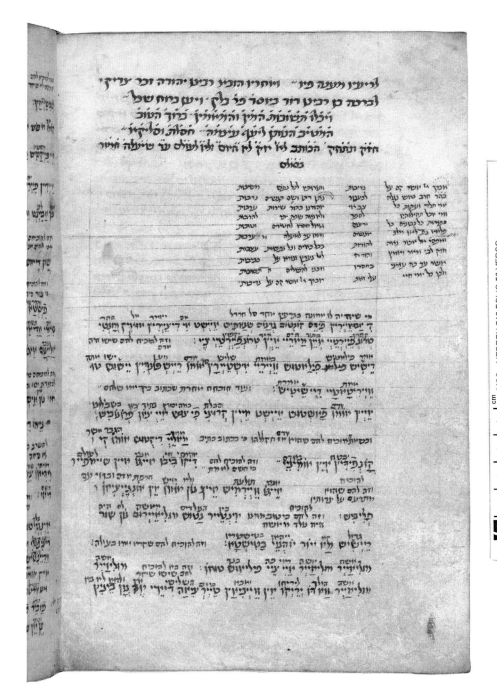

INDEX DES MOTS LATINS TRANSLITTÉRÉS
EN CARACTÈRES HÉBREUX

A

A/ab (+ abl.) : (אַקְפִּיטְיֶה אמי אַה אַה)
  a capite : (57r, 8) אָקְאַפִּיטְיי
  a (capite) : (68v, 9) אַקפּיטְיֶה
  a (filiis) : (57r, 13a) אַפְלִיאיש
  a (dextris) : (57r, 15) אַדֵּיטְרִיש
  a (dextris) : (67v, 7) אַה דֵּיטְרִיש
  ab (eo) (hora) : (68r, 9) אביאורא
  a (me) : (68r, 11) אמי
  a (nullo) : (66v, 3) אַנוּלוּ
  Abba : (68r, 10) אבא
Abiectio : (56v, 8b) אוּנְגֵּייעִיאוּ
Abominationem : (57v, 13/1) אַבּוֹנִימָא צִיאוֹנֵיים
Ad : (68r, 6) אץ
Adimplebis : (57v, 8) אץ אַיִין פְּלֵיבִּיץ
Admirabantur :
  (57r, 19) אוֹמִירָא בָּאוֹנְטוּר
  (67r, 12-13) אוֹמִירָא \ בּנְטוּר
Adorabis : (57r, 11) אָץ אוֹרָאבִּיץ
Aegypti : (57r, 12/1) אֵיִיטִי
Ait :
  (68r, 2) אאיץ
  (68r, 5) אאיץ
Alienum : (57r, 12) אַלְיֵינֶם
Alter : (57v, 12) אלְטֵייר
Altissimi : (66v, 11) אַרְטִישִׁימִי
Anima :
  (57r, 5a) אַנִימָא

אנימא (68r, 6)
אַנִּימָא (68v, 7)
Anima(m)
  אַנִימָא (56v, 2c)
  אֵינִיאָם (57v, 7)
  אַנִימָא (68v, 4)
Ante :
  אוֹנטֶיה (66v, 6)
  אֶונדֶיה (67r, 14)
  אָונטֶיר (68v, 16)
Apertos :
  אַפֵּיירְטוֹש (57r, 15)
  אַפֵּירְטוֹש (67r, 7)
Assimulasti : (68v, 14) אשימו לסטי
Assumpsit : (68r, 4) אשונשיץ
Attendenti : (57v, 14) אַטֶנְדוֹנְטִי
Audientes :
  אַדֵּיינְטִיש (57r, 19)
  אה דֵּיינטיש (67r, 12)
Audieris : (57r, 11) אַדֵּיאֵייְרִיץ
Autem
  (regi) autem : (67v, 9) רֵיגִּ׳יאֵטֶם

B

Baptista : (56v, 10a) בָּטִישְׁטָא
Baptizantur
  (et) baptizantur : (57v, 11) אָנְבָּאטִי שַׁנְטוֹר
Bonum : (57r, 13a) בּוֹנֶם

273

Index

C

Calicem : (68r, 11) קְלִיצִים

Canibus : (57r, 13a) קָנִיבּוּש

Caput :

  (a) Capite : (57r, 8) אָקָאפִֿיטֵיי

  (a) Capite : (68v, 9) אַקְפִֿיטֵיה

Carnes : (57v, 12) קָארְנֵייֵש

Caro :

  (57r, 4c2) קְׄארוֹ

  (57v, 6) קַארוֹ

  (68v, 7) קְרוֹ

Carum : (66v, 2) קָאֶרוֹן

Ceti (cetus) : (67v, 6) נֵיטִי

Circumcisa :

  (57r, 4c2) צֵיירְקוֹנְצִיזָא

  (68v, 7) צִירְקוֹנצִישָׁא

Circumcisionem (?) : (66v, 20) צירקונצישי אונס

Circumcision = circumcisionem (?) : (67v, 15a) צֵיירְקוֹנשִׁיצִיאון

Coelos :

  (57r, 15) צֵילוֹש

  (67r, 7) צֵילוֹש

Coepit :

  (56r, 18) צֵיפִֿיץ

  (67r, 11) צֵיפִֿיץ

Cognitione :

  (57v, 2) קְנִיצִייוֹנֵיי

  (67r, 21) קֶונָאצִיאוּנִיאָֻונִי

Concipies : (66v, 9) קוּנצִיפִֿיאֵיש

Conditur : (66v, 17) קונדיטור

Conditus : (66v, 17) קונדיטוש

Confidit : (56v, 7a) קֶונְפִֿידֵיץ

Conpara(vistis ?) : (68v, 14) קונפרא נוטי

Consumentur : (57v, 13/1) קוֹנְטוּ מַיְינְטוֹר

Cor (meum) : (57v, 5) קוֹרְמוֹ מֵאַם

Corde : (67v, 8) קוֹרְדֵיה

Corruptionem : (57v, 8) קוֹרוֹצִיוֹנֵים

Creatus :

  (66v, 4) קְרִיאַטוֹש

  (66v, 5) קְרִיאַטוֹש

Crucifixus :

  (56v, 5) קְרוּצִי פִֿי צוֹש

  (67r, 4) קְרוּצִיפִֿישׁוֹש

  (67v, 12) = crucifixi קרוציפישוש

Crudelitatem : (57v, 4a) קְרוּדִי לְטַאטֶם

Cui : (68r, 2) קוּאִי

  a (?) cui : (68v, 14) אקואי

Cuius :

  (57r, 4c1) קוּיִיוּש

  (68v, 7) קוֹגׄוּש

Cum :

  (57v, 9) קֶום

  (67v, 12) קום

  (68r, 7) קום

Curabit : (57v, 4a) קוּרָאבִּיץ

D

Dabis

  (nec) dabis : (57v, 7) נֵיקְדַּבִּיץ

Dabis : (66v, 12) דָאבִּיש

Dare

  (et) dare : (57r, 13a) אֶנְדָרֵי

Data :

  (57r, 20) דָאטָא

  (67r, 15) דָאטָא

David : (66v, 12) דויש

De :

  (57r, 4a) דֵיי

  (57r, 5a) דְֵיי

  (57r, 12/1) דֵיי

  (68v, 6) דִי

  (68v, 8) דֵי

  de (gravi) : (57v, 15) דֵייגְרָבִֿי

Dei :

  (57r, 16a) דיאי

דִיאִי (67r, 8)

Delectationes

  (tuo) delectationes : (57v, 9) טוא טואודיליייקטא **צייץ** צייוניש

Deo : (67v, 10) דִיאו

Derelinques : (57v, 7) דֵירִילִינְקִיש

Deum :

  דְייאֶם (57r, 11)

  דִיאָום (57r, 14a)

  דִיאָום (67v, 8)

Deus :

  דְייִאוש (57r, 1b)

  דֵייאוש (57r, 8)

  דֵייאוש (57r, 8)

  דִייאוש (57r, 11)

  דְייאוש (57r, 12/1)

  דִיאוש (66v, 5)

  דיאוש (66v, 12)

  דִיאוש (68v, 2)

  דִיאוש (68v, 9)

  דִיוש (68v, 9)

Dextera : (57v, 9) דֵישְׂטְרָא

Dextris :

  (a) dextris : (57r, 15) אַדֵיטְרִיש

  (a) dextris : (67v, 7) אַה דֵיטְרִיש

Dicebat :

  דִיצֵייבַאץ (57v, 1)

  דיצֵיבַאץ (67r, 19)

Dicentes :

  דִיצֶנְטְיֵיש (57r, 19)

  דִיצֵינְטְיש (67r, 13)

Dicere :

  די צֵיירֵי (57r , 7b)

  דיצֵרִיה (68v, 8)

Dicit : (57v, 13/1) דִיצִיש

Dicit (?)/ dixit (?) (56v, 3) דֵישִיש

Dico : (56v, 7c) דִיקו

Die :

דִיאִיי : (56v, 12)

דִיאִי (68v, 1)

Diebus : (67v, 7) דִיאִיבּוש

Dierum :

  דיאירון (66v, 16)

Dimitte : (67v, 1) דִימִיטִיה

Discipuli :

  דִיצִיפוּלִי (56r, 18)

  דֵיצִיפוּלִי (67r, 11)

Discipulis : (68r, 3) דיצי פוליץ

Discipulorum : (66v, 19) דיצי פולורום

Dixerit :

  דִיצִיְירִיץ (56v, 1)

  דיש'רִיץ (67r, 1)

Dixerunt : (67v, 11) דישירונט

Dixisti :

  דֵייִישׁ'יטִיש (56v, 4a)

  דִישׁ'ישְטִי (67r, 3)

Dixit :

  דִישׁ'יש (66v, 19)

  דִישִיץ (68r, 9)

Docere :

  דּוֹצֵיְירִי (56r, 18)

  דּוֹצֵרִיה (67r, 12)

Doctrina :

  דּוּטְרִינַא (57r, 19)

  דּוּטְרִינַא (67r, 13)

Dolentes : (67v, 3) דּוּלִנְטִיש

Domine : (66v, 21) דּומיניה

Dominus :

  דּוּמִינוּש (57v, 13/1)

  דּוּמִינוּש (66v, 12)

Domo (sua) :

  שוּאַה דּומוֹשׁ'וּ (57v, 2)

  דּומו שואַה (67r, 22)

Donec :

  (hic) donec : (68r, 3) איקדוניק

Dormientem : (57v, 15) דּוֹרְמִיאונְטַם

275

Index

Ductus : (66v, 13) דוטוש

E

Ecce :
  (56v, 11a) צֵיי אֵיִי
  (66v, 9) אִיצֵיה
  (67r, 5) אִיצֵיה
  (68v, 5) אִישֵׁי

Eduxi (te) : (57r, 12/1) אֵידוּשִׁיטֵיי

Efficiuntur :
  (57r, 21) אוּפִי צִי אָונְטוּר
  (67r, 16) אִי פֵּיצִיאָונטוּר

Ego :
  (56v, 7c) אייגו
  (56v, 8b) אֵייגוֹ
  (57r , 7b) אֵייגוֹ
  (57r, 12/1) אֵיגו
  (67v, 3) אֵיגו
  (68r, 11) איגו
  (68v, 8) אֵיגו

Egressus : (67r, 9) אֵיגְרִישוֹש

Eis :
  (57v, 1) אֵיאִיש
  (67r, 20) אִיאִיש
  (67v, 1) אֵיאִיש

Eius :
  (57r, 9b) אֵייוּש
  (56r, 18) אֵייוּש
  (57r, 19) אֵייוּש
  (57r, 21) אֵייוּש
  (57r, 23) אֵיוּש
  (66v, 10) אִיגׁוּש
  (66v, 13) אֵינׁוּש
  (67r, 11) אֵיגׁוּש
  (67r, 13) אֵיגׁוּש
  (67r, 16) אֵינְׁוּש
  (67r, 18) אֵיגׁוּש

Emmanuel : (57r, 9b) אִימֵנוּאֵל

Eo
  (ab) eo (hora) : (68r, 9) אביאורא

Erat
  (iste) erat : (56v, 3) אִשְׁטֵיִירָץ
  (iste) erat : (67r, 3) אֵישְׁטֵירַאץ

Erit :
  (57r, 11) אֵיִירִיץ
  (66v, 11) אֵירִיש
  (67v, 7) אִירִיץ

Es : (57r, 8) אֵייש

Es : אֵיש

Esse :
  (57r, 3) אֵיִישֵׁיי
  (68v, 5) אֵישֵׁי

Est :
  (56v, 1) אִישְׁט
  (56v, 5) אֵיִישְׁט
  (57r, 1b) אֵיִישְׁט
  (57r, 13a) אִישְׁט
  (57r, 20) אִישְׁט
  (57r, 21) אִישְׁט
  (57v, 1) אֵיִישְׁט
  (57v, 5) אֵץ
  (66v, 1 : *in marg.*) אישט
  (66v, 2) אֵישְׁט
  (66v, 3) אֵישְׁט
  (66v, 5) אֵישְׁט
  (66v, 6) אישְׁט
  (66v, 7) אישׁט
  (67r, 1) אישט
  (67r, 4) אֵישְׁט
  (67r, 14) אֵישׁט
  (67r, 15) אֵישְׁט
  (67r, 16) אֵישְׁטִי
  (67r, 20) אֵישׁט
  (67v, 4) אֵישׁט
  (68r, 6) אישׁט
  (68v, 2) אִישְׁט

276

Index

quae (est) : (57r, 20) קִיאִישְׁט

Et :

(56v, 2a) אֵיץ

(56v, 5) אֵיִיץ

(56v, 5) אֵיִיץ

(56v, 8b) אֵיִיץ

(56v, 8b) אֵץ

(56v, 12) אֵץ

(57r, 3) אֵיִיץ

(57r, 3) אֵיִיץ

(57r, 10a) אֵיִיץ

(57r, 15) אֵץ

(57r, 16a) = in ? אֵץ

(57r, 17) אֵיץ

(56/7r, 18) אֵיִיץ

(56/7r, 18) אֵץ

(57r, 20) אֵיץ

(57r, 20) אֵץ

(57r, 22) אֵץ

(57r, 22) אֵץ

(57r, 22) אֵץ

(57r, 23) אֵץ

(57r, 23) אֵץ

(57v, 1) אֵץ

(57v, 2) אֵץ

(57v, 2) אֵץ

(57v, 2) אֵיאֵץ

(57v, 2) אֵץ

(57v, 4a) אֵץ

(57v, 6) אֵץ

(66v, 1) אֵיץ

(66v, 1) אֵיץ

(66v, 1) אֵיץ

(66v, 2) אֵיץ

(66v, 3) אֵיץ

(66v, 10) אֵיץ

(66v, 10) אִי

(66v, 11) אֵי

(66v, 12) אֵי

(66v, 13) אֵי

(66v, 14) איץ

(66v, 18) איץ

(66v, 19) אי

(67r, 1) אי

(67r, 2) איץ

(67r, 4) איץ

(67r, 4) אֵי

(67r, 7) אֵיץ

(67r, 10) איץ

(67r, 11) אֵיץ

(67r, 12) אֵיץ

(67r, 14) אֵיץ

(67r, 15) אֵיץ

(67r, 17) אֵי

(67r, 17) אֵי

(67r, 18) אֵיץ

(67r, 18) אֵיץ

(67r, 19) אֵי

(67r, 21) אֵיץ

(67r, 22) אֵיץ

(67r, 22) אֵיץ

(67v, 3) אֵיץ

(67v, 7) אֵיץ

(67v, 10) אֵיץ

(68r, 2) איץ

(68r, 2) איץ

(68r, 2) איץ

(68r, 4) איץ

(68r, 4) איץ

(68r, 4) אי

(68r, 5) איץ

(68r, 5) איץ

(68r, 7) אי

(68r, 7) איץ

= Ut (?) : (68r, 8) אץ

(68r, 9) אי

277

Index

אֵיֶץ (68v, 1)
אֵיֶץ (68v, 1)
אֵיֶץ (68v, 5)
אֵיֶץ (68v, 9)
אי (68v, 14)
et (baptizantur) : (57v, 11) אָנְבָּאטִי שַׁנְטוֹר
et (dare) : (57r, 13a) אִנְדְּרֵי
et (exultabit) : (57v, 5) אֵץ שׁוּלְטִייַאבִיץ
et (murem) : (57v, 13/1) אַצְמוֹרֵם
et (peperit) : (57r, 9b) אִינְפֵּי פִּירֵים
et ([s]candalizabantur) : (57r, 23) אֵיץ קַאנְדַאלִיזַאבְּנְטוּר
et ([s]candalizabantur) : (67r, 19) אֵיץ קַאנְדַאלִיזַאבְּנְטוּר
Etiam : (67r, 5) אֵי צִיאֶון
Étienne : (67r, 6) איטיינא
Eum :
אֵייַאוּם (56r, 17)
אֵי אֶום (67r, 11)
Evangelium : (66v, 1 : *in marg.*) עון גליון
Ex :
אֵייש (57r, 4a)
אֵיש (66v, 6)
אֵיש (66v, 7)
אֵיש (68v, 6)
Excitat : (57v, 14) אֵיצִיטַא
Exen/mplum : (66v, 19) : אֵינשׁנפלום

F

Faber :
פַּאבֵּיר (57r, 22)
פַּאבֵּיר (67r, 17)
Facere :
פַּצְרֵי (57v, 3)
פַּאצְרֵיה (66v, 8)
פַּאצְרֵיה (67r, 23)
פאשׁירי (68r, 5)
Faciam (?) : (67v, 14) ויפאאציס

Faciatis : (66v, 20) פַּאצִיאטִישׁ
Facis : (67v, 13b) פאצישׁ
Faciunt : (67v, 2) פַּאצִיאֶונט
Facto :
פַּאטוֹ (56r, 18)
פַּאטו (67r, 11)
Factus :
פַּאשְׁטוֹשׁ (56v, 5)
פַּאטוֹשׁ (66v, 4)
פַּאטוֹשׁ (67r, 4)
Voir aussi « Passus »
Fecisti :
פֵּיצִיצְטֵי (57v, 8)
פֵּיצִישְׁטֵי (67v, 2)
Festina :
פֵּישְׁטַא (57r, 10a)
פֵּישְׁטַא (57r, 10a)
Fidem :
פִּידֵם (56v, 1)
פידם (66v, 22)
Fieri : (68r, 9) פיאירי
Fili :
פְּלִי (57r, 5c)
פִּילִיאי (66v, 14)
פִּילִי (67v, 2)
Filiis
(a) filiis : (57r, 13a) אַפְלִיאִישׁ
Filium :
פִּילִיאֶום (57r, 9b)
פִּילִיאוּם (66v, 1)
פִּילִיאֻם (66v, 10)
Filius :
פיליאוש (56v, 11a)
פִּילַאטוֹשׁ (57r, 1b)
פִּילִיאוש (57r, 22)
פִּילִיוּשׁ (66v, 4)
פִּילִיאוּשׁ (66v, 11)
פיליאוש (66v, 15)

278

Index

פִילִיאוש (67r, 6a)
פִילִיאוש (67r, 17)
פִּילִיאוש (67v, 7)
פִּילִיאוש (68v, 3)
Finem : פֵּיינֵם (57v, 10a)
Frater :
פְּרָאטֵיר (57r, 22)
פְּרָאטֵיר (67r, 17)
Fuerit :
פוּ אֵיִירֵיץ (57r, 4c2-5a)
פוּאירֵיץ (68v, 7)
Fuerunt : פוּאירוּנט (67v, 12)
Fuistis : פוּ אוּיישטאץ (66v, 16)
Fuit : פוּאיץ (67v, 6)

G

Genitus :
יֵינִיטוש (66v, 4)
יֵינִיטוש (66v, 5)
יְנִיטוש (66v, 6)
Gethsemani : ישימני (68r, 2)
Gloria : גְלוֹרִיאָה (67v, 10)
Granum :
גְרָנוּם (56v, 1)
גְרָנוּם (66v, 22)
(de) gravi : דֵיגְרָבִּי (57v, 15)

H

Habent :
אַבְּיֵינְט (57r, 6)
אַבְּיֵינְט (57r, 6)
Habes (= habetis) : 'אביש (66v, 19)
Habuerit :
אַבּוּאֵיִירֵיץ (56v, 1)
אַבוּאֵירֵיץ (66v, 22)
Haec : (57r, 20) אֵייק
Haec (omnia) : אֵיקְאָונִיאָה (67r, 14)

Hic :
אִיק (66v, 11)
אִיק (68r, 7)
hic (donec) : אִיקְדוֹנִיק (68r, 3)
hic (nobiscum) : אִיק [נוֹפֵּיש (57r, 23)
קוֹמָא]
hic (nobiscum) : אֵיקְנוֹבִּיש \ (67r, 18-19)
קֵום
Hoc : (57v, 5) אוֹק
Homo :
אוֹמוֹ (56v, 3)
אוֹמוֹ (56v, 5)
אוֹמוֹ (56v, 6b)
אוֹמוֹ (56v, 8b)
אוֹמוֹ (57r, 1b)
אוֹמוֹ (57r, 3)
אוֹמוֹ (57r, 8)
אוֹמוֹ (66v, 7)
אוֹמוֹ (67r, 3)
אוֹמוֹ (67r, 4)
אוֹמוֹ (68v, 2)
אוֹמוֹ (68v, 5)
אוֹמוֹ (68v, 9)
Homine : אוֹמִינֵי (56v, 7a)
Hominis :
אוֹמֵינִיש (57r, 1b)
אוֹמֵינִיש (67v, 8)
אוֹמֵינִיש (68v, 3)
Honor : אָונוֹר (67v, 10)
Honore :
אָונוֹרֵייא (57v, 1)
אוֹנוֹרֵי (67r, 20)
Hora :
אוֹרָא (57r , 6)
(ab) (eo) hora : אביאורא (68r, 9)
Hortis : אוֹרְטִיש (57v, 12)
Huic :
אוּאִיק (56v, 1)

279

Index

אוֹאִיק (57r, 19)
אוֹאיק (67r, 1)
או אִיק (67r, 14)
Hunc : אוק (68r, 11)

I

Iacob :
יַקוּבִין (57r, 22)
יַקוּבִין (67r, 17)
יקובון (68r, 4)
Ibi :
איבִיא (57v, 3)
אִבִּי (67r, 22)
Iericho :
יְרֵיקוֹ (56v, 12)
יְרִיקוֹ (68v, 1)
Iesum :
יישׁום (57r, 15)
יֵשׁ'וֹם (66v, 11)
יש'וֹם (67r, 7)
Iesus/Ǧesus :
יֵישׁ'וּש (56v, 3)
יֵישׁוּש (57r, 6)
יישׁוש (57r, 17)
יֵישׁוּש (57v, 1)
גיש'וש (66v, 18)
יֵשׁ'וּש (67r, 3)
ישׁוש (67r, 10)
ג'יש'וּש (67r, 20)
ג'יש'וּש (67v, 12)
יש'וש (68r, 2)
Illi :
אִייֵרלִי (66v, 12)
אִייֵרלִי (67r, 15)
Illis : איירליש (68r, 5)
Illo :
אִיירלוֹ (57r, 16c)
אִיירלוֹ (57r, 20)

אִיֵרלוֹ (57v, 1)
איירלוֹ (67r, 9)
אִייֵרלוֹ (67r, 19)
Illorum : אַיֵיר לוֹרֶום (57v, 4a)
In (+ abl. acc.) :
אִייֵן (56v, 2a)
אִיִי (56v, 5)
אֵיֶן (56v, 7a)
איין (56v, 7c)
אִייֵן (57r, 8)
אֵין (57r, 17)
אִייֵן (56r, 18)
אִייֵן (57r, 19)
אין (57v, 2)
אל (57v, 2)
אִיין (57v, 6)
אִיין (57v, 9)
אִיין (57v, 10a)
אִיֵין (66v, 7)
איין (67r, 9)
אִייֵן (67r, 10)
אִיין (67r, 11)
אִייֵן (67r, 13)
אִייֵן (67r, 19)
אִייֵן (67r, 21)
אִייֵן (67r, 21)
אִייֵן (67r, 22)
איין (67v, 6)
אִייֵן (67v, 8)
אִייֵן (67v, 10)
אין (68r, 2)
אִייֵן (68v, 10)

in (hortis) : אַץ אוֹרְטִיש (57v, 12)
in (inferno) : אִין פֶּרְנֶיִין (57v, 7)
in (inferno) : אִייֵן פֵּירנו (67v, 4)
in (mare) : איינמארי (57r, 1)
<u>in</u> (te) (?) : אִיינְטֵיִי (57r, 11)

280

Index

in (utero) : (66v, 10) אִינוּטֵירו

Incipit : (68r, 5) אִיצִיפִּיץ

Inferno

  (in) inferno : (57v, 7) אִין פֶּרְנֵויִין

  (in) inferno : (67v, 4) אִיִּין פֵּירנוּ

Infirmos : (57v, 3) אֵיִּין פֵּירְמוּש

Ingressus : (57r, 17) אִיִּינְגְרִישוּש

Iniquitates :

  (66v, 14) אינקיטאטיס

  (66v, 15) אינקיטאטֵיס

Inmortali : (67v, 9) אִיִּינְמוֹרְטָאלִי

Inpositis : (57v, 3) אִין   פּוֹזִיטִיש

Insuper : (57v, 6) אֵץ שוּפֵּייר

Inter : (56v, 9c) אִינְטֵייר

Invisibili : (67v, 10) אִיִּינְבִישִי בִּילִי

Iohanne Baptista : (56v, 10a) יוֹהָנֵיי בָּטִישְׁטָא

Iohannem : (68r, 4) יאונים

Ionas : (67v, 6) יונאש

Ioseph :

  (57r, 22) יוֹשֵׁ'ייף

  (67r, 17) יוֹשׁ'יף

I(s)raël :

  (57r, 10c) אִירָאֵיל

  (57r, 13a) אִירָאֵיל

Iste :

  (57r, 21) אִישְׁטֵי

  (67r, 16) אֵישְׁטֵי

  Iste (erat) : (56v, 3) אשְׁטֵיִירָץ

  iste (erat) : (67r, 3) אִישְׁטֵיראֵץ

Ita :

  (66v, 20) אִיטַא

Iudae :

  (57r, 22) ייוּדִי

  (67r, 18) ג'וּדִי

Iustos : (67v, 5) גושטוש

Iustus :

  (57r, 3) יושטוט

  (68v, 5) ג'ושטוש

L

Lavit : (66v, 18) לאביש

Latrones : (67v, 11) לטרוניש

Laetatum : (57v, 5) לֵייאטֵטוֹם

(adimplebis me) laetitia : (57v, 8-9) אֵץ אֵיין פְּלֵיבִּיץ מֵילֵיה שִׁיצֵיָיא

Libera : (66v, 21) לִיבִּירא

Liberat : (66v, 18) לִיבִּיראֵץ

Lingua : (57v, 6) לִינְגַא

M

Magnus : (66v, 11) מַאנוּש

Maledictus :

  (56v, 6b) מַאלֵיִּי דִיקטוש

  (66v, 13) מֵלֵידִיטוש

Manducant : (57v, 12) מַנְדוֹקַנְט

Manus (acc. pl.) :

  (57r, 8) מַאנוּס

  (57r, 21) מַנוּס

  (67r, 16) מַנוּש

  (68v, 10) מַאנוּש

Manibus : (57v, 3) מַאנִיבּוּץ

Maior :

  (56v, 10a) מַא יוֹר

  (66v, 1 : *in marg.*) מאגור

Marcus : (67r, 8) מרקוש

Marcus (?) : (68v, 16) מרק'ש

Mare :

  (56v, 2a) מַאֵרִי

  (in) mare : (57r, 1) אינמארי

Mariae :

  (57r, 22) מַרְייַא

  (67r, 17) מַרִיאַי

Masculus :

  (57r, 4c1) מַשְׁקוֹלוֹש

  (68v, 6) מַשְׁקוֹלוֹש

Mater : (67v, 13b) מטיר

Matris : (66v, 7) מַאטְּרִיש

281

Index

Me :
  (66v, 1 : *in marg.*) מִי
  (66v, 1 : *in textu*) מֵי
  (a) me : (68r, 11) אמי
  (si) me : (57r, 11) שִׁימֵי
Mea :
  (57r , 6) מֵיְיאָה
  (57v, 6) מִיֵאַה
  (57v, 6) מֵיאַה
  (57v, 7) = meam מֵיאָה
  (68r, 6) מיאה
Mediant (?) : (57v, 12) מְדִיאָנְט
Mei : (66v, 9) מֵיאִי
Mendax :
  (57r, 1b) מֶוֹנְדָאש
  (68v, 2) מֶונדָאש
Mentitur :
  (57r, 2c) מֶנְטִיטוּר
  (68v, 3) מֶנְטִיטוּר
Meum (= meam) :
  (66v, 8) מֵיוֹם
  (cor) meum : (57v, 5) קוֹרְמוֹ מֵאַם
Meus : (66v, 1 : *in marg.*) מיאוש
Mihi : (57v, 8) מִיקִי
Mirabatur : (57v, 4a) מִירָא בָּאטוּר
Monti :
  (56v, 1) מֶנְטִי
  (67r, 1) מונטי
Morte : (66v, 17) מורטיה
Mortem : (68r, 6) מורטים
Mulier :
  (56v, 11a) מוּלְאָיֵיר
  (56v, 11a) מוּלְאָיֵיר
  (56v, 11c) מוּלְאָיֵיר
  (56v, 12a) מוּלְאָיֵיר
  (67r, 5) מֶוּלִיאַר
  (67r, 5) מֶוּלִיאַר
  (68v, 1) מוּלִיאַר

(68v, 1) מוּלִיאַר
(68v, 6) מוּלִיאַר
Muliere : (57r, 4a) מוּלִיאָיֵירִי
Mulierum : (56v, 9c) מוּלִיאָיֵירוֹם
Multi :
  (57r, 18) מוּרְלְטִי
  (67r, 12) מֶוּרְלְטִי
Mundus :
  (57r, 3) מֶנְדוּש
  (68v, 5) מֶונדוש
(et) murem : (57v, 13/1) אֶצְמוֹרֶם
Mutavit : (68v, 15) מוטבי

N

Narrat
  (qui) narrat : (57v, 14) קִינַרְץ
Natos : (56v, 9c) נָטוּש
Natus :
  (57r, 4a) נָטוּש
  (66v, 7) נָטוּש
  (68v, 6) נָטוּש
Nec :
  (57r, 1b) נֵייק
  (66v, 4) נַיק
  (66v, 4) נֵיק
  (66v, 5) נִיק
  (68v, 3) נֵיק
  nec (dabis) : (57v, 7) נֵיקְדַּבִּין
Nemo :
  (57r, 14a) נֵיימוֹ
  (67v, 8) נִימוֹ
Neque : (57r, 11) נֵיקֵיי
Nesciunt
  (quia) nesciunt : (67v, 1) קִי אֲנֵיצִיאָונט
Nisi :
  (57v, 1) נִישִׁי
  (57v, 3) נִישִׁי
  (67r, 21) נִישִׁ׳י

Index

Nobis :

נוֹבִּיש (67v, 2)

(pro) nobis (56v, 5) : פְּרוֹנוֹבִּיש

(pro) nobis : (66v, 13) נוֹבִּיש   פְּרוֹ

Nobiscum :

נוֹפִּיש   קוֹמְא (57r, 23)

Noctibus : (67v, 7) נוטיבוש

Nolo : (66v, 8) נוֹלוֹ

Nomen :

נוֹמֶן (57r, 9b)

נוֹמֶן (66v, 10)

נוֹמֶן (68r, 2)

Non :

נוֹן (56v, 8b)

נוֹן (56v, 9c)

נוֹן (57r, 1b)

נוֹן (57r, 4c2)

נוֹן (57r, 6)

נוֹן (57r, 6)

נוֹן (57r, 6)

נֶוֹן (57r, 8)

נוֹן (57r, 11)

נוֹן (57r, 13a)

נֶוֹן (57v, 1)

נֶוֹן (57v, 2)

נֶוֹן (57v, 7)

נֶוֹן (57v, 14)

נון (66v, 5)

נון (66v, 14)

נון (66v, 15)

נֶוֹן (67r, 20)

נֶוֹן (67r, 22)

נון (67v, 5)

נֶוֹן (68v, 2)

נון (68v, 2)

נֶוֹן (68v, 7)

נֶוֹן (68v, 9)

נֶוֹן (68v, 16)

Non = nonne : (57r, 23) נֶוֹן

Non = nonne : (67r, 18) נֶוֹן

(sed) non : (68r, 11) שיצנון

Nondum (venit) : נוֹן רֶוׄנְבֶּינִיץ

Nonne :

נֶוֹן צֶיה (57r, 21)

נֶוֹן   נִיה (67r, 16)

Nos :

נוש (66v, 17)

נוש (66v, 19)

נוש (66v, 21)

Notas : (57v, 8) נוֹטַאש

Nulla : (67v, 4) נוֹלָא

Nullo

(a) nullo : (66v, 3) אנוּלוֹ

O

Occidit :

אוֹצִידִיץ (57r, 2c)

אוֹצִידִיץ (68v, 4)

Occisorum :

אֶוׄצִישֶׁוׄרֶן (57r, 8)

אוֹצִישֶׁוׄרֶן (57r, 8)

אוֹצִישׁוֹרֶן (68v, 9)

אוֹצִישׁוֹרֶן (68v, 10)

Omnia :

אוֹמניאה (68r, 10)

(haec) omnia (57r, 20) אֵייק אוֹמְנִיאַה

(haec) omnia : (67r, 14) אֵיקָאֳונִיאַה

Omnium : (66v, 16) אונִיאוֹן

Orabat : (68r, 8) אוֹרַאבַאץ

Orem (orare) (68r, 3) : אורים

Os :

אוֹש (57r, 2c)

אוֹש (68v, 3)

283

Index

P

Pacem : (68v, 16) פְּצֶם

Paeniteat :

פֶּנִיטְיִיאַץ (57r, 2a)

פְּנֵיטִיאַץ (68v, 3)

Panem :

פַּאנְיִים (57r, 5c)

פַּנְיִים (57r, 13a)

Paries : (66v, 10) פַּרִיאֵיץ

Pater :

פאטיר (.in marg : 66v, 1)

פַּטִיר (66v, 3)

פאטיר (66v, 14)

פַּאטִיר (67v, 1)

פַּאטִיר (67v, 3)

פאטיר (68r, 10)

Patre :

פַּאטְרֵיה (66v, 4)

פַּאטְרֵיה (66v, 4)

Patrem : (66v, 1) פֶּשְטְרֵים

Patria :

פַּטְרִיאַה (57v, 2)

פַּטְרִיאָה (67r, 21)

= patriam : (57r, 17) פַּאטְרִיָא

= patriam : (67r, 10) פַּאטְרִיאַה

Patris :

פַּאטְרִיש (66v, 6)

פַּאטְרִיש (66v, 9)

פַּאטְרִיש (66v, 12)

פאטריש (66v, 15)

Paucos : (57v, 3) פַּאקוס

Pastus = factus : (56v, 5) פַּאשטוש

Peccatis :

פֵּייְקַטִיש (57r, 4a)

פִּיקַאטִיש (68v, 6)

Peccatores : (67v, 5) פֵּיקַאטוֹרֵיש

Pedes : (66v, 18) פֵּידֵיש

Penosa : (68r, 1) פנוש'א

Peperit

(et) peperit : (57r, 9b) אִינְפֵּי פִּירֵים

Per :

פֵּיר (57r, 21)

פיר (66v, 20)

פֵּיר (67r, 15)

Peribit :

פֵּייְרִיבִּיץ (57r, 5a)

פֵּירִיבִּיץ (68v, 7)

Petrum : (68r, 4) פיטרום

Pilatus : (56v, 3) פִּילַאטוש

Plebis : (56v, 9a) פְּלֵיבִּיש

Poenitentiam : (67v, 5) פְּנִיטוֹצִיאַם

Ponere : (68v, 16) פּוֹנֵַרִי

Populo :

פּופּולוֹ (57r, 5a)

פּופּולוֹ (68v, 8)

Portabit :

פורטאביץ (66v, 14)

פורטאביץ (66v, 15)

Posset (68r, 9) פּושִיץ

Possibilia : (68r, 10) פושיביליאה

Poterat :

פּוֹטִיירֵַץ (57v, 2)

פּוֹטֵירַאץ (67r, 22)

Poterit :

פּוֹטְרִיץ (57r, 7b)

פּוֹטְרִיץ (68v, 8)

Potest :

פּוֹט אֵיישְטְ (57r, 3)

פּוֹט אֵיישְטְ (57r, 3)

פּוֹט \ אִישט (68v, 4-5)

פּוֹט אֵישְטְ (68v, 5)

Praeda : (57r, 10a) פְּרֵיידָּא

Praedium : (68r, 2) פרידיאום

Praeputii :

פְּרֵייְפּוּצִיאָיי (57r, 4c1)

פְּרֵיפוּצִיאִי (68v, 7)

Primo : פרימו (66v, 16)

Pro (nobis) :

פְּרוֹנוֹבִּיש (56v, 5)

פְּרוֹנוֹבִּיש (67r, 5)

פְּרוֹ   נוֹבִּיש (66v, 13)

Procedit : פרושידיץ (68r, 8)

Processisset : פְּרוֹצִישִׁשִׁיץ (68r, 8)

Propheta :

פְּרוֹפֵּיטָא (57v, 1)

פְּרוֹפֵּיטַא (67r, 20)

Propter (= praeter ?) :

פְּרוֹטִייר (57v, 5)

פרוטיר (67v, 14)

Q

Quae

קֵיה (67r, 15)

quae (est) : קִיאִישְׁט (57r, 20)

Quaerebanus

quaerebamus (te) : (67v, 3) קֵירֶיה בָּאמוּשְׁטֶיה

Quantum :

קוֹנְטוֹם (56v, 1)

קונטום (66v, 22)

Quasi : קַשִׁי (57v, 14)

Qui :

קִי (56v, 1)

קִי (56v, 6b)

קִי (57r, 1b)

= quod קִי (57r, 2c)

קִי (57r, 12/1)

= quae : קִי (57r, 20)

קִי (57v, 12)

= quae : קֵיי (57r, 21)

קִי(57v, 11)

קִי (57v, 14)

qui (narrat) : קִינַרְץ (57v, 14)

קי (66v, 1)

קי (66v, 22)

= quae : קי (67r, 14)

qui (et ?)קי   אי (67v, 12)

= quae : קי (67r, 15)

= quid : קי (67v, 13b)

קי (68v, 3)

= quod : קי (68v, 3)

Quia :

קיאה (57v, 1)

קיאה (66v, 13)

קיאה (67r, 20)

קי   אה (67v, 4)

quia (nesciunt) : (67v, 1) קי   אַנֶיצִיאָוּנט

Quid :

קִיץ (67v, 1)

קֵיץ (67v, 2)

Quod :

קוֹץ (66v, 2)

קוֹץ (68r, 11)

קוֹץ (68r, 12)

Quomodo :

קוֹמוֹ דוֹ (57r, 3)

קוֹמוֹ דוֹ (57r, 3)

קוֹמוֹ דוֹ (57r, 7b)

קו מונדו (66v, 16)

קֵוּמְנדוֹ דו (68v, 4)

קֵומוֹדוֹ (68v, 5)

קֵומוֹדוֹ (68v, 8)

Quoniam : קוּנְיַים (57v, 7)

R

Recens : רֵינוּש (57r, 11)

Redemption(nem ?) : (67v, 4) רֵידֶנצִיאוֹ

Regi

regi (autem) : (67v, 9) רֵיגִ׳יאַטֶם

Requiescit : ריקי אִישִׁיץ (57v, 6)

Index

Respondit :
   רֵייְשְׁפּוֹנְדִּיץ (56v, 3)
   רֵייְשְׁפּוֹנְדִּי (57r, 6)
   רֵיְשְׁפֶּונְדִּיץ (67r, 3)
Resurget : (66v, 17) רִישׁורג׳ינֵץ
Rogabat/vit ? : (67v, 13b) דוגאמא

S

Sabbato :
   שַׁאבַּטוֹ (56r, 18)
   שַׁבַּאטוֹ (67r, 11)
Saecula :
   שֶׁקוּלָא (66v, 6)
   שִׁיקוּלָא (67v, 11)
   saecula (?) : (68v, 16) שִׁיגְלָא
Saeculo : (66v, 7) שֶׁקוּלוּ
Saeculorum :
   שִׁיקוּלוֹרֶון (67v, 9)
   שִׁיקוּלוֹרֶון (67r, 11)
Sanctificantur : (57v, 11) שׁוּנְטִי   פִּיקַנְטוֹר
Sanctam :
   שנטום (66v, 20)
Sanctum :
   שֶׁוּן טוֹם (57v, 7)
   שֶׁנטוּם (66v, 2)
Sapientia :
   שַׁפִּיאָונְצִיאַה (57r, 20)
   שַׁפִּיאַנצִיאַה (67r, 14)
Scandalizabantur :
   (et) [s]candalizabantur : (57r, 23)
      אֵיץ קַאנְדַּאלִיזַאבּנטּוֹר
   (et) scandalizabantur : (67r, 19)
      אֵיץ קַאנְדַּאלִיזַאבּנטּוֹר
Se :
   שֵׁיי (57r, 1b)
   שֵׁי (68v, 3)
   (transfert) se : (56v, 2a) טְרוֹנְפֵּיִירְטֵיִי צֵיי
   (transfert) se : (57r, 2a) טרנפֵּירֵיץ שֵׁיה

Secum : (68r, 4) שִׁיקום
Sed :
   שֶׁיִד (66v, 5)
   שֶׁיִד (66v, 8)
   שֶׁיִד (67v, 5)
   שִׁיץ (68r, 12)
sed (non) : (68r, 11) שִׁיצנון
Sedeate : (68r, 3) שׁידיאיטי
Sedem : (66v, 12) שֶׁיִדִים
Semper : (56v, 7c) שֵׁיימפֵּייר
Senapis :
   שְׁנַפִּיש (56v, 1)
   שנאפיש (66v, 22)
Sequebantur :
   שִׁיקיה בֶּנְטוֹר (56r, 17)
   שִׁיקיה בּוֹנְטוּר (67r, 10)
Si :
   שִׁי (68r, 9)
   si (me) : (57r, 11) שִׁימֵי
Sic : (67v, 3) שִׁיק
Sicut : (67v, 6) שִׁיקוּץ
Simoni(s) :
   שִׁימוֹנִי (57r, 22)
   שִׁימֶוּנִיש (67r, 18)
Simul : (57v, 13/1) שִׁימוּל
Sine :
   שִׁינֵיִיא (57v, 1)
   שִׁינֵי (67r, 20)
Sion : (56v, 5) צִיוֹן
Solo : (66v, 5) שׁוֹלוּ
Soli : (67v, 10) שׁוֹלִי
Somno : (57v, 15) שֶׁוֹנְט
Sorores :
   שׁוֹרוֹרֶיִיש (57r, 23)
   שׁוֹרוֹרֵיש (67r, 18)
Spe : (57v, 7) שְׁפֵּיה
Spiritum : (66v, 1) שְׁפִּירִינטוּם
Spolia : (57r, 10a) פּוֹלִיאַה

286

Index

Stantem :

 שְׁטוֹטֶנְים (57r, 15)

 שְׁטוּנְטֶים (67r, 7)

Sua :

 שוֹאָה (57v, 2)

 שוֹאָה (57v, 2)

 שוֹאָה (57v, 2)

 שוֹאָה (67r, 10) suam =

 שוֹאָה (67r, 21)

 שוֹאָה (67r, 22)

 שוֹאָה (67v, 13b)

 דומו שוֹאָה (67r, 22) : sua (domo)

Suam : שׁוֹאָן (57r, 17)

Substantia :

 שוּצְטוֹנְצִיאָה (66v, 6)

 שוּצְטוֹנְצִיאָה (66v, 7)

Suillas : שׁוֹאָיְירְלֵיְישׁ (57v, 12)

Suis : שׁוֹאֵישׁ (68r, 2)

Sum :

 שֶׁון (57r, 8)

 שֶׁון (57r, 12/1)

 שֶׁון (68v, 8)

Sumere : שׁוּמְרֵי (57r, 13a)

Sunt :

 שֶׁונְט (57r, 23)

 שֶׁונְט (67r, 19)

 שונט (68r, 10)

Suo :

 שׁוֹאוּ (57r, 5a)

 פוֹפוֹלוֹ (68v, 8)

 שׁוֹאוּ (68v, 8)

Suorum : שׁוֹאורום (66v, 19)

Super : שׁופִיר (68r, 8)

Surrexit : שׁוּר רֵיְישׁ'ישׁ (56v, 9c-10a)

Sustinete : שׁוצטיניטי (68r, 7)

Synagoga :

 שְׁנַגוֹגֵא (56r, 18)

 שְׁנַגוֹגֵא (67r, 12)

T

Taedere : טידירי (68r, 5)

Tales :

 טַלֵשׁ (57r, 21)

 טאלֵישׁ (67r, 15)

Te :

 (eduxi) te : אָידוּשִׁיטֵיְי (57r, 12/1)

 (in) te : אַייְנְטֵיְי (57r, 11)

 (quaerebamus) te : קִירֵיה באמוּשְׁטֵיה (67v, 3)

 (transfer) te : טְרוֹנְפֵיְירְטֵיְי (56v, 2a)

 (transfert te : טרנפירטיה (67r, 1)

Ten/mpore :

 טְנְפוֹיְירֵיה (57r, 16c)

 טִינפוֹרֵיה (67r, 9)

Terrae :

 טֵיְירְא (57r, 12/1)

 טֵיְירֵירִי (67v, 8)

 Terram (68r, 8) : טיראם

Tertia :

 טֵיְיר צִיאה (56v, 12)

 טֵירְצִיאָה (68v, 1)

Tibi : טיבי (68r, 10)

Transfer :

 טרנפיר (68r, 11)

 transfer (te) : טְרוֹנְפֵיְירְטֵיְי (56v, 2a)

 transfer (te) : טרנפירטיה (67r, 1)

 transfert (se) : טְרוֹנְפֵיְירְטֵיְי צֵיי (56v, 2)

 transfert (se) : טרנפֵיְרִיֶץ שֵׁיה (67r, 2a)

Transiret : טרושיריץ (68r, 9)

Tribus :

 טריבוש (67v, 6)

 טְרִיבוּשׁ (67v, 7)

Tristis : טרישטיש (68r, 6)

Tu :

 טו (56v, 3)

 טו (56v, 3)

 טו (67r, 3)

Index

טו (68r, 12)

טו (68v, 9)

Tua : (57v, 9) טוּאֵה

Tuam = tuum : (57v, 7) טוֹאָם

Tuo :

= tuus : (56v, 11a) טוּאוֹ

tuo (delectationes) : (57v, 9)
טוּאוֹ טוֹאוֹדֵילִייקְטָא **צייץ** צִיּוֹנִישׁ

Tuum (?) = tuam (?) : (66v, 21) טוּאוּס

Tuus :

טוּאוּשׁ (57r, 12/1)

טוֹאוּשׁ (67r, 6a)

טוֹאוּשׁ (67v, 3)

U

Ullam :

אוּרְלָם (57v, 3)

אוּרְלָאם (67r, 23)

Unction (!) (em) : (67v, 14) אוּנצִיאוּן

Unde : (57r, 19) אֵנְדֵיי

Uno Uno : (57v, 12) אוּנוּ אוּנוּ

Unquam :

אֵנְקֵם (57r, 14a)

אֵנקֵם (67v, 9)

Usque :

אוּשְׁקִיא (57v, 9)

אושקיה (68r, 6)

Ut : (66v, 20) אוּץ

Utero

(in) utero : (66v, 10) אִינוּטֵירוּ

V

Vado :

וָוא דֹו (56v, 12)

וַדֹו (68v, 1)

Veni :

בֵּינִי (67v, 5)

בֵּינִי (68v, 16)

Veniat

= veniam : (56v, 12) וֵוִיְינִיאַץ

Veniet

= veniam : (68v, 1) וֵינִיאִיץ

Venit :

בֵּינִיץ (56v, 12)

וֵינִיץ (57r, 17)

בֵּינִישׁ (67r, 10)

ביניש (68r, 2)

וֵינִיץ (68v, 2)

[non]dum venit : (57r, 6) רֵוּנְבֵּיינִיץ

Ventre : (67v, 6) בֹּנטְרֵיה

Verbo : (57v, 14) וֵיירְבּוֹ

Vere :

וֵוִיְירֵיי (56v, 3)

וֵירֵיה (57r, 2b)

Veritate : (56v, 4a) וֵוִיְירִיטָאטֵיי

Vermis : (56v, 8b) וֵוִיְירְמִישׁ

Vias : (57v, 8) וִיאשׁ

Vigilate : (68r, 7) וִיגְ׳לַאטִי

Video :

וִידְאוֹ (57r, 15)

וִידֵּיאוֹ (67r, 6b)

Videre : (57v, 8) וֵיִדִירָא

Videt :

וִידִּיץ (57r, 14a)

וִידֵּיץ (66v, 1)

וִידְּאַץ (66v, 1)

וִידִּיץ (67v, 8)

Vile :

וִילֵיה (66v, 2)

וִילֵיּה : (66v, 3)

Vinum : (57r, 6) וֵוִיְינוּם

Vita : (66v, 17) וִיטָא

Vitae : (57v, 8) וִיטֵי

Virtute :

וֵיִירְטוּטֵי (57r, 15)

וֵיְיַרטוּטֵי (67r, 8)

288

Index

Virtutem :

וִירְטוּטֶם (57v, 3)

וִיִּירְטוּטָאם (67r, 23)

Virtutes :

וִירְטוּטֶס (57r, 21)

וְיִרְטוּטֶיש (67r, 15)

Vivo : (56v, 7c) בִּיבוּ

Vocabis : (66v, 10) בּוֹקַאבִיש

Vocabitur : (66v, 11) בּוֹקַאבִּיטוּר

Vocare : (67v, 5) : בּוֹקַרֵיה

Volo : (68r, 11) בוּלוּ

Voluntatem :

בּוֹלוּנטַאטֶים (66v, 8)

בּוֹלוּנטַאטֶים (66v, 8)

Vultu : (57v, 9) בּוּלְטוּ

289

BIBLIOGRAPHIE

I. Sources

Domaine grec

ANASTASE LE SINAÏTE (VIIᵉ-VIIIᵉ s.), *Adversus Judaeos disputatio* (*PG* LXXXIX, 1203-1282).

ARISTON DE PELLA (IIᵉ s. ; judéo–chrétien), *Dialogue de Jason et Papiscus = Disputatio Jasonis et Papisci* (*PG* V, 1277-1286 : fragment).

Dialogue d'Athanasius et Zacchée (IVᵉ-Vᵉ s.) (Oxford 1898, p. 1-64 : éd. Fred. C. Conybeare); William Warner, *Ancient Jewish-Christian dialogues: Athanasius and Zacchaeus, Simon and Theophilus, Timothy and Aquila: Introductions, Texts, and Translations*, [Studies in the Bible and early Christianity, 58], E. Mellen Press, 2004, p. 17-86.

Ps.-ATHANASE (Alexandrie, IVᵉ s.), *Quaestiones ad Antiochum ducem*, Quaest. CXXXVII (*PG* XXVIII, 683-700).

JEAN CHRYSOSTOME (Constantinople, Antioche : IVᵉ-Vᵉ s.), *Adversus Iudaeos et Gentiles demonstratio, quod Christus sit Deus, ex iis, quae multis in locis de illo dicta sunt apud Prophetas* (*PG* XLVIII, 813-838); *Adversus Judaeos orationes* (*PG* XLVIII, 843-942).

Ps.-CHRYSOSTOME, *Contra Judaeos et Gentiles et harereticos ; et in illud, vocatus est Jesus ad nuptias (Joan. 2, 2)*, (*PG* XLVIII, 1075-1080).

Anonyme (IXᵉ-Xᵉ s.), *Dissertatio contra Judaeos* (*CCSG* 14, 1986 : éd. M. Hostens).

Anonyme (Éthiopie, VIIᵉ s.), *Doctrina Iacobi nuper baptizati* (Berlin 1910 : éd. N. Bonwetsch); édition et commentaire Vincent Déroche et Gilbert Dagron, dans *Juifs et chrétiens en Orient Byzantin*, [Bilans de recherche, 5], Paris, 2010, p. 70-219.

GREGENTIUS DE TAPHAR, (Arabie du Sud, Vᵉ s.), *Disputatio cum Herbano Judaeo* (*PG* LXXXVI, 621-784).

GRÉGOIRE DE NYSSE (Asie Mineure ; IVᵉ s.), *Delecta testimonia adversus Judaeos ex vetere Testamento* (*PG* XLVI, 193-234).

HIPPOLYTE DE ROME (Rome IIᵉ-IIIᵉ s.), *Philosophoumena = Refutatio omnium haeresium* (*PG* XVI, 3017-3454); *Demonstratio adversus Iudaeos* (*PG* X, 787-794).

JUSTIN MARTYR (Palestine ; Éphèse ; Rome ; IIᵉ s.), *Dialogue avec Tryphon* : Philippe Bobichon, édition critique : Introduction, Texte grec, Traduction, Commentaires, Appendices, Indices. Collection « Paradosis », Études de littérature et de théologie anciennes], Éditions universitaires de Fribourg, Suisse, vol. 47/I (563 p.) et 47/II (557 p.), 2003.

Bibliographie

Anonyme, *Dialogue de Philon et Papiscus* (date et lieu indéterminés) (Marbourg - New-York 1889 : éd. A. C. McGiffert).

Anonyme, *Dialogue de Timothée et Aquila* (IIe s.? ; IVe-Ve s.?) (éd. Fred. C. Conybeare, p. 65-104) ; William Warner, *Ancient Jewish-Christian dialogues: Athanasius and Zacchaeus, Simon and Theophilus, Timothy and Aquila: Introductions, Texts, and Translations*, [Studies in the Bible and Early Christianity, 58], E. Mellen Press, 2004, p. 135 *sq.*

Anonyme (VIIe s.), *Trophées de Damas* (*PO* XV, 3-123 : éd. G. Bardy).

Certains des textes mentionnés dans cette liste sont une traduction ou une version grecque d'un texte connu par ailleurs en syriaque, en éthiopien, en arabe ou en latin (voir ci-dessous).

Domaine latin

Anonyme (Xe s.), *Altercatio Aecclesiae contra Synagogam et Synagogae contra Aecclesiam*, (éd. B. Blumenkranz, Strasbourg 1954 = *Revue du Moyen-Âge latin* 10, 1954, p. 5-159).

ANSELME DE CANTERBURY (1033-1109), *Cur Deus homo* (trad. et notes de René Roques, *SC* 91, 1963).

PS-AUGUSTIN, *Tractatus adversus Iudaeos* (*PL* XLII, 51-64) ; *De cavendo Iudaismo* (*CSEL* LVII, 216-230) ; *De Altercatione Ecclesiae et Synagogae dialogus* (*PL* XLII, 1131-1140) ; *Contra Iudaeos, Paganos et Arianos, sermo de Symbolo* (*PL* XLII, 1115-1130) ; *Adversus quinque haereses, seu contra quinque hostium genera, Tractatus* (*PL* XLII, 1099-1116) ; *Quaestiones veteri et novi Testamenti* (*PL* XXV, 2240-2243).

Consultationes Zacchaei et Apollini (Ve s.?), (*PL* 20, 1071-1166).

CYPRIEN (Afrique du Nord, IIIe s.), *Ad Quirinum* ou *Testimoniorum libri tres adversus Judaeos* (*PL* IV, 703-810 ; *CSEL* III, 1, 33-184 : éd. Weber).

PS.-CYPRIEN, *Adversus Judaeos* (*PL* IV, 999-1008 ; *CSEL* III, 3, 133-144) ; *Ad Vigilium episcopum de Judaica incredulitate* (*CSEL* III, 3, 119-132 : éd. Hartel).

EVAGRIUS DE GAULE (Ve s.), *Altercatio Simonis Judaei et Theophili Christiani* (*PL* XX, 1165-1182 ; éd. A. Harnack, Leipzig 1883 ; *CSEL* XLV, 1, 1904 : éd. Bratke) ; William Warner, *Ancient Jewish-Christian dialogues: Athanasius and Zacchaeus, Simon and Theophilus, Timothy and Aquila: Introductions, Texts, and Translations*, [Studies in the Bible and early Christianity, 58], E. Mellen Press, 2004, p. 87-135.

FIRMICUS MATERNUS (?) (Sicilie, IVe s.), *Consultationum Zacchaei Christiani et Apollonii philosophi libri tres* (*PL* XX, 1071-1166).

GAULTIER DE CHÂTILLON, *Dialogus contra Judaeos* (*PL* 209, 422C).

GILBERT CRISPIN (Abbé de Westminster, c. 1046-1117), *Disputatio Judei et christiani* (*PL* CLIX, 1005- ; éd. B. Blumenkranz, *Gisleberti Crispini Disputatio Iudaei et Christiani*, Utrecht-Anvers 1956 ; éd. A. Sapir Abulafia, G. R. Evans, *The Works of Gilbert Crispin, Abbot of Westminster* [Auctores Britannici Medii Aevi, 8] Londres, 1986.

GUILLAUME DE BOURGES (1120-1209), *Liber Bellorum Domini* (éd. G. Dahan : *SC* 288, Paris 1981).

Bibliographie

GUILLAUME DE CHAMPEAUX, (Paris, Cîteaux ; début XIIᵉ s.), *Dialogus inter Christianum et Iudaeum de fide catholica* (*PL* CLXIII, 1045-1072).

ISIDORE DE SÉVILLE (560-636), *De fide catholica contra Iudeos* (*PL* LXXXIII, 449-538).

MAXIMINUS (Évêque arien d'Hippone, Vᵉ s.), *Contra Iudaeos* (*PL* LVII, 793-806 ; *JThS* 20, 1919, 289-310 : éd. C. H. Turner).

PAULO ÁLVARO DE CÓRDOBA (IXᵉ s.), *Liber epistolarum Albari Eleazaro* (*PL* CXXI, 478-514 ; éd. J. Madoz, Madrid 1947, p. 211-300 ; éd. crit. Juan Gil Fernandez, [Corpus Scriptorum Muzarabicorum, I], Madrid, 1973).

PETRUS ALFONSI (Espagne, XIᵉ-XIIᵉ s.), *Dialogus Petri et Moysi Iudaei* (*PL* 157, 527-672 ; *Petro Alfonso de Huesca, Diálogo contra los Judíos*, Introducción de John Tolan, Texto latino de Klaus-Peter Mieth, Traducción de Esperanza Ducay, Coordinación de M.ª Jesús Lacarra, Huesca, Instituto de Estudios altoaragoneses, 1996).

PIERRE ABÉLARD (1079-1142), *Dialogus inter Philosophus, Judaeus et Christianum* (*PL* 178, 1609-1684).

PIERRE DE BLOIS (1135-1203), *Contra perfidiam Judaeorum* (*PL* 207, 825-870).

PIERRE LE VÉNÉRABLE (Abbé de Cluny ; 1092-1156), *Adversus Iudeorum inveteratam duritiem* (*PL* CLXXXIX, 507-652 ; *CCCM* 58 : éd. Y. Friedman).

RAYMOND MARTIN [Ramón Martí] (France, Catalogne, XIIIᵉ s.), *Pugio fidei* (Paris 1651 : éd. J. de Voisin ; Leipzig 1687 = Farnborough 1967 : éd. I.-B. Carpzov).

– *Capistrum Judaeorum* (Würzburg-Altenberge 1990 et 1993 : éd. A. Robles Sierra).

TERTULLIEN (Afrique du Nord, IIᵉ-IIIᵉ s.), *Adversus Judaeos* (*PL* I, 595-642 ; *CSEL* LXX, 251-331 ; *CCSL* II, 1337-1396 : éd. E. Kroymann).

THIBAULT DE SÉZANNE (XIIIᵉ s.), *Dialogus pro Ecclesia contra Synagogam* (éd. M. Orfalí, *Hispania* 54, 1994, p. 679-732).

THOMAS D'AQUIN (1224-1274), *Somme contre les Gentils* (éd. Commission Léonine) ; *Somme théologique* (éd. Commission Léonine).

Textes chrétiens rédigés en syriaque, éthiopien et arabe

APHRAATE (c. 290-350 ; Perse), *Homélies* ou *Démonstrations* (syriaque), (éd. et trad. fr. par M.-J. Pierre, *SC* 349 et 359, Paris 1988 et 1989).

DIONYSIUS BAR SALIBI, (XIᵉ-XIIᵉ s.), *Contre les juifs* (syriaque), (Leyde 1906 : éd. De Zwaan).

ISAAC D'ANTIOCHE (Vᵉ s.), *Homélie contre les Juifs*, (éd. S. Kazan, *Oriens Christianus* 45, 1961, p. 30-53 ; 46, 1962, p. 87-98 ; 47, 1963, p. 89-97 ; 49, 1965, p. 57-78).

Anonyme (VIIᵉ s.), *Sargis d'Aberga = Doctrina Iacobi nuper baptizati* (versions éthiopienne, arabe et syriaque), (*PO* III, 4, 1909, p. 551-643 et XIII, 1, 1919, p. 5-109 = version éthiopienne avec traduction française : éd. F. Nau).

JACOB DE SAROUG (Édesse, Éthiopie, Batna ; ca. 450-521), *Homélies contre les Juifs* (syriaque), (*PO* XXXVIII, 1, n°174, p. 6-23 : éd. M. Albert).

SERGE LE STYLITE (nord de la Syrie : VIIIᵉ s.), *Disputatio contra Judaeum* (syriaque), (*CSCO* 338 et 339, Louvain 1973 : éd. A. P. Hayman).

SYLVESTRE (Rome ; IVᵉ-Vᵉ s. ?), *The Discussion of St. Silvester with the Jews* (syriaque),

Bibliographie

(éd. E. W. Brooks, dans Zacharias Rhetor, *Historia Eccl.*, vol. I, p. 69-93).

Domaine hébraïque

ABNER DE BURGOS / ALFONSO DE VALLADOLID (ca. 1270-ca. 1347), מתוך כתבי העבריים של המומר אבנר מבורגוס, dans : *מחקרים ומקורות*. Jérusalem 1967, 324-367.

Anonyme (XIIIe s.), *La Deuxième Controverse de Paris*. Éd. et trad. fr. J. Schatzmiller, Collection de la Revue des études Juives, Paris, E. Peeters, 1994.

DAVID QIMHI (Narbonne : 1160? - 1235?), *Teshuvot la-Noṣrim*. Éd. F. Talmage, Jérusalem, Bialik Institute, 1974, p. 71-79.

DANIEL BEN SHLOMO ROFE, D'OFFIDA (Italie, XIVe s.), Remarques sur *le 'Edut ha-shem neemanah* de Salomon ben R. Moïse ben Yequtiel de Rome. Éd J. Rosenthal, dans : *Meḥqarim u-Meqorot* I, éd. R. Mass, Jérusalem 1967, p. 423-429.

Dispute de R. ELIAHU HAYIM BEN BENYAMIN DE GENEZZANO avec le Franciscain FRANCESCO DI ACQUAPENDENTO (Orvieto, nord de Rome, fin XVe s.). Éd. J. Rosenthal, dans *Meḥqarim u-Meqorot*, éd. R. Mass, Jérusalem 1967, p. 431-456.

HAÏM IBN MUSA (Béjar, près de Salamanque, 1380-1464), *Maguen va-Romaḥ* (1456?), collation de A. Poznanski, d'après le Ms. Breslau 59 (= JNUL Ms. Heb. 8° 787) reproduite à Jérusalem, Université hébraïque, 1970.

HASDAÏ CRESCAS (Espagne, Catalogne, 1397-98 : mort vers 1412), *Sefer Bittul 'Iqqarey ha-Noṣrim*, éd. D. Lasker, Université Bar Ilan - Beer Sheva, Université Ben Gurion, Ramat Gan 1990* ; ID., *The Refutation of Christian Principles by Hasdai Crescas* (transl.), State University of New York Press, Albany 1992 ; texte hébreu et traduction espagnole : C. Del Valle Rodriguez, Aben Ezra Ediciones, Madrid 2000.

ISAAC POLICAR (POLLEGAR) (Espagne ; 1re moitié du XIVe s.), *'Ezer ha-Dat*. Éd. George S. Belasco, J. Jacobs Publisher, Londres 1906, réimpr. Israël, s. l., 1970 ; éd. critique : Jacob Levinger, Tel Aviv University, 1984.

ISAAC BEN ABRAHAM TROKI (Karaïte, né à Troki ; ca 1533-ca 1594), *Hizzuq Emunah*. Éd. avec trad. all. Par David Deutsch, Breslau, Kommissionsverlag von H. Slutsch, 1873 ; trad. angl M. Mocatta, 1851 (imprimé mais non publié) ; repr. New York, Hermon Press, 1970.

JACOB BEN REUBEN (Espagne, Sud de la France ; XIIe s. : 1170 selon le colophon), *Sefer Milḥamot Ha-Shem*, éd. J. Rosenthal, Mossad Harav Kook, Jérusalem 1963.

JOSEPH BEN NATHAN OFFICIAL (Nord de la France, seconde moitié du XIIIe s.),

– *Viquaḥ Rabbi Yeḥiel mi-Paris* = recension hébraïque de la *Dispute de Paris*. Paris, BnF, Hébreu 712* ; Éd. J. Eisenstein, New York, 1928 ; P. Margaliot, Lvov (Lemberg), s. d. (une édition critique, par Piero Capelli, Université de Venise, est actuellement en préparation).

– *Sefer Yosef ha-Meqane*. Éd. J. Rosenthal, Meqiṣe Nirdamim, Jérusalem 1970.

– Additions au *Sefer Yosef ha-Meqane* (Vittorio Emmanuele, Hébreu 56) : éd. J. Rosenthal, dans Ch. BERLIN (éd.), *Studies in Jewish Bibliography, History and Literature, in Honor of I. Edward Kiev*, Berlin-New York 1971, p. 123-139.

Bibliographie

Joseph Qimhi (Espagne, Narbonne, ca 1105-ca 1170), *Sefer ha-Berit*. Éd. F. Talmage, Bialik Institute, Jérusalem 1974, p. 21-68 ; trad. angl., F. Talmage, The Pontifical Institute of Mediaeval Studies, Toronto 1972.

Meïr ben Siméon ha-Meili de Narbonne (Narbonne, ca 1230-1240), *Milḥemet Miṣwah* : en grande partie inédit ; voir cependant R. Chazan, *Fashioning Jewish Identity*, Cambridge University Press, 2004, qui utilise abondamment ce texte.

Moïse ben Naḥman (Espagne, xiiie s.), *Viquaḥ ha-RaMBaN = Dispute de Barcelone*. Éd. Ḥayim D. Chavel, dans *Kitvey Rabbenu Moshe ben Naḥman*, I, Mossad Harav Kook, Jérusalem 1963, p. 300-320.

Moïse ben Salomon de Salerne (Sicile, xiiie s.), *Ta'anot*. Éd. Stanislas Simon, Breslau, Spezialdruckerei für Dissertationen, Dr. Hermann Eschenhagen, K.G., Ohlau i. Schl., 1931.

Moïse de Rieti (Rome c. 1388-1460), *Ta'anot*. Bodleian Library Mich. 291 = Catalogue Neubauer n° 818, ff. 168r°-195v° (éd. en préparation : Ph. Bobichon).

Moïse ha-Cohen de Tordesillas (Espagne ; 2e moitié du xive s.), *Sefer ha-'Ezer* (= *'Ezer Ha-Dat* + *'Ezer Ha-Emunah*). Éd. Y. Shamir, Coconut Grove, Floride, Field Research Projects, 1972.

Anonyme, « Qissat mujadalat al-usquf » (pays d'Islam, ixe s.). Traduction-adaptation hébraïque : *Sefer Nestor Ha-Komer* (Provence ? fin du xiie s). Éd. et trad. angl. Daniel J. Lasker et S. Stroumsa (II vol. : *The Polemic of Nestor the Priest*), Ben-Zvi Institute for the Study of Jewish Communities in the East, Jérusalem 1996 ; trad. esp., Daniel J. Lasker et S. Stroumsa, Aben Ezra Ediciones, Madrid 1998 : *El libro de Néstor el Sacerdote*).

Anonyme (France du Nord-Allemagne, fin du xiiie s.), *Sefer Niṣaḥon Yashan (Niṣaḥon Vetus)*, éd et trad. angl. D. Berger, Jérusalem 1978, Northvale-Londres 1996.

Profiat Duran (Perpignan-Catalogne ; ca 1391-1414), *Al-tehi ka-Avotekha*. Éd. F. Talmage dans *Ktivey Pulmos le-Profiat Duran*, The Zalman Shazar Center and the Dinur Center, Jérusalem 1981, p. 72-83 ; *Sefer Kelimat Ha-Goyim* (*ibid.*, p. 3-69).

– *Profiat Duran. Cinco cuestiones debatidas de polémica*, éd. J.-V. Niclós Albarracín, Madrid 1999.

Salomon Ibn Adret (ca 1235-ca 1310), *Perushey Agadot*. Éd. J. Perles, Verlag der Schletter'schen Buchhandlung (H. Skutsch), Breslau 1863.

Salomon ben R. Moïse de Rossi = Salomon ben R. Moïse Ben R. Yequtiel de Rome (Rome ; fin du xiiie s.), *'Edut ha-Shem Neemanah*. Éd. J. Rosenthal, dans *Meḥqarim u-Meqorot*, I, éd. R. Mass, Jérusalem 1967, p. 373-430 ; *Teshuvot ha-Noṣrim* (*Koveṣ 'al Yad*, 15, 1899).

Salomon ben Simeon Duran (Afrique du Nord ; ca 1400-1467), *Milḥemet Miṣwa*. Hoṣaat Meqor, Jérusalem 1970 (fac-similé de l'édition originale).

Salomon Ibn Verga (Espagne, Portugal, Italie, xve-xvie s.), *Shevet Yehuda* « Le Fléau de Juda », éd. Mossad Bialik, Jérusalem 1947 ; comporte le texte de plusieurs controverses, réelles ou fictives, dont celui de la recension hébraïque de la Dispute de Tortosa ; trad. angl. de ce dernier texte dans H. Maccoby, *Judaism on Trial. Jewish-Christian Disputations in the Middle Ages*, The Littman Library of Jewish Civilization, Londres-Washington 1993, p. 168-186.

Bibliographie

Shem Tov Ben Isaac ibn Shaprut (Navarre, 1385-1405), *Even Bohan*. Éd. J.-V. Niclós, CSIC, Madrid 1997 (livre I uniquement).

Simeon ben Şemah Duran (Majorque-Aragon, xvᵉ s.), *Qeshet u-Maguen*. Hoşaat Mekor, Jérusalem 1970 (fac-similé de l'édition originale, 1750); éd. Prosper Murciano, New York 1975 (PhD), repr. : University Microfilms International, Ann Arbor, Michigan, USA, 1983.

Anonyme (xiiiᵉ s.), *Teshuvot ha-Minim* (Paris, BnF, Hébreu 1408). Éd. J. Rosenthal, dans *Mehqarim u-Meqorot*, éd. R. Mass, Jérusalem 1967, p. 368-372.

Anonyme (Italie xiiiᵉ s.), *Viquah ha-RaDaq* (ouvrage attribué par erreur à David Qimhi). Éd. F. Talmage, Bialik Institute, Jérusalem, 1974, p. 83-96.

Yehuda ha-Lévi (Al-Andalús, Égypte; c. 1075-1141), *Sefer ha-Kuzari*, (éd. Du texte original judéo-arabe : David Z. Baneth et Haggaï Ben-Shammaï, *Kitâb al-radd wa'l-dalîl fî al-dîn al-dhalîl*, Magnes Press, Jérusalem 1977; trad. fr. Ch. Touati, Verdier, Paris 1993).

Yom Tov Lipmann Muelhausen (Bohème; 1390-99?), *Sefer ha-Nişahon*. Éd. Th. Hackspan, Altdorf 1644; éd. Amsterdam 1711; éd. F. Talmage, Jérusalem 1984 (réédition de l'édition d'Altdorf, avec une introduction et des indices par F. Talmage).

II. Controverse judéo-chrétienne : ouvrages et travaux de référence

Abulafia, Anna S., *Christians and Jews in the Twelfth-Century Renaissance*, Routledge, Londres-New York 1995.

– *Christians and Jews in Dispute: Disputational Literature and the Rise of Anti-Judaism in the West (c. 1000-1150)*, Ashgate Publishing Co., Great Yarmout 1998.

Blumenkranz, Bernhardt, *Juifs et Chrétiens dans le monde occidental (430-1096)*, Peeters, Paris-Louvain 1960.

– *Les auteurs chrétiens latins du Moyen Âge sur les juifs et le judaïsme*, Paris-La Haye 1963 (2007²).

Bobichon, Philippe, « Littérature de controverse entre judaïsme et christianisme : textes grecs, latins et hébreux (iiᵉ-xviiᵉ siècle) », *Revue d'Histoire ecclésiastique* 107/1 (2012), p. 5-48.

Chazan, Robert, *Daggers of Faith. Thirteenth-Century Christian Missionizing and Jewish Response*, University of California Press, Berkeley-Los Angeles-Londres 1989.

– *Fashioning Jewish Identity in Medieval Western Christendom*, Cambridge University Press, Cambridge 2000.

Cohen, Jeremy, *The Friars and the Jews*, Cornell University Press, Ithaca-Londres 1982.

Dahan, Gilbert, *Les intellectuels chrétiens et les juifs au moyen âge. Polémique et relations culturelles entre chrétiens et juifs en occident du xiiᵉ au xivᵉ siècle*, Cerf, Paris 1990.

Krauss, Samuel – Horbury, William, *The Jewish-Christian Controversy. From the Earliest Times to 1789*, vol I. History, J.C.B. Mohr (Paul Siebeck), Tübingen 1996.

Lasker, Daniel J., *Jewish Philosophical Polemics Against Christianity in the Middle*

Ages, Brandeis University, NewYork 1977 (rééd. avec mise à jour : Littman Library of Jewish Civilization, 2007).

Limor, Ora, Stroumsa, Guy G., *Contra Iudaeos: Ancient and Medieval Polemics Between Christians and Jews*, J.C.B. Mohr (Paul Siebeck), Tübingen 1996.

Loeb, Isidore, « La controverse religieuse entre les chrétiens et les juifs au Moyen Âge en France et en Espagne », *Revue de l'histoire des religions* 17 (1888), p. 311-337 ; 18 (1888), p. 133-156.

– « Polémistes chrétiens et juifs en France et en Espagne », *Revue des études juives* 18 (1889), p. 43-70 et 219-242.

Maccoby, Ḥyam, *Judaism on Trial. Jewish-Christian Disputations in the Middle Ages*, Littman Library of Jewish Civilization, Londres 1982 (1993²).

Merchavia, Ḥaïm,-בימי הנוצרי בעולם המקרא שלאחר ישראל לספרות היחס הנצרות. בראי התלמוד הביניים [500-1248] *The Church versus Talmudic and Midrashic Literature* [500-1248], Bialik Institute, Jérusalem 1970.

Rosenthal, Judah M., « ספרות הויכוח האנטי-נוצרית עד סוף המאה השמונה-עשרה » [The Anti-Christian Polemical Literature to the End of the Eighteenth Century], *Areshet* 2 (1960), p. 130-179.

Schreckenberg Heinz, *Die christlichen Adversus-Judaeos-Texte und ihr literarisches und historisches Umfeld, I : 1.-11. Jh. ; II : 11.-13.* [Europäische Hochschulschriften, Reihe XXIII, Bd./Vol. 172], Francfort-Berlin-Berne-New York-Paris-Vienne, 1982¹, 1990² (Bd. 1), 1991¹, 1997² (Bd. 2).

Trautner-Kromann, Hanne, *Shield and Sword,. Jewish Polemics against Christianity and the Christians in France and Spain from 1100-1500*, J.C.B. Mohr (Paul Siebeck), Tübingen 1993.

Williams, Arthur L., *Adversus Judaeos. A Bird's Eye View of Christian Apologiae until the Renaissance*, University Press, Cambridge 1935 (Cambridge Library Collection, Cambridge, 2012²).

III. Autres travaux mentionnés dans le commentaire

Balasse C., *1306. L'expulsion des juifs du royaume de France*, De Boeck, Bruxelles 2008.

Banitt M., *Le Glossaire de Bâle*, Académie nationale des Sciences et des Lettres d'Israël, Jérusalem 1972.

– « Une vue d'ensemble sur les glossaires bibliques juifs en France au Moyen âge », dans G. Dahan, G. Nahon (éd), *La culture juive en France du Nord au Moyen Âge : De Rashi aux Tosafistes. Le Talmud de France. Colloque international (Paris-Troyes, 3-5 décembre 1990)*, Peeters, Louvain 1990, p. 23.

– « Glossaires bibliques juifs de France au Moyen âge », dans G. Dahan, G. Nahon, E. Nicolas (éd), *Rashi et la culture juive en France du Nord au Moyen Âge*, Paris-Louvain 1997, p. 191-201.

Bernheim P.-A., *Jacques, frère de Jésus*, Albin Michel, Paris 2003.

Bobichon Ph., « Citations latines de la tradition chrétienne dans la littérature hébraïque de controverse avec le christianisme (XIIᵉ-XVᵉ s.) », dans R. Fontaine et

Bibliographie

G. Freudenthal (éd.), *Latin-Into-Hebrew : Texts and Studies, I : Studies*, Brill, Leyde 2013, p. 349-390.

– « Nicolas de Lyre dans la littérature hébraïque et juive : xIVe-xVIIe siècles », Actes du colloque international organisé par Gilbert Dahan (CNRS, Paris) : *Nicolas de Lyre, franciscain du xIVe siècle exégète et théologien*, Médiathèque de Troyes, 8-10 juin 2009, Institut d'études augustiniennes, Paris 2011, p. 281-312.

– « Polémique anti-chrétienne et théologie dans le *Sefer ha-'Iqqarim* (« Livre des Principes ») de Joseph Albo (xVe s.) », dans *Yod-INALCO. Revue des études hébraïques et juives modernes et contemporaines*, NS 15 : « Philosophie et pensée juives : histoire et actualité », Publications Langues'O, Paris 2010, p. 115-143.

– *Manuscrits en caractères hébreux conservés dans les bibliothèques de France*, vol. II : *Bibliothèque nationale de France, Manuscrits de théologie n° 721 à 733*, Brepols, Turnhout (2015).

Bourciez E. et J., *Phonétique française. Étude historique*, Klincksieck, Paris 1967[1].

Bourciez E., *Précis historique de phonétique française*, Klincksieck, Paris 1926[6].

Bourgain P., avec la collaboration de Marie-Clotilde Hubert, *Le latin médiéval*, Brepols, Turnhout 2005.

Chavasse A., *Les lectionnaires romains de la messe au VIIe et au VIIIe siècle*, 2 vol., Éditions universitaires de Fribourg, Fribourg 1993.

Chazan R., *Medieval Jewry in Northern France. A Political and Social Histor.*, Johns Hopskins University Press, Baltimore 1973.

– « The Hebrew Report on the Trial of the Talmud: Information and Consolation », dans G. Dahan (éd.), *Le Brûlement du Talmud à Paris 1242-1244*, Cerf, Paris 1999, p. 79-93.

Dahan G., *La polémique chrétienne contre le judaïsme au Moyen Âge*, Albin Michel, Paris 1991.

– *L'exégèse chrétienne de la Bible en Occident médiéval (xIIe-xIVe siècle)*, Cerf, Paris 1999.

– (éd.), *Le Brûlement du Talmud à Paris : 1242-1244*, Cerf, Paris 1999.

– « Les traductions latines de Thibaud de Sézanne, dans *Le Brûlement du Talmud*, p. 95-117.

– (éd.), avec la collaboration d'É. Nicolas, *L'expulsion des Juifs de France (1394)*, Cerf, Paris 2004.

Duval Y. M., *Le livre de Jonas dans la littérature chrétienne grecque et latine. Sources et influences du commentaire de Jonas par Saint Jérôme*, 2 vol., Études augustiniennes, Paris 1973.

Einbinder Susan L., *No Place of Rest. Jewish Literature, Expulsion and the Memory of Medieval France*, University of Pennsylvania Press, Philadelphie 2009.

Giry A., *Manuel de Diplomatique*, 1894[1].

Godefroy F., *Dictionnaire de l'ancienne langue française et de tous ses dialectes, du IXe au XVe siècle*, Librairie des Sciences et des Arts, Paris 1880-1902.

Gross H., *Gallia Judaica : Dictionnaire géographique de la France d'après les*

Bibliographie

sources rabbiniques, Paris 1897 (rééd. avec un supplément bibliographique de S. SchwarzFuchs, Amsterdam, 1969 et Paris-Louvain, Peeters, 2011.

HESBERT, R.-J. (éd.), *Corpus Antiphonalium Officii*, 4 vol., Herder, Rome 1963-1979.

HESBERT R.-.J., *Antiphonale Missarum Sextuplex*, Vromant, Bruxelles 1935[1], 1967[2].

– , *Corpus Antiphonalium Officii*, 6 vol., Rome, 1963-1979.

LOEB I., « Deux livres de commerce du commencement du XIVe siècle », *Revue des études juives* 8 (1884), p. 181-196 et 9 (1884), p. 21-50 et 187-213.

MANTELLO F. A. C. et A. G. RIGG (éd.), *Medieval Latin. An Introduction and Bibliographical Guide*, Catholic University of America Press, Washington, DC 1996.

MOPSIK Ch., *La Sagesse de Ben Sira*, Verdier, Paris 2003.

RICHÉ P., *Écoles et enseignement dans le haut Moyen Âge*, Picard, Paris 2000.

RICHÉ P., VERGER J., *Des nains sur des épaules de géants. Maîtres et élèves au Moyen Âge*, Tallandier, Paris 2006 (non cité).

SCHWARZFUCHS S., « La vie interne des communautés juives du Nord de la France au temps de Rabbi Yéhiel et de ses collègues », dans G. DAHAN (éd.), *Le Brûlement du Talmud à Paris 1242-1244*, p. 23-37.

TOBLER A., LOMMATZSCH E., *Altfranzösisches Wörterbuch*, Weidmann, Berlin-Wiesbaden, 1925.

TUILIER A., « La condamnation du Talmud par les maîtres universitaires parisiens, ses causes et ses conséquences politiques et idéologiques », dans G. DAHAN (éd.), *Le brûlement du Talmud*, p. 59-78.

VERGER J., *Les gens de savoir dans l'Europe de la fin du Moyen Âge*, PUF, Paris 1997.

WARTBURG W. von, *Französisches Etymologisches Wörterbuch*, J.C.B. Mohr (Paul Siebeck), Tübingen 1948.

ZUNZ L., *Die synagogale Poesie des Mittelalters*, J. Kaufmann, Francfort, 1920[2] (1855-1859[1]).

TABLE DES MATIÈRES

– I –
ÉTUDE CODICOLOGIQUE, PALÉOGRAPHIQUE ET LINGUISTIQUE

Introduction	p. 9
I. Le manuscrit	p. 11
Le premier florilège	p. 12
Le second florilège	p. 13
II. Les citations	p. 15
Présentation générale	p. 15
Les citations bibliques et la Vulgate	p. 18
III. Structure des documents	p. 29
Le premier florilège	p. 31
Le second florilège	p. 35
Conclusions	p. 38
IV. Les translittérations	p. 41
Caractéristiques générales	p. 41
Les monèmes : soudure et décomposition	p. 42
Les phonèmes	p. 49
Voyelles	p. 49
Consonnes	p. 57
Conclusions	p. 65
Commentaires de Pascale Bourgain et de Louis Holtz	p. 66

V. Les traductions p. 71

La traduction hébraïque : remarques générales p. 71

Citations de l'A. T. accompagnées d'une version hébraïque
dans les deux florilèges p. 72

Citations du N. T. accompagnées d'une version hébraïque
dans les deux florilèges p. 73

Citations de l'A. T. accompagnées d'une version hébraïque
dans un seul des deux florilèges p. 76

Citations de l'A. T. ne figurant, avec une traduction
hébraïque, que dans le second florilège p. 78

Citations du N. T. accompagnées d'une version hébraïque
dans un seul des deux florilèges p. 79

Citations du N. T. ne figurant que dans le second florilège,
accompagnées parfois d'une traduction hébraïque p. 79

Citations non scripturaires accompagnées
d'une version hébraïque dans un seul des deux florilèges p. 81

Conclusions (bilan de l'analyse des traductions hébraïques) p. 82

Traductions ou gloses françaises p. 83

Conclusions (bilan de l'analyse des gloses et traductions françaises) p. 85

VI. Les « fautes » p. 87

Fautes ou repentirs intervenant dans la copie elle-même p. 87

Fautes (?) de latin p. 90

Fautes(?) ou écarts dans l'hébreu des formules de présentation p. 92

Fautes (?) ou écarts dans la version hébraïque des citations latines p. 93

Conclusions de l'analyse des « fautes » de traduction p. 98

Mc. 6, 1-6 (cf. Mt.13, 54-58) dans les deux florilèges p. 100

Bilan général de l'analyse des fautes p. 105

**VII. Références au calendrier des lectures chrétiennes
et à des professions de foi chrétiennes** p. 107

Références au calendrier chrétien introduisant
des citations scripturaires p. 107

Références à des professions de foi chrétiennes p. 109

Textes divers, non scripturaires, cités sans indication chronologique p. 109

Interprétation et conclusions p. 110

– II –
LES CITATIONS DANS LE MANUSCRIT
ET DANS LA LITTÉRATURE DE CONTROVERSE
JUDÉO-CHRÉTIENNE

Introduction — p. 117

Gn 17, 14 (*Masculus cuius preputii caro circumcisa non fuerit...*) — p. 119

Nb 23, 19 (*Deus non est homo mendax...*) — p. 122

Dt 32, 40 (*Dico : Vivo ego in semper...*) — p. 126

Jb 25, 4 (*Quomodo potest esse homo iustus...*) — p. 128

Ps 15/16, 9-11 (*Propter hoc laetatum est cor meus...*) — p. 130

Ps 21/22, 7 (*Ego autem sum vermis, et non homo...*) — p. 133

Ps 80/81, 8-10/9-11
(*Israel si me audieris, non erit in te deus recens...*) — p 135

Sg 1, 11 (*Os quod mentitur occidit animam*) — p. 137

Si 22, 8-9/9-10 (*Qui narrat verbum non adtendenti...*) — p. 139

Es 7, 14/8, 3 (*Et peperit filium nomen eius Emmanuel...*) — p. 140

Es 40, 25 (*Cui comparavisti et cui assimulasti*) — p. 143

Es 66, 17 (*Qui sanctificantur et baptizantur in hortis...*) — p. 145

Jr 17, 5 (*Maledictus homo qui confidit in homine*) — p. 148

Ez 18, 20 (*Pater non portabit iniquitatem filii...*) — p. 150

Ez 28, 9-[10] (*Quomodo poteris dicere ego sum Deus...*) — p. 154

Ml 3, 6 (*Ego Deus non mutavi...*) — p. 156

Mt 9, 13 ; Mc 2, 17 ; Lc 5, 32
(*Non veni vocare iustos sed peccatores...*) — p. 159

Mt 10, 34 ; cf. Lc 12, 51
(*Non veni ponere pacem in terram, sed gladium*) — p. 161

Mt 11, 11 ; Lc 7, 28
(*Inter natos mulierum non surrexit maior Iohanne Baptista*) — p. 163

Mt 12, 40 ; Lc 11, 30
(*Sicut fuit Iona in ventre ceti tribus diebvs et tribus noctibus...*) — p. 164

Mt 15, 24/26
(*Non est bonum sumere panem a filiis Israel et dare canibus*) — p. 168

303

Mt 17, 19/20 ; Lc 17, 6
(*Qui habuerit fidem quantum granum senapis...*) p. 171

Mt 26, 36-39 ; Mc 14, 32-36
(*Et venit Iesus in praedium cui nomen Gethsemani...*) p. 175

Cf. Mt 27, 54 ; Mc 15, 2 ; Mc 15, 39 ; Lc 23, 3 ; 23, 47. p. 179

Mc 6, 1-6 ; cf. Mt 13, 54-58 (*Dixit Pilatus : vere iste erat homo...*) p. 181

Lc 1, 31-32
(*Ecce concipies in utero et paries filium
et vocabis eius nomen Iesum*) p. 188

Lc 2, 48 (*Fili, quid fecisti nobis ?
Sic ego et pater tuus dolentes quaerebamus te*) p. 190

Lc 23, 34 (*Pater, dimitte eis quia nesciunt quid faciant*) p. 192

Jn 1, 18 ; I Jn 4, 12 (*Nemo Deum vidit unquam*) p. 195

Jn 2, 3-4 (*Fili, panem non habent, vinum non habent...*) p. 199

Jn 5, 30 ; 6, 38
(*Nolo facere voluntatem meam, sed voluntatem Patris mei*) p. 202

Jn 13, 5-15 (*Et lavit Iesus pedes discipulorum suorum et dixit...*) p. 205

Jn 14, 9 (*Qui videt me videt et Patrem et filium et spiritum sanctum*) p. 207

Jn 14, 28 (*Pater meus maior me est*) p. 210

Jn 19, 26 (*Mulier, mulier, ecce filius tuus*) p. 213

Ac 7, 55 (*Video coelos apertos
et Iesum stantem a dextris virtute Dei*) p. 215

ITm 1, 17 (*Regi autem seculorum inmortali,
invisibili soli Deo honor et gloria...*) p. 217

Et homo factus est et crucifixus etiam pro nobis p. 219

Et pater a nullo est factus nec creatus nec genitus... p. 221

Quia pro nobis ductus (?) et maledictus p. 223

Primo dierum omnium quo mundus exstat conditus... p. 224

Per sanctam circumcisionem tuam libera nos, Domine p. 225

Mulier, mulier, vado Jericho... p. 226

Dixerunt latrones qui fuerunt crucifixi cum Jesu p. 227

Rogabat mater sua : Quid facis ? ... p. 229

Quod vile est carum et quod vile carum putat p. 230

– III –
CONCLUSION GÉNÉRALE

Points communs et différences	p. 231
Sources et composition	p. 232
Les auteurs et le milieu	p. 235
Le contexte polémique	p. 238
Spécificité des documents	p. 240
Fonction et destinataires	p. 241
Ateliers de polémique ?	p. 243

ANNEXES

Édition synoptique des deux florilèges	p. 247
Reproduction des folios du manuscrit	p. 261
Index des mots latins translittérés en caractères hébreux	p. 273
Bibliographie	p. 291

BIBLIOTHÈQUE DE L'ÉCOLE DES HAUTES ÉTUDES, SCIENCES RELIGIEUSES

vol. 105
J. Bronkhorst
Langage et réalité : sur un épisode de la pensée indienne
133 p., 155 x 240, 1999, PB, ISBN 978-2-503-50865-8

vol. 106
Ph. Gignoux (dir.)
Ressembler au monde. Nouveaux documents sur la théorie
du macro-microcosme dans l'Antiquité orientale
194 p., 155 x 240, 1999, PB, ISBN 978-2-503-50898-6

vol. 107
J.-L. Achard
L'essence perlée du secret. Recherches philologiques et historiques
sur l'origine de la Grande Perfection dans la tradition 'Nying ma pa'
333 p., 155 x 240, 1999, PB, ISBN 978-2-503-50964-8

vol. 108
J. Scheid, V. Huet (dir.)
Autour de la colonne aurélienne. Geste et image sur la colonne
de Marc Aurèle à Rome
446 p., 176 ill. n&b, 155 x 240, 2000, PB, ISBN 978-2-503-50965-5

vol. 109
D. Aigle (dir.)
Miracle et Karâma. Hagiographies médiévales comparées
690 p., 11 ill. n&b, 155 x 240, 2000, PB, ISBN 978-2-503-50899-3

vol. 110
M. A. Amir-Moezzi, J. Scheid (dir.)
L'Orient dans l'histoire religieuse de l'Europe. L'invention des origines.
Préface de Jacques Le Brun
246 p., 155 x 240, 2000, PB, ISBN 978-2-503-51102-3

vol. 111
D.-O. Hurel (dir.)
Guide pour l'histoire des ordres et congrégations religieuses (France, XVIe-XIX{e} siècles)
467 p., 155 x 240, 2001, PB, ISBN 978-2-503-51193-1

vol. 112
D.-M. Dauzet
Marie Odiot de la Paillonne, fondatrice des Norbertines de Bonlieu
(Drôme, 1840-1905)
XVIII + 386 p., 155 x 240, 2001, PB, ISBN 978-2-503-51194-8

vol. 113
S. Mimouni (dir.)
Apocryphité. Histoire d'un concept transversal aux religions du Livre
333 p., 155 x 240, 2002, PB, ISBN 978-2-503-51349-2

vol. 114
F. Gautier
La retraite et le sacerdoce chez Grégoire de Nazianze
IV + 460 p., 155 x 240, 2002, PB, ISBN 978-2-503-51354-6

vol. 115
M. Milot
Laïcité dans le Nouveau Monde. Le cas du Québec
181 p., 155 x 240, 2002, PB, ISBN 978-2-503-52205-0

vol. 116
F. Randaxhe, V. Zuber (éd.)
Laïcité-démocratie : des relations ambiguës
X + 170 p., 155 x 240, 2003, PB, ISBN 978-2-503-52176-3

vol. 117
N. Belayche, S. Mimouni (dir.)
Les communautés religieuses dans le monde gréco-romain. Essais de définition
351 p., 155 x 240, 2003, PB, ISBN 978-2-503-52204-3

vol. 118
S. Lévi
La doctrine du sacrifice dans les Brahmanas
XVI + 208 p., 155 x 240, 2003, PB, ISBN 978-2-503-51534-2

vol. 119
J. R. Armogathe, J.-P. Willaime (éd.)
Les mutations contemporaines du religieux
VIII + 128 p., 155 x 240, 2003, PB, ISBN 978-2-503-51428-4

vol. 120
F. Randaxhe
L'être amish, entre tradition et modernité
256 p., 155 x 240, 2004, PB, ISBN 978-2-503-51588-5

vol. 121
S. Fath (dir.)
Le protestantisme évangélique. Un christianisme de conversion
XII + 379 p., 155 x 240, 2004, PB, ISBN 978-2-503-51587-8

vol. 122
Alain Le Boulluec (dir.)
À la recherche des villes saintes
VIII + 184 p., 155 x 240, 2004, PB, ISBN 978-2-503-51589-2

vol. 123
I. Guermeur
Les cultes d'Amon hors de Thèbes. Recherches de géographie religieuse
XII + 664 p., 38 ill. n&b, 155x240, 2005, PB, ISBN 978-2-503-51427-7

vol. 124
S. Georgoudi, R. Koch-Piettre, F . Schmidt (dir.)
La cuisine et l'autel. Les sacrifices en questions dans les sociétés de la Méditérrannée ancienne
XVIII + 460 p., 23 ill. n&b, 155 x 240, 2005, PB, ISBN 978-2-503-51739-1

vol. 125
L. Châtellier, Ph. Martin (dir.)
L'écriture du croyant
VIII + 216 p., 155 x 240, 2005, PB, ISBN 978-2-503-51829-9

vol. 126 (Série "Histoire et prosopographie" n° 1)
M. A. Amir-Moezzi, C. Jambet, P. Lory (dir.)
Henry Corbin. Philosophies et sagesses des religions du Livre
251 p., 6 ill. n&b, 155 x 240, 2005, PB, ISBN 978-2-503-51904-3

vol. 127
J.-M. Leniaud, I. Saint Martin (dir.)
Historiographie de l'histoire de l'art religieux en France à l'époque moderne et contempo-raine. Bilan bibliographique (1975-2000) et perspectives
299 p., 155 x 240, 2005, PB, ISBN 978-2-503-52019-3

vol. 128 (Série "Histoire et prosopographie" n° 2)
S. C. Mimouni, I. Ullern-Weité (dir.)
Pierre Geoltrain ou Comment « faire l'histoire » des religions ?
398 p., 1 ill. n&b, 155 x 240, 2006, PB, ISBN 978-2-503-52341-5

vol. 129
H. Bost
Pierre Bayle historien, critique et moraliste
279 p., 155 x 240, 2006, PB, ISBN 978-2-503-52340-8

vol. 130 (Série "Histoire et prosopographie" n° 3)
L. Bansat-Boudon, R. Lardinois (dir.)
Sylvain Lévi. Études indiennes, histoire sociale
II + 536 p., 9 ill. n&b, 155 x 240, 2007, PB, ISBN 978-2-503-52447-4

vol. 131 (Série "Histoire et prosopographie" n° 4)
F. Laplanche, I. Biagioli, C. Langlois (dir.)
Autour d'un petit livre. Alfred Loisy cent ans après
351 p., 155 x 240, 2007, PB, ISBN 978-2-503-52342-2

vol. 132
L. Oreskovic
Le diocèse de Senj en Croatie habsbourgeoise, de la Contre-Réforme aux Lumières
VII + 592 p., 6 ill. n&b, 155 x 240, 2008, PB, ISBN 978-2-503-52448-1

vol. 133
T. Volpe
Science et théologie dans les débats savants du XVIIe siècle : la Genèse dans les **Philosophical Transactions** *et le* **Journal des savants** *(1665-1710)*
472 p., 10 ill. n&b, 155 x 240, 2008, PB, ISBN 978-2-503-52584-6

vol. 134
O. Journet-Diallo
Les créances de la terre. Chroniques du pays Jamaat (Jóola de Guinée-Bissau)
368 p., 6 ill. n&b, 155 x 240, 2007, PB, ISBN 978-2-503-52666-9

vol. 135
C. Henry
La force des anges. Rites, hiérarchie et divinisation dans le Christianisme Céleste (Bénin)
276 p., 155 x 240, 2009, PB, ISBN 978-2-503-52889-2

vol. 136
D. Puccio-Den
Les théâtres de "Maures et Chrétiens". Conflits politiques et dispositifs de reconciliation (Espagne, Sicile, xvie-xxie siècle)
240 p., 155 x 240, 2009, PB

vol. 137
M. A. Amir-Moezzi, M. M. Bar-Asher, S. Hopkins (dir.)
Le shīʿisme imāmite quarante ans après. Hommage à Etan Kohlberg
445 p., 155 x 240, 2008, PB, ISBN 978-2-503-53114-4

vol. 138
M. Cartry, J.-L. Durand, R. Koch Piettre (dir.)
Architecturer l'invisible. Autels, ligatures, écritures
430 p., 155 x 240, 2009, PB, 978-2-503-53172-4

vol. 139
M. Yahia
Šāfiʿī et les deux sources de la loi islamique
552 p., 155 x 240, 2009, PB

vol. 140
A. A. Nagy
Qui a peur du cannibale ? Récits antiques d'anthropophages aux frontières de l'humanité
306 p., 155 x 240, 2009, PB, ISBN 978-2-503-53173-1

vol. 141 (Série "Sources et documents" n° 1)
C. Langlois, C. Sorrel (dir.)
Le temps des congrès catholiques. Bibliographie raisonnée des actes de congrès tenus en France de 1870 à nos jours.
448 p., 155 x 240, 2010, PB, ISBN 978-2-503-53183-0

vol. 142 (Série "Histoire et prosopographie" n° 5)
M. A. Amir-Moezzi, J.-D. Dubois, C. Jullien et F. Jullien (éd.)
Pensée grecque et sagesse d'orient. Hommage à Michel Tardieu
752 p., 156 x 234, 2009, ISBN 978-2-503-52995-0

vol. 143.
B. Heyberger (éd.)
Orientalisme, science et controverse : Abraham Ecchellensis (1605-1664)
240 p., 156 x 234, 2010, ISBN 978-2-503-53567-8

vol. 144.
F. Laplanche (éd.)
Alfred Loisy. La crise de la foi dans le temps présent (Essais d'histoire et de philosophie religieuses)
735 p., 156 x 234, 2010, ISBN 978-2-503-53182-3

vol. 145
J. Ducor, H. Loveday
Le sūtra des contemplations du buddha Vie-Infinie. Essai d'interprétation textuelle et iconographique
474 p., 156 x 234, 2011, ISBN 978-2-503-54116-7

vol. 146
N. Ragot, S. Peperstraete, G. Olivier (dir.)
La quête du Serpent à Plumes. Arts et religions de l'Amérique précolombienne. Hommage à Michel Graulich
491 p., 156 x 234, 2011, ISBN 978-2-503-54141-9

vol. 147
C. Borghero
Les cartésiens face à Newton. Philosophie, science et religion dans la première moitié du XVIIIᵉ siècle
164 p., 156 x 234, 2012, ISBN 978-2-503-54177-8

vol. 148 (Série "Histoire et prosopographie" n° 6)
F. Jullien, M. J. Pierre (dir.)
Monachismes d'Orient. Images, échanges, influences. Hommage à Antoine Guillaumont
348 p., 156 x 234, 2012, ISBN 978-2-503-54144-0

vol. 149
P. Gisel, S. Margel (dir)
Le croire au cœur des sociétés et des cultures. Différences et déplacements.
244 p., 156 x 234, 2012, ISBN 978-2-503-54217-1

vol. 150
J.-R. Armogathe
Histoire des idées religieuses et scientifiques dans l'Europe moderne. Quarante ans d'enseignement à l'École pratique des hautes études.
227 p., 156 x 234, 2012, ISBN 978-2-503-54488-5

vol. 151
C. Bernat, H. Bost (dir.)
Énoncer/Dénoncer l'autre. Discours et représentations du différend confessionnel à l'époque moderne.
451 p., 156 x 234, 2012, ISBN 978-2-503-54489-2

vol. 152
N. Sihlé
Rituels bouddhiques de pouvoir et de violence. La figure du tantrisme tibétain.
374 p., 156 x 234, 2012, ISBN 978-2-503-54470-0

vol. 153
J.-P. Rothschild, J. Grondeux (dir.)
Adolphe Franck.
Philosophe juif, spiritualiste et libéral dans la France du XIXᵉ siècle.
234 p., 156 x 234, 2012, ISBN 978-2-503-54471-7

vol. 154 (Série "Histoire et prosopographie" n° 7)
S. d'Intino, C. Guenzi (dir.)
Aux abords de la clairière. Études indiennes et comparées en l'honneur de Charles Malamoud.
295 p., 156 x 234, 2012, ISBN 978-2-503-54472-4

vol. 155
B. Bakhouche, I. Fabre, V. Fortier (dir.)
Dynamiques de conversion : modèles et résistances. Approches interdisciplinaires.
205 p., 156 x 234, 2012, ISBN 978-2-503-54473-1

vol. 156 (Série "Histoire et prosopographie" n° 8)
C. Zivie-Coche, I. Guermeur (dir.)
Hommages à Jean Yoyotte
2 tomes, 1190 p., 156 x 234, 2012, ISBN 978-2-503-54474-8

vol. 157
E. Marienberg (éd. et trad.)
La Baraïta de-Niddah. *Un texte juif pseudo-talmudique sur les lois religieuses relatives à la menstruation*
235 p., 156 x 234, 2012, ISBN 978-2-503-54437-0

vol. 158
Gérard Colas
Penser l'icone en Inde ancienne
221 p., 156 x 234, 2012, ISBN 978-2-503-54538-7

vol. 159
A. Noblesse-Rocher (éd.)
Études d'exégèse médiévale offertes à Gilbert Dahan par ses élèves
294 p., 156 x 234, 2013, ISBN 978-2-503-54802-9

vol. 160
A. Nagy, F. Prescendi (éd.)
Sacrifices humains…
env. 300 p., 156 x 234, 2013, ISBN 978-2-503-54809-8

vol. 161 (Série "Histoire et prosopographie" n° 9)
O. Boulnois (éd.) avec la collaboration de J.-R. Armogathe
Paul Vignaux, citoyen et philosophe (1904-1987)
suivi de *Paul Vignaux, La Philosophie franciscaine et autres documents inédits*
env. 450 p., 156 x 234, 2013, ISBN 978-2-503-54810-4

vol. 162
M. Tardieu, A. van den Kerchove, M. Zago (éd.)
Noms barbares I
Formes et contextes d'une pratique magique
426 p., 156 x 234, 2013, ISBN 978-2-503-54945-3

vol. 163 (Série "Histoire et prosopographie" n° 10)
R. Gerald Hobbs, A. Noblesse-Rocher (éd.)
Bible, histoire et société. Mélanges offerts à Bernard Roussel
403 p., 156 x 234, 2013, ISBN 978-2-503-55118-0

vol. 164
P. Bourdeau, Ph. Hoffmann, Nguyen Hong Duong (éd.)
Pluralisme religieux : une comparaison franco-vietnamienne.
Actes du colloque organisé à Hanoi les 5-7 octobre 2007
299 p., 156 x 234, 2013, ISBN 978-2-503-55047-3

vol. 165 (Série "Histoire et prosopographie" n° 11)
M. A. Amir-Moezzi (éd.)
Islam : identité et altérité. Hommage à Guy Monnot, O.P.
420 p., 156 x 234, 2013, ISBN 978-2-503-55026-8

vol. 166
S. Bogevska
Les églises rupestres de la région des lacs d'Ohrid et de Prespa,
milieu du XIIIe-milieu du XVIe siècle
831 p., 156 x 234, 2015, ISBN 978-2-503-54647-6

vol. 167
B. Bakouche (éd.)
Science et exégèse. Les interprétations antiques et médiévales
du récit biblique de la création des éléments (Genèse 1, 1-8)
env. 400 p., 156 x 234, ISBN 978-2-503-56703-7

vol. 168
K. Berthelot, R. Naiweld, D. Stökl Ben Ezra (éd.)
L'identité à travers l'éthique. Nouvelles perspectives sur la formation
des identités collectives dans le monde gréco-romain
216 p., 156 x 234, 2015, ISBN 978-2-503-55042-8

vol. 169
A. Guellati
La notion d'adab chez Ibn Qutayba : étude générique et éclairage comparatiste
264 p., 156 x 234, ISBN 978-2-503-56648-1

vol. 170
H. Seng
Un livre sacré de l'Antiquité tardive : les **Oracles chaldaïques**
env. 150 p., 156 x 234, ISBN 978-2-503-56518-7

vol. 171
Cl. Zamagni
L'extrait des **Questions et réponses** *d'Eusèbe de Césarée : un commentaire*
358 p., 156 x 234, ISBN 978-2-503-55830-1

vol. 172
C. Ando
Religion et gouvernement dans l'Empire romain
env. 150 p., 156 x 234, ISBN 978-2-503-56753-2

À paraître

vol. 174
V. Züber, P. Cabanel, R. Liogier (éd.)
Croire, s'engager, chercher.
Autour de Jean Baubérot, du protestantisme à la laïcité
env. 460 p., 156 x 234